Eigentumswohnung

Beck-Rechtsberater im dtv

ORIGINALAUSGABE
dtv Verlagsgesellschaft mbH & Co KG
Tumblingerstraße 21, 80337 München

Redaktionelle Verantwortung: Verlag C.H. Beck, oHG
Wilhelmstraße , 80801 München
Satz: mediaTEXT Jena GmbH, Jena
Druck: Westermann, Zwickau
Gestaltung: Sabina Sieghart, München
ISBN 978-3-423-51255-8 (dtv)
ISBN 978-3-406-76482-0 (C.H. Beck)

www.dtv.de
www.beck.de

CO_2 neutral

9 783406 764820

Oliver Elzer

Eigentums- wohnung

Meine Rechte als Wohnungseigentümer zu Gebrauch, Sondernutzung, Verwaltung, Versammlung, Bauen, Information und vieles mehr

5. Auflage

Beck-Rechtsberater im dtv

Inhalt

Über den Autor Dr. Oliver Elzer

Dr. Oliver Elzer ist Richter am Kammergericht und befasst sich seit mehr als zwanzig Jahren intensiv mit dem Wohnungseigentumsrecht. Seinen Ausgang nahm sein persönliches Interesse am Amtsgericht. Dort war er jahrelang als Richter mit hunderten WEG-Streitigkeiten befasst und lernte umfassend die praktischen Probleme des Wohnungseigentumsrechts aus der Sicht aller Beteiligter kennen. Diese Tätigkeit setzte er fort, nachdem er zwischendurch eine Zeitlang an das Bundeskanzleramt abgeordnet worden war. Seit 2005 ist er am Berliner Kammergericht tätig, zunächst in der Verwaltung, später in der Rechtsprechung. Derzeit ist er Mitglied in einem Senat für Bank- und Urheberrecht, dieser ist in Berlin für die Streitwertbeschwerden in WEG-Streitigkeiten zuständig.

Neben seiner praktischen Tätigkeit begann er früh, sich auch in der Theorie mit dem Wohnungseigentumsrecht zu beschäftigen. Er meldet sich dort regelmäßig in Aufsätzen und Entscheidungsanmerkungen zu Wort und trägt als Dozent unter anderem vor Verwaltungsbeiräten vor. Mittlerweile ist er als anerkannter Experte und Fachmann Herausgeber sowie Mitautor von Kommentaren zum Wohnungseigentumsrecht, etwa des Standardkommentars „Hügel/Elzer“. Ferner ist er Mitherausgeber sowie Redaktionsbeirat von Zeitschriften zum Miet- und Wohnungseigentumsrecht.

In den letzten Jahren war er im Übrigen gefragter Experte in Arbeitsgruppen der Bundesministerien, unter anderem einer Arbeitsgruppe zum Bauträgerrecht, war Arbeitskreisleiter beim Deutschen Baugerichtstag und zuletzt Sachverständiger im Rechtsausschuss des Bundestages zum Wohnungseigentumsmodernisierungsgesetz.

Ein herzlicher Dank des Autors gilt an dieser Stelle vor allem seinen Freunden Harald Reicke und Günther Liedtke, die in ihrer gewohnt sorgfältigen Weise das Manuskript umfassend geprüft und an vielen Stellen ihre wertvollen Vorschläge eingebracht haben.

Bei den Bezeichnungen wurde jeweils die männliche Form gewählt, angesprochen sein sollen damit aber auch die Eigentümerinnen, Verwalterinnen, Beirätinnen etc.

1

Grundbegriffe

Bestimmte Begriffe sind wichtig, um das Wohnungseigentum als besondere Eigentumsform zu verstehen. Dieses Kapitel stellt diese Begriffe vor.

1. Grundbegriffe

I. Wohnungseigentümer

WOHNUNGSGRUNDBUCH
Für jeden Miteigentumsanteil wird ein besonderes Grundbuchblatt (Wohnungsgrundbuch) angelegt. Auf diesem ist das zu dem Miteigentumsanteil gehörende Sondereigentum und als Beschränkung des Miteigentums die Einräumung der zu den anderen Miteigentumsanteilen gehörenden Sondereigentumsrechte einzutragen.

BEISPIEL GEMEINSCHAFTLICHES EIGENTUM
Besteht eine Erbengemeinschaft oder gehört das Wohnungseigentum Eheleuten gemeinsam, ist jeder Erbe und jeder Ehegatte Wohnungseigentümer.

1. Eigentlicher Wohnungseigentümer
Wohnungseigentümer ist, wer zu Recht als Eigentümer eines Wohnungseigentums (› S. 14) im Wohnungsgrundbuch eingetragen ist.

Steht ein Wohnungseigentum mehreren Personen gemeinschaftlich zu, ist nach Ansicht des Bundesgerichtshofs JEDER von ihnen nicht bloßer Teilhaber eines Wohnungseigentums, sondern selbst und unabhängig von den Teilhabern Wohnungseigentümer (› S. 21).

Erwerb außerhalb des Wohnungsgrundbuchs
Wohnungseigentümer ist allerdings auch, wer ein Wohnungseigentumsrecht ersteigert hat oder wer Erbe eines Wohnungseigentümers ist. Für diese ist die Eintragung im Wohnungsgrundbuch unerheblich, aber anzustreben.

Kann ein Wohnungseigentümer sich nicht selbst vertreten, bedarf er eines VERTRETERS:

- Ist der Eigentümer eines Wohnungseigentums MINDERJÄHRIG, vertreten ihn in der Regel die Eltern gemeinsam.
- Wird der Eigentümer eines Wohnungseigentums BETREUT, wird in der Regel sein Betreuer seine Rechte als Wohnungseigentümer wahrnehmen. Was gilt, ist eine Frage des Einzelfalls. Die Antwort richtet sich danach, welche Tätigkeiten die Betreuung im Sinne des Gesetzes „umfasst“.

2. Werdender Wohnungseigentümer
Auf Personen, die von einem teilenden Eigentümer ein Wohnungseigentum erwerben, wird das Wohnungseigentumsgesetz unter den folgenden Voraussetzungen VORZEITIG angewandt:

- die Person hat einen Anspruch auf ÜBERTRAGUNG von Wohnungseigentum gegen den teilenden Eigentümer,
- der Anspruch ist durch VORMERKUNG im Grundbuch gesichert,
- die Person hat das Sondereigentum (die Eigentumswohnung) mit Willen des teilenden Eigentümers in BESITZ genommen.

Diese Personen nennt man werdende Wohnungseigentümer. Die vorzeitige Anwendung des Wohnungseigentumsgesetzes soll sie vor der Alleinherrschaft des teilenden Eigentümers schützen und dessen Macht begrenzen.

Teilender Eigentümer

Der teilende Eigentümer ist in der Regel ein Bauträger. Dieser verpflichtet sich vertraglich, ein Haus zu errichten oder umzubauen und den Bestellern das Eigentum an dem Grundstück zu übertragen.

WEG § 8 Absatz 3

Wer einen Anspruch auf Übertragung von Wohnungseigentum gegen den teilenden Eigentümer hat, der durch Vormerkung im Grundbuch gesichert ist, gilt gegenüber der Gemeinschaft der Wohnungseigentümer und den anderen Wohnungseigentümern anstelle des teilenden Eigentümers als Wohnungseigentümer, sobald ihm der Besitz an den zum Sondereigentum gehörenden Räumen übergeben wurde.

Ein werdender Wohnungseigentümer hat gegenüber der Gemeinschaft der Wohnungseigentümer und den anderen Wohnungseigentümern anstelle des teilenden Eigentümers die GLEICHEN Rechte und Pflichten wie jeder Wohnungseigentümer:

- BENUTZUNGSRECHTE: Einem werdenden Wohnungseigentümer stehen sämtliche Benutzungsrechte am gemeinschaftlichen Eigentum und am Sondereigentum zu.
- BESEITIGUNGS- BZW. UNTERLASSUNGSANSPRÜCHE: Der werdende Wohnungseigentümer hat Beseitigungs- und Unterlassungsansprüche, wenn sein Sondereigentum gestört wird.
- VERSAMMLUNG: Der werdende Wohnungseigentümer ist zu einer Versammlung zu laden und besitzt dort sämtliche Rechte.
- KOSTEN: Ein werdender Wohnungseigentümer muss sich wie jeder Wohnungseigentümer an den Kosten der Gemeinschaft der Wohnungseigentümer nach den geltenden Umlageschlüsseln beteiligen.
- VEREINBARUNGEN: Ein werdender Wohnungseigentümer kann gemeinsam mit dem teilenden Eigentümer und weiteren (gegebenenfalls auch werdenden) Wohnungseigentümern Vereinbarungen treffen.
- WEG-STREITIGKEITEN: Ein werdender Wohnungseigentümer muss und kann seine Rechte in einer WEG-Streitigkeit wahrnehmen.

Grenzen
Die Gläubiger können nicht unmittelbar auf das von einem werdenden Wohnungseigentümer erworbene Wohnungseigentumsrecht als Haftungsobjekt zugreifen.

3. Bucheigentümer
Wenn die Veräußerung des Wohnungseigentums aufgrund eines völlig überhöhten Kaufpreises wegen Sittenwidrigkeit nichtig ist oder es an einer Veräußerungszustimmung fehlt, kommt der Eigentumsübergang nicht zustande. Wurde der Käufer aber bereits in das Grundbuch eingetragen, spricht man von einem Bucheigentümer.

Rechte und Pflichten
Der Bucheigentümer schuldet kein Hausgeld.

4. Kaufverträge (Zweiterwerb)
Veräußert eine andere Person als der teilende Wohnungseigentümer ihr Wohnungseigentumsrecht (3. Kapitel Sachenrecht › S. 75 ff.), bleibt diese Person bis zur Eintragung des Käufers in das Grundbuch zunächst der Wohnungseigentümer.

Veräußerer wohnte nicht in der Anlage
Dies gilt auch dann, wenn diese Person nicht mehr in der Wohnungseigentumsanlage wohnt oder dort noch nie gewohnt hat.

Man spricht an dieser Stelle von einem Zweiterwerb. Vor der Eintragung hat der Zweiterwerber weder ein eigenes Stimmrecht in der Versammlung noch ein Klagerecht. Der Zweiterwerber schuldet der Gemeinschaft der Wohnungseigentümer auch kein Hausgeld. Die Haftung des Zweiterwerbers kann sich aber aus seinem Erwerbsvertrag ergeben.

Will ein Zweiterwerber die Rechte eines Wohnungseigentümers wahrnehmen, muss ihn der Verkäufer dazu ERMÄCHTIGEN. Auf eine solche Ermächtigung – etwa im Kaufvertrag – sollte der Zweiterwerber unbedingt Wert legen. Nur so kann er in der Wohnungseigentumsanlage Rechte ausüben. Umgekehrt wird der Veräußerer in aller Regel mit Übergang des Besitzes darauf achten, dass jedenfalls in seinem Verhältnis zum Erwerber DIESER verpflichtet ist, die Kosten und Lasten zu tragen.

MUSTER: VOLLMACHT DES ERWERBERS
Ich erteile Herrn und Frau ___ [Name und Adresse] Vollmacht, meine sämtlichen Rechte als Wohnungseigentümer in der Wohnungseigentumsanlage ___ [Adresse] und der dortigen Gemeinschaft der Wohnungseigentümer in meinem Namen wahrzunehmen.
Datum
Unterschrift

II. Miteigentumsanteil

1. Begriff

Der Eigentümer eines Wohnungseigentums, der Wohnungseigentümer, ist einerseits Alleineigentümer des Sondereigentums. Hier sprechen wir ihn als Sondereigentümer an. Der Wohnungseigentümer ist andererseits aber auch MITEIGENTÜMER des gemeinschaftlichen Eigentums. Gemeinschaftliches Eigentum sind das Grundstück, das oder die darauf stehenden Gebäude, die wesentlichen Bestandteile des Grundstücks und der Gebäude sowie sämtliche Räume, soweit daran kein Sondereigentum besteht.

Jeder Wohnungseigentümer hat am gemeinschaftlichen Eigentum einen MITEIGENTUMSANTEIL. Dieser wird in der Praxis, beispielsweise im Wirtschaftsplan, häufig „MEA“ abgekürzt.

2. Größe

Die Miteigentumsanteile haben eine bestimmte „Größe“. Die Größe wird in der Regel in 10.000stel, 1.000stel oder 100stel des Ganzen ausgedrückt.

GRÖSSE DER MITEIGENTUMSANTEILE
Die Miteigentumsanteile können dieselbe Größe haben. So kann es etwa in einer Wohnungseigentumsanlage 5 Miteigentumsanteile geben, deren Größe jeweils $^{20}/_{100}$ (oder ebenbürtig $^{1}/_{5}$) beträgt. Vorstellbar – und die Regel – ist allerdings, dass die Anteile eine verschiedene Größe haben, etwa 2 Miteigentumsanteile mit einer Größe von jeweils $^{40}/_{100}$ und 2 mit einer Größe von jeweils $^{10}/_{100}$.

Wie die Größe der Miteigentumsanteile festgelegt wird, überlässt das Gesetz der freien Bestimmung durch die Wohnungseigentümer. Zwar ist eine Übereinstimmung der Größe der Miteigentumsanteile am gemeinschaftlichen Eigentum und der Werte der Sondereigentumsrechte WÜNSCHENSWERT. Es ist aber den Wohnungseigentümern überlassen, ob sie diese Übereinstimmung herbeiführen.

Unbillige Bestimmung

Die Größe der Miteigentumsanteile bestimmt in der Regel der frühere Alleineigentümer in der Teilungserklärung. Ist die Bestimmung unbillig, können die Wohnungseigentümer die Größe ändern. In bestimmten, seltenen Fällen hat ein Wohnungseigentümer einen Anspruch auf eine solche Änderung und kann sie einklagen. Meist hilft es allerdings schon, andere Umlageschlüssel zu beschließen (6. Kapitel Umlageschlüssel › S. 146 ff.).

3. Funktionen

Das Gesetz schlägt die Größe der Miteigentumsanteile als Umlageschlüssel für die Kosten der Gemeinschaft der Wohnungseigentümer vor. Die Größe gibt ferner an, in welcher Höhe ein Wohnungseigentümer einem Dritten für Verbindlichkeiten der Gemeinschaft der Wohnungseigentümer haftet. Und auch für die Antwort auf die Frage, wer die Kosten einer baulichen Veränderung zu tragen hat, kann die Größe eines Miteigentumsanteils eine Rolle spielen.

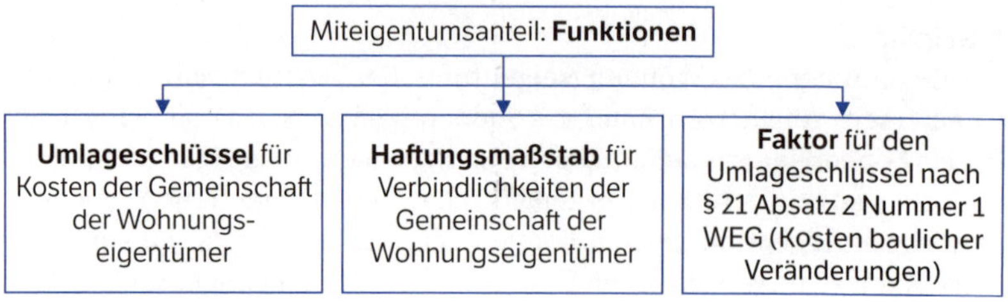

Funktion der Miteigentumsanteile

III. Teilungsvertrag und Teilungserklärung

1. Funktion

Welche RÄUME im gemeinschaftlichen Eigentum und welche im Sondereigentum stehen sollen, bestimmen der Teilungsvertrag oder die Teilungserklärung sowie der diesen beigefügte „Aufteilungsplan“.

AUFTEILUNGSPLAN
Ein Aufteilungsplan ist eine von der Baubehörde mit Unterschrift und Siegel oder Stempel versehene Bauzeichnung, aus der die Aufteilung des Gebäudes sowie die Lage und Größe der im Sondereigentum und der im gemeinschaftlichen Eigentum stehenden wesentlichen Gebäudebestandteile ersichtlich ist.

Ferner ist diesen Unterlagen zu entnehmen, wo die GRENZEN des gemeinschaftlichen Eigentums und des Sondereigentums verlaufen. Die TATSÄCHLICHEN Verhältnisse, etwa wie Mauern errichtet sind, sind für eine Einordnung unerheblich.

Spitzboden

Ist etwa ein nicht besonders zugewiesener Spitzboden nur durch ein Sondereigentum zugänglich (manche sprechen hier vom einem „faktischen Sondernutzungsrecht“), macht diese Lage allein ihn nicht zum (weiteren) Gegenstand des Sondereigentums. Der Spitzboden ist vielmehr ohne ausdrückliche Zuweisung gemeinschaftliches Eigentum. Seine Lage kann sogar dazu führen, dass auch das „Durchgangssondereigentum“ gemeinschaftliches Eigentum wird; Entsprechendes gilt für „vergessene“ Räume und Balkone (› S. 19).

2. Bezugspunkt
Nur ein RAUM kann im Teilungsvertrag oder in der Teilungserklärung zum SONDEREIGENTUM erklärt werden. Als ein Raum werden auch

- Balkone (› S. 19),
- Dachterrassen,
- Innenhöfe und
- Loggien angesehen.
- Für Stellplätze bestimmt das Gesetz, dass sie als Räume anzusehen sind. Wo die Stellplätze liegen, etwa in oder außerhalb einer Garage, ist unerheblich.

Erstreckung
Gartenflächen und Terrassen sind kein Raum. Auf sie kann aber unter bestimmten Voraussetzungen das Sondereigentum an einem Raum erstreckt werden.

Liste in Teilungsvertrag oder Teilungserklärung
Teile, Anlagen oder Ähnliches, die als WESENTLICHE GEBÄUDEBESTANDTEILE zu einem Raum gehören, können grundsätzlich NICHT zum SONDEREIGENTUM erklärt werden. Soweit sich in der Teilungserklärung eine Liste findet, welche wesentlichen Gebäudebestandteile zum Sondereigentum gehören, etwa:

„Es wird festgelegt, dass zum Sondereigentum gehören:
- Der Fußbodenbelag, ausgenommen Estrich und der Deckenputz, sowie gegebenenfalls die Deckenverkleidung der im Sondereigentum stehenden Räume einschließlich der zu der jeweiligen Raumeinheit gehörenden Balkone, nicht jedoch der Unterputz der Balkone;
- die nicht tragenden Zwischenwände;
- der Wandinnenputz und die Wandinnenverkleidung sämtlicher zum Sondereigentum gehörenden Räume, auch soweit die innenputztragenden Wände nicht zum Sondereigentum gehören;
- die Innentüren einschließlich Verglasung, Schlösser, Beschläge unter anderm der im Sondereigentum stehenden Räume;
- sämtliche innerhalb der im Sondereigentum stehenden Räume befindlichen Einrichtungen und Ausstattungsgegenstände;
- die Wasserleitungen ab Ausgang am Zähler;
- die Versorgungsleitungen für Strom ab Ausgang am Zähler;
- die Entwässerungsleitungen bis zur Anschlussstelle an die gemeinsame Fallleitung;
- die Klingel- und Türöffneranlage sowie Antennen- bzw. Breitbandkabelzuleitungen bis zur gemeinsamen Hauptleitung ...“

TEILUNGSERKLÄRUNG UND TEILUNGSVERTRAG
Teilungserklärung ist die Erklärung eines Alleineigentümers gegenüber dem Grundbuchamt, dass sein Alleineigentum untergehen und stattdessen gemeinschaftliches Eigentum und Sondereigentum entstehen sollen. Teilungsvertrag ist der Vertrag mehrerer Eigentümer, dass ihr Miteigentum untergehen und stattdessen gemeinschaftliches Eigentum und Sondereigentum entstehen sollen.
Mit der Teilungserklärung/dem Teilungsvertrag werden die Anzahl und die Größe der Miteigentumsanteile bestimmt. Ferner wird für jeden Miteigentumsanteil angegeben, ob – bezogen auf das Sondereigentum und seine Zwecke – er mit einem Wohnungs- und/oder Teileigentum verbunden ist. Die Teilungserklärung/der Teilungsvertrag werden häufig verwechselt mit der Gemeinschaftsordnung. Mit der Teilungserklärung/dem Teilungsvertrag muss ein Aufteilungsplan und eine Abgeschlossenheitsbescheinigung beim Grundbuchamt eingereicht werden.

ist hierin eine UNVERBINDLICHE Beschreibung zu sehen, welche wesentlichen Gebäudebestandteile nach Ansicht des beurkundenden Notars zu einem im Sondereigentum stehenden Raum gehören und ebenfalls im Sondereigentum stehen.

In einer solchen „Zuweisung“ kann sich im Wege der Auslegung im Einzelfall ein Sondernutzungsrecht (dazu 4. Kapitel Gebrauch › S. 115) oder eine Umlagevereinbarung (dazu 6. Kapitel Umlageschlüssel › S. 145) verbergen.

IV. Wohnungseigentum und Teileigentum

Im Teilungsvertrag oder in der Teilungserklärung kann

- an Wohnungen das WOHNUNGSEIGENTUM und
- an nicht zu Wohnzwecken dienenden Räumen eines Gebäudes das TEILEIGENTUM begründet werden.

WEG § 1 Absatz 2 und Absatz 3
(2) Wohnungseigentum ist das Sondereigentum an einer Wohnung in Verbindung mit dem Miteigentumsanteil an dem gemeinschaftlichen Eigentum, zu dem es gehört.
(3) Teileigentum ist das Sondereigentum an nicht zu Wohnzwecken dienenden Räumen eines Gebäudes in Verbindung mit dem Miteigentumsanteil an dem gemeinschaftlichen Eigentum, zu dem es gehört.

Vereinbarung
Die Bestimmung, ob Wohnungseigentum oder Teileigentum vorliegt, soll nach Ansicht des Bundesgerichtshofs eine Vereinbarung der Wohnungseigentümer für ihr Verhältnis untereinander sein. Daher kann man eine Person in der Gemeinschaftsordnung ermächtigen, Teileigentum in Wohnungseigentum umzuwidmen und umgekehrt.

Wohnungseigentum in diesem Sinne ist das Sondereigentum an einer Wohnung in VERBINDUNG mit einem Miteigentumsanteil an dem gemeinschaftlichen Eigentum. Teileigentum in diesem Sinne ist das Sondereigentum an nicht zu Wohnzwecken dienenden Räumen eines Gebäudes in VERBINDUNG mit einem Miteigentumsanteil an dem gemeinschaftlichen Eigentum.

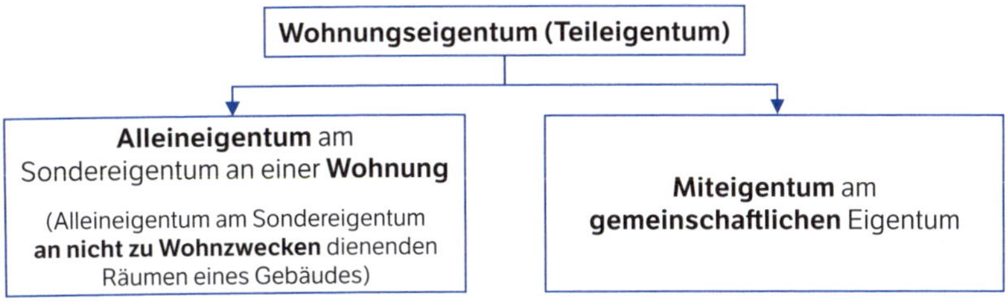

Wohnungs- oder Teileigentum

Die VERKLAMMERUNG von Sondereigentum und gemeinschaftlichem Eigentum ist UNAUFLÖSLICH. Man kann also weder nur Sondereigentum noch kann man nur gemeinschaftliches Eigentum erwerben. Das Sondereigentum kann ohne den Miteigentumsanteil, zu dem es gehört, auch nicht veräußert oder belastet werden.

Isoliertes oder substanzloses Miteigentum

Im Einzelfall ist eine Person allerdings doch nur Miteigentümer und hat kein Sondereigentum. Überblick zu solchen Fällen „substanzlosen" Miteigentums:

- Das mit dem Miteigentumsanteil verbundene Sondereigentum ist nicht sondereigentumsfähig. Dies ist beispielsweise der Fall, wenn der Raum, der im Sondereigentum steht, das Treppenhaus eines Gebäudes mit mehreren Wohnungen ist, die nicht nur einer Person gehören.
- Ein Miteigentumsanteil wird mit einem nicht ausreichend bestimmten Sondereigentum verbunden. So ein Fall liegt etwa vor, wenn bei der Beschreibung des Sondereigentums an zwei Speicherflächen ein im Wege der Auslegung nicht mehr ausräumbarer Widerspruch besteht.
- Die tatsächliche Bauausführung weicht vom Aufteilungsplan in einer Weise ab, die es unmöglich macht, die errichteten Räume einer in dem Aufteilungsplan ausgewiesenen Raumeinheit zuzuordnen.
- In der Praxis kommt es sogar stets – vorübergehend – zu einem substanzlosen Miteigentumsanteil, wenn Wohnungseigentum an einem noch auf dem Grundstück zu errichtenden Gebäude eingeräumt wird. Denn das den Miteigentumsanteilen am Grundstück jeweils zugeordnete, im Wesentlichen abgeschlossene Sondereigentum entsteht nach überwiegender Ansicht erst mit der schrittweisen Herstellung (Umschließung) der jeweiligen Wohnung bzw. der Räume, die nicht dem Wohnen dienen sollen, spätestens mit der Herstellung des Gebäudes.
- Die nummernmäßige Bezeichnung sämtlicher Räume, die im Sondereigentum stehen sollen, wird verwechselt.

V. Gemeinschaftliches Eigentum und Sondereigentum

1. Überblick

Für die Frage, welche Rechte ein Wohnungseigentümer hat, ist es wichtig, zwischen dem gemeinschaftlichen Eigentum (dieses steht im Miteigentum aller Wohnungseigentümer) und dem Sondereigentum (dieses steht im Alleineigentum des Wohnungseigentümers, kann aber auch im Miteigentum stehen, etwa bei Eheleuten) zu unterscheiden.

Alleineigentum

Wenn man von gemeinschaftlichem Eigentum und Sondereigentum spricht, meint man immer das Grundstück, das Gebäude und die wesentlichen Bestandteile des Gebäudes. Nicht angesprochen ist das „übrige" Eigentum. Kauft ein Wohnungseigentümer etwa im Baumarkt einen Hammer, bezahlt er diesen vollständig und hängt ihn mit einem Nagel an die Wand seines Sondereigentums (umgangssprachlich: Eigentumswohnung), kann man die Frage, ob der Hammer im gemeinschaftlichen Eigentum oder im Sondereigentum steht, nicht sinnvoll stellen: Der Hammer ist weder das eine noch das andere. Er steht schlicht im Eigentum des Käufers.

Von der sorgfältigen Unterscheidung von gemeinschaftlichem und Sondereigentum hängen WESENTLICHE Weichenstellungen ab, vor allem die Fragen:

- welche Benutzung (Gebrauch und Nutzungen) zulässig ist;
- wer Eigentümer eines Raums bzw. der wesentlichen Bestandteile des Raums ist;
- wer die Kosten zu tragen hat für:
  - den Betrieb,
  - die Verwaltung,
  - eine Erhaltung,
  - Maßnahmen, die über die ordnungsmäßige Erhaltung hinausgehen;
- welche Teile der Wohnungseigentumsanlage der Verwalter als Organ der Gemeinschaft der Wohnungseigentümer zu verwalten hat.

Liste: gemeinschaftliches und Sondereigentum
In den Einzelheiten ist vieles streitig. Eine Liste, welche die herrschende Meinung bei den jeweiligen Zuordnungen anführt und zum Teil Erläuterungen gibt, ist am Ende dieses Kapitels zu finden.

2. Gemeinschaftliches Eigentum
Gemeinschaftliches Eigentum sind die unbeweglichen Sachen in einer Wohnungseigentumsanlage, die nicht im Sondereigentum stehen. Am gemeinschaftlichen Eigentum besteht eine Gemeinschaft der Wohnungseigentümer nach Bruchteilen.

- Am gemeinschaftlichen Eigentum hat jeder Wohnungseigentümer als Miteigentümer ein MITGEBRAUCHSRECHT (dazu 4. Kapitel Gebrauch › S. 100) und
- ein MITNUTZUNGSRECHT (5. Kapitel Nutzung › S. 128).

Die Wohnungseigentümer können etwas anderes bestimmen.

Bauliche Veränderungen
Hat ein Wohnungseigentümer die Kosten einer baulichen Veränderung getragen, etwa der Errichtung eines Balkons, einer Ladestation zum Laden elektrisch betriebener Fahrzeuge oder eines Personenaufzugs, kann er diese bauliche Veränderung allein benutzen, obwohl sie in der Regel im gemeinschaftlichen Eigentum steht. Ein Wohnungseigentümer, der nicht berechtigt ist, Nutzungen zu ziehen, kann allerdings verlangen, dass ihm dies nach billigem Ermessen gegen angemessenen Ausgleich gestattet wird.

3. Sondereigentum
Im Sondereigentum stehen die in der Teilungserklärung oder im Teilungsvertrag dazu bestimmten

- RÄUME
- sowie die zu diesen Räumen gehörenden BESTANDTEILE DES GEBÄUDES, die
    - verändert,
    - beseitigt oder
    - eingefügt werden können,
    - ohne dass dadurch das gemeinschaftliche Eigentum oder ein auf Sondereigentum beruhendes Recht eines anderen Wohnungseigentümers über das bei einem geordneten Zusammenleben unvermeidliche Maß hinaus beeinträchtigt oder die äußere Gestaltung des Gebäudes verändert wird.

Annexeigentum
Das Sondereigentum kann ferner auf einen außerhalb des Gebäudes liegenden Teil des Grundstücks erstreckt werden (Annexeigentum). Baut der Eigentümer auf dieser Fläche, steht auch das dort errichtete Gebäude, etwa eine Garage, in seinem Eigentum.

Sondereigentum ist Alleineigentum und wird durch das Grundgesetz geschützt. Am Sondereigentum besteht ein alleiniges Benutzungsrecht. Verwaltet wird das Sondereigentum von seinem Eigentümer, dem Wohnungseigentümer oder einem von ihm eingesetzten „Sondereigentumsverwalter" (das kann auch der WEG-Verwalter sein; dafür bedarf es aber eines gesonderten Vertrags).

Umgang
Mit seinem Sondereigentum kann ein Wohnungseigentümer grundsätzlich beliebig umgehen. Sondereigentum kann beispielsweise

- vermietet (5. Kapitel Nutzung › S. 129 ff.),
- vererbt oder
- vollständig oder teilweise veräußert werden (3. Kapitel Sachenrecht › S. 75 ff.).

Das Sondereigentum kann belastet werden. Dies meint, dass ein Dritter Rechte in Bezug auf das Sondereigentum erlangt. So ist es beispielsweise, wenn der Eigentümer einer Bank, die ihm ein Darlehen gewährt, eine Hypothek oder Grundschuld bestellt (dazu 3. Kapitel Sachenrecht › S. 70). Überblick:

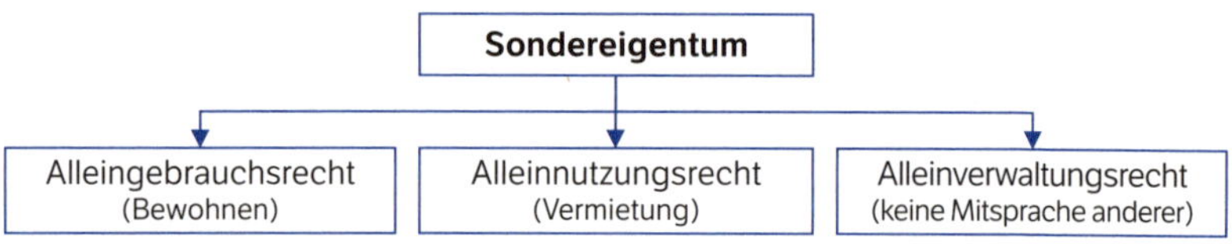

Die Rechte des Sondereigentümers

Sondereigentum besteht an einer dazu bestimmten Wohnung und/oder an nicht zu Wohnzwecken dienenden bestimmten Räumen. Räume, die KEINEN Wohnzwecken dienen, sind zum einen die Nebenräume einer Wohnung, beispielsweise ein Boden- oder Kellerraum. Ferner dienen Räume, in denen ein Mieter oder Pächter sein Unternehmen betreibt, nicht dem Wohnen. Solche Räume finden sich häufig in Einkaufszentren, aber auch im Erdgeschoss oder Keller einer Wohnungseigentumsanlage, wo es im Übrigen nur Wohnungseigentum gibt. In Nebenräumen darf

NICHT DAUERHAFT gewohnt werden. Stattdessen darf dort – ist nichts anderes bestimmt – jeder anderen Tätigkeit nachgegangen werden.

Teileigentumsanlagen und gemischte Anlagen
Auch in einer Teileigentumsanlage darf man nicht in Räumen wohnen, die dazu nicht bestimmt sind. In einer Anlage, in der es sowohl Wohnungs- als auch Teileigentum gibt, wird hingegen in der Regel das Wohnen nach einer typisierenden Betrachtungsweise nicht mehr stören als die Benutzung der Räume zu Nichtwohnzwecken.

4. Sonderfall Balkon

Ein Balkon ist nach überwiegender Meinung ein Raum und kann zum Sondereigentum erklärt werden.

Andere Ansicht
Nach anderer Ansicht ist er in Ermangelung ausreichender vertikaler Abschlüsse und einer Decke kein Raum, sondern wesentlicher Bestandteil des Sondereigentums, dem er räumlich zugeordnet ist.

Zu unterscheiden ist zwischen dem Balkon als Raum (der Luft über der Bodenplatte) und den wesentlichen Gebäudebestandteilen dieses (Balkon-)Raums.

- Ist der Balkonraum dem Sondereigentum zugeordnet, steht der Luftraum über seiner Bodenplatte nach herrschender Ansicht im SONDEReigentum.
- Ferner stehen die WESENTLICHEN GEBÄUDEBESTANDTEILE dieses Raums im Sondereigentum – soweit das Gesetz dem nicht entgegensteht. Im Sondereigentum stehen daher in der Regel ein etwa vorhandener Bodenbelag einschließlich Verfugung und Mörtelbett bzw. Untergrund, der Putz, Anstrich, Verkleidungen, Vertäfelungen usw. der Balkonbrüstung.
- Im GEMEINSCHAFTLICHEN Eigentum stehen hingegen immer die „konstruktiven Balkonteile“, mithin:
  - Außenanstrich oder Außenverkleidung samt Decken, Balkongittern, Geländern und Seitenwänden, auch dann, wenn ihnen keine tragende Funktion zukommt;
  - Balkonaußenwände;
  - eine die äußere Gebäudegestaltung beeinflussende Balkonplatte;
  - Bodenplatte samt darauf angebrachter Isolierung;
  - Dachunterspannbahn, Balkondecke und Abschlussgitter;
  - Balkonbrüstung;
  - Balkonstützen;

- Balkontüren;
- Balkonisolierung, etwa die unter dem Oberbelag liegende Feuchtigkeits-, Wärme- und Trittschalldämmung oder eine Isolierschicht unterhalb der Kragplatte;
- Trennwand zwischen 2 Balkonen;
- Abtrennung eines Ständerbalkons zwischen 2 Wohnungen;
- Abdichtungsanschluss zwischen Balkon und Gebäude;
- Regenabflussinstallation.

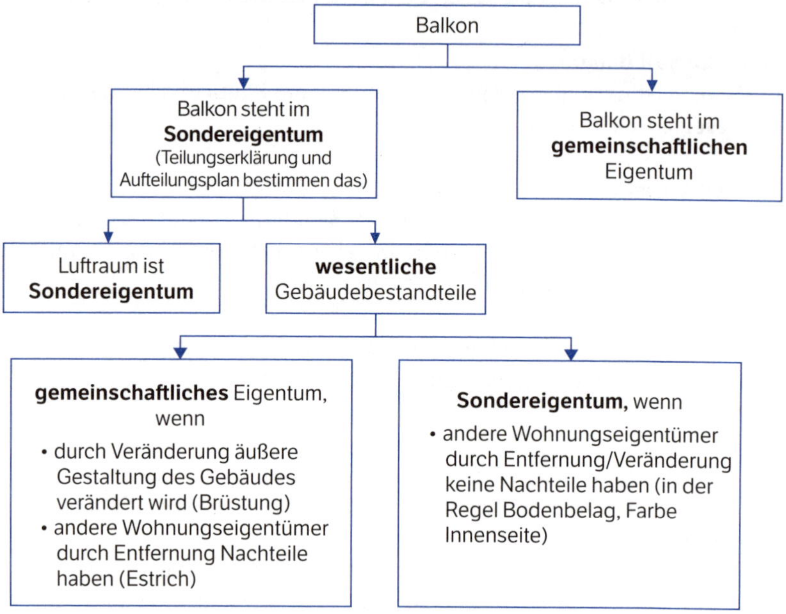

Überblick zum gemeinschaftlichen Eigentum bei einem Balkon

Der Gebrauch eines Balkons muss sich im Rahmen seiner Zweckbestimmung halten. Bei einem Wohnungseigentum kann auf dem Balkon also gemacht werden, was auch im Sondereigentum zulässig ist.

Rücksichtnahme

Der Wohnungseigentümer muss beim Gebrauch des Balkons RÜCKSICHT auf die anderen Wohnungseigentümer nehmen. Unzulässig ist es zum Beispiel, Futterkästen für Tauben aufzustellen oder andauernd geruchsintensive Duftkerzen abzubrennen. Blumenkästen sollten in der Regel innen befestigt werden (siehe dazu noch 4. Kapitel Gebrauch › S. 101).

Rauchen auf dem Balkon
Auf dem Balkon ist Rauchen zulässig, wenn vom Rauch für die anderen Wohnungseigentümer oder ihre Mieter keine Gesundheitsbeeinträchtigung ausgeht. Wird auf dem Balkon hingegen in einem Maße geraucht, dass vom Rauch eine WESENTLICHE Beeinträchtigung ausgeht, müssen die Rechte der Wohnungseigentümer in einen angemessenen Ausgleich gebracht werden. Im Allgemeinen wird dies auf eine Regelung nach Zeitabschnitten hinauslaufen. Verfügt ein Wohnungseigentum über 2 Balkone, kann es nach dem Gemeinschaftsverhältnis (22. Kapitel Minderheitenschutz › S. 460) auch geboten sein, dass der Raucher nur einen Balkon zum Rauchen gebraucht.

5. Sonderfall Stellplatz
Stellplätze können im gemeinschaftlichen Eigentum stehen. Sie können aber auch im Sondereigentum stehen. Was gilt, ist eine Frage der Bestimmungen des Teilungsvertrags oder der Teilungserklärung. Ferner ist es möglich, dass an einem Stellplatz ein Sondernutzungsrecht besteht.

Alte Rechtslage
Für Stellplätze außerhalb einer Garage war bis zum 30. November 2020 die Vereinbarung eines Sondernutzungsrechts sogar die EINZIGE Möglichkeit, die Benutzung einem Wohnungseigentümer vorzubehalten.

Eine Vorrichtung, die es durch eine Hebebühne erlaubt, das auf einem Stellplatz mehrere Pkw stehen, ist ein Mehrfachparker (Doppelparker, Duplexparker). An den Stellplätzen eines Mehrfachparkers kann Sondereigentum bestehen. Die Stellplätze können nach dem Teilungsvertrag oder der Teilungserklärung aber auch im gemeinschaftlichen Eigentum stehen. Dann ist es möglich, dass an ihnen ein Sondernutzungsrecht besteht.

VI. Gemeinschaft nach Bruchteilen

1. Überblick
Die Wohnungseigentümer sind Miteigentümer des gemeinschaftlichen Eigentums. Als Miteigentümer bilden sie eine Gemeinschaft nach Bruchteilen. Ob diese Gemeinschaft mit der Gemeinschaft der Wohnungseigentümer identisch ist, ist noch nicht geklärt. Wichtig ist jedenfalls, dass das gemeinschaftliche Eigentum den Wohnungseigentümern in Gemeinschaft gehört. Die Wohnungseigentümer sind insoweit als Teilhaber anzusprechen.

Gemeinschaftsvermögen

Das Gemeinschaftsvermögen, etwa die Verwaltungsunterlagen, ist hingegen Eigentum der Gemeinschaft der Wohnungseigentümer.

2. Untergemeinschaften

In Bezug auf das gemeinschaftliche Eigentum gibt es im Rechtssinne keine „Untergemeinschaften". Das gemeinschaftliche Eigentum gehört stets ALLEN Wohnungseigentümern. Gemeinschaftliches Eigentum nur eines Teils der Wohnungseigentümer ist nicht vorstellbar. Entsprechendes gilt für die Gemeinschaft der Wohnungseigentümer: Es gibt immer nur EINE Gemeinschaft der Wohnungseigentümer. Dies gilt im Übrigen auch für den Verwalter: in einer Wohnungseigentumsanlage kann es immer nur EINEN Verwalter geben.

Die Wohnungseigentümer sind berechtigt, durch eine VEREINBARUNG Untergemeinschaften zu errichten. Es kann etwa Folgendes vereinbart sein (siehe im Einzelnen 23. Kapitel Mehrhausanlagen › S. 468 ff.):

- ERHALTUNGSMASSNAHMEN: Es kann vereinbart werden, dass nur die Wohnungseigentümer, deren Sondereigentum in einem bestimmten Gebäude liegt, über die Erhaltungsmaßnahmen beschließen dürfen, die dieses Gebäude betreffen. In diesem Falle muss zugleich bestimmt werden, dass die durch diese Maßnahmen verursachten Kosten allein von diesen Wohnungseigentümern zu tragen sind.
- KOSTEN UND LASTEN. Es ist möglich, die Kosten und Lasten für einzelne Gebäude (Untergemeinschaften) getrennt zu ermitteln und anhand entsprechender Umlageschlüssel abzurechnen.
- RÜCKLAGEN. Es kann vereinbart werden, buchhalterisch getrennte Erhaltungsrücklagen oder andere Rücklagen für verschiedene „Untergemeinschaften" zu führen.
- STIMMRECHT. Es ist möglich, dass nur bestimmte Wohnungseigentümer, etwa solche, deren Sondereigentum in einem bestimmten Gebäude liegt, für einen bestimmten Beschlussgegenstand stimmberechtigt sind. Beschlussgegenstand sind in der Regel solche Maßnahmen, von denen nur bestimmte Wohnungseigentümer betroffen sind. Die gegen Beschlüsse dieser Wohnungseigentümer gerichteten Anfechtungs- und Nichtigkeitsklagen sind allerdings gegen alle übrigen Wohnungseigentümer zu richten.
- VERSAMMLUNG. Es ist möglich, eine Versammlung nur für bestimmte Wohnungseigentümer abzuhalten (Teilversammlung). Diese Versammlung ist neben der Versammlung für alle Wohnungseigentümer durchzuführen, kann in der Regel aber auch zusammen mit dieser abgehalten werden.

- WIRTSCHAFTSPLÄNE UND JAHRESABRECHNUNGEN. Es ist möglich, für jedes von mehreren Gebäuden jeweils gesonderte Wirtschaftspläne und Jahresabrechnungen zu erstellen. Diese Pläne und Abrechnungen ergänzen den Plan und die Jahresabrechnung für sämtliche Wohnungseigentümer.

VII. Gemeinsames Wohnungseigentum

Erwerben mehrere Personen gemeinsam ein Wohnungseigentum oder einen Stellplatz, bilden sie eine nicht rechtsfähige Gemeinschaft nach Bruchteilen (siehe auch › S. 21). So wird es in der Regel bei Eheleuten oder Lebenspartnern der Fall sein. Innerhalb dieser Gemeinschaft nach Bruchteilen gelten NICHT die Vorschriften des Wohnungseigentumsrechts, sondern die Bestimmungen des bürgerlichen Rechts (BGB) zur Gemeinschaft.

Checkliste: Gemeinsames Wohnungseigentum

Steht ein Wohnungseigentum mehreren zu, ist unter anderem Folgendes wichtig:

- ☐ BENUTZUNG. Jeder Teilhaber der Gemeinschaft nach Bruchteilen kann das Miteigentum benutzen. Dies gilt für das Sondereigentum, aber auch für das gemeinschaftliche Eigentum der gesamten Eigentümergemeinschaft. Die Teilhaber können etwas anderes bestimmen. Jeder Teilhaber kann eine dem Interesse aller Teilhaber nach billigem Ermessen entsprechende Benutzung verlangen. Etwas anderes gilt, wenn die Benutzung durch Vereinbarung oder durch Beschluss geregelt ist.
- ☐ BESCHLUSSFASSUNGEN. Die Teilhaber haben mit Stimmenmehrheit über eine ordnungsmäßige Verwaltung und Benutzung zu beschließen. Das Stimmrecht bemisst sich nicht nach der Anzahl der Teilhaber, sondern nach der Größe ihrer Anteile am Wohnungseigentum. Der Beschluss ist nicht anfechtbar. Entspricht er keiner ordnungsmäßigen Verwaltung, ist er nichtig.
- ☐ ERHALTUNG. Jeder Teilhaber ist berechtigt, die zur Erhaltung des Wohnungseigentums notwendigen Maßnahmen ohne Zustimmung der anderen Teilhaber zu treffen.
- ☐ VERWALTUNG. Die Verwaltung des entsprechenden Wohnungseigentums steht den Teilhabern gemeinschaftlich zu. Dies gilt für das Sondereigentum, aber auch für das gemeinschaftliche Eigentum der

gesamten Eigentümergemeinschaft. Die Teilhaber können etwas anderes bestimmen. Jeder Teilhaber kann eine dem Interesse aller Teilhaber nach billigem Ermessen entsprechende Verwaltung verlangen. Etwas anderes gilt, wenn die Verwaltung durch Vereinbarung oder durch Beschluss geregelt ist.

- WOHNUNGSEIGENTÜMER. Nach herrschender Ansicht stehen jedem Miteigentümer die Rechte zu, die das Gesetz, eine Vereinbarung oder ein Beschluss einem „Wohnungseigentümer" zuweisen. Jeder Mitberechtigte ist beispielsweise getrennt zu laden, darf das gemeinschaftliche Eigentum aus eigenem Recht gebrauchen und die Rechte eines Wohnungseigentümers geltend machen.

Stimmrecht in einer Versammlung der Wohnungseigentümer
Steht ein Wohnungseigentum mehreren gemeinschaftlich zu, so können sie das diesem Wohnungseigentum zugeordnete Stimmrecht allerdings nur einheitlich ausüben (15. Kapitel Versammlung › S. 289). Die Teilhaber sind an dieser Stelle als ein einziger Wohnungseigentümer anzusehen.

VIII. Selbstorganisationsrecht

Die Wohnungseigentümer haben für die Verwaltung des gemeinschaftlichen Eigentums sowie für die Regelung einer ordnungsmäßigen Benutzung des gemeinschaftlichen Eigentums und des Sondereigentums ein umfassendes SELBSTORGANISATIONSRECHT. Damit ist gemeint, dass das Gesetz den Wohnungseigentümern nur wenige Dinge vorschreibt, die diese zwingend beachten müssen und nicht abweichend regeln können. Ganz überwiegend ist es daher an den Wohnungseigentümern, nach billigem Ermessen zu entscheiden, wie ihr gemeinschaftliches Eigentum von der Gemeinschaft der Wohnungseigentümer verwaltet und das gemeinschaftliche Eigentum UND das Sondereigentum benutzt werden sollen.

Fehlende Bestimmungen
Wenn es an Bestimmungen der Wohnungseigentümer fehlt, gilt das Gesetz. Dieses ist allerdings lückenhaft. Es enthält Generalklauseln. Was zum Beispiel für die Benutzung des Treppenhauses gilt, ist im Detail im Gesetz nicht nachlesbar.

Nehmen die Wohnungseigentümer ihr Selbstorganisationsrecht wahr und treffen sie also Verwaltungs- und/oder Benutzungsentscheidungen, können diese von Wohnungseigentumsanlage zu Wohnungseigentumsanlage UNTERSCHIEDLICH ausfallen. Den Wohnungseigentümern ist aufgrund ihres Selbstorganisationsrechts ein weiter Gestaltungsspielraum eingeräumt. Dieser ist lediglich durch ein Willkürverbot beschränkt (8. Kapitel Verwaltung › S. 173 ff.). Er kann daher an einem Ort eng, an einem anderem weit ausgefüllt werden.

RUHEZEITEN
Welche Ruhezeiten gelten sollen, kann daher auch in benachbarten Wohnungseigentumsanlagen unterschiedlich bestimmt werden, ohne dass man die eine Regelung als „falsch", die andere aber als „richtig" ansehen könnte.

Zwingend ist hingegen geregelt, auf welche ART UND WEISE Wohnungseigentümer Verwaltungsentscheidungen treffen können. Es gibt hierfür in jeder Wohnungseigentumsanlage nur 2 Wege: Beschlüsse und Vereinbarungen.

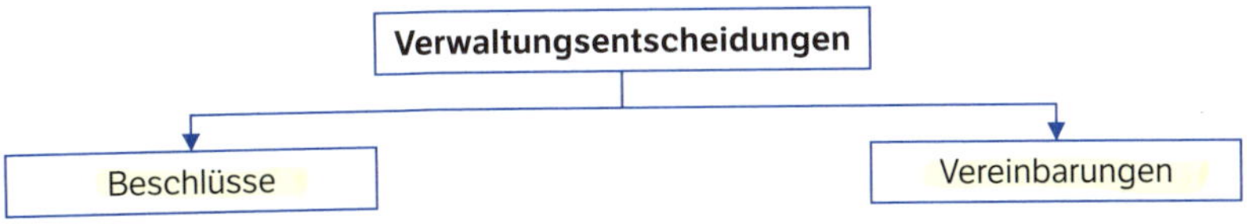

Verwaltungsentscheidungen

IX. Beschluss

1. Beschlusskompetenz

Die Wohnungseigentümer können ihre Angelegenheiten beschließen, sofern und soweit ihnen das Gesetz oder eine Vereinbarung („Öffnungsklausel") hierfür eine Beschlusskompetenz einräumt.

WEG § 23 Absatz 1 Satz 1
Angelegenheiten, über die nach diesem Gesetz oder nach einer Vereinbarung der Wohnungseigentümer die Wohnungseigentümer durch Beschluss entscheiden können, werden durch Beschlussfassung in einer Versammlung der Wohnungseigentümer geordnet.

Begriff der Verwaltung
Das Gesetz sieht bewusst von einer Klausel ab, nach der die Wohnungseigentümer über jeden Gegenstand beschließen könnten. Vor allem der Begriff der Verwaltung des gemeinschaftlichen Eigentums muss daher eng ausgelegt werden. Er umfasst allerdings mehr Dinge, als das Gesetz selbst als Beispiele nennt.

ÜBERBLICK ZU DEN BESCHLUSSKOMPETENZEN NACH HERRSCHENDER ANSICHT

VORSCHRIFT DES WEG	**BESCHLUSS**
§ 9b Absatz 1 Satz 1	zur Ermächtigung des Verwalters, Grundstückskauf- und/oder Darlehensverträge zu schließen
§ 9b Absatz 2	zur Ermächtigung eines Wohnungseigentümers, die Gemeinschaft der Wohnungseigentümer gegenüber dem Verwalter zu vertreten
§ 12 Absatz 1	zur Zustimmung zu einer konkreten Veräußerung
§ 12 Absatz 4 Satz 1	zur Beendigung einer Veräußerungsbeschränkung
§ 16 Absatz 2 Satz 2	über die Umlage einzelner Kosten oder bestimmter Arten von Kosten
§ 17 Absatz 1	zum Veräußerungszwang eines Wohnungseigentümers
§ 19 Absatz 1	zur Verwaltung des gemeinschaftlichen Eigentums zur Benutzung des gemeinschaftlichen Eigentums und des Sondereigentums zur Vergemeinschaftung bestimmter Mängelrechte gegen den Bauträger
§ 20 Absatz 1	zu baulichen Veränderungen dass einem Wohnungseigentümer gestattet wird, bauliche Veränderungen durchzuführen
§ 21 Absatz 5 Satz 1	zur Verteilung der Kosten und Nutzungen einer baulichen Veränderung
§ 23 Absatz 1 Satz 2	zur Ermöglichung einer Online-Teilnahme an Versammlungen
§ 23 Absatz 3 Satz 2	zur Ermöglichung eines Beschlusses ohne Versammlung mit Mehrheit der abgegebenen Stimmen
§ 24 Absatz 3	zur Ermächtigung eines Wohnungseigentümers, Versammlungen einzuberufen
§ 24 Absatz 5	zum Vorsitz in der Versammlung
§ 24 Absatz 8 Satz 2	zum Führer der Beschluss-Sammlung

VORSCHRIFT DES WEG	BESCHLUSS
§ 26 Absatz 1	zur Bestellung und Abbestellung des Verwalters
§ 27 Absatz 2	zur Erweiterung oder Beschränkung der Rechte und Pflichten des Verwalters
§ 28 Absatz 1 Satz 1	über Vorschüsse zur Kostentragung und zu Rücklagen
§ 28 Absatz 2 Satz 1	über Nachschüsse oder die Anpassung der beschlossenen Vorschüsse
§ 28 Absatz 3	zur Fälligkeit von Forderungen und zu deren Erfüllung
§ 29 Absatz 1 Satz 1	zur Bestellung eines Verwaltungsbeirats
§ 29 Absatz 1 Satz 2	zur Ernennung des Vorsitzenden und des Stellvertreters des Verwaltungsbeirats

Beispiele für fehlende Beschlusskompetenzen
Haben die Wohnungseigentümer nichts anderes vereinbart, fehlt ihnen etwa für die folgenden Gegenstände eine Beschlusskompetenz:

- ANSPRUCHSBEGRÜNDUNG UND -VERNICHTUNG: Es besteht keine Beschlusskompetenz, die persönliche Leistungs- und/oder Unterlassungspflicht eines Wohnungseigentümers oder eines Dritten zu begründen, beispielsweise Schnee zu räumen, das Treppenhaus zu reinigen, Gartenarbeiten zu verrichten, eine bauliche Veränderung rückgängig zu machen oder das gemeinschaftliche Eigentum zu erhalten. Es besteht ferner keine Beschlusskompetenz, Ansprüche zu vernichten.
- AUSLEGUNG: Nach herrschender Meinung besteht keine Beschlusskompetenz, die Gemeinschaftsordnung auszulegen.
- BELASTUNGSVERBOT: Es besteht keine Beschlusskompetenz, einem Wohnungseigentümer die Erhaltungspflicht/-last für das gemeinschaftliche Eigentum zu übertragen.
- BENUTZUNG: Es besteht keine Beschlusskompetenz eine nach dem Gesetz oder einer Vereinbarung zulässige Benutzung einzuengen oder zu entziehen.
- ERFÜLLUNG: Es besteht keine Beschlusskompetenz festzustellen, dass ein rechtskräftig titulierter Anspruch auf Beseitigung einer baulichen Veränderung trotz gewisser Maßabweichungen erfüllt ist.
- HAFTUNG: Es besteht keine Kompetenz, die Haftung eines Wohnungseigentümers für Hausgeldrückstände seines Rechtsvorgängers zu beschließen.

- NACHSCHUSS: Es besteht keine Beschlusskompetenz, bereits als Vorschuss geschuldete Hausgeldansprüche als Nachschuss erneut zu begründen.
- SACHENRECHT: Für Änderungen der Grenzen und des Gegenstandes des gemeinschaftlichen Eigentums und des Sondereigentums bzw. die Anzahl und Größe der Miteigentumsanteile besteht keine Beschlusskompetenz.
- SCHRIFTFORM: Es besteht keine Beschlusskompetenz, für Beschlussanträge die Schriftform und eine schriftliche Begründung vorzuschreiben.
- SONDEREIGENTUM: Es besteht keine Beschlusskompetenz, in die Verwaltung des Sondereigentums einzugreifen.
- SONDERNUTZUNGSRECHT: Es besteht keine Beschlusskompetenz, ein Sondernutzungsrecht zu begründen.

2. Anfechtbarkeit und Nichtigkeit

Ein Beschluss ist NICHTIG, entfaltet also keine Wirkung, wenn er gegen zwingende Vorschriften verstößt. Dasselbe gilt, wenn ein Beschluss eine dauerhafte Änderung einer gesetzlichen oder einer vereinbarten Regelung zum Ziel hat, denn Vereinbarungen haben einen höheren Rang als Beschlüsse.

Wenden die Wohnungseigentümer durch einen Beschluss im Einzelfall das Gesetz oder eine Vereinbarung falsch an, zum Beispiel aufgrund falscher Auslegung, ist der Beschluss ebenfalls nicht ordnungsmäßig, aber nicht nichtig, sondern nur ANFECHTBAR. Eine bloße Anfechtbarkeit ist auch dann anzunehmen, wenn ein Beschluss

- nicht ordnungsmäßig zustande gekommen ist (formeller Beschlussmangel; dazu 20. Kapitel WEG-Streitigkeiten › S. 431),
- inhaltlich keiner ordnungsmäßigen Verwaltung entspricht (materieller Beschlussmangel; dazu 20. Kapitel WEG-Streitigkeiten › S. 432),
- ermessensfehlerhaft ist (materieller Beschlussmangel; dazu 20. Kapitel WEG-Streitigkeiten › S. 432) oder
- gegen den Grundsatz der Gleichbehandlung verstößt (materieller Beschlussmangel; dazu 22. Kapitel Minderheitenschutz › S. 456).

SUBTRAKTIONSVERFAHREN
Beim Subtraktionsverfahren wird nach Ermittlung der Ja-Stimmen (oder Nein-Stimmen) und der Enthaltungen durch Subtraktion von den insgesamt vertretenen Stimmen auf die Zahl der nicht abgefragten geschlossen und so das Ergebnis festgestellt.

3. Versammlung

Beschlüsse werden in einer VERSAMMLUNG gefasst, die zu diesem Zweck VORHER von einem dazu BERECHTIGTEN einberufen wurde.

Diese Versammlung ist unabhängig davon beschlussfähig, wie viele Wohnungseigentümer erscheinen oder sich vertreten lassen. Es spielt auch keine Rolle, wie viele Miteigentumsanteile die Wohnungseigentümer, die erschienen sind oder sich vertreten lassen, auf sich vereinigen. Die Wohnungseigentümer können etwas anderes vereinbaren.

Universalversammlung

Die Wohnungseigentümer (persönlich oder wirksam vertreten) können sich jederzeit spontan oder auf Anregung von wem auch immer versammeln. Eine Universalversammlung beseitigt sämtliche Einberufungsmängel, wenn alle Wohnungseigentümer allstimmig und mit dem Wissen, dass die gesetzlichen Vorschriften etwas anderes bestimmen, auf die im Vorfeld einer Versammlung ansonsten notwendigen Schritte (Ladungen, Tagesordnung, et cetera) verzichten und festlegen, eine Versammlung abzuhalten und dort über bestimmte Angelegenheiten zu beschließen.

Bei der Beschlussfassung in einer VERSAMMLUNG entscheidet die MEHRHEIT der abgegebenen Stimmen. Stimmenthaltungen werden nicht als „Nein"-Stimmen gezählt. Ein positiver Beschluss ist gefasst und ein Beschlussantrag angenommen, wenn die „Ja"-Stimmen die „Nein"-Stimmen überwiegen. Die Wohnungseigentümer können etwas anderes vereinbaren.

Überwiegen die „Nein"-Stimmen die „Ja-Stimmen", liegt AUCH ein Beschluss vor. Diesen Beschluss nennt man „negativ". Er enthält zum einen die Ablehnung eines Beschlussantrags. Zum anderen schließt er aber auch Schadenersatzansprüche wegen der Verzögerung einer Erhaltungsmaßnahme aus, wenn er nicht angegriffen wird. Im Übrigen ist er in der Regel die Voraussetzung für die Erhebung einer Beschlussersetzungsklage. Für ihre Zulässigkeit muss ein Wohnungseigentümer nämlich die anderen Wohnungseigentümer zuvor mit seinem Beschlussantrag erfolglos befasst haben.

Beschluss über eine bauliche Veränderung

Auch ein Beschluss über eine bauliche Veränderung bedarf nur einer einfachen Mehrheit. Hier besteht aber die Besonderheit, dass im Einzelfall alle Wohnungseigentümer die Kosten einer baulichen Veränderung zu tragen haben. Dies ist der Fall, wenn der Beschluss mit zwei Dritteln der abgegebenen Stimmen und der Hälfte aller Miteigentumsanteile gefasst wurde, es sei denn, die bauliche Veränderung ist mit unverhältnismäßigen Kosten verbunden.

ADDITIONSVERFAHREN
Beim Additionsverfahren erfolgt eine getrennte Auszählung der Ja- und Nein-Stimmen. Die Zahl der abgegebenen Stimmen wird durch Addition der Ja- und Nein-Stimmen ermittelt. Stimmenthaltungen müssen nicht ausgezählt werden, da sie für die Ermittlung der erforderlichen Mehrheit keine Rolle spielen. Das Additionsverfahren ermöglicht eine zuverlässige Ermittlung des Abstimmungsergebnisses und ist rechtlich unbedenklich. Es bietet weniger Angriffspunkte als ein Subtraktionsverfahren.

BERECHNUNGSBEISPIEL FÜR MEHRHEIT
Sind in einer Versammlung 10 Wohnungseigentümer anwesend oder vertreten und stimmen 6 Wohnungseigentümer einem Beschlussantrag zu, ist dieser in jedem Falle angenommen worden und ist der Beschluss vom Versammlungsleiter festzustellen und zu verkünden.
Der Beschlussantrag ist aber auch dann angenommen, wenn nur 1 Wohnungseigentümer mit „Ja" stimmt, sich die anderen 9 Wohnungseigentümer aber der Stimme enthalten.

4. Beschlüsse außerhalb der Versammlung
Die Wohnungseigentümer haben die Möglichkeit, einen Beschluss auch AUSSERHALB einer Versammlung zu fassen („schriftlicher Beschluss"). Hierfür gibt es 2 Wege:

- EIGENTLICHE ABSTIMMUNG. Entweder stimmen sämtliche Wohnungseigentümer auf eine Anfrage in Textform gegenüber einem Anfragenden ab, in der Regel gegenüber dem Verwalter. Ein Brief erfüllt diese Textform, aber auch eine E-Mail, ein Fax, eine Messenger-Nachricht oder eine SMS. Vorstellbar ist ferner eine Entscheidungsplattform oder eine Abstimmungs-App.
- ZIRKULAR. Oder es läuft auf Initiative des Verwalters oder eines Wohnungseigentümers ein Blatt um („Zirkular"), welches alle Wohnungseigentümer zustimmend unterschreiben müssen.

WEG § 23 Absatz 3
Auch ohne Versammlung ist ein Beschluss gültig, wenn alle Wohnungseigentümer ihre Zustimmung zu diesem Beschluss in Textform erklären. Die Wohnungseigentümer können beschließen, dass für einen einzelnen Gegenstand die Mehrheit der abgegebenen Stimmen genügt.

An einem Beschluss außerhalb einer Versammlung müssen sich SÄMTLICHE Wohnungseigentümer beteiligen und dem Beschlussantrag zustimmen. Dies gilt auch für solche Wohnungseigentümer, die in der Versammlung vom Stimmrecht ausgeschlossen wären. Ferner müssen sämtliche Wohnungseigentümer damit einverstanden sein, dass der Beschluss außerhalb einer Versammlung gefasst werden soll. Die Wohnungseigentümer können für einen EINZELNEN Gegenstand allerdings auch beschließen, dass für die Beschlussfassung außerhalb einer Versammlung ausnahmsweise die MEHRHEIT der abgegebenen Stimmen genügt.

Gründe
Ein Anlass dafür besteht, wenn einer abschließenden Beschlussfassung in der Versammlung Gründe entgegenstehen. Beispielsweise können die Wohnungseigentümer vor einer Abstimmung noch weitere Informationen einholen wollen. Ein anderer Grund wäre es, einem formellen Ladungsmangel aus dem Weg zu gehen.

Jeder Wohnungseigentümer hat in der Versammlung oder bei einem Beschluss außerhalb einer Versammlung eine Stimme. Steht ein Wohnungseigentum mehreren gemeinschaftlich zu, so können sie das

Stimmrecht nur einheitlich ausüben. Die Wohnungseigentümer können etwas anderes vereinbaren.

Jeder Beschluss muss ORDNUNGSMÄSSIG sein. Ein Beschluss ist ordnungsmäßig, wenn er dem Interesse der Gesamtheit der Wohnungseigentümer nach billigem Ermessen und, soweit solche bestehen, den gesetzlichen Regelungen, Vereinbarungen und Beschlüssen entspricht. Die Wohnungseigentümer haben ferner ein ERMESSEN, was Notwendigkeit und Zweckmäßigkeit angeht. Zu den Einzelheiten siehe 8. Kapitel Verwaltung › S. 173 ff.

An einen nicht nichtigen Beschluss ist jeder Wohnungseigentümer GEBUNDEN (das heißt, er ist den durch den Beschluss getroffenen Bestimmungen unterworfen), auch ein Wohnungseigentümer, der gegen den Beschluss gestimmt hat oder in der Versammlung nicht anwesend war. Gebunden sind sogar die Personen, die ihr Wohnungseigentum erst nach der Beschlussfassung erwerben. Um die Bindung zu „bekämpfen", muss man rechtzeitig gegen die Gemeinschaft der Wohnungseigentümer eine Anfechtungsklage erheben (20. Kapitel WEG-Streitigkeiten › S. 428 ff.).

Dauer der Bindung
Solange über eine Anfechtungsklage noch nicht rechtskräftig entschieden ist, sind alle Wohnungseigentümer auch an einen angefochtenen Beschluss gebunden. Soll sich hieran etwas ändern, müssen die Wohnungseigentümer den Beschluss aufheben oder ein Wohnungseigentümer muss den Erlass einer einstweiligen Verfügung beantragen, die die Bindung für die Dauer der Anfechtungsklage aufhebt.

Maßnahmen des Verwalters
Bei Maßnahmen untergeordneter Bedeutung, die nicht zu erheblichen Verpflichtungen führen, oder bei Maßnahmen, die zur Wahrung einer Frist oder zur Abwendung eines Nachteils erforderlich sind, bedarf es keines Beschlusses. Denn hier kann und muss der Verwalter ohne Beschluss handeln. Ein Beispiel hierfür sind eine kleine Reparaturmaßnahme oder die Abdichtung eines Lecks an der Gasleitung.

X. Vereinbarung

Die Wohnungseigentümer können jeden Gegenstand, den sie beschließen könnten, auch vereinbaren und also durch einen Vertrag regeln.

WEG § 10 Absatz 1
Das Verhältnis der Wohnungseigentümer untereinander und zur Gemeinschaft der Wohnungseigentümer bestimmt sich nach den Vorschriften dieses Gesetzes und, soweit dieses Gesetz keine besonderen Bestimmungen enthält, nach den Vorschriften des Bürgerlichen Gesetzbuchs über die Gemeinschaft. Die Wohnungseigentümer können von den Vorschriften dieses Gesetzes abweichende Vereinbarungen treffen, soweit nicht etwas anderes ausdrücklich bestimmt ist.

Das Gesetz kennt verschiedene solcher Verträge. Zum einen gibt es Verträge der Wohnungseigentümer, die dem in einer Wohnungseigentumsanlage anzuwendenden SACHENRECHT gelten. Ihr Gegenstand sind Anzahl und Größe der Miteigentumsanteile sowie die Grenzen des gemeinschaftlichen Eigentums und des Sondereigentums. Zum anderen gibt es Verträge, die das VERHÄLTNIS DER WOHNUNGSEIGENTÜMER untereinander bestimmen sollen. Eine solcher Vertrag ist zu allen erdenklichen Gegenständen möglich und kann auch etwas vom Gesetz Abweichendes bestimmen.

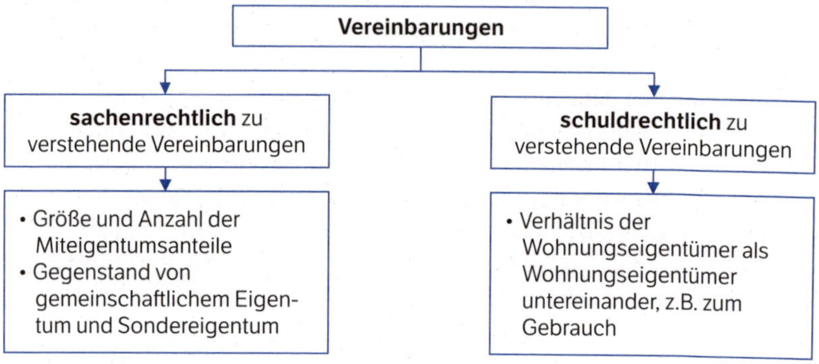

Übersicht Vereinbarungen

Zwingendes Recht

Etwas anderes gilt, wenn das Gesetz unabänderlich ist. Die Wohnungseigentümer können beispielsweise die Vertretungsmacht des Verwalters gegenüber Dritten nicht beschränken.

- Die Vereinbarungen, die dem in einer Wohnungseigentumsanlage anzuwendenden Sachenrecht gelten, bedürfen zu ihrer Wirksamkeit der EINTRAGUNG IN DAS GRUNDBUCH. Sie können nicht Teil der Gemeinschaftsordnung sein. Sie finden ihre Grenzen im Gesetz, den guten Sitten und dem Gebot von Treu und Glauben. Ihnen müssen sämtliche Wohnungseigentümer zustimmen. Jeder Wohnungseigentümer ist an sie gebunden.
- Die Vereinbarungen, die das Verhältnis der Wohnungseigentümer untereinander bestimmen sollen, etwa, welche Tiere gehalten werden dürfen oder wann der Verwalter zu einer Versammlung zu laden hat, können jederzeit an jedem Ort – auch in einer Versammlung – FORMFREI getroffen werden. Auch ihnen müssen sämtliche Wohnungseigentümer zustimmen. Nur diese Wohnungseigentümer sind allerdings auch gebunden. Eine Person, die ihr Wohnungseigentum später erwirbt, ist nur gebunden, wenn sie sich der Vereinbarung „unterwirft". Auch diese Vereinbarungen finden ihre Grenzen im Gesetz, den guten Sitten und dem Gebot von Treu und Glauben. Weitere Grenzen sind das Gemeinschaftsverhältnis (22. Kapitel Minderheitenschutz › S. 460 ff.) sowie der Kernbereich des Wohnungseigentumsrechts (siehe 22. Kapitel Minderheitenschutz › S. 453).

Verdinglichung

Um jeden Wohnungseigentümer an eine Vereinbarung zu binden, kann sie zum „Inhalt" des Sondereigentums gemacht werden. Hierzu reicht in der Regel eine Bezugnahme auf die Eintragungsbewilligung gegenüber dem Grundbuchamt. Es reicht also, die Vereinbarung zu den Grundbuchakten zu nehmen. Anders ist es nur bei Vereinbarungen, die eine Haftung von Sondernachfolgern für Geldschulden anordnen oder verlangen, dass ein Wohnungseigentümer für eine Veräußerung seines Wohnungseigentums einer Zustimmung bedarf. Diese Vereinbarungen sind ausdrücklich in die Wohnungsgrundbuchblätter einzutragen. Sämtliche verdinglichten Vereinbarungen werden als Gemeinschaftsordnung bezeichnet (siehe › S. 34).

GRUNDBUCHAMT
Die Amtsgerichte, soweit sie die Grundbücher führen.

Jeder Wohnungseigentümer kann im Übrigen das Recht auf eine vom Gesetz abweichende Vereinbarung oder auf Anpassung einer bestehenden Vereinbarung haben.

WEG § 10 Absatz 2
Jeder Wohnungseigentümer kann eine vom Gesetz abweichende Vereinbarung oder die Anpassung einer Vereinbarung verlangen, soweit ein Festhalten an der geltenden Regelung aus schwerwiegenden Gründen unter Berücksichtigung aller Umstände des Einzelfalls, insbesondere der Rechte und Interessen der anderen Wohnungseigentümer, unbillig erscheint.

XI. „Rechtsquellen" des Wohnungseigentumsrechts

Für die Rechte eines Wohnungseigentümers gibt es 2 in gleicher Weise bedeutungsvolle „Rechtsquellen":

- Eine Quelle sind GESETZE. Hier kommt vor allem das Wohnungseigentumsgesetz (WEG), nachrangig das Bürgerliche Gesetzbuch (BGB) und das öffentliche Recht in den Blick, etwa die Verordnung über die verbrauchsabhängige Abrechnung der Heiz- und Warmwasserkosten (Verordnung über Heizkostenabrechnung – Heizkostenverordnung) oder die Verordnung über die Aufstellung von Betriebskosten (Betriebskostenverordnung). Den Gesetzen ist jeweils gemein, dass sie in aller Regel eine Frage sehr allgemein behandeln und nur abstrakt-generell eine Auskunft darüber geben, was erlaubt oder verboten ist. Was gilt, müssen daher in der Regel Rechtsprechung und Schrifttum herausarbeiten.
- Dies gilt in der Regel nicht für die zweite wichtige Rechtsquelle: Die GEMEINSCHAFTSORDNUNG. Mit dem Begriff „Gemeinschaftsordnung" sind die Vereinbarungen der Wohnungseigentümer einer Wohnungseigentumsanlage oder die Anordnungen des ehemaligen Alleineigentümers gemeint, die zum Inhalt des Sondereigentums gemacht werden. Diese Vereinbarungen treffen häufig ganz konkrete Bestimmungen und geben den Wohnungseigentümern Rechte oder engen das den Wohnungseigentümern erlaubte Verhalten ein.

NACHTEIL
Das Gesetz verlangt etwa, dass jeder Wohnungseigentümer das Sondereigentum in einer Art und Weise benutzen soll, dass keinem der anderen Wohnungseigentümer ein vermeidbarer Nachteil erwächst. Die Wohnungseigentümer können – und sollten – diese Anordnung konkretisieren und etwa für die Musikausübung oder Tierhaltung im Einzelnen bestimmen, wo ein vermeidbarer Nachteil beginnt.

XII. Eigentum: Tabellarische Übersicht

Die Tabelle erfasst Zweifelsfragen und ist wie folgt zu lesen/zu gebrauchen:

- Die Tabelle äußert sich grundsätzlich nur zu wesentlichen Gebäudeteilen und grundsätzlich nur zu der Frage, was von Gesetzes wegen nach § 5 Absatz 1 und Absatz 2 WEG gilt, wenn die wesentlichen Gebäudeteile zu einem Raum gehören, der zum Gegenstand des Sondereigentums bestimmt ist.
- Gehört ein wesentlicher Gebäudeteil zu einem Raum, der im gemeinschaftlichen Eigentum steht, steht auch der wesentliche Gebäudeteil im gemeinschaftlichen Eigentum. Diese Fälle spart die Tabelle aus.
- Soweit sich Teilungserklärung/Teilungsvertrag zu wesentlichen Gebäudeteilen äußern und diese zum Gegenstand des Sondereigentums machen, sind sie nichtig (› S. 13).
- Ob ein Raum im gemeinschaftlichen Eigentum oder im Sondereigentum steht, ordnet die Teilungserklärung/der Teilungsvertrag an.

§ 5 Absatz 1 bis Absatz 3 WEG
(1) Gegenstand des Sondereigentums sind die gemäß § 3 Absatz 1 Satz 1 bestimmten Räume sowie die zu diesen Räumen gehörenden Bestandteile des Gebäudes, die verändert, beseitigt oder eingefügt werden können, ohne dass dadurch das gemeinschaftliche Eigentum oder ein auf Sondereigentum beruhendes Recht eines anderen Wohnungseigentümers über das bei einem geordneten Zusammenleben unvermeidliche Maß hinaus beeinträchtigt oder die äußere Gestaltung des Gebäudes verändert wird. Soweit sich das Sondereigentum auf außerhalb des Gebäudes liegende Teile des Grundstücks erstreckt, gilt § 94 des Bürgerlichen Gesetzbuchs entsprechend.
(2) Teile des Gebäudes, die für dessen Bestand oder Sicherheit erforderlich sind, sowie Anlagen und Einrichtungen, die dem gemeinschaftlichen Gebrauch der Wohnungseigentümer dienen, sind nicht Gegenstand des Sondereigentums, selbst wenn sie sich im Bereich der im Sondereigentum stehenden Räume oder Teile des Grundstücks befinden.
(3) Die Wohnungseigentümer können vereinbaren, dass Bestandteile des Gebäudes, die Gegenstand des Sondereigentums sein können, zum gemeinschaftlichen Eigentum gehören.

GEGENSTAND	GEMEINSCHAFTLICHES EIGENTUM	SONDEREIGENTUMSFÄHIG NACH § 5 ABSATZ 1 UND ABSATZ 2 WEG
Abdichtungen	x	x (sofern nicht das gemeinschaftliche Eigentum geschützt wird)
Abfahrtsrampe	x	
Abflussrohr	x (im Bereich des gemeinschaftlichen Eigentums)	x (ab dafür vorgesehener Absperrvorrichtung im räumlichen Bereich des Sondereigentums; siehe auch Versorgungsleitungen)
Abwasserhebeanlage	x	x (wenn die Anlage nur einem Sondereigentum dient)
Absperrventil	x	x (soweit es nur einer Anlage dient, die im Sondereigentum steht; diese Frage ist streitig)
Abstellplatz	x	x (in Garage, wenn Zuweisung erfolgt ist; dann aber als Raum)
Alarmanlage	x (im Bereich des gemeinschaftlichen Eigentums)	x (als Alleineigentum)
Anschlussleitungen (Gas, Strom, Wasser)	siehe Versorgungsleitungen	
Anstrich Fassade	x	
Antenne (außen) (Gemeinschaftsantenne, Kabelanschluss, Satellitenschüssel)	x	

GEGENSTAND	GEMEINSCHAFTLICHES EIGENTUM	SONDEREIGENTUMSFÄHIG NACH § 5 ABSATZ 1 UND ABSATZ 2 WEG
Antennensteckdose	x (im Bereich des gemeinschaftlichen Eigentums)	x
Armaturen	x (etwa im Heizungsraum)	x
Attika (Aufmauerung oder eine Abschlusswand zur Verdeckung des Daches)	x	
Aufzug (Personenaufzug)	x	x (gegebenenfalls, wenn die Anlage nur einem Sondereigentum dient)
Außenjalousien (Außenrollläden)	x	
Außenwand	x	
Bad- und Duscheinrichtung	x (im Bereich des gemeinschaftlichen Eigentums)	x (im räumlichen Bereich des Sondereigentums)
Badezimmertür	x (im Bereich des gemeinschaftlichen Eigentums)	X (im räumlichen Bereich des Sondereigentums)
Balken- und Trägerkonstruktionen	x	
Badewanne	x (im Bereich des gemeinschaftlichen Eigentums)	X (im räumlichen Bereich des Sondereigentums)

GEGENSTAND	GEMEINSCHAFTLICHES EIGENTUM	SONDEREIGENTUMSFÄHIG NACH § 5 ABSATZ 1 UND ABSATZ 2 WEG
Balkon	dazu › S. 19	
Baum	x	
Belüftungsanlage	x	x (wenn die Anlage nur einem Sondereigentum dient und nicht zur äußeren Gestaltung des Gebäudes gehört)
Bewässerungsanlage für das gemeinschaftliche Eigentum	x	
Blitzableiter	x	
Bodenbelag (Fliesen, Kacheln, Laminat, Parkett, PVC-Linoleum-Schicht, Teppich)	x (im Bereich des gemeinschaftlichen Eigentums)	x (im räumlichen Bereich des Sondereigentums)
Brandmauer	x	
Briefkästen, auch das dazugehörige Schild und das dazugehörige Schloss	x	
Brunnenanlage	x	
Bodenbeläge (Laminat, Linoleum, Parkett, Teppich usw.)	x (im Bereich des gemeinschaftlichen Eigentums)	x (im räumlichen Bereich des Sondereigentums, wenn es sich um Bretter über einer Balkenlage mit Einschub und Füllung aus Schlacke oder Sand oder Stroh handelt)

GEGENSTAND	GEMEINSCHAFTLICHES EIGENTUM	SONDEREIGENTUMSFÄHIG NACH § 5 ABSATZ 1 UND ABSATZ 2 WEG
Carport	x	
Dach, auch in Mehrhausanlagen	x	
Dachboden	x (im Bereich des gemeinschaftlichen Eigentums)	x (dann aber als Raum)
Dachrinne	x	
Decken	x (tragende Geschossdecke; die Decke kann aus Beton sein, aber auch eine Balkenlage mit Einschub und Füllung aus Schlacke oder Sand oder Stroh sowie Rauspund [= Bretter])	x (im räumlichen Bereich des Sondereigentums, etwa eine abgehängte Zwischendecke)
Deckenverkleidung	x (im Bereich des gemeinschaftlichen Eigentums)	x (im räumlichen Bereich des Sondereigentums)
Doppelparker	siehe Mehrfachparker	
Dusche	x (im Bereich des gemeinschaftlichen Eigentums)	X (im räumlichen Bereich des Sondereigentums)
Estrich	x (wenn er und solange er – wie üblich – der Trittschall- und Wärmedämmung dient)	x (sofern keine Funktion für das gemeinschaftliche Eigentum vorhanden, etwa Gefälle- oder Ausgleichsestrich)

GEGENSTAND	GEMEINSCHAFTLICHES EIGENTUM	SONDEREIGENTUMSFÄHIG NACH § 5 ABSATZ 1 UND ABSATZ 2 WEG
Etagenheizung	x	x (wenn sie nur einem Sondereigentum dient und sich im räumlichen Bereich des Sondereigentums befindet)
Fallrohr	x	
Fassade	x	
Fenster, auch Doppelfenster, Beschläge und Scheiben, Fenster-gitter, Fensterbank	x	
Flächen außerhalb des Gebäudes (Abstellflächen, Kfz-Stellplatz usw.)	x	
Fliese	hängt davon ab, ob Fliese Wasser am Eintreten in das gemeinschaftliche Eigentum hindern soll (= gemeinschaftliches Eigentum) oder nicht (= sondereigentumsfähig)	
Fugen	hängt davon ab, ob Fuge Wasser am Eintreten in das gemeinschaftliche Eigentum hindern soll (= gemeinschaftliches Eigentum) oder nicht (= sondereigentumsfähig)	
Fundament	x	
Fußbodenheizung	wie Heizung (nach anderen stets gemeinschaftliches Eigentum)	

GEGENSTAND		GEMEINSCHAFTLICHES EIGENTUM	SONDEREIGENTUMSFÄHIG NACH § 5 ABSATZ 1 UND ABSATZ 2 WEG
Garage	Wände	x	x (wenn zugewiesen)
	Raum		
Gegensprech-anlage	bis Abzweigung ins Sondereigentum	x (gegebenenfalls anders, wenn nur das Sondereigentum versorgt wird)	x
	nach Abzweigung ins Sondereigentum		
Garten		x	
Gemeinschaftsvermögen		Eigentum der Gemeinschaft der Wohnungseigentümer	
Glasbausteine		x (im Bereich des gemeinschaftlichen Eigentums, Fassade oder Treppenhaus)	x (Einzelfall, etwa in nicht tragender Wand oder im Badezimmer)
Grundstück		x	
Hauseingangstür		x	
Hauptleitung(en) (Gas, Strom, Wasser)		siehe Versorgungsleitungen	

GEGENSTAND		GEMEINSCHAFTLICHES EIGENTUM	SONDEREIGENTUMSFÄHIG NACH § 5 ABSATZ 1 UND ABSATZ 2 WEG
Hebeanlage		x	x (gegebenenfalls wenn die Anlage nur einem Sondereigentum dient; streitig)
Hecke		x	
Heizung	zentrale Heizungsanlage	x	
	Steigleitungen (Leitungssystem)	x	
	Leitungen	siehe Anschlussleitung	
	Heizkörper	x (im Bereich des gemeinschaftlichen Eigentums)	x (es sei denn, der einzelne Heizkörper ist für den Betrieb der gesamten Heizungsanlage unverzichtbar)
	Heizungs- und Thermostatventile und ähnliche Aggregate	siehe Ventile	
	Heizkostenverteiler	x	
	Heizungsraum	x	
Heizöl		Verbandsvermögen	

GEGENSTAND		GEMEINSCHAFTLICHES EIGENTUM	SONDEREIGENTUMSFÄHIG NACH § 5 ABSATZ 1 UND ABSATZ 2 WEG
Hof		x	
Innenanstrich		x (im Bereich des gemeinschaftlichen Eigentums)	x
Isolierung		x	x (wenn sie nur einem Sondereigentum dient)
Jalousien außen (auch Jalousiengurt und Gurtführung)		x	
Jalousien innen (auch Jalousiengurt und Gurtführung)		x (im Bereich des gemeinschaftlichen Eigentums)	x (im Bereich des Sondereigentums; dann aber als Alleineigentum)
Kabelanschluss	bis Abzweigung ins Sondereigentum	x (gegebenenfalls anders, wenn nur das Sondereigentum versorgt wird)	
	nach Abzweigung ins Sondereigentum (z. B. Kabelanschlussdose)		x
Kacheln		x (im Bereich des gemeinschaftlichen Eigentums)	x (wenn sie das gemeinschaftliche Eigentum nicht schützen)
Kaltwasserzähler		x	

GEGENSTAND	GEMEINSCHAFTLICHES EIGENTUM	SONDEREIGENTUMSFÄHIG NACH § 5 ABSATZ 1 UND ABSATZ 2 WEG
Kaminzug	x	
Keller	x	x (als Raum)
Kellerdecke	x	x (Einzelfall, etwa in Reihenhausanlagen)
Kellerwände	x	x (gegebenenfalls als Nachbareigentum)
Kinderspielplatz	x	x (Ausnahme, wenn Kinderspielplatz kein wesentlicher Bestandteil ist und sich auf einer Sondernutzungsfläche befindet)
Klimaanlage	x	x (gegebenenfalls als wesentlicher Bestandteil eines im Sondereigentum stehenden Raums, wenn er nur dem Sondereigentum dient)
Klingeltableau	x	
Klingelanlage – bis Abzweigung ins Sondereigentum	x	
Klingelanlage – nach Abzweigung ins Sondereigentum		x (als wesentlicher Bestandteil eines im Sondereigentum stehenden Raums)
Lichtschacht	x	

GEGENSTAND	GEMEINSCHAFTLICHES EIGENTUM	SONDEREIGENTUMSFÄHIG NACH § 5 ABSATZ 1 UND ABSATZ 2 WEG
Loggia	x	x (wenn ins Sondereigentum verwiesen)
Luftschacht	x	
Markise	– Die Frage ist streitig: sieht man eine Markise als wesentlichen Gebäudebestandteil an, steht sie wohl im gemeinschaftlichen Eigentum. Sieht man die Markise nicht als wesentlichen Gebäudebestandteil an, steht sie nicht im Sonder-, sondern im Alleineigentum des Käufers.	
Mauer	x (tragend)	x (nichttragend)
Mehrfachparkerstellplatz	x	x (wenn ins Sondereigentum verwiesen)
Messgeräte	x	x (wenn sie nur einem Sondereigentum dienen)
Müllabwurfanlage	x	
Müllschlucker	x	
Mülltonnen	Können der Gemeinschaft der Wohnungseigentümer, Wohnungseigentümern oder Entsorgungsunternehmen gehören	
Parabolantenne, fest	x	
Personenaufzug	siehe Aufzug	
Putz	x (im Bereich des gemeinschaftlichen Eigentums)	x

GEGENSTAND		GEMEINSCHAFTLICHES EIGENTUM	SONDEREIGENTUMSFÄHIG NACH § 5 ABSATZ 1 UND ABSATZ 2 WEG
Rauchwarnmelder		x (etwa im Treppenhaus)	x (streitig, allerdings als Alleineigentum)
Rollläden (außen)		x	
Rollläden (innen)			x
Schließzylinder		x (Außentüren und Wohnungseingangstür)	x
Schornstein		x	
Schwimmbad		x	x
Silikonfuge		x (im Bereich des gemeinschaftlichen Eigentums)	x (wenn sie das gemeinschaftliche Eigentum nicht schützt)
Tankraum		x	
Tapeten		x (im Bereich des gemeinschaftlichen Eigentums)	x
Terrassen		x	x
Tiefgarage	Mauern und Decken	x	
	Stellplätze	x	x (wenn ins Sondereigentum verwiesen)
tragende Teile		x	

GEGENSTAND		GEMEINSCHAFTLICHES EIGENTUM	SONDEREIGENTUMSFÄHIG NACH § 5 ABSATZ 1 UND ABSATZ 2 WEG
Treppenhaus		x	
Trittschalldämmung		x	
Tür (jeweils mit Beschlägen, Glas, Klinken usw.)	Außentür	x	
	Gartentür	x	
	Hauseingangstür	x	
	Innentür	x (wenn der dazugehörige Raum gemeinschaftliches Eigentum ist)	x (im „Reihenhaus“)
	Wohnungseingangstür	x	
Verbrauchserfassungsgeräte		x	x (soweit nur der Verbrauch eines Wohnungseigentums gemessen wird)
Ventile		Hängt davon ab, welchem Bestandteil die Ventile dienen: Eigentum folgt der Hauptsache. Im Bereich des gemeinschaftlichen Eigentums wohl stets gemeinschaftliches Eigentum.	

GEGENSTAND	GEMEINSCHAFTLICHES EIGENTUM	SONDEREIGENTUMSFÄHIG NACH § 5 ABSATZ 1 UND ABSATZ 2 WEG
Versorgungsleitungen (für Wasser, Abwasser, Gas, Heizung, Strom)	x (Soweit sie im räumlichen Bereich des gemeinschaftlichen Eigentums verlaufen. Für die dingliche Zuordnung bleibt außer Betracht, dass einzelne Teile des Leitungsnetzes, die sich im räumlichen Bereich des gemeinschaftlichen Eigentums befinden, nur ein Sondereigentum versorgen. Das gilt auch, wenn es sich um eine Mehrhausanlage handelt und die Leitung ein Gebäude versorgt, in dem es nur ein Wohnungseigentum gibt. Zu dem im gemeinschaftlichen Eigentum stehenden Versorgungsnetz gehören die Leitungen jedenfalls bis zu der ersten für die Handhabung durch den Sondereigentümer vorgesehenen Absperrmöglichkeit).	– Wasser (auch Abwasser): im räumlichen Bereich des Sondereigentums ab dafür vorgesehener Absperrvorrichtung; gibt es keine Absperrvorrichtung, steht die ganze Wasserleitung im gemeinschaftlichen Eigentum – Heizung: ab dafür vorgesehener Absperrvorrichtung oder ab Heizkörper, sofern die Gesamtanlage nicht im gemeinschaftlichen Eigentum steht (gegebenenfalls bei einer Einrohrheizung)

GEGENSTAND	GEMEINSCHAFTLICHES EIGENTUM	SONDEREIGENTUMSFÄHIG NACH § 5 ABSATZ 1 UND ABSATZ 2 WEG
Verwaltungsunterlagen	Eigentum der Gemeinschaft der Wohnungseigentümer	
Wand	x (tragend)	x (nichttragend)
Wärmedämmung	x	
Waschbecken	x (wenn der dazugehörige Raum gemeinschaftliches Eigentum ist)	X (im räumlichen Bereich des Sondereigentums)
Waschküche	x	
Wasserhahn	x (wenn der dazugehörige Raum gemeinschaftliches Eigentum ist; Garten)	X (im räumlichen Bereich des Sondereigentums)
Wasseruhr	x	
Wege und Straßen	x	
Wohnräume	x (ohne Zuweisung zum Sondereigentum)	x
Zaun	x	
Zwischendecke		x

XIII. Anspruchsgrundlagen im Wohnungseigentumsrecht

Wenn ein Wohnungseigentümer seine Rechte als Wohnungseigentümer spätestens vom Gericht mit einem Urteil bestätigt bekommen und die Rechte anschließend im Wege der Zwangsvollstreckung durchsetzen will, bedarf er einer so genannten „Anspruchsgrundlage", also einer Bestimmung, die ihm bei Erfüllung bestimmter Voraussetzungen ein Recht einräumt. Diese Anspruchsgrundlage wird regelmäßig eine gesetzliche Vorschrift sein. Eine Anspruchsgrundlage kann aber auch einem Vertrag entspringen, etwa wenn mein Nachbar mir im Vertrag verspricht, nicht auf seinem Balkon zu rauchen.

Checkliste: Anspruchsgrundlagen

Die wichtigsten wohnungseigentumsrechtlichen Anspruchsgrundlagen sind folgende:

- ☐ Verlangen gegenüber einem Wohnungseigentümer nach TREUE UND RÜCKSICHTNAHME
  - ■ Anspruchsgrundlage: Gemeinschaftsverhältnis der Wohnungseigentümer nach Treu und Glauben (dazu 22. Kapitel Minderheitenschutz › S. 460)
  - ■ Voraussetzung: außergewöhnliche Umstände
- ☐ Verlangen nach ÄNDERUNG DER SACHENRECHTLICHEN Grundlagen (etwa der Grenzen von Sonder- und gemeinschaftlichem Eigentum)
  - ■ Anspruchsgrundlage: Gemeinschaftsverhältnis der Wohnungseigentümer nach Treu und Glauben (dazu 22. Kapitel Minderheitenschutz › S. 460)
  - ■ Voraussetzungen: außergewöhnliche Umstände, die ein Festhalten an der geltenden Regelung als unbillig und als gegen Treu und Glauben verstoßend erscheinen lassen
- ☐ Verlangen einer VEREINBARUNG
  - ■ Anspruchsgrundlage: § 10 Absatz 2 WEG (dazu 20. Kapitel WEG-Streitigkeiten › S. 436)
  - ■ Voraussetzung: Festhalten an der geltenden gesetzlichen oder vereinbarten Regelung ist unbillig
- ☐ Verlangen eines BESCHLUSSES (etwa einer Benutzungsregelung)
  - ■ Anspruchsgrundlage: § 18 Absatz 2 WEG (dazu 20. Kapitel WEG-Streitigkeiten › S. 434)
  - ■ Voraussetzung: Beschluss ist notwendig
  - ■ Beschlussersetzungsklage

- ☐ Verlangen nach AUSGLEICH IN GELD
  - Anspruchsgrundlage: § 14 Absatz 3 WEG
  - Voraussetzung: Wohnungseigentümer hat eine Einwirkung zu dulden, die über das zumutbare Maß hinausgeht.
  - Anspruchsgrundlage §§ 280 Absatz 1, 281 BGB
  - Voraussetzung: Pflichtverletzung der anderen Wohnungseigentümer (etwa eine verzögerte Reparatur des gemeinschaftlichen Eigentums, siehe dazu › S. 444) oder des Verwalters
- ☐ Verlangen nach SCHADENERSATZ
  - Anspruchsgrundlage §§ 280 Absatz 1, 281 BGB
  - Voraussetzung: Pflichtverletzung der anderen Wohnungseigentümer (etwa eine verzögerte Reparatur des gemeinschaftlichen Eigentums, siehe dazu › S. 444) oder des Verwalters
- ☐ Verlangen nach UNTERLASSUNG EINER STÖRUNG DES SONDEREIGENTUMS UND/ODER IHRE(R) BESEITIGUNG (etwa gegen einen zu laut musizierenden Wohnungseigentümer)
  - Anspruchsgrundlage: § 14 Absatz 2 Nummer 1 WEG (dazu 20. Kapitel WEG-Streitigkeiten › S. 422)
  - Voraussetzung: ein anderer Wohnungseigentümer benutzt das Sondereigentum oder das gemeinschaftliche Eigentum in einer Weise, die nicht dem Gesetz, den Vereinbarungen und Beschlüssen oder dem Interesse der Gesamtheit der Wohnungseigentümer nach billigem Ermessen entspricht
- ☐ Verlangen nach VERÄUSSERUNG des Wohnungseigentums (etwa gegen einen Wohnungseigentümer, der einen ständig beleidigt)
  - Anspruchsgrundlage: § 17 Absatz 1 WEG
  - Voraussetzung: Fortsetzung der Gemeinschaft mit einem Wohnungseigentümer kann nicht zugemutet werden
- ☐ Verlangen nach AUFWENDUNGSERSATZ (etwa für eine Notgeschäftsführung)
  - Anspruchsgrundlagen: § 18 Absatz 3 WEG, §§ 677, 683, 670, 812 ff. BGB
  - Voraussetzung: ein Wohnungseigentümer hat eine Verpflichtung der Gemeinschaft der Wohnungseigentümer erfüllt
- ☐ Verlangen nach ORDNUNGSMÄSSIGER VERWALTUNG (etwa Abbestellung des Verwalters)
  - Anspruchsgrundlage: § 18 Absatz 2 WEG (dazu 20. Kapitel WEG-Streitigkeiten › S. 434)
  - Voraussetzung: die Verwaltung entspricht nicht dem Gesetz oder den Vereinbarungen und Beschlüssen und, soweit solche nicht bestehen, dem Interesse der Gesamtheit der Wohnungseigentümer nach billigem Ermessen
- ☐ Verlangen nach EINBERUFUNG der Versammlung

- Anspruchsgrundlage: § 24 Absatz 2 WEG
- Voraussetzung: Verlangen in Textform unter Angabe des Zweckes und der Gründe von mehr als einem Viertel der Wohnungseigentümer

- Verlangen nach HAUSGELD
  - Anspruchsgrundlage: § 28 Absatz 1 Satz 1 oder Absatz 2 Satz 1 WEG
  - Voraussetzung: Hausgeldbeschluss
- Verlangen nach BESEITIGUNG einer baulichen Veränderung oder einer Erhaltungsmaßnahme
  - Anspruchsgrundlage: § 1004 Absatz 1 Satz 1 BGB
  - Voraussetzung: es gibt keinen Beschluss, der die bauliche Veränderung oder die Erhaltungsmaßnahme erlaubt
- Verlangen nach UNTERLASSUNG EINER STÖRUNG UND/ODER IHRE(R) BESEITIGUNG (etwa gegen einen zu laut musizierenden Wohnungseigentümer)
  - Anspruchsgrundlage: § 1004 Absatz 1 Satz 1 BGB
  - Voraussetzung: ein anderer Wohnungseigentümer macht einen Gebrauch vom Sondereigentum oder vom gemeinschaftlichen Eigentum, der nicht dem Gesetz, den Vereinbarungen und Beschlüssen oder dem Interesse der Gesamtheit der Wohnungseigentümer nach billigem Ermessen entspricht.

Zusammenfassung
Wer verstehen will, welche Rechte und/oder Pflichten er als Wohnungseigentümer hat, muss sich mit den Grundbegriffen des Wohnungseigentumsrechts befassen. Dazu gehören unter anderem folgende Begriffe:
- Wohnungseigentümer;
- Miteigentumsanteil;
- Teilungsvertrag und Teilungserklärung;
- Wohnungseigentum und Teileigentum;
- Gemeinschaftliches Eigentum und Sondereigentum.

2

Gemeinschaft der Wohnungseigentümer

Das Kapitel stellt die Gemeinschaft der Wohnungseigentümer vor. Sie ist die Stelle, die nach innen für die Verwaltung des gemeinschaftlichen Eigentums sorgt. Nach außen schließt sie alle Verträge mit Dritten in Bezug auf das gemeinschaftliche Eigentum und nimmt viele Rechte und Pflichten der Wohnungseigentümer wahr.

2. Gemeinschaft der Wohnungseigentümer

I. Überblick

1. Allgemeines

Neben den Wohnungseigentümern gibt es in JEDER Wohnungseigentumsanlage die Gemeinschaft der Wohnungseigentümer. Sie wird – ohne Unterschied in der Sache – unter anderem auch Wohnungseigentümergemeinschaft, Gemeinschaft, Verband Wohnungseigentümergemeinschaft, Verband, teilrechtsfähiger Verband „sui generis" (= eigener Art), Wohnungseigentümerverband oder ähnlich genannt. Die Gemeinschaft der Wohnungseigentümer ist rechtsfähig. Dies bedeutet: Sie kann im eigenen Namen Rechte erwerben und Verbindlichkeiten eingehen, vor Gericht klagen und verklagt werden. Die Wohnungseigentümer sind in diesen Fällen weder berechtigt noch verpflichtet.

Haftung

Jeder Wohnungseigentümer haftet einem Gläubiger der Gemeinschaft der Wohnungseigentümer für deren Verbindlichkeiten. Das Maß der Haftung richtet sich nach der Größe des Miteigentumsanteils. Beispiel: Schuldet die Gemeinschaft der Wohnungseigentümer der Bank 100.000 EUR, haftet ein Wohnungseigentümer, der einen Miteigentumsanteil von 100/1.000 hat, der Bank in Höhe von 10.000 EUR. Die Haftung ist wie die eines Bürgen. Der Wohnungseigentümer kann daher gegenüber dem Dritten neben den in seiner Person begründeten auch die der Gemeinschaft der Wohnungseigentümer zustehenden Einwendungen und Einreden geltend machen. Die Haftung gilt für alle Verbindlichkeiten der Gemeinschaft der Wohnungseigentümer, die entstanden oder fällig geworden sind, solange man „Wohnungseigentümer" war. Scheidet ein Wohnungseigentümer aus, so haftet er für die bis dahin begründeten Verbindlichkeiten grundsätzlich 5 Jahre lang.

2. Entstehung

Die Gemeinschaft der Wohnungseigentümer entsteht mit Anlegung der Wohnungsgrundbücher. Dies gilt auch dann, wenn Wohnungseigentum durch Teilung begründet wird.

WEG § 9a Absatz 1 Satz 2

Die Gemeinschaft der Wohnungseigentümer entsteht mit Anlegung der Wohnungsgrundbücher; dies gilt auch im Fall des § 8.

Dieser Fall ist sogar die Regel. Er kann dazu führen, dass der aufteilende Eigentümer, in der Regel ein Bauträger, über einen längeren Zeitraum in Ein-Personen-Versammlungen Beschlüsse fasst, den Verwalter aussucht und bestellt und als Vertreter der Gemeinschaft der Wohnungseigentümer eine Vielzahl von Verträgen schließt, die für die späteren Wohnungseigentümer eine GROSSE Bedeutung haben werden.

Beispiele hierfür sind:

- Verträge mit den Trägern der Daseinsvorsorge, beispielsweise für die Versorgung mit Gas, Strom oder Wasser,
- der Vertrag mit einem Hausmeister,
- der Verwaltervertrag,
- Verträge zur Pflege der Außenanlagen.

Gefahren für die späteren Wohnungseigentümer!
Diese Situation birgt für die Wohnungseigentümer Risiken. Eine Möglichkeit, diese Beschlüsse nachträglich anzufechten oder die Verträge sofort zu beenden, gibt es nicht. Jeder Wohnungseigentümer sollte daher diese Entscheidungen des aufteilenden Eigentümers besonders kritisch prüfen und klären, ob sie für die Gemeinschaft der Wohnungseigentümer nachteilig waren. In diesem Falle schuldet der Bauträger der Gemeinschaft der Wohnungseigentümer Schadenersatz.

3. Sinn und Zweck

Der Zweck der Gemeinschaft der Wohnungseigentümer besteht darin, das gemeinschaftliche Eigentum zu verwalten. Ferner ist es ihre Aufgabe, sämtliche Verträge mit Bezug auf die Wohnungseigentumsanlage zu schließen. Zur Erfüllung dieser Zwecke ist ihr das von den Wohnungseigentümern angesammelte Vermögen als Gemeinschaftsvermögen zugeordnet. Zum Gemeinschaftsvermögen gehören beispielsweise auch die Verwaltungsunterlagen.

Gemeinschaftsvermögen
Jeder Wohnungseigentümer hat ein Recht auf einen Anteil am Gemeinschaftsvermögen. Denn dieses Vermögen dient dem gemeinschaftlichen Eigentum und damit den Wohnungseigentümern. Eine Auszahlung ist allerdings nicht möglich.

II. Pflichtenwahrnehmung für die Wohnungseigentümer

1. Verwaltung
Die Wohnungseigentümer haben nicht das Recht, das gemeinschaftliche Eigentum zu verwalten. Für sie ist als TREUHÄNDERIN die Gemeinschaft der Wohnungseigentümer berufen. Um die Wohnungseigentümer nicht rechtlos zu stellen, kann allerdings jeder Wohnungseigentümer von ihr die Erfüllung ihrer Pflichten und also eine ordnungsmäßige Verwaltung des gemeinschaftlichen Eigentums verlangen.

Eine ordnungsmäßige Verwaltung durch die Gemeinschaft der Wohnungseigentümer liegt vor, wenn ihre Verwaltung

- den gesetzlichen Regelungen,
- den Vereinbarungen,
- den Beschlüssen
- und, wenn gesetzliche Regelungen, Vereinbarungen und Beschlüsse nicht bestehen, dem Interesse der Gesamtheit der Wohnungseigentümer nach einem billigen Ermessen entspricht.

ERHALTUNG DES GEMEINSCHAFTLICHEN EIGENTUMS
Jeder Wohnungseigentümer kann von der Gemeinschaft der Wohnungseigentümer beispielsweise verlangen, dass diese das gemeinschaftliche Eigentum instandhält und/oder instandsetzt (Erhaltung). Ist eine Fensterscheibe im Treppenhaus zerbrochen, kann jeder Wohnungseigentümer von der Gemeinschaft der Wohnungseigentümer daher verlangen, dass die Scheibe auf ihre Kosten ersetzt wird.

2. Hüterin der Benutzungsbestimmungen
Jeder Wohnungseigentümer ist verpflichtet, die gesetzlichen Regelungen, Vereinbarungen und Beschlüsse einzuhalten.

WEG § 14 Absatz 1 Nummer 1
Jeder Wohnungseigentümer ist gegenüber der Gemeinschaft der Wohnungseigentümer verpflichtet,
1. die gesetzlichen Regelungen, Vereinbarungen und Beschlüsse einzuhalten ...

Hüterin dieser Benutzungsbestimmungen ist die Gemeinschaft der Wohnungseigentümer. Verstößt ein Wohnungseigentümer gegen diese Pflicht, kann jeder andere Wohnungseigentümer von der Gemeinschaft der Wohnungseigentümer VERLANGEN, dass diese den störenden Wohnungseigentümer an die geltenden Benutzungsbestimmungen erinnert, bei Bedarf gegen ihn aber auch vorgeht und ihn auf Unterlassung und/oder Beseitigung in Anspruch nimmt.

WEG § 18 Absatz 2 WEG
Jeder Wohnungseigentümer kann von der Gemeinschaft der Wohnungseigentümer
1. eine Verwaltung des gemeinschaftlichen Eigentums sowie
2. eine Benutzung des gemeinschaftlichen Eigentums und des Sondereigentums
verlangen, die dem Interesse der Gesamtheit der Wohnungseigentümer nach billigem Ermessen (ordnungsmäßige Verwaltung und Benutzung) und, soweit solche bestehen, den gesetzlichen Regelungen, Vereinbarungen und Beschlüssen entsprechen.

Drittnutzer
Gebraucht ein Drittnutzer das gemeinschaftliche Eigentum in einer Weise, die den Benutzungsbestimmungen zuwiderläuft, gilt NICHTS anderes. Auch in diesem Falle muss die Gemeinschaft der Wohnungseigentümer also gegen eine Störung vorgehen und das Notwendige veranlassen. Dies gilt beispielsweise, wenn ein Mieter in Räumen, die als Laden gewidmet sind, ein Restaurant betreibt.

3. Verträge mit Bezug zum gemeinschaftlichen Eigentum
Die Gemeinschaft der Wohnungseigentümer ist verpflichtet, sämtliche Verträge mit Bezug zum gemeinschaftlichen Eigentum zu schließen. Sie ist beispielsweise

- die Vertragspartnerin des Verwaltervertrags
- schließt Verträge mit Handwerkern, etwa einem Klempner oder Maler,
- und mit Dienstleistern, etwa mit einem Gartenbauunternehmen oder dem Hauswart.
- Die Gemeinschaft der Wohnungseigentümer ist aber auch berechtigt, einen (Verbraucher-)Darlehensvertrag zu schließen, etwa um eine energetische Maßnahme durchzuführen.

Die Gemeinschaft der Wohnungseigentümer ist nach Ansicht des Bundesgerichtshofes bei einem Vertragsschluss einem VERBRAUCHER gleichzustellen, wenn nur ein Wohnungseigentümer ein Verbraucher ist und die Gemeinschaft der Wohnungseigentümer ein Rechtsgeschäft zu einem Zweck abschließt, der weder einer gewerblichen noch einer selbständigen beruflichen Tätigkeit dient.

ERWERB VON WOHNUNGSEIGENTUM
Die Gemeinschaft der Wohnungseigentümer darf ein Wohnungseigentumsrecht kaufen. Sie darf aber auch ein Grundstück zukaufen, zum Beispiel, um Flächen für Fahrzeuge oder Müllstandgefäße zu gewinnen.

ENERGIELIEFERUNGSVERTRAG
Hiervon ist etwa bei einem Energielieferungsvertrag auszugehen, der den Bedarf der Wohnungseigentümer deckt und nicht individuell ausgehandelt wurde.

4. Rechte und Pflichten des gemeinschaftlichen Eigentums
Die Gemeinschaft der Wohnungseigentümer übt für die Wohnungseigentümer die sich aus dem gemeinschaftlichen Eigentum ergebenden RECHTE aus und nimmt die sich aus dem gemeinschaftlichen Eigentum ergebenden PFLICHTEN wahr.

WEG § 9a Absatz 2
Die Gemeinschaft der Wohnungseigentümer übt die sich aus dem gemeinschaftlichen Eigentum ergebenden Rechte sowie solche Rechte der Wohnungseigentümer aus, die eine einheitliche Rechtsverfolgung erfordern, und nimmt die entsprechenden Pflichten der Wohnungseigentümer wahr.

Rechte, die sich aus dem gemeinschaftlichen Eigentum ergeben, sind unter anderem die folgenden:

- Das Recht, die Herausgabe des gemeinschaftlichen Eigentums zu verlangen.
- Das Recht, die Unterlassung und Beseitigung einer Störung des gemeinschaftlichen Eigentums zu verlangen.
- Das Recht, den Besitz am gemeinschaftlichen Eigentum zu verteidigen.
- Das Recht, Schadenersatz in Bezug auf das gemeinschaftliche Eigentum zu verlangen.
- Das Recht zur Vermietung des gemeinschaftlichen Eigentums.

Handeln des einzelnen Wohnungseigentümers
Der einzelne Wohnungseigentümer kann eines dieser Rechte nur dann einfordern oder wahrnehmen, wenn er dazu von der Gemeinschaft der Wohnungseigentümer durch Beschluss ermächtigt wird.

Pflichten, die sich aus dem gemeinschaftlichen Eigentum ergeben, sind UNTER ANDEREM die folgenden:

- Die Pflicht, die Verkehrssicherung in Bezug auf das gemeinschaftliche Eigentum wahrzunehmen.
- Die Pflicht, Ausgleichsansprüche oder Aufwendungsersatzansprüche in Bezug auf das gemeinschaftliche Eigentum zu erfüllen.

- Die Pflicht, Abgaben in Bezug auf das gemeinschaftliche Eigentum zu zahlen.
- Die Pflicht, die Lasten in Bezug auf das gemeinschaftliche Eigentum zu tragen.
- Die Pflicht, gegen die Wohnungseigentümer als Grundstückseigentümer gerichtete Ansprüche eines Nachbarn zu erfüllen.
- Die Pflicht, öffentlich-rechtliche Anforderungen in Bezug auf das gemeinschaftliche Eigentum zu erfüllen.

Freihaltung
Der einzelne Wohnungseigentümer kann für solche Pflichten verlangen, dass die Gemeinschaft der Wohnungseigentümer ihn von der Inanspruchnahme durch einen Dritten freihält. Er kann beispielsweise dem Verwalter einen an ihn selbst adressierten Abgabenbescheid in Bezug auf das gemeinschaftliche Eigentum übergeben und ihn bitten, dass die Gemeinschaft der Wohnungseigentümer die Verbindlichkeit erfüllt und die Abgabe bezahlt.

VERKEHRSSICHERUNGSPFLICHT (VERKEHRSPFLICHT)
Wer eine Gefahrenquelle (Anlagen, Einrichtungen, Gebäude, Maschinen, Treppenhaus, Wege) schafft oder unterhält, hat die Pflicht, die notwendigen und zumutbaren Vorkehrungen zu treffen, um Schäden anderer zu verhindern. Diese Pflicht nennt man Verkehrssicherungspflicht (Verkehrspflicht). Die Verkehrssicherungspflicht kann gesetzlich angeordnet sein. Wenn nicht, folgt sie aus deliktischen (= aufgrund einer unerlaubten Handlung) Überlegungen.

5. Einheitliche Rechtsverfolgung

Die Gemeinschaft der Wohnungseigentümer übt ferner solche Rechte der Wohnungseigentümer aus, die eine EINHEITLICHE Rechtsverfolgung erfordern und nimmt die entsprechenden Pflichten wahr.

WEG § 9a Absatz 2
Die Gemeinschaft der Wohnungseigentümer übt die sich aus dem gemeinschaftlichen Eigentum ergebenden Rechte sowie solche Rechte der Wohnungseigentümer aus, die eine einheitliche Rechtsverfolgung erfordern, und nimmt die entsprechenden Pflichten der Wohnungseigentümer wahr.

Diese Voraussetzung ist erfüllt, wenn nach einer ABWÄGUNG das Interesse an einer einheitlichen Rechtsverfolgung durch die Gemeinschaft der Wohnungseigentümer das vorrangige Interesse der Wohnungseigentümer, ihre Rechte oder Pflichten selbst und eigenverantwortlich auszuüben und prozessual durchzusetzen, DEUTLICH überwiegt.

BAUTRÄGER
Ein gewerblich handelnder Unternehmer, der die Errichtung oder den Umbau eines Hauses oder eines vergleichbaren Bauwerks sowie die Übertragung von Eigentum an einem Grundstück oder die Bestellung und Übertragung eines Erbbaurechts verspricht.

- Ein RECHT, das eine einheitliche Rechtsverfolgung erfordert, ist beispielsweise das Recht, vom Bauträger Unterlagen über die Wohnungseigentumsanlage herauszufordern. Ferner gehören bestimmte Mängelrechte gegen den Bauträger dazu, nämlich das Recht auf Minderung des Kaufpreises und/oder kleinen Schadenersatz (siehe › 28. Kapitel Bauträgervertrag).

- Eine PFLICHT, die einheitlich wahrgenommen werden muss, ist nach der bislang herrschenden Meinung etwa die Pflicht, Rauchwarnmelder im Sondereigentum einzubauen und zu warten. Die Gemeinschaft der Wohnungseigentümer hat also die nach einer landesrechtlichen Vorschrift bestehende Pflicht der jeweiligen Wohnungseigentümer, Rauchwarnmelder einzubauen, zu erfüllen. Die Gemeinschaft der Wohnungseigentümer muss dann mit Mitteln der Erhaltungsrücklage DIN-gerechte Rauchwarnmelder anschaffen, in sämtlichen Wohnungen den gesetzlichen Vorschriften entsprechend einbauen und jährlich warten lassen.

III. Organe der Gemeinschaft der Wohnungseigentün

1. Überblick

Die Gemeinschaft der Wohnungseigentümer hat drei Organe, nämlich den Verwalter, die Wohnungseigentümer und den Vorsitzenden des Verwaltungsbeirats beziehungsweise die Verwaltungsbeiräte.

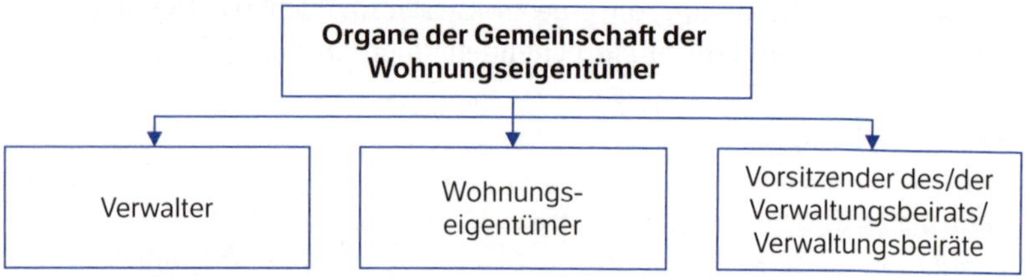

Organe der Gemeinschaft der Wohnungseigentümer

2. Verwalter

Der Verwalter ist das wichtigste Organ der Gemeinschaft der Wohnungseigentümer. Er VERTRITT sie.

ERWERB EINES TEILEIGENTUMS
Der Verwalter ist ermächtigt, in Namen und in Vertretung der Gemeinschaft der Wohnungseigentümer ___ (Name) das Teileigentum ___ (genaue Nennung) zu folgenden Konditionen ___ (Kaufpreis usw.) zu erwerben und die dafür notwendigen Erklärungen gegenüber dem Grundbuchamt und einem Notar abzugeben.

§ 9b Absatz 1 Satz 1 WEG
Die Gemeinschaft der Wohnungseigentümer wird durch den Verwalter gerichtlich und außergerichtlich vertreten, beim Abschluss eines Grundstückskauf- oder Darlehensvertrags aber nur aufgrund eines Beschlusses der Wohnungseigentümer.

Ermächtigung
Für den Abschluss eines Grundstückskauf- oder Darlehensvertrags müssen die Wohnungseigentümer den Verwalter durch einen Beschluss ERMÄCHTIGEN.

Außerdem führt der Verwalter die GESCHÄFTE der Gemeinschaft der Wohnungseigentümer. Immer, wenn das Gesetz den Verwalter namentlich nennt, spricht es ihn als Organ der Gemeinschaft der Wohnungseigentümer an und fordert ihn auf, deren Geschäfte zu führen.

Der Verwalter ist gegenüber der Gemeinschaft der Wohnungseigentümer berechtigt und verpflichtet, eigenständig die Maßnahmen ordnungsmäßiger Verwaltung zu treffen, die UNTERGEORDNETE Bedeutung haben und NICHT ZU ERHEBLICHEN Verpflichtungen führen. Die Wohnungseigentümer können diese Rechte und Pflichten durch Beschluss oder eine Vereinbarung einschränken oder erweitern.

VERSAMMLUNG
Die Versammlung der Wohnungseigentümer wird nach dem Wortlaut des Gesetzes vom Verwalter einberufen. Dies ist so zu lesen, dass die Gemeinschaft der Wohnungseigentümer die Versammlung durch ihr Organ, den Verwalter, einberuft.

Klarstellung
Die Wohnungseigentümer können ihr Recht, die Rechte und Pflichten des Verwalters durch Beschluss einzuschränken oder zu erweitern, auch dazu nutzen, klarzustellen, was sowieso gilt. Es bietet sich sogar in JEDER Wohnungseigentumsanlage an, eine Ordnung aufzustellen, welche Rechte und Pflichten der Verwalter haben soll (siehe dazu das Muster 16. Kapitel Verwalter › S. 305 ff.).

Im Übrigen ist der Verwalter verpflichtet, die Maßnahmen ordnungsmäßiger Verwaltung zu treffen, die zur WAHRUNG EINER FRIST oder zur ABWENDUNG EINES NACHTEILS erforderlich sind.

ROHRBRUCH
Bricht ein Rohr, darf und muss der Verwalter handeln und Gefahren vom gemeinschaftlichen Eigentum abwenden.

3. Wohnungseigentümer

Kann der Verwalter nicht handeln, vertreten SÄMTLICHE Wohnungseigentümer die Gemeinschaft der Wohnungseigentümer. Sie bilden dann gemeinsam ein Organ der Gemeinschaft der Wohnungseigentümer. Dies ist der Fall, wenn

- das Gesetz dem Verwalter keine Rechtsmacht für eine Handlung einräumt, beispielsweise einen Darlehensvertrag zu schließen,
- eine Kollision vorliegt zwischen den Interessen der Gemeinschaft der Wohnungseigentümer und den Interessen des Verwalters
- oder es keinen Verwalter gibt.
- Die Wohnungseigentümer handeln ferner als Organ der Gemeinschaft der Wohnungseigentümer, wenn sie deren Willen bilden, etwa, ob und wann das gemeinschaftliche Eigentum erhalten wird.

Keine Beschlusskompetenz
Die Wohnungseigentümer haben keine Beschlusskompetenz, nur einen oder mehrere Wohnungseigentümer zum Organ der Gemeinschaft der Wohnungseigentümer und ihrem Vertreter zu bestimmen.

4. Vorsitzender des Verwaltungsbeirats/Verwaltungsbeiräte
Auch der Vorsitzende des Verwaltungsbeirats ist manchmal ein Organ der Gemeinschaft der Wohnungseigentümer. Dies ist der Fall, soweit der Vorsitzende Pflichten oder Rechte der Gemeinschaft der Wohnungseigentümer wahrnimmt.

WEG § 9b Absatz 2
Dem Verwalter gegenüber vertritt der Vorsitzende des Verwaltungsbeirats oder ein durch Beschluss dazu ermächtigter Wohnungseigentümer die Gemeinschaft der Wohnungseigentümer.

Dies ist jedenfalls in folgenden Fällen anzunehmen:

- Bei der Vertretung der Gemeinschaft der Wohnungseigentümer gegenüber dem Verwalter.
- Bei der Einberufung der Versammlung anstelle des Verwalters.
- Bei der Prüfung von Wirtschaftsplan und/oder Jahresabrechnung gemeinsam mit den anderen Beiräten.
- Bei der Überwachung des Verwalters gemeinsam mit den anderen Beiräten.

NIEDERSCHRIFT
Die Niederschrift ist Urkunde über die in der Versammlung gefassten Beschlüsse. Sie ist von dem Vorsitzenden und einem Wohnungseigentümer und, falls ein Verwaltungsbeirat bestellt ist, auch von dessen Vorsitzendem oder seinem Vertreter zu unterschreiben.

Niederschrift
Auch die Pflicht, die Niederschrift zu unterschreiben, die auch den Vertreter des Vorsitzenden des Verwaltungsbeirats treffen kann, ist voraussichtlich eine Pflicht der Gemeinschaft der Wohnungseigentümer.

IV. Mitgliedschaft

1. Mitgliedschaftsrechte
Jeder Wohnungseigentümer hat als Mitglied der Gemeinschaft der Wohnungseigentümer eine Reihe von Rechten. Überblick zu den wichtigsten Rechten:

- AUFWENDUNGSERSATZ: Führt ein Wohnungseigentümer als Notgeschäftsführer die Geschäfte der Gemeinschaft der Wohnungseigentümer, kann er Aufwendungsersatz verlangen. Ferner kann ein Verwaltungsbeirat für seine Aufwendungen einen Ersatz verlangen.
- BENUTZUNG: Jeder Wohnungseigentümer kann von der Gemeinschaft der Wohnungseigentümer verlangen, dass diese für die Einhaltung der Benutzungsbestimmungen sorgt.

- ERHALTUNG: Die Gemeinschaft der Wohnungseigentümer ist verpflichtet, das gemeinschaftliche Eigentum dauerhaft in einem ordnungsmäßigen Zustand zu erhalten.
- FINANZWESEN: Die Gemeinschaft der Wohnungseigentümer ist den Wohnungseigentümern zu einem ordnungsmäßigen Finanzwesen verpflichtet. Grundsätzlich müssen immer wenigstens so viele Mittel vorhanden sein, dass kein Wohnungseigentümer von einem Dritten für die Verbindlichkeiten der Gemeinschaft der Wohnungseigentümer in Anspruch genommen werden kann.
- FREISTELLUNG: Jeder Wohnungseigentümer kann von der Gemeinschaft der Wohnungseigentümer verlangen, dass diese ihn gegenüber Dritten – soweit möglich – vor einer Haftung freistellt.
- GLEICHBEHANDLUNG: Jeder Wohnungseigentümer hat das Recht, von der Gemeinschaft der Wohnungseigentümer im Verhältnis zu anderen Wohnungseigentümern „gleich" behandelt zu werden.
- RECHTE UND PFLICHTEN IN BEZUG AUF DAS GEMEINSCHAFTLICHE EIGENTUM: Die Gemeinschaft der Wohnungseigentümer muss – wie schon dargestellt – bestimmte Rechte und Pflichten für die Wohnungseigentümer wahrnehmen.
- SCHADENERSATZ: Verletzt ein Organ der Gemeinschaft der Wohnungseigentümer seine Pflichten, schuldet die Gemeinschaft der Wohnungseigentümer Schadenersatz.
- VERWALTUNG: Jeder Wohnungseigentümer kann von der Gemeinschaft der Wohnungseigentümer verlangen, dass diese das gemeinschaftliche Eigentum verwaltet.
- WILLENSBILDUNG: Jeder Wohnungseigentümer hat das Recht, an der Willensbildung der Gemeinschaft der Wohnungseigentümer teilzunehmen.

2. Mitgliedschaftspflichten

Ein Wohnungseigentümer hat als Mitglied der Gemeinschaft der Wohnungseigentümer auch Pflichten. Überblick zu den wichtigsten Pflichten:

- Jeder Wohnungseigentümer muss sich an den KOSTEN der Gemeinschaft der Wohnungseigentümer beteiligen.
- Jeder Wohnungseigentümer schuldet der Gemeinschaft der Wohnungseigentümer eine adäquate AUSSTATTUNG MIT VERMÖGEN; verstößt er hiergegen, macht er sich schadenersatzpflichtig.
- Jeder Wohnungseigentümer schuldet bei einem Anlass dazu eine VERTRETUNG der Gemeinschaft der Wohnungseigentümer.
- Jeder Wohnungseigentümer schuldet der Gemeinschaft der Wohnungseigentümer als deren Mitglied „Treue".

- Jeder Wohnungseigentümer muss helfen, die GRUNDLAGEN zu schaffen, damit die Gemeinschaft der Wohnungseigentümer Pflichten erfüllen kann. Vor allem muss er helfen, der Gemeinschaft der Wohnungseigentümer eine ausreichende Handlungsorganisation zu geben.
- Jeder Wohnungseigentümer HAFTET einem Gläubiger der Gemeinschaft der Wohnungseigentümer in Höhe seines Miteigentumsanteils für Verbindlichkeiten der Gemeinschaft der Wohnungseigentümer.

V. Verfahrensrechte

- Will ein Wohnungseigentümer eine Leistung der Gemeinschaft der Wohnungseigentümer erzwingen, etwa die Einberufung der Versammlung, die Vorlage der Jahresabrechnung oder das außergerichtliche Vorgehen gegen einen Störer, muss er gegen die Gemeinschaft der Wohnungseigentümer eine Leistungsklage erheben.
- Bedarf es eines Beschlusses zur Verwaltung oder Benutzung, ist nach einer Vorbefassung der anderen Wohnungseigentümer gegen die Gemeinschaft der Wohnungseigentümer eine Beschlussersetzungsklage zu erheben.

Zusammenfassung
- Die Gemeinschaft der Wohnungseigentümer ist der Dreh- und Angelpunkt in einer Wohnungseigentumsanlage.
- Die Mitgliedschaft eines Wohnungseigentümers in der Gemeinschaft der Wohnungseigentümer ist zentral für seine Rechte und Pflichten in Bezug auf das gemeinschaftliche Eigentum.

3

Sachenrecht

Das Kapitel stellt dar, in welcher Weise ein Wohnungseigentümer auf die sachenrechtlichen Grundlagen seines Wohnungseigentums einwirken kann.

3. Sachenrecht

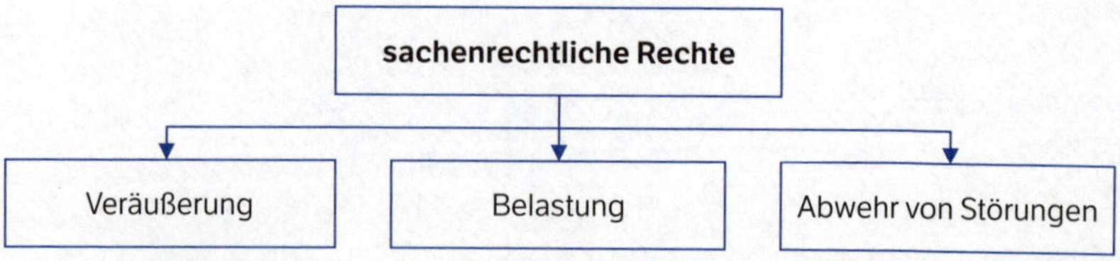

Sachenrechtliche Rechte

I. Belastung

1. Sondereigentum

Jeder Wohnungseigentümer ist berechtigt, sein Wohnungseigentum (also den Miteigentumsanteil und das dazu gehörige Sondereigentum) zu „belasten". Dies bedeutet, dass er anderen Personen ein Recht an seinem Wohnungseigentum einräumt, das in das Grundbuch eingetragen wird. Ohne die Möglichkeit einer BELASTUNG könnte Wohnungseigentum größtenteils weder erworben noch veräußert werden.

Als eine solche Belastung kommen vor allem GRUNDPFANDRECHTE (Grundschulden, Hypotheken) in Betracht. Möglich sind aber auch:

- beschränkt persönliche Dienstbarkeiten (die Befugnis, das Sondereigentum in einzelnen Beziehungen zu gebrauchen);
- Reallasten (das Recht einer bestimmten Person, aus dem Sondereigentum wiederkehrende Leistungen zu verlangen);
- Vorkaufsrechte (sie räumen dem Berechtigten die Möglichkeit ein, im Falle des Verkaufs des Wohnungseigentums durch eine einseitige empfangsbedürftige Gestaltungserklärung zwischen sich und dem Verkäufer einen Kaufvertrag zu grundsätzlich gleichen Bedingungen abzuschließen);
- Wohnrechte (das Recht, das Sondereigentum unter Ausschluss des Eigentümers als Wohnung zu benutzen);

Nießbrauch

Ein Wohnungseigentum kann auch in der Weise belastet werden, dass derjenige, zu dessen Gunsten die Belastung erfolgt, berechtigt ist, die Nutzungen des Wohnungseigentums zu ziehen und dieses zu gebrauchen (Nießbrauch). Ein Nießbrauchsrecht auf Lebenszeit bietet sich als ein Modell der VORWEGGENOMMENEN ERBFOLGE an oder um Pflichtteilsansprüche zu verkleinern. Es bewirkt, dass der Erblasser weiterhin im

Sondereigentum wohnen oder dieses vermieten kann, das Eigentum aber bereits an den Erben übergeht.

Der ehemalige Wohnungseigentümer und jetzige Nießbraucher verliert alle Pflichten und Rechte als Wohnungseigentümer. Aus dem zwischen Nießbraucher und Wohnungseigentümer bestehenden (Begleit-) Schuldverhältnis kann der Wohnungseigentümer jedoch im Einzelfall gegenüber dem Nießbraucher verpflichtet sein, bei der Stimmabgabe dessen Interessen zu berücksichtigen, nach dessen Weisung zu handeln oder ihm eine Stimmrechtsvollmacht zu erteilen. Fehlt es an einer ausdrücklichen Vereinbarung, so ist für das Entstehen und den Umfang einer solchen Verpflichtung insbesondere die Regelung zur Tragung der Kosten des nießbrauchsbelasteten Wohnungseigentums maßgeblich.

Ein Wohnungseigentümer, der an seinem Wohnungseigentum einen Nießbrauch bestellt hat, kann grundsätzlich als mittelbarer Handlungsstörer von den übrigen Wohnungseigentümern auf Unterlassung in Anspruch genommen werden, wenn der Nießbraucher das Wohnungseigentum in einer verbotenen Weise gebraucht.

2. Gemeinschaftliches Eigentum
Die Wohnungseigentümer haben auch das Recht, das im gemeinschaftlichen Eigentum stehende Grundstück gemeinsam zu BELASTEN. Folgende Belastungen kommen unter anderem in Betracht:

- Baulasten (etwa wegen einer Unterschreitung des gebotenen Abstandes zu Gunsten eines Nachbarn).
- Dienstbarkeiten (etwa Duldungsverpflichtungen gegenüber Immissionen, Wegerechte am nicht überbauten Grundstück, Geh- und Fahrtrechte, Mitbenutzungsrechte an Kinderspielplätzen, Mitbenutzungsrechte an Feuerwehrzufahrten oder an Mülltonnenhäuschen, Trafostations- und Erdkabelrechte);
- Grundpfandrechte (Grundschulden, Hypotheken);
- Nießbrauch (das Recht, die Nutzungen – Miete und/oder Pacht – des gemeinschaftlichen Eigentums zu ziehen);
- Reallasten (das Recht einer bestimmten Person, aus dem gemeinschaftlichen Eigentum wiederkehrende Leistungen zu verlangen).

Dienstbarkeitsberechtigter stört
Überschreitet der Dienstbarkeitsberechtigte die Grenzen einer zulässigen Nutzung, wie sie sich aus den Vereinbarungen der Wohnungseigentümer untereinander ergeben, stehen den Wohnungseigentümern Unterlassungsansprüche zu.

3. Sondernutzungsrecht

Eine einem Sondernutzungsrecht unterliegende Fläche des gemeinschaftlichen Eigentums kann NICHT ISOLIERT belastet werden. Der AUSÜBUNGSBEREICH einer Grunddienstbarkeit kann aber eine Sondernutzungsfläche sein, die dem belasteten Sondereigentum zugeordnet ist; sie kann auch den alleinigen Ausübungsbereich darstellen. Berechtigt eine Dienstbarkeit zur Nutzung von Sondereigentum, ist die Berechtigung vorbehaltlich einer abweichenden Regelung in der Eintragungsbewilligung dahingehend zu verstehen, dass sie auch die Nutzung der Fläche umfasst, an der ein dem Sondereigentum zugeordnetes Sondernutzungsrecht besteht.

Grundbuch

Die Befugnis zur Nutzung einer solchen Fläche muss nicht schlagwortartig im Grundbuch selbst gekennzeichnet werden.

4. Dauerwohn- oder Dauernutzungsrecht

Ein Wohnungseigentum kann mit einem Dauerwohn- oder Dauernutzungsrecht belastet werden. Dauerwohn- oder Dauernutzungsrecht kommen einem Sondernutzungsrecht nahe, wenn sie auch selbständig sind und der Berechtigte anders als bei einem Sondernutzungsrecht „Nichtwohnungseigentümer“ sein kann.

WEG § 31 Absatz 1

Ein Grundstück kann in der Weise belastet werden, dass derjenige, zu dessen Gunsten die Belastung erfolgt, berechtigt ist, unter Ausschluss des Eigentümers eine bestimmte Wohnung in einem auf dem Grundstück errichteten oder zu errichtenden Gebäude zu bewohnen oder in anderer Weise zu nutzen (Dauerwohnrecht). Das Dauerwohnrecht kann auf einen außerhalb des Gebäudes liegenden Teil des Grundstücks erstreckt werden, sofern die Wohnung wirtschaftlich die Hauptsache bleibt.

II. Vereinigung

Jeder Wohnungseigentümer ist befugt, mehrere in seinem Eigentum befindliche Wohnungseigentumsrechte miteinander tatsächlich und/oder rechtlich zu VEREINIGEN. „Vereinigung“ meint, dass beispielsweise aus 2 vorher selbständigen „Eigentumswohnungen“ eine einzige „Eigentumswohnung“ wird. Eine Mitwirkung der anderen Wohnungseigentümer zu einer solchen Vereinigung ist unnötig, wenn es um eine rechtliche

Vereinigung geht (= aus 2 Wohnungseigentumsrechten wird 1) und die Vereinigung sich ohne Baumaßnahmen vollzieht.

Ein Mitwirkungsrecht ist hingegen – aber nur im Hinblick auf die Baumaßnahmen – vorstellbar, wenn die Vereinigung MIT Baumaßnahmen verbunden ist. Für die anderen Wohnungseigentümer stellt es allerdings keinen Nachteil dar, wenn etwa durch einen Wanddurchbruch und den Einbau einer Verbindungstür zwischen den beiden angrenzenden Sondereigentumseinheiten die „Abgeschlossenheit" der Wohnungen entfällt.

Auch wenn bei einer Baumaßnahme für eine Vereinigung eine nicht tragende Wand durchbrochen wird, ist diese Maßnahme von den übrigen Wohnungseigentümern hinzunehmen. Es liegt weder ein Eingriff in die Substanz des gemeinschaftlichen Eigentums vor, noch sind eine Beeinträchtigung der Statik oder sonstige Nachteile ernsthaft zu befürchten. Wird hingegen eine TRAGENDE WAND durchbrochen, bedarf der Wohnungseigentümer der Zustimmung der anderen Wohnungseigentümer.

ABGESCHLOSSENHEIT
Abgeschlossene Wohnungen sind solche Wohnungen, die baulich vollkommen von fremden Wohnungen und Räumen abgeschlossen sind, zum Beispiel durch Wände und Decken, die den Anforderungen der Bauaufsichtsbehörden (Baupolizei) an Wohnungstrennwände und Wohnungstrenndecken entsprechen und einen eigenen abschließbaren Zugang unmittelbar vom Freien, von einem Treppenhaus oder einem Vorraum haben. Zu abgeschlossenen Wohnungen können zusätzliche Räume außerhalb des Wohnungsabschlusses gehören. Wasserversorgung, Ausguss und WC müssen innerhalb der Wohnung liegen. Zusätzliche Räume, die außerhalb des Wohnungsabschlusses liegen, müssen verschließbar sein. Bei „nicht zu Wohnzwecken dienenden Räumen" gelten diese Erfordernisse sinngemäß.

Folgen einer Vereinigung

Eine Vereinigung kann in Bezug auf das Wohnungseigentum Folgen haben:

- GRUNDSTEUER B: Es ist vorstellbar, dass die Grundsteuer B für das vereinigte Wohnungseigentumsrecht geringer ist als die Addition der Grundsteuer B für die nicht vereinigten Wohnungseigentumsrechte.
- STIMMRECHT: Gilt das Kopf- oder Wertstimmrecht, ändert sich durch eine Vereinigung nichts. Bei einem „Objektstimmrecht" fällt nach einer rechtlichen Vereinigung hingegen ein Stimmrecht weg. Zu diesen Stimmrechtsprinzipien 15. Kapitel Versammlung › S. 288.
- VERWALTERVERGÜTUNG: Errechnet sich die Verwaltervergütung nach „Einheiten" (= Anzahl der Wohnungs- und Teileigentumsrechte), verringert sich diese nach einer rechtlichen Vereinigung.
- UMLAGESCHLÜSSEL: Wenn die Betriebs- oder Verwaltungskosten nach einem Umlageschlüssel „Objekt" verteilt werden, muss sich der Wohnungseigentümer, der 2 oder mehr Wohnungseigentumsrechte vereinigt hat, so behandeln lassen, als habe er immer noch so viele Wohnungseigentumsrechte wie vor der Vereinigung. Er kann aber versuchen, dass die Wohnungseigentümer etwas anderes beschließen, etwa die Wohnfläche als Umlageschlüssel.

III. Unterteilung

Jeder Wohnungseigentümer ist berechtigt, sein – aber auch nur sein – Wohnungseigentumsrecht zu UNTERTEILEN. „Unterteilung" meint, aus einem Wohnungseigentumsrecht 2 oder mehrere voneinander selbständige Wohnungseigentumsrechte zu machen.

Ähnlichkeiten zur Teilungserklärung
Eine Unterteilung ähnelt also einer Aufteilung eines Grundstücks durch eine Teilungserklärung.

Die anderen Wohnungseigentümer muss er nicht beteiligen. Diese müssen der Unterteilung nur dann zustimmen, WENN aus der bisherigen „Eigentumswohnung" ausnahmsweise nicht mehrere in sich wieder abgeschlossene „Eigentumswohnungen" entstehen, sondern ein Teil der bisher sondereigentumsfähigen Räume und/oder Flächen in gemeinschaftliches Eigentum „überführt" werden muss (für die wesentlichen Gebäudebestandteile, etwa die Wohnungseingangstür, gilt dies nicht). Dies ist etwa der Fall, wenn der Eingangsflur der früheren größeren Wohnung außerhalb der Ummauerung der beiden neuen Wohnungen bleibt („Eingangsflurproblem").

Eine Zustimmung ist ferner notwendig, wenn die Eigentümer VEREINBART haben, eine Unterteilung von einer Zustimmung abhängig zu machen, oder wenn aus einem Teileigentum- ein Wohnungseigentum werden soll (und umgekehrt).

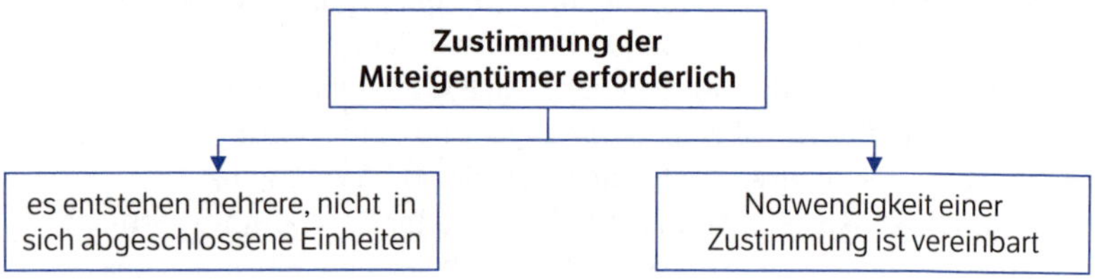

Unterteilung: Beteiligung der anderen Wohnungseigentümer

Folgen einer Unterteilung
Eine Unterteilung kann in Bezug auf das Wohnungseigentum Folgen haben:

- GRUNDSTEUER B: Es ist vorstellbar, dass die Grundsteuer B für die aus der Unterteilung hervorgegangenen Wohnungseigentumsrechte höher ist als die Grundsteuer B für das nicht unterteilte Wohnungseigentumsrecht.
- STIMMRECHT: Gilt das Wertstimmrecht, ändert sich durch eine Unterteilung nichts. Beim Kopfstimmrecht und auch beim Objektstimmrecht muss sich der sein Wohnungseigentumsrecht unterteilende Wohnungseigentümer so behandeln lassen, als gebe es nur ein Wohnungseigentumsrecht. Dies gilt auch dann, wenn er eines der Wohnungseigentumsrechte veräußert. BEISPIEL: Ein Wohnungseigentümer unterteilt 1 Wohnungseigentumsrecht in 2. Es gilt das Kopfstimmrecht. Nach der Unterteilung entfällt auf jedes der neuen Wohnungseigentumsrechte eine halbe Stimme. Wird eines der Wohnungseigentumsrechte veräußert, hat der Erwerber nur eine halbe Stimme. In Bezug auf diese Stimme ist er aber frei und muss sich nicht mit dem Veräußerer verständigen.
- VERWALTERVERGÜTUNG: Errechnet sich die Verwaltervergütung nach „Einheiten“ (= Anzahl der Wohnungs- und Teileigentumsrechte), erhöht sich diese nach einer rechtlichen Unterteilung.
- UMLAGESCHLÜSSEL: Wenn die Betriebs- oder Verwaltungskosten nach einem Umlageschlüssel „Objekt“ verteilt werden, muss sich der sein Wohnungseigentumsrecht unterteilende Wohnungseigentümer so behandeln lassen, als hätte er immer mehrere Wohnungseigentumsrechte gehabt. Er kann aber versuchen, dass die Wohnungseigentümer etwas anderes beschließen, etwa die Wohnfläche als Umlageschlüssel.

IV. Veräußerung

1. Überblick

Jeder Wohnungseigentümer ist berechtigt, sein Wohnungseigentum zu veräußern. Ferner ist er berechtigt, nur einen Teil zu veräußern, etwa einen Raum oder einen Stellplatz. Das Geschäft zwischen dem veräußernden Wohnungseigentümer und dem Erwerber ist keine Frage des Wohnungseigentumsrechts. Es wird aber vom Wohnungseigentumsrecht und den Rechten des Veräußerers als Wohnungseigentümer berührt. Der

Erwerber sollte sich vor dem Kauf wenigstens aus den folgenden Gründen mit der Wohnungseigentumsanlage und den Rechten des Veräußerers beschäftigen:

- Für den Erwerber ist die Teilungserklärung von Bedeutung. Er muss wissen, welche Räume im Sondereigentum stehen, wo die Grenzen zwischen dem gemeinschaftlichen Eigentum und dem Sondereigentum verlaufen und welche Größe die Miteigentumsanteile haben.
- Für den Erwerber ist die Gemeinschaftsordnung von Bedeutung. Er muss wissen, welche Bestimmungen die Wohnungseigentümer für ihr Verhältnis untereinander getroffen haben. Er kann der Gemeinschaftsordnung beispielsweise entnehmen, ob ihm ein Sondernutzungsrecht zustehen soll.
- Für den Erwerber ist die Beschlusslage von Bedeutung. Er muss wissen, welche Beschlüsse die Wohnungseigentümer gefasst haben, und wird dazu in der Regel in die Beschluss-Sammlung Einsicht nehmen wollen. Der Beschluss-Sammlung kann er etwa entnehmen, ob die Wohnungseigentümer von der Möglichkeit Gebrauch gemacht haben, für eine Kostenposition den gesetzlichen Umlageschlüssel oder einen vereinbarten zu ändern.
- Für den Erwerber ist der Erhaltungszustand des Sondereigentums und des gemeinschaftlichen Eigentums von Bedeutung, aber auch der energetische Zustand der Wohnungseigentumsanlage, die Höhe der Erhaltungsrücklage, der Zustand der Außenanlagen, die Zusammensetzung der Gemeinschaft oder die Person des Verwalters.
- Außerdem können die Wohnungseigentümer vereinbart haben, dass es für die Veräußerung eines Wohnungseigentums einer Zustimmung bedarf.

Checkliste: Erwerb eines Wohnungseigentums

- ☐ Lage der Wohnungseigentumsanlage:
  - Anbindung an Straßen? Nebenstraße? Hauptstraße?
  - Erreichbarkeit mit öffentlichem Personennahverkehr?
  - Straßenlärm?
  - Fluglärm?
  - Nähe zu Grünanlagen?
  - Erreichbarkeit des Arbeitsplatzes?
- ☐ Infrastruktur:
  - Einkaufsmöglichkeiten?
  - Kindergärten?
  - Schulen?
  - Restaurants?

- Ärzte?
- Krankenhaus?

- ☐ handelt es sich um ein Anlageobjekt oder wohnen (überwiegend) die Eigentümer im Sondereigentum (den Eigentumswohnungen)?
- ☐ wie viele Miteigentümer gibt es?
- ☐ welche Eigentümer haben in der Wohnungseigentumsanlage ein Wohnungs- oder Teileigentum (Alter, Ethnie, finanzielle Verhältnisse)?
- ☐ welche Miteigentümer wären die unmittelbaren Nachbarn (Wohnungen über, unter und neben dem Sondereigentum – Eigentumswohnung)?
- ☐ gibt es in der Wohnungseigentumsanlage Mieter? Welche sind es?
- ☐ gibt es einen Hausmeister?
- ☐ gibt es Stellplätze?
- ☐ leben Kinder in der Wohnungseigentumsanlage?
- ☐ wird in der Wohnungseigentumsanlage viel gestritten (zu sehen durch Blick in die Beschluss-Sammlung)?
  - gibt es viele WEG-Verfahren? Gegenstand der Verfahren?
  - muss Hausgeld häufig eingeklagt werden?
- ☐ Einzusehende Unterlagen
  - Wohnungsgrundbuch
  - Teilungsvertrag oder Teilungserklärung nebst Ergänzungen
  - Aufteilungspläne
  - Gemeinschaftsordnung
  - Hausordnung
  - Niederschriften der Versammlungen
  - Beschluss-Sammlung (nur mit Ermächtigung dazu)
  - aktueller Wirtschaftsplan
  - wenigstens letzte Jahresabrechnung und letzte Einzelabrechnung für das betroffene Wohnungseigentum
- ☐ Gemeinschaftliches Eigentum
  - Gebäude:
    - Probleme mit Feuchtigkeit?
    - Alter?
    - wann wurde das Gebäude zuletzt (umfassend) instandgesetzt?
    - Instandsetzungsstau?
    - gibt es Schäden?
    - gibt es einen Instandsetzungsplan?
    - welche Höhe hat die Erhaltungsrücklage erreicht?
    - ist das Gebäude barrierefrei?
    - welchen energetischen Zustand hat das Gebäude? Energieausweis?
- ☐ welchen allgemeinen Zustand hat das Grundstück?
  - Altlasten?

  - sind die Außenanlagen gepflegt? wer muss pflegen?
  - bestehen an den Außenanlagen Sondernutzungsrechte?
- ☐ welche Gemeinschaftseinrichtungen gibt es?
  - Wäschekeller?
  - Fahrradkeller?
  - Kinderwagenkeller?
  - Grillplatz?
  - Tiefgarage?
  - Garten?
  - Spielplatz?
- ☐ wie steht es um die Außenbeleuchtung?
- ☐ welchen Zustand hat der Eingangsbereich? Zustand der Hauseingangstür?
- ☐ welchen Zustand hat die Briefkastenanlage?
- ☐ gibt es eine Aufzugsanlage?
  - Zustand?
  - Alter?
  - Nutzung?
  - Kosten?
- ☐ Heizung:
  - Zustand?
  - Wärme-Contracting (die Heizungsanlage steht dann in der Regel im Eigentum des „Contractors“)?
  - Art der Heizung?
  - Alter?
  - Lage?
- ☐ Technik:
  - welchen Zustand hat die Antennenanlage?
  - sind Parabolantennen zulässig?
  - gibt es Kabelfernsehen?
  - gibt es DSL?
- ☐ welchen Zustand hat die Fassade?
- ☐ welchen Zustand haben Balkone?
- ☐ welchen Zustand haben Terrassen und/oder Dachterrassen?
- ☐ welchen Zustand hat die Garagenanlage?
- ☐ welchen Zustand haben die Fenster?
- ☐ welchen Zustand hat das Treppenhaus?
- ☐ welchen Zustand hat das Dach?
- ☐ welchen Zustand haben die Steigleitungen für Elektrik, Wasser, Strom, Gas, Heizung?

- ☐ Benutzung und Gebrauch
  - welche Teileigentumseinheiten gibt es?
  - welche Benutzung des Teileigentums ist zulässig?
  - gibt es für die Benutzung des Sondereigentums einschränkende Bestimmungen?
  - wie steht es um Regelungen für Musik?
  - sind Tiere erlaubt? welche?
  - was bestimmt die Hausordnung?
- ☐ Kosten
- ☐ Hausgeld
  - angemessene Höhe?
  - wie setzt sich das Hausgeld zusammen?
  - zahlen die Miteigentümer ihr Hausgeld?
  - gibt es Hausgeldrückstände?
  - wie läuft das Hausgeldinkasso?
- ☐ welche Umlageschlüssel gelten für:
  - Betriebskosten?
  - Verwaltungskosten?
- ☐ Höhe der Ansammlung der Erhaltungsrücklage?
- ☐ wie hoch sind die Kosten für Warmwasser und Heizung?
- ☐ wird der Verbrauch des Kaltwassers gemessen?
- ☐ gibt es (gegebenenfalls nicht bezahlte) Sonderumlagen?
- ☐ Das Wohnungseigentum
  - Höhe des Miteigentumsanteils? Wie berechnet?
  - Wohn-/Nutzfläche?
  - Anzahl der Räume?
  - Zuschnitt der Räume?
  - Verteilung der Anschlussdosen für Strom, Telefon, Internet, Kabelfernsehen?
  - Zustand der Wohnungseingangstür?
  - Zustand der Böden?
  - Zustand der Türen?
  - Zustand der Küche?
  - Zustand der sanitären Einrichtungen?
  - Anzahl und Zustand der Fenster? Wer trägt die Kosten der Erhaltung der Fenster?
  - Balkon?
  - Keller?
  - Sondernutzungsrechte? Welche?
  - Schimmel?
  - besteht Barrierefreiheit?

- ☐ Verwalter
  - wer verwaltet die Wohnungseigentumsanlage?
  - Profiverwalter?
  - welche Expertise hat der Verwalter?
  - wie ist der Verwalter versichert?

2. Eintritt des Eigentümerwechsels

Wenn ein Wohnungseigentum veräußert wird, wird der Erwerber in dem Zeitpunkt ein Wohnungseigentümer, in dem der Veräußerer aus dem Wohnungsgrundbuch als Eigentümer AUSGETRAGEN und zugleich der Erwerber im Wohnungsgrundbuch als neuer Eigentümer EINGETRAGEN wird. Bis es zu dieser EINTRAGUNG kommt, kann Zeit vergehen. Bis zur Umschreibung hat allein der Veräußerer die Rechte eines Wohnungseigentümers.

Soll etwas anderes gelten, können Erwerber und Veräußerer das vereinbaren. Der Veräußerer kann den Erwerber durch eine VOLLMACHT in sämtliche Rechte einsetzen, die er als Wohnungseigentümer hat (1. Kapitel Grundbegriffe › S. 10). Veräußerer und Erwerber können außerdem vereinbaren, dass den Erwerber im Verhältnis der Kaufvertragsparteien sämtliche Pflichten treffen sollen, die der Veräußerer als Wohnungseigentümer hat. Dieser Vertrag berührt nur die Rechte der Kaufvertragsparteien. Er kann aber auch als ein Vertrag zu Gunsten der Gemeinschaft der Wohnungseigentümer ausgestaltet werden.

Außenverhältnis

Gegenüber den anderen Wohnungseigentümern, gegenüber der Gemeinschaft der Wohnungseigentümer und gegenüber Dritten – etwa für Verbindlichkeiten der Gemeinschaft der Wohnungseigentümer – bleibt bis zur Eigentumsumschreibung der Veräußerer verpflichtet. Die Regelungen des Kaufvertrags können hieran nichts ändern.

Der Verwalter ist nicht verpflichtet, zum Beispiel für den Zeitpunkt des Wechsels im Eigentum oder des Besitzes eine Abrechnung für den Veräußerer und eine für den Erwerber zu erstellen.

Bitte an den Verwalter

Wünschen die Kaufvertragsparteien zu einem von ihnen bestimmten Zeitpunkt 2 Abrechnungen, können sie den Verwalter hierum gegen Zahlung eines Sonderentgeltes bitten.

3. Veräußerungsbeschränkungen

An dem Recht, ein Wohnungseigentumsrecht an jedermann zu veräußern, ändert sich etwas, wenn die Wohnungseigentümer eine VERÄUSSERUNGSBESCHRÄNKUNG vereinbart haben. Denn dann bedarf jeder Wohnungseigentümer für eine Veräußerung der Zustimmung der anderen Wohnungseigentümer oder der Zustimmung eines Dritten. Häufig ist der Verwalter als Dritter benannt.

WEG § 12 Absatz 1

Als Inhalt des Sondereigentums kann vereinbart werden, dass ein Wohnungseigentümer zur Veräußerung seines Wohnungseigentums der Zustimmung anderer Wohnungseigentümer oder eines Dritten bedarf.

SINN UND ZWECK
Eine Veräußerungsbeschränkung kann vor allem in kleineren Gemeinschaften, Ferienanlagen und Wohnungseigentumsanlagen im ländlichen Raum dafür sorgen, dass „Unerwünschte" jedenfalls nicht ohne weiteres Wohnungseigentum erwerben können.

Wichtiger Grund

Die bei einer Veräußerungsbeschränkung für den Grundbuchvollzug notwendige Zustimmung darf nur aus einem WICHTIGEN GRUNDE versagt werden. Ein wichtiger Grund für eine Versagung liegt vor, wenn der Erwerbsinteressent FINANZIELL oder PERSÖNLICH unzuverlässig ist.

- Ein Erwerbsinteressent ist finanziell unzuverlässig, wenn aufgrund von Tatsachen zu erwarten ist, dass er das Hausgeld nicht bedienen kann.
- Persönliche Unzuverlässigkeit liegt vor, wenn aufgrund von Tatsachen zu erwarten ist, dass der Erwerbsinteressent gegen Benutzungsbestimmungen oder andere Wohnungseigentümerpflichten verstoßen wird.

Für die Prüfung des wichtigen Grundes kann der Veräußerer – zum Beispiel über seinen Notar – den Kaufvertrag, möglicherweise in Auszügen und ohne Mitteilung des Kaufpreises, überreichen. Ein Zwang hierzu besteht nicht. Der Kaufvertrag ist nur bloßer Anhalt, da er nichts zur Zuverlässigkeit des Erwerbers sagt.

Der veräußernde Wohnungseigentümer ist daher verpflichtet, den Erwerber zu einer SELBSTAUSKUNFT zu veranlassen. Inhalt dieser Selbstauskunft sind Informationen zum Vermögen des Käufers und zu seinem Einkommen. Die Bonitätsauskunft eines Dritten (wegen der zu prüfenden finanziellen Zuverlässigkeit) oder ein polizeiliches Führungszeugnis des Erwerbers (wegen der zu prüfenden persönlichen Zuverlässigkeit) muss der Veräußerer nicht vorlegen. Beides kann vom Zustimmungsberechtigten selbst eingeholt werden.

Aufhebung einer Veräußerungsbeschränkung
Stören sich die Wohnungseigentümer an einer Veräußerungsbeschränkung, kann beschlossen werden, dass es für Veräußerungen künftig keiner Zustimmung bedarf.

4. Tausch
Ein Wohnungseigentümer ist berechtigt, Räume, die in seinem Sondereigentum stehen, mit einem anderen Wohnungseigentümer zu tauschen. Als Tauschobjekt in Frage kommen unter anderem:

- Kellerräume,
- Abstellräume,
- sonstige Nebenräume,
- Stellplätze oder
- Garagen.

NEBENRÄUME
Einzelne Räume (Boden-, Hobby- oder Kellerräume), die zu einer Einheit (Sondereigentum; Eigentumswohnung) gehören und in der Regel im Ergebnis im Teileigentum stehen (unselbständiges Teileigentum), also nicht bewohnt werden dürfen.

Einer Änderung der Miteigentumsanteile, weil ein Raum größer ist, bedarf es nicht. Sie ist aber möglich.

5. Energieausweis
Der Verkäufer eines Wohnungs- oder Teileigentums muss einem potenziellen Käufer einen Energieausweis zugänglich machen.

Gebäudeenergiegesetz § 80 Absatz 4 Satz 1
Im Falle eines Verkaufs ... hat der Verkäufer ... dem potenziellen Käufer spätestens bei der Besichtigung einen Energieausweis oder eine Kopie hiervon vorzulegen.

Ein „potenzieller" Käufer ist ein ERNSTHAFTER Kaufinteressent, etwa der, der eine Besichtigung verlangt und auch erhält. Ein bloßes Kaufinteresse ist nicht ausreichend.

Bauträgervertrag
Bestellt man bei einem Bauträger ein Wohnungseigentum, hat der Bauträger dem Besteller unverzüglich nach Abschluss des Kaufvertrags den Energieausweis oder eine Kopie hiervon zu übergeben.

Energieausweise können auf der Grundlage des berechneten Energiebedarfs (Energiebedarfsausweis) oder des erfassten Energieverbrauchs (Energieverbrauchsausweis) ausgestellt werden.

- Der ENERGIEBEDARFSAUSWEIS enthält Angaben zum Energiebedarf eines Wohngebäudes, der auf der Grundlage einer technischen

Analyse der Bausubstanz und der Heizungsanlage errechnet wird (wichtig sind: Baujahr, Bauunterlagen, technische Gebäude- und Heizungsdaten, standardisierte Randbedingungen).
- Der ENERGIEVERBRAUCHSAUSWEIS wird auf der Grundlage des erfassten Energieverbrauchs der letzten 3 Jahre ausgestellt. Der Energieverbrauchsausweis ist kaum aussagekräftig, da die individuellen Heizgewohnheiten ausschlaggebend sind.

Kosten der Erstellung des Energieausweises
Gibt es noch keinen oder keinen aktuellen Energieausweis, muss die Gemeinschaft der Wohnungseigentümer diesen auf ihre Kosten herstellen. Ein Energieausweis gilt 10 Jahre, wenn das Gebäude nicht verändert wird.

Die insoweit anzuwendenden Vorschriften haben sich am 1. Mai 2021 wegen des Gebäudeenergiegesetzes GEÄNDERT. Bisher mussten beispielsweise die Treibhausgas-Emissionen nicht im Energieausweis aufgeführt werden. Bei Verbrauchsausweisen muss jetzt die energetische Qualität des Gebäudes, inklusive inspektionspflichtiger Klimaanlagen detailliert angegeben werden. Auch das Fälligkeitsdatum der nächsten Untersuchung muss jetzt festgehalten werden.

6. Steuern

Beträgt der zwischen Anschaffung und Veräußerung eines Wohnungseigentums liegende Zeitraum nicht mehr als 10 Jahre, fällt EINKOMMENSSTEUER an („Spekulationssteuer"). Maßgeblich für die Berechnung ist das Datum der notariellen Beurkundung des Kaufvertrags.

Berechnungsbeispiel
Hat man am 3. April 2012 ein Wohnungseigentum erworben und veräußert es vor dem 4. April 2022, unterliegt der Veräußerungsgewinn der Besteuerung. Wenn der Veräußerer das Sondereigentum allerdings mindestens im Jahr der Veräußerung und in den vorangegangenen 2 Jahren für sich als Privatwohnung genutzt hat, bleibt der Verkaufserlös steuerfrei.

Wenn man das Wohnungseigentum geschenkt bekommen hat, wird die Zeit, in welcher der frühere Eigentümer das Sondereigentum selbst bewohnt hat, dem Beschenkten angerechnet. Das gilt auch für den Fall der Erbschaft.

Die Steuerfreiheit gilt nicht für FERIENWOHNUNGEN sowie für den Teil des Veräußerungserlöses, der auf das häusliche Arbeitszimmer entfällt.

Der Veräußerungsgewinn errechnet sich – übersteigt er die Freibeträge – aus dem Veräußerungspreis abzüglich der Veräußerungskosten sowie der Anschaffungs- und Herstellungskosten des Wohnungseigentums, zuzüglich in Anspruch genommener Abschreibung.

Bei der Veräußerung eines Wohnungseigentums können ferner EINKÜNFTE AUS EINEM GEWERBEBETRIEB anfallen. So liegt es, wenn nach dem Gesamtbild der Betätigung und unter Berücksichtigung der Verkehrsauffassung die Ausnutzung der Vermögenswerte, zum Beispiel durch Verkauf, gegenüber der Nutzung durch Bewohnen oder Vermieten entscheidend in den Vordergrund tritt.

3-Objekt-Grenze
Zur Konkretisierung dieser Unterscheidung hat der Bundesfinanzhof für den Bereich des gewerblichen Grundstückshandels die so genannte „3-Objekt-Grenze" eingeführt. Danach liegt in der Regel ein gewerblicher Grundstückshandel vor, sofern mehr als 3 Wohnungseigentumsrechte innerhalb eines engen zeitlichen Zusammenhanges von in der Regel 5 Jahren ab der Anschaffung veräußert werden.

V. Verfahrensrechte

1. Überblick
Wird das Wohnungseigentum gestört, etwa durch Rauch oder Lärm oder durch eine unzulässige bauliche Veränderung, hat sein Eigentümer das Recht, sich gegen diese Störung zu wehren. Welche Wege möglich sind, hängt davon ab, ob es um eine Abwehr von Störungen des GEMEINSCHAFTLICHEN Eigentums oder um den Schutz des SONDEREIGENTUMS geht.

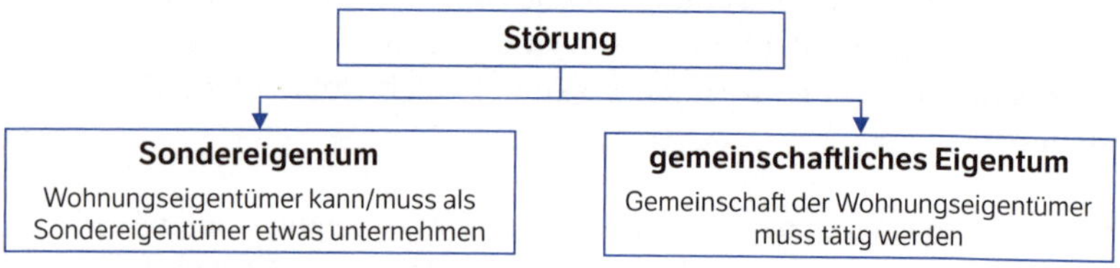

Störungen des Eigentums

2. Sondereigentum

Wird das Sondereigentum (die Eigentumswohnung) durch andere Wohnungseigentümer gestört, muss sich der Wohnungseigentümer als Sondereigentümer entscheiden, ob er etwas unternehmen will, und wenn ja, was. Die Störung kann in positiven oder negativen Immissionen wie Lärm, Wärme, Blätter oder dem Entzug von Licht liegen, in der Wegnahme, in einer Besetzung, wenn beispielsweise der Nachbar den falschen Keller nutzt, in Beleidigungen oder Beschimpfungen oder in Straftaten wie einer Sachbeschädigung.

Miteigentum

Gehört das Wohnungseigentum mehreren, etwa Eheleuten, kann jeder von ihnen handeln und die Störung abwehren; siehe dazu auch 1. Kapitel Grundbegriffe › S. 23).

Bei der Abwehr einer Störung des Sondereigentums (der Eigentumswohnung) haben die anderen Wohnungseigentümer kein Mitspracherecht. Die anderen Wohnungseigentümer können über die Abwehrrechte eines Wohnungseigentümers keine Bestimmung treffen. Tun sie es dennoch, ist der Beschluss in Ermangelung einer Kompetenz hierfür nichtig (zu den Beschlusskompetenzen siehe 1. Kapitel Grundbegriffe › S. 25 ff.). Ob der Sondereigentümer beispielsweise gegen LÄRM vorgehen will, der ihm aus der Nachbarwohnung entgegenschallt, weil der dort wohnende Wohnungseigentümer gern und laut Hardrock hört, kann und muss er selbst entscheiden. Die Kehrseite ist, dass der Gestörte auch allein handeln und die Kosten tragen muss.

Durchsetzung der Hausordnung

Der Verwalter ist allerdings verpflichtet, im Namen der Gemeinschaft der Wohnungseigentümer und als ihr Organ die Hausordnung durchzusetzen. Jeder Wohnungseigentümer kann sich daher an den Verwalter wenden und diesen auffordern, den Störer zur Ordnung zu rufen.

Ein Sondereigentümer kann die Gemeinschaft der Wohnungseigentümer ERMÄCHTIGEN, seine Rechte gegen den Störer durchzusetzen. Eine Ermächtigung gegen den Willen der Gemeinschaft der Wohnungseigentümer kann nicht erteilt werden. Die anderen Wohnungseigentümer müssen daher durch Beschluss entscheiden, ob die Gemeinschaft der Wohnungseigentümer für die Rechte eines Sondereigentümers eintreten soll.

MUSTER: ERMÄCHTIGUNG DER GEMEINSCHAFT DER WOHNUNGSEIGENTÜMER

Ich ermächtige die Gemeinschaft der Wohnungseigentümer ___ [Name], meine Rechte gegen ___ [Name] wegen ___ [Nennung der Störung] außergerichtlich und gerichtlich in meinem Namen und mit Wirkung für und gegen mich wahrzunehmen.
Name, Adresse
Datum
Unterschrift

Wird das Sondereigentum (die Eigentumswohnung) durch einen Drittnutzer gestört, etwa einen Mieter, Pächter oder Grundstücksnachbarn, gilt nichts anderes.

Anspruchsgrundlagen
Der Schutz des Sondereigentums kann sich auf das Eigentum und /oder den Besitz am Sondereigentum stützen. Gegen einen störenden Wohnungseigentümer kann man sich außerdem auf die gesetzliche Verpflichtung der Wohnungseigentümer berufen, vermeidbare Nachteile zu unterlassen.

BGB § 1004 Absatz 1
Wird das Eigentum in anderer Weise als durch Entziehung oder Vorenthaltung des Besitzes beeinträchtigt, so kann der Eigentümer von dem Störer die Beseitigung der Beeinträchtigung verlangen. Sind weitere Beeinträchtigungen zu besorgen, so kann der Eigentümer auf Unterlassung klagen.

BGB § 862 Absatz 1
Wird der Besitzer durch verbotene Eigenmacht im Besitz gestört, so kann er von dem Störer die Beseitigung der Störung verlangen. Sind weitere Störungen zu besorgen, so kann der Besitzer auf Unterlassung klagen.

3. Gemeinschaftliches Eigentum
Das gemeinschaftliche Eigentum, etwa das Treppenhaus, kann durch die anderen Wohnungseigentümer, durch Drittnutzer, vor allem einen Mieter, oder durch einen Nachbarn des im gemeinschaftlichen Eigentum stehenden Grundstücks gestört werden.

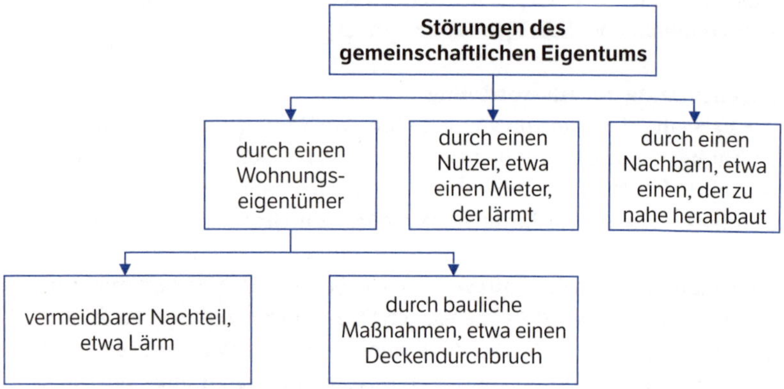

Störungen des gemeinschaftlichen Eigentums

Gegen eine Störung des gemeinschaftlichen Eigentums durch einen WOHNUNGSEIGENTÜMER kann ein Wohnungseigentümer NICHT UNMITTELBAR vorgehen. Denn nur die Gemeinschaft der Wohnungseigentümer kann die Unterlassung oder Beseitigung der Störung verlangen.

Dadurch ist ein Wohnungseigentümer aber nicht schutzlos. Er hat nämlich grundsätzlich einen Anspruch gegen die Gemeinschaft der Wohnungseigentümer, gegen den Störer vorzugehen. Bleibt die Gemeinschaft der Wohnungseigentümer untätig, kann er sie auf ein Vorgehen gegen den Störer verklagen.

Welche Klage ist zu erheben?
Gibt es bereits einen Beschluss, so ist eine Leistungsklage zu erheben. Fehlt ein Beschluss, ist nach einem erfolglosen Versuch, einen Beschluss herbeizuführen (Vorbefassung), eine Beschlussersetzungsklage zu erheben.

Auch dann, wenn das gemeinschaftliche Eigentum von einem NACHBARN oder einem DRITTNUTZER gestört wird (Drittnutzer sind Personen, die dem Hausstand eines Wohnungs- oder dem Geschäftsbetrieb eines Teileigentümers angehören oder denen ein Wohnungs- oder Teileigentümer sonst die Benutzung der in Sonder- oder Miteigentum stehenden Grundstücks- oder Gebäudeteile überlässt), kann nur die GEMEINSCHAFT DER WOHNUNGSEIGENTÜMER Unterlassung und Beseitigung verlangen.

4. Überschneidungen

Lärm, Gestank und andere Störungen werden häufig das gemeinschaftliche Eigentum UND das Sondereigentum beeinträchtigen. Der einzelne Wohnungseigentümer ist in diesem Falle berechtigt, die Störung seines Sondereigentums abzuwehren. Etwa die Geruchs- und Lärmbelästigungen müssen das Sondereigentum NICHT in einem besonderen Maß treffen. Wegen der Störung des gemeinschaftlichen Eigentums gelten aber auch dann KEINE Besonderheiten.

Herabsinken des Verkehrswertes oder Erschwerung der Vermietbarkeit
Das Sondereigentum darf nicht nur deshalb beeinträchtigt sein, weil das gemeinschaftliche Eigentum beeinträchtigt ist. Dass aufgrund einer Störung des gemeinschaftlichen Eigentums etwa der Verkehrswert des Sondereigentums sinkt oder seine Vermietbarkeit erschwert wird, reicht nicht.

5. Benutzungsregelungen

Verstößt ein Wohnungseigentümer oder ein Drittnutzer gegen eine BENUTZUNGSREGELUNG, betreibt ein Mieter zum Beispiel in Räumen, die als Laden gewidmet sind, ein Restaurant, wird ein Wohnungseigentümer durch das Unternehmen aber nicht in der Benutzung seines Sondereigentums gestört, etwa durch Geräusche oder Gerüche, kann gegen den Verstoß nur die Gemeinschaft der Wohnungseigentümer einschreiten.

Anspruch auf Einschreiten
Auf dieses Einschreiten hat jeder Wohnungseigentümer wieder grundsätzlich einen Anspruch. Die Ausführungen zum gemeinschaftlichen Eigentum gelten entsprechend.

6. Nachbarrecht

FLÄCHENEIGENTUM
Besteht an einem Stellplatz Sondereigentum oder an einem Garten, dürfte etwas anderes gelten.

Die öffentlich-rechtlichen und privatrechtlichen Vorschriften, die für das Verhältnis unter Nachbarn gelten, zum Beispiel das bürgerlich-rechtliche Nachbarrecht in den §§ 907 bis 924 BGB oder die Nachbarrechtsgesetze der Länder, etwa das Nachbarrechtsgesetz Baden-Württemberg, sind zwischen Wohnungseigentümern in Bezug auf ihre Wohnungen NICHT ANWENDBAR. Der Grund hierfür liegt darin, dass die Wohnungseigentümer die Miteigentümer des gemeinschaftlichen Eigentums und keine Nachbarn im Sinne der Gesetze sind. Die besonderen Vorschriften, die zwischen ihnen gelten, gehen den Schranken, die das allgemeine Nachbarrecht für irgendwelche Nachbarn errichtet hat, vor.

Das Nachbarrecht ist allerdings NICHT BEDEUTUNGSLOS. Es wird von den Gerichten dazu genutzt, zu beschreiben, welche Nachteile ein Wohnungseigentümer von einem anderen Wohnungseigentümer noch hinnehmen muss. In geeigneten Fällen kann das Nachbarrecht nämlich auf Grund seiner Leitbildfunktion in die Abwägung der gegenseitigen Interessen einbezogen werden. Dieses gilt etwa für das Bauordnungsrecht und die dort geregelten Höhen von Hecken und Sträuchern zwischen 2 Wohnungseigentümern, die Sondernutzungsrechte an Gartenflächen haben.

Sonderfall
Die nachbarrechtlichen Vorschriften des Privatrechts und/oder des öffentlichen Rechts sind für die Beurteilung einer Störung ausnahmsweise sogar unmittelbar anwendbar, wenn die wohnungseigentumsrechtlichen Vorschriften von den Wohnungseigentümern ausgeschlossen wurden. Dies ist etwa für die Zulässigkeit baulicher Veränderungen vorstellbar.

Zusammenfassung
Ein Wohnungseigentümer ist in der Regel berechtigt,
- sein Wohnungseigentum an jedermann zu veräußern,
- sein Wohnungseigentum zu belasten,
- sein Wohnungseigentum – soweit das Sondereigentum betroffen ist – gegen Störungen Dritter zu verteidigen,
- sein Wohnungseigentum zu unterteilen und
- sein Wohnungseigentum zu vereinigen.

4

Gebrauch

Das Kapitel stellt vor, welche Gebrauchsrechte ein Wohnungseigentümer am gemeinschaftlichen Eigentum und am Sondereigentum hat und welche Grenzen bestehen.

4. Gebrauch

I. Überblick

Gebrauch ist die selbstnützige, tatsächliche Verwendung des Sonder- und/oder gemeinschaftlichen Eigentums, etwa: Gehen, Laufen oder Schlafen. Im Zusammenhang mit dem Gebrauch fragt sich vor allem, ob und, wenn ja, in welcher Art und Weise ein Wohnungseigentümer das Recht hat, den anderen Wohnungseigentümern durch Gefahren (Gifte, gefährliche Tiere), Geräusche (Brüllen, Musik, Trampeln), Gerüche (Duftkerze, Kochen, Rauch) und Gestaltungen (Bilder, Gartenzwerg, Skulpturengarten, Weihnachtsmann) einen Nachteil zuzufügen, sie also zu stören.

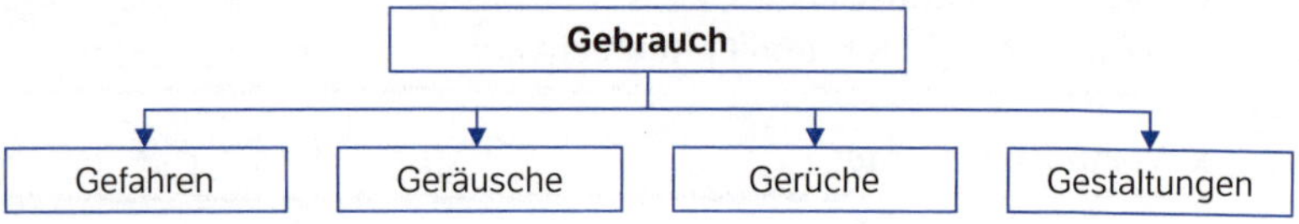

Überblick: möglicher Gebrauch

Eigentumssphären

Ob ein Verhalten als „störend" angesehen werden darf, richtet sich danach, wo ein Gebrauch ausgeübt wird. Hängt etwa ein Wohnungseigentümer in seinem Sondereigentum (Eigentumswohnung) ein Plakat auf, das Personen verunglimpft, ist das von den anderen Wohnungseigentümern hinzunehmen. Gegen diese Störung kann man nichts unternehmen. Das gleiche Plakat kann im Treppenhaus oder an der Fassade hingegen störend und verboten sein. Dann kann man dagegen etwas unternehmen.

Für das Maß des Gebrauchs ist also zwischen dem Sondereigentum (Eigentumswohnung) und dem gemeinschaftlichen Eigentum zu unterscheiden.

II. Erlaubter Gebrauch

1. Nicht störender Gebrauch (fehlender Nachteil)

Erwächst den Wohnungseigentümern durch einen Gebrauch KEIN NACHTEIL, ist er nicht störend und damit erlaubt. „Nachteil“ in diesem Sinne ist jede nicht ganz unerhebliche, vermeidbare und zu vermeidende Beeinträchtigung. Nur konkrete und objektive Beeinträchtigungen können so ein Nachteil sein. Entscheidend ist, ob sich ein Wohnungseigentümer in der entsprechenden Lage verständlicherweise beeinträchtigt fühlen kann.

Tendenz der Rechtsprechung

Es besteht in der Rechtsprechung eine Tendenz, im Zweifel und bereits bei geringen Beeinträchtigungen einen Nachteil anzunehmen.

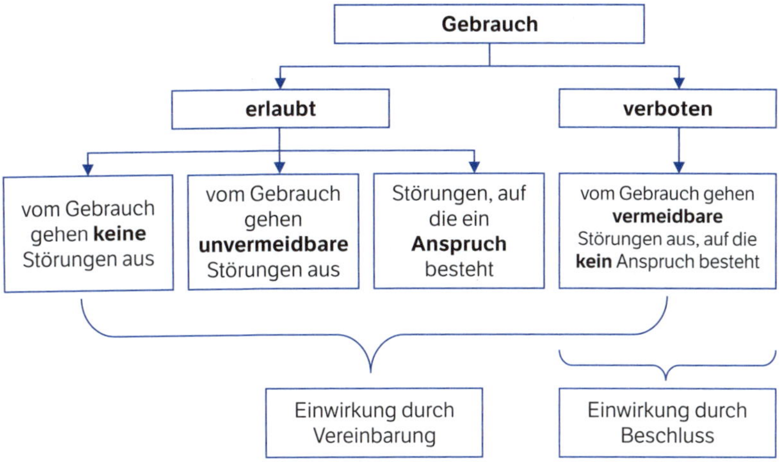

Überblick zu möglichen Störungen

Die Praxis behilft sich zur Konkretisierung und Ausfüllung des erlaubten Maßes häufig mit Regelungen AUSSERHALB des Wohnungseigentumsrechts (siehe bereits 3. Kapitel Sachenrecht › S. 88). Dies ist möglich, wenn die Fragen im Ergebnis gleichliegen. Solche Regelungen können Bundesgesetze sein, etwa das Gesetz zum Schutz vor schädlichen Umwelteinwirkungen durch Luftverunreinigungen, Geräusche, Erschütterungen und ähnliche Vorgänge (Bundesimmissionsschutzgesetz), aber auch Landesgesetze, vor allem die Landesbauordnungen und die landesrechtlichen Nachbargesetze oder auch Ergebnisse des DIN (Deutsches Institut für Normung e. V.).

Beispiele

- Für die Frage, in welchem Rahmen der von einem Sondereigentum ausgehende Trittschall hinzunehmen ist, soll nach der Rechtsprechung die zur Zeit der Errichtung des Gebäudes geltende Ausgabe der DIN 4109 maßgeblich sein – wenn nicht etwas anderes vereinbart ist.
- Für die Frage, was für den Lärm von Kindern gilt, die eine Tagesmutter betreut, soll § 22 Absatz 1a Bundesimmissionsschutzgesetz eine Bedeutung haben, wonach Geräuscheinwirkungen, die in Kindertageseinrichtungen, auf Kinderspielplätzen und in ähnlichen Institutionen durch Kinder hervorgerufen werden, im Regelfall keine schädliche Umwelteinwirkung sind.
- Bei Anpflanzungen können die Vorschriften der landesrechtlichen Nachbarrechtsgesetze herangezogen werden.

2. Unvermeidbare Störungen

Gehen von einem Gebrauch Störungen aus, heißt das noch nicht, dass er unzulässig wäre. Störungen, die UNVERMEIDBAR sind, sind nämlich zulässig. Unvermeidbar sind jedenfalls Beeinträchtigungen, die nicht zu umgehen sind. Hierzu zählen etwa:

- das Schreien eines Babys, aber auch die „normalen" Geräusche, die ältere Kinder verursachen; die Grenzen für Lärm, der seinen Ursprung in einem altersgerecht üblichen kindlichen Verhalten hat, sind jeweils im Einzelfall zu bestimmen unter Berücksichtigung namentlich von
    - Alter des Kindes,
    - Art der Geräuschemissionen,
    - Dauer der Geräuschemissionen,
    - Gesundheitszustand des Kindes,
    - Qualität der Geräuschemissionen,
    - Vermeidbarkeit der Geräuschemissionen, etwa durch objektiv gebotene erzieherische Einwirkungen oder durch zumutbare bauliche Maßnahmen, sowie
    - Zeit der verursachten Geräuschemissionen;
- die Geräusche einer Waschmaschine;
- das Rücken von Stühlen;
- das laute Niesen;

- die Geräusche eines Fernsehers oder eines Radios oder eines anderen Abspielgeräts, soweit eine Zimmerlautstärke eingehalten und die ortsüblichen oder in der Wohnungseigentumsanlage geltenden Ruhezeiten beachtet werden;
- die Geräusche, die vom Duschen ausgehen (eine Grenze mag regelmäßiges nächtliches Duschen überschreiten; arbeitet der Wohnungseigentümer freilich im Schichtdienst, dürften die Geräusche – auch nachts – aber unvermeidbar sein).

Andere Störungen sind VERMEIDBAR, etwa der Ehekrach, die Geburtstagsfeier oder der Grillabend, können aber unter Beachtung der Verkehrsanschauung und der Grundrechte, vor allem des vom Grundgesetz garantierten Schutzes des Sondereigentums als Eigentum, des Schutzes der Wohnung und der freien Entfaltung der Persönlichkeit im Einzelfall als „unvermeidbar" ANGESEHEN werden.

FEIERN
Etwa die Möglichkeit, im Sondereigentum zu feiern (auch wenn von der Feier im Einzelfall Störungen ausgehen), muss daher gegeben sein. Die Fragen zu solchen unvermeidbaren/vermeidbaren Störungen sind dann aber unter anderem etwa die folgenden: wie häufig darf man feiern, wie laut darf die Feier werden und wann muss spätestens Ruhe herrschen?

Die Antworten auf diese Fragen sind schwer zu finden, können nur im Einzelfall gewonnen werden und können in verschiedenen Regionen und Städten unterschiedlich ausfallen. Es ist zum Beispiel vorstellbar, dass man in der Innenstadtlage einer Großstadt wie Berlin ein höheres Störungsmaß hinnehmen muss als in einem Dorf. Ferner ist es vorstellbar, dass in den beteiligten Kreisen für das Störungsmaß hier etwas anderes gilt als dort. Schließlich ist zu beachten, dass das, was jetzt noch hinzunehmen ist, sich mit der Zeit ändern kann.

Wege, eine Klärung herbeizuführen

Für das, was im Einzelfall und in vergleichbaren künftigen Fällen gilt, sollten die Wohnungseigentümer in einem Gespräch oder durch eine Gebrauchs- und/oder Benutzungsbestimmung eine vernünftige Klärung herbeiführen. Ist das nicht möglich, sollte über Stellen nachgedacht werden, die einem bei einer Klärung helfen. Hier kommen die Mediation, Güte- und Schiedsstellen und Vergleichbares in den Blick. Scheitern diese Bemühungen (wenigstens die anderen Wohnungseigentümer sind immer „vorzubefassen"), kann man schließlich auch auf eine Regelung klagen (20. Kapitel WEG-Streitigkeiten › S. 434).

3. Störungen, auf die man einen Anspruch hat
Weiter sind Störungen erlaubt, die zwar VERMEIDBAR sind, auf die der störende Wohnungseigentümer oder jemand, dem er den Gebrauch an seinem Wohnungseigentum überlässt, aber einen ANSPRUCH hat.
Überblick:

- Grundrechtsschutz. Vom Grundgesetz sind Störungen geschützt, die von der Informations-, Meinungs- oder Religionsfreiheit „gedeckt" werden, wenn und soweit diesen Freiheiten ohne Störung kein ausreichender Raum gegeben ist. Danach kann der Anbau einer Parabolantenne „nichtstörend" sein. Was gilt, ist eine Frage des Einzelfalls, für die sich jede schematische Lösung verbietet. Ein besonderes Interesse kann selbst trotz eines Kabelanschlusses und des Internets die Installation einer Parabolantenne rechtfertigen.
- Immissionen. Ferner gehören hierher alle Gefahren, Geräusche und Gerüche, soweit sie Teil der allgemeinen Handlungsfreiheit sind und denen gegenüber im Einzelfall das Recht der anderen Wohnungseigentümer auf einen ungestörten Gebrauch zurücktreten muss. Danach kann beispielsweise im Einzelfall zu bestimmten Zeiten geraucht werden, sofern vom Rauchen keine Gesundheitsgefahren ausgehen.

4. Videoanlagen
Wohnungseigentümer denken zum Teil darüber nach, zum Schutz des Sondereigentums oder des gemeinschaftlichen Eigentums eine VIDEOANLAGE zu installieren, um dieses zu überwachen. Hiermit sind vor allem 2 Fragenkreise angesprochen: die Baurechte eines Wohnungseigentümers (dazu 14. Kapitel Bauliche Veränderung: Anspruch) und der Datenschutz (dazu 29. Kapitel Datenschutz). Für beide betroffenen Rechtsgebiete ist es eine Frage des Einzelfalls, was noch zulässig ist und was nicht.

Der Datenschutz steht einer Videoüberwachung nicht entgegen. Eine Videoüberwachung öffentlich zugänglicher Räume ist zulässig, soweit sie zur Wahrnehmung des Hausrechts ERFORDERLICH ist und keine Anhaltspunkte bestehen, dass schutzwürdige Interessen der Betroffenen überwiegen. Zum öffentlich zugänglichen Raum zählt etwa auch der jedermann zugängliche Eingangsbereich einer privaten Haus- oder Wohnungstür.

Sondereigentum
Überwacht eine Videokamera nur das Sondereigentum oder Flächen, die einem Sondernutzungsrecht unterliegen, ist das grundsätzlich nicht zu

beanstanden. Anders ist es, wenn Dritte eine Überwachung durch die Videokamera objektiv ernsthaft befürchten müssen.

Beispiele

- Ein Wohnungseigentümer darf seinen im Sondereigentum stehenden Kfz-Stellplatz mit einer Videokamera überwachen, wenn die Überwachung nicht auch fremdes Sondereigentum oder gemeinschaftliches Eigentum sowie öffentliche Flächen oder fremde Grundstücke erfasst. Die theoretische Möglichkeit einer manipulativen Veränderung der Anlage, so dass die Überwachung danach nicht mehr ordnungsmäßiger Verwaltung entspräche, begründet alleine ihre Unzulässigkeit nicht; konkrete Umstände müssen eine Manipulation nahelegen.
- Einem Wohnungseigentümer ist es grundsätzlich gestattet, eine Gartenfläche, an der ihm ein Sondernutzungsrecht zusteht, mit Videokameras zu überwachen, sofern diese nicht den angrenzenden öffentlichen Bereich oder benachbarte Privatgrundstücke, sondern allein das Sondernutzungsrecht erfassen.

Die Herstellung von Bildnissen einer Person, insbesondere die Filmaufzeichnung mittels einer Videokamera, kann in der ÖFFENTLICHKEIT zugänglichen Bereichen einen unzulässigen Eingriff in das allgemeine Persönlichkeitsrecht des Betroffenen darstellen, selbst wenn keine Verbreitungsabsicht besteht. Ob ein derartiger rechtswidriger Eingriff anzunehmen ist, kann nur unter Würdigung aller Umstände des Einzelfalls und durch Vornahme einer die (verfassungs-)rechtlich geschützten Positionen der Beteiligten berücksichtigenden Güter- und Interessenabwägung ermittelt werden.

Beispiele

- EINGANGSBEREICH. Der Eingangsbereich einer Wohnungseigentumsanlage kann nach Ansicht des Bundesgerichtshofs mit einer Videokamera überwacht werden, wenn ein berechtigtes Überwachungsinteresse der Gemeinschaft das Interesse des einzelnen Wohnungseigentümers und von Dritten, deren Verhalten mitüberwacht wird, überwiegt und wenn die Ausgestaltung der Überwachung unter Berücksichtigung der Datenschutzgrundverordnung inhaltlich und formell dem Schutzbedürfnis des Einzelnen ausreichend Rechnung trägt.
- KLINGELTABLEAU. Der Bundesgerichtshof billigte den nachträglichen Einbau einer Videoanlage an einem Klingeltableau, wenn und soweit: die Kamera nur durch Betätigung der Klingel aktiviert wird, eine

Bildübertragung allein in die Wohnung erfolgt, bei der geklingelt wurde, die Bildübertragung nach spätestens einer Minute unterbrochen wird und die Anlage nicht das dauerhafte Aufzeichnen von Bildern ermöglicht.

III. Verbotener Gebrauch

Ein Gebrauch ist unzulässig und zu unterlassen, wenn er stört, die Störungen vermeidbar sind und man auf die Störungen auch keinen Anspruch hat.

Beispiele

- Grundsätzlich ist es unzulässig, in seinem Sondereigentum jederzeit High Heels zu tragen. So gilt es auch für ein „Bobby Car".
- Grundsätzlich ist es unzulässig, in seinem Sondereigentum jeden Abend über die Zimmerlautstärke hinaus Musik zu hören

IV. Gebrauch des gemeinschaftlichen Eigentums

1. Grundsatz
Am gemeinschaftlichen Eigentum – etwa am Treppenhaus eines Gebäudes mit mehreren Wohnungseigentumsrechten – hat jeder Wohnungseigentümer ein MITGEBRAUCHSRECHT.

WEG § 16 Absatz 1 Satz 3
Jeder Wohnungseigentümer ist zum Mitgebrauch des gemeinschaftlichen Eigentums nach Maßgabe des § 14 berechtigt.

BEGEHEN UND SONNEN
Einem Wohnungseigentümer ist es beispielsweise erlaubt, das gemeinschaftliche Eigentum zu begehen oder sich auf einer Wiese, an der kein Sondernutzungsrecht besteht, zu sonnen.

Von diesem Recht darf jederzeit ein Gebrauch gemacht werden, der die anderen Wohnungseigentümer NICHT stört.

Gehen von einem Mitgebrauch hingegen Störungen aus, muss man nach den geschilderten Grundsätzen (› S. 95 ff.) fragen, ob eine Störung ERLAUBT ist und, wenn ja, in welchem Maße. Insoweit haben sich gewisse „Usancen" herausgebildet. An diesen kann man sich ausrichten – auch wenn im Einzelfall natürlich etwas anderes gelten kann. Überblick:

- Im Bereich des gemeinschaftlichen Eigentums ist grundsätzlich ERLAUBT:
  - grillen;
  - gehen, laufen;
  - Haustürschmuck, etwa zu Ostern oder zu Weihnachten;
  - anlässlich eines großen Wettbewerbs Fahnen hissen (etwa zu einer Welt- oder Europameisterschaft);
  - im angemessenen, kindlichen Rahmen das Spielen von Kindern;
  - Sonnenbaden;
  - Tierhaltung;
  - im Einzelfall Sport, etwa Federball auf einer Wiese;
  - Werbeschilder, wenn man in erlaubter Weise einen Beruf in der Wohnungseigentumsanlage praktiziert oder einen Laden betreibt.

Blumenkästen

Das Anbringen von Blumenkästen an einem Balkon und das regelmäßige Gießen der Blumen ist von den anderen Wohnungseigentümern zu dulden und hinzunehmen. Das gilt auch dann, wenn das Wasser auf das darunterliegende gemeinschaftliche Eigentum oder das Sondereigentum oder eine Sondernutzungsrechtsfläche tropft. Allerdings ist auf die Belange der anderen Eigentümer RÜCKSICHT zu nehmen und eine Beeinträchtigung – soweit es geht – zu vermeiden. Unzulässig ist es daher, die Blumen zu einem Zeitpunkt zu gießen, zu dem sich andere Eigentümer bzw. zu deren Haushalt gehörende Personen oder Gäste erkennbar in dem darunterliegenden Bereich befinden und durch herabtropfendes Wasser gestört werden können. Der Eigentümer hat dann mit dem Gießen zu warten, bis sich darunter niemand mehr befindet, der gestört werden könnte, oder er muss sich zuvor das Einverständnis der betroffenen Personen holen, dass er die Blumen gießen darf.

- Im Bereich des gemeinschaftlichen Eigentums UNZULÄSSIG sind in der Regel etwa:
  - Spruchbänder an der Hauswand;
  - das dauerhafte Aufhängen von Fahnen;
  - das Abstellen von Schränken im Treppenhaus (häufig möglich sind hingegen Kinderwagen oder Rollatoren – eine Frage des Einzelfalls und Abwägung der betroffenen Grundrechte);
  - das dauerhafte Abstellen von Autos;
  - frei laufende „Kampfhunde“ (streitig ist, ob es Kampfhunde überhaupt gibt und welche Hunderassen gegebenenfalls hierzu gehören; Wohnungseigentümer können definieren, welche Hunde in ihrer Wohnungseigentumsanlage als „Kampfhunde“ gelten sollen).

In den Grenzen eines Mitgebrauchsrechts hält sich ein Wohnungseigentümer noch, wenn er etwa beim Durchgang von der Straße in seine Wohnung im Treppenhaus raucht. Sucht ein Wohnungseigentümer hingegen das Treppenhaus EXTRA zum Rauchen auf, gilt etwas anderes.

Weihnachtszeit
In seinem Sondereigentum (Eigentumswohnung) darf ein Wohnungseigentümer tun, was ihm gefällt. Selbst der Christbaum darf mit echten Kerzen geschmückt werden – wenn auch im Einzelfall der Verlust des Versicherungsschutzes droht. Anders ist es, wenn Töne, Gerüche oder Licht aus der Wohnung nach außen gelangen. In einem solchen Fall muss auch auf die Bedürfnisse anderer Rücksicht genommen werden.

Ist etwa die Nachtruhe eines Nachbarn durch Dekorationen, die blinken, gestört, müssen diese ausgeschaltet werden. Auch Duftkerzen im Treppenhaus müssen sich Miteigentümer nicht gefallen lassen.

AUSSERHALB des Sondereigentums (Eigentumswohnung) muss man noch mehr Rücksicht nehmen. Bringen Wohnungseigentümer in der Advents- und Weihnachtszeit Kranzschmuck an der Außenseite einer Wohnungsabschlusstür an, ist das nach überwiegender Ansicht für einen gewissen Zeitraum hinzunehmen. Hinzunehmen ist es wohl auch noch, wenn Wohnungseigentümer auf ihrem Balkon Weihnachtsschmuck aufstellen. Streng abzuwägen ist hingegen, wenn an der Fassade eine Figur, etwa der immer beliebter werdende „kletternde Weihnachtsmann", angebracht werden soll. Hier sollte der Wohnungseigentümer die anderen Wohnungseigentümer am besten fragen. Einen Anspruch auf Zustimmung zu Weihnachtsschmuck oder zu Weihnachtsmann gibt es nicht. Außerdem muss beachtet werden, dass eine solche Figur andere gefährden kann und daher sicher angebracht sein muss. In allen Fällen gilt im Übrigen: Kommt es zu einer Auseinandersetzung, sollten die Wohnungseigentümer in Fragen des Nachbarrechts eine einvernehmliche Lösung anstreben – und das nicht nur in der Weihnachtszeit.

Unklar ist, wie GÄRTNERISCHE UMGESTALTUNGEN, also etwa das Setzen oder Entfernen von Pflanzen, das Fällen oder Pflanzen von Bäumen, das Setzen oder Entfernen einer Hecke oder die Anbringung oder Entfernung von Fassadengrün einzuordnen sind. Jedenfalls nach der Rechtsprechung soll die Entfernung von Fassadengrün und auch der dauerhafte deutliche Rückschnitt einer Hecke eine bauliche Veränderung sein können und also keine Frage des Gebrauchs.

Die gärtnerische Gestaltung einer Fläche (der übliche Baumschnitt, das Auslichten von Bäumen, die Erneuerung abgestorbener Pflanzen sowie das Rasenmähen und Heckenschneiden) soll hingegen keine bauliche Veränderung sein, solange sie nicht mit einer „gegenständlichen Veränderung" (etwa der Anlegung von Plattenwegen oder Terrassen) des Grundstücks verbunden ist.

Fällung eines Baums
Werden Bäume oder ein Baum gefällt, soll das eine bauliche Veränderung sein können, allerdings von den Umständen des Einzelfalls abhängen.

- Eine bauliche Veränderung soll anzunehmen sein, wenn die Bäume – oder auch ein einzelner Baum – die gärtnerische Gestaltung des Grundstücks so nachhaltig beeinflussen, dass sie den optischen Gesamteindruck der Wohnungseigentumsanlage maßgeblich prägen mit der Folge, dass ihre Beseitigung den „Charakter" der Außenanlage deutlich verändern würde.
- Wird dagegen in einer größeren Wohnungseigentumsanlage ein einzelner Baum – oder mehrere Bäume – aus einer größeren Baumgruppe entfernt, ohne dass das Entfernen spürbare Auswirkungen auf den optischen Gesamteindruck der gärtnerischen Anlage mit sich bringt, könne darin (noch) eine Maßnahme der gärtnerischen Pflege oder Gestaltung der Gartenanlage gesehen werden.

2. Bauliche Veränderungen

Die Kosten einer baulichen Veränderung, die einem Wohnungseigentümer gestattet oder die auf sein Verlangen durch die Gemeinschaft der Wohnungseigentümer durchgeführt wurden, hat NUR dieser Wohnungseigentümer zu tragen.

LADESTATION & CO.
Zu denken ist beispielsweise an die Kosten für die Errichtung einer Ladestation, eines Personenaufzuges oder einer Rollstuhlrampe. Ferner ist an bauliche Veränderungen im Bereich des Sondereigentums zu denken, etwa die Herstellung einer Durchreiche in einer tragenden Wand.

Entsprechendes gilt für die Kosten anderer baulicher Veränderungen, SOFERN sich diese

- NICHT innerhalb eines angemessenen Zeitraums amortisieren oder
- zwar mit MEHR als zwei Dritteln der abgegebenen Stimmen und der HÄLFTE aller Miteigentumsanteile beschlossen wurden, aber mit unverhältnismäßigen Kosten verbunden sind.

Auch in diesem Falle müssen NICHT ALLE Wohnungseigentümer die Kosten tragen, sondern nur die, welche gegenüber dem Beschlussantrag, eine bauliche Veränderung durchzuführen, etwa die Errichtung eines Fahrradständers, die Einhausung eines Müllplatzes oder den Anbau eines Vordaches, mit „Ja" gestimmt haben.

Das Gesetz zieht in beiden Fällen aus dem Umstand, dass nur ein Wohnungseigentümer oder einige Wohnungseigentümer die Kosten einer baulichen Veränderung zu tragen haben, den Schluss, dass auch NUR DIESEN WOHNUNGSEIGENTÜMERN der Gebrauch und die Nutzungen daran gebühren. Dies bedeutet, dass

- nur diese Wohnungseigentümer die neue Einrichtung gebrauchen dürfen und
- nur sie berechtigt sind, die Nutzungen zu ziehen, etwa ein Entgelt, das bei der Beförderung mit einem Personenaufzug zu zahlen ist.

WEG § 21 Absatz 1
Die Kosten einer baulichen Veränderung, die einem Wohnungseigentümer gestattet oder die auf sein Verlangen nach § 20 Absatz 1durch die Gemeinschaft der Wohnungseigentümer durchgeführt wurde, hat dieser Wohnungseigentümer zu tragen. Nur ihm gebühren die Nutzungen.

WEG § 21 Absatz 3
Die Kosten anderer als der in den Absätzen 1 und 2 bezeichneten baulichen Veränderungen haben die Wohnungseigentümer, die sie beschlossen haben, nach dem Verhältnis ihrer Anteile (§ 16 Absatz 1 Satz 2) zu tragen. Ihnen gebühren die Nutzungen entsprechend § 16 Absatz 1.

Exklusiver Gebrauch und exklusive Nutzung nicht vorstellbar
Sind ein exklusiver Gebrauch und eine exklusive Nutzung nicht vorstellbar, dürfen allerdings ALLE Wohnungseigentümer an der baulichen Veränderung teilhaben, OHNE ihre Kosten tragen zu müssen.

Dies würde etwa bei dem Anbau eines Vordaches gelten, aber gegebenenfalls auch bei:

- einem unnötigen Fassadenanstrich,
- einer neuen Heizung, obwohl die alte nicht reparaturbedürftig war, oder
- einer Wärmedämmung.

Dieser Umstand kann zu einer „Trittbrettfahrermentalität“ führen: Man wünscht an einer baulichen Veränderung teilzuhaben, will aber nicht die Kosten dafür tragen. Die Wohnungseigentümer haben daher eine Beschlusskompetenz, die Kosten (und Nutzungen) anders zu verteilen.

Spätere Teilhabe
Ein Wohnungseigentümer, der zunächst nicht berechtigt ist, Nutzungen zu ziehen, kann verlangen, dass ihm dies SPÄTER nach billigem Ermessen gegen angemessenen Ausgleich GESTATTET wird. Auf diese Weise kann er erreichen, zu einem späteren Zeitpunkt beispielsweise an einer Lademöglichkeit oder einem Personenaufzug teilzuhaben, diese also zu gebrauchen und auch zu nutzen.

WEG § 21 Absatz 4 Satz 1
Ein Wohnungseigentümer, der nicht berechtigt ist, Nutzungen zu ziehen, kann verlangen, dass ihm dies nach billigem Ermessen gegen angemessenen Ausgleich gestattet wird.

V. Sondernutzungsrechte

1. Überblick

Man kann Sondereigentum nur an einem „Raum" einräumen. Es gibt aber ein praktisches Bedürfnis, einem Wohnungseigentümer auch an „Nichträumen" Alleinrechte einzuräumen. Um dieses Bedürfnis zu befriedigen, fingiert das Gesetz, dass Stellplätze Räume sind. Ferner besteht die Möglichkeit, das Sondereigentum an einem Raum oder an einer Wohnung auf eine Gartenfläche und/oder auf einen Stellplatz zu erstrecken.

Daneben gibt es das SONDERNUTZUNGSRECHT. Ein solches Recht besteht darin, einem Wohnungseigentumsrecht der Wohnungseigentumsanlage und damit seinem Eigentümer, dem Wohnungseigentümer, aufgrund einer Vereinbarung an einer bestimmten, in ihren Grenzen genau bezeichneten Fläche des gemeinschaftlichen Eigentums, an einem im gemeinschaftlichen Eigentum stehenden Raum oder an einer bestimmten, im gemeinschaftlichen Eigentum stehenden Anlage oder an einem Gegenstand – zum Beispiel einem Wasserhahn – ein ALLEINIGES BENUTZUNGSRECHT zuzugestehen.

Ein Sondernutzungsrecht kann durch Eintragung in das Grundbuch zum Inhalt des Sondereigentums gemacht werden. Man spricht dann – um den sachenrechtlichen Charakter dieses Rechts herauszustreichen – von einem „verdinglichten" Sondernutzungsrecht. Eine solche Verdinglichung ist der Regelfall. Fehlt es hingegen ausnahmsweise an einer Verdinglichung – das ist meistens nur dann der Fall, wenn die Eintragung

IN FRAGE KOMMENDE RÄUME UND FLÄCHEN
Für ein Sondernutzungsecht am gemeinschaftlichen Eigentum kommen nach herrschender Meinung etwa in Betracht:
- Balkone;
- Bodenräume;
- Dachböden;
- Dachterrassen;
- Garagen;
- Gartenflächen (Regelfall);
- Keller;
- Stellplätze im Außenbereich (Regelfall);
- Stellplätze in einem Mehrfachparker (siehe bereits 1. Kapitel Grundbegriffe › S. 21);
- Stellplätze in Tiefgaragen;
- Terrassen (Regelfall).

schlicht vergessen wurde – spricht man von einem „schuldrechtlichen“ Sondernutzungsrecht.

Unterschiede

Der Unterschied zwischen einem schuldrechtlichen und einem verdinglichten Sondernutzungsrecht besteht in 2 ganz wesentlichen Punkten:

- ÜBERTRAGUNG. Das verdinglichte Sondernutzungsrecht wird von einem Wohnungseigentum auf ein anderes Wohnungseigentum im Wege der Einigung und Eintragung in das Grundbuch „übertragen“ (= ein anderes Wohnungseigentum wird bestimmt, zu dessen Sondereigentum als Inhalt das Sondernutzungsrecht gehören soll). Das schuldrechtliche Sondernutzungsrecht kann nach herrschender Meinung hingegen formlos abgetreten werden (= ein formloser Vertrag zwischen 2 Wohnungseigentümern, welches Wohnungseigentum bzw. das zugehörige Sondereigentum berechtigt sein soll).
- SCHUTZ BEI EINEM EIGENTÜMERWECHSEL. Das verdinglichte Sondernutzungsrecht wird von einem Eigentümerwechsel eines anderen Wohnungseigentums nicht berührt. Das schuldrechtliche Sondernutzungsrecht geht in der Regel hingegen unter (= besteht ersatzlos nicht mehr), wenn ein anderes Wohnungseigentum als das, dem es zugeordnet ist, veräußert wird.

2. Begründung

Ein Sondernutzungsrecht ist eine Vereinbarung der Wohnungseigentümer für ihr Verhältnis untereinander. Diese Vereinbarung kann jederzeit geschlossen werden. Das ist aber absolut unüblich. In der Praxis werden Sondernutzungsrechte vielmehr bereits vom ALLEINEIGENTÜMER ALS BAUTRÄGER BEGRÜNDET oder ihrem „Wesen“ nach (= Alleingebrauchsrecht) wenigstens vorbereitet und dann von den Bestellern vom Bauträger „gekauft“. Man spricht hier jeweils von einem „Zuweisungsrecht“ des Bauträgers.

Unproblematisch ist es, wenn das Sondernutzungsrecht bereits zum Inhalt des entsprechenden Wohnungseigentums GEHÖRT. Ob es so ist, ist der Teilungserklärung und Gemeinschaftsordnung zu entnehmen. Es heißt dann dort beispielsweise: „Zum Wohnungseigentum ___ gehört das Sondernutzungsrecht der der Wohnung vorgelagerten 10 m² großen Terrasse und des davorliegenden Gartens. Dazu im Einzelnen III. ___ sowie die Beschreibung im Lageplan, Anlage ___.“ Liegt es allerdings noch nicht so, muss das Sondernutzungsrecht dem zu erwerbenden oder dem bereits erworbenen Wohnungseigentum noch ZUGEWIESEN werden. Solche Zuweisungsrechte sind allgemein anerkannt.

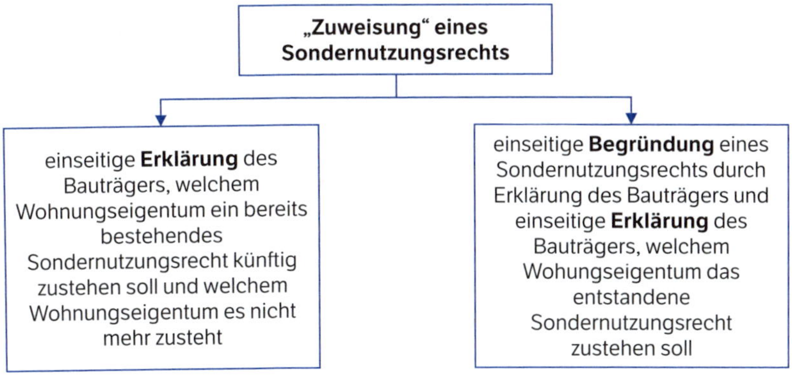

Überblick „Zuweisungsrechte"

Die Flächen, die dem Sondernutzungsrecht unterliegen sollen, müssen nach Lage und Größe GENAU BESTIMMT sein. Ferner muss der „Verkäufer" zu seinem Tun natürlich nach einer Vereinbarung der Wohnungseigentümer berechtigt sein. Gegenstand des „Kaufes" zwischen Bauträger und Besteller ist im Übrigen nicht der Raum oder die Fläche; diese bleiben weiterhin GEMEINSCHAFTLICHES Eigentum. Gegenstand des „Kaufes" ist etwas anderes:

- BESTEHENDES SONDERNUTZUNGSRECHT. Gibt es bereits ein Sondernutzungsrecht, ist Gegenstand des „Kaufes" die Bestimmung des bislang am Sondernutzungsrecht Berechtigten, den „Käufer" bzw. dessen Wohnungseigentum als neuen Berechtigten zu benennen und sein eigenes Recht daran aufzugeben.
- ZU BESTIMMENDES SONDERNUTZUNGSRECHT. Gibt es hingegen noch kein Sondernutzungsrecht, ist Gegenstand des „Kaufes", dass der Berechtigte seine Rechtsmacht, einseitig ein Sondernutzungsrecht zu bestimmen und den Berechtigten daran zu benennen, gerade zu Gunsten des „Käufers" ausübt. Um dieses Recht zu schützen, sollte das neue Sondernutzungsrecht zu Gunsten des neuen Wohnungseigentums verdinglicht werden.

Umgehungen

Ein Beschluss, der ein Sondernutzungsrecht oder ein Recht, das diesem im Ergebnis gleichkommt, begründen wollte, ist nichtig.

- Beschließen die Wohnungseigentümer etwa, dass ein Wohnungseigentümer einen Laubengang abschließen und allein gebrauchen darf, liegt hierin ein Sondernutzungsrecht.

- Entsprechendes gilt, wenn einem Wohnungseigentümer ein Raum zum Alleingebrauch zugewiesen wird oder wenn eine Fläche langfristig einem Wohnungseigentümer zu einer nicht angemessenen Miete und unkündbar vermietet wird.

3. Rechte und Pflichten

Welche RECHTE UND PFLICHTEN der Sondernutzungsberechtigte am gemeinschaftlichen Eigentum hat, sollte am besten genau bestimmt sein. Da es an solchen Bestimmungen in der Praxis aber häufig FEHLT, muss in vielen Fällen erst im Wege der Auslegung geklärt werden, welche Rechte und Pflichten der Sondernutzungsberechtigte haben soll.

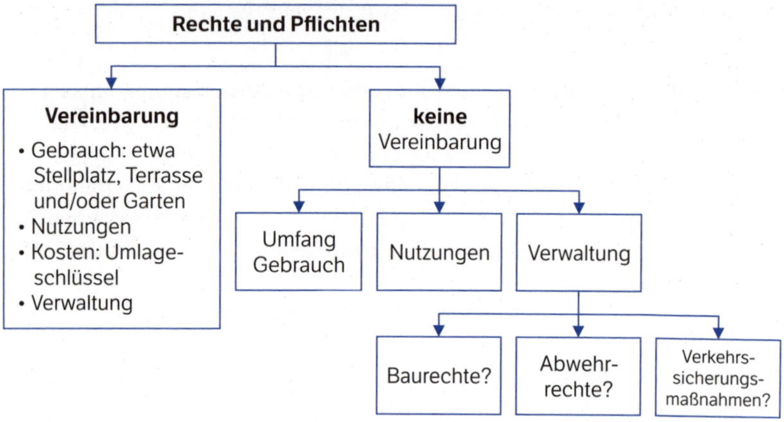

Rechte und Pflichten im Zusammenhang mit einem Sondernutzungsrecht

Im Überblick stellen sich die Rechte und Pflichten in Bezug auf ein Sondernutzungsrecht – verkürzt dargestellt – wie folgt dar:

- ABWEHRRECHTE. Dem Sondernutzungsberechtigten ist es nach bislang herrschender Meinung erlaubt, die dem Sondernutzungsrecht unterliegenden Flächen oder Räume allein gegen Störungen durch Dritte zu verteidigen. Etwa der Sondernutzungsberechtigte an einem Gartensondernutzungsrecht soll befugt sein, den Grundstücksnachbarn ohne Beteiligung der anderen Wohnungseigentümer auf Unterlassung und Beseitigung in Anspruch zu nehmen, etwa dann, wenn unerlaubt Dinge auf dem gemeinschaftlichen Eigentum abgestellt werden.
- BAUEN. Bauliche Veränderungen bedürfen der Zustimmung der anderen Wohnungseigentümer (siehe 13. Kapitel Bauliche Veränderungen: Beschluss). Eine solche Zustimmung kann allerdings

bereits Eingang in die Beschreibung des Sondernutzungsrechts gefunden haben.

- Dem Sondernutzungsberechtigten ist es diesen Grundsätzen zufolge nach bisher herrschender Meinung nicht erlaubt, einen Carport, ein Gartenhaus, ein Gerätehaus, eine Pergola oder einen Zaun zu bauen oder zu errichten.
- Anpflanzungen oder die vorübergehende Errichtung einer Schaukel oder eines Trampolins sollen hingegen zulässig sein.
- Ferner sollen bauliche Veränderungen möglich sein, die nach dem Inhalt des jeweiligen Sondernutzungsrechts „üblicherweise" vorgenommen werden und der Wohnungseigentumsanlage dadurch kein anderes „Gepräge" verleihen. Die Überdachung einer Terrasse bei einem Terrassen-Sondernutzungsrecht überschreitet etwa das Erlaubte und ist von dem Sondernutzungsrecht ohne eine ausdrückliche Regelung nicht umfasst. Die Errichtung einer Terrasse bei einem Terrassen-Sondernutzungsrecht ist hingegen zulässig, wenn es diese Terrasse noch nicht gibt.

– GEBRAUCH. Dem Sondernutzungsberechtigten ist es erlaubt, die Räume oder die Flächen, die seinem Sondernutzungsrecht unterliegen, allein zu gebrauchen. In seinem Gebrauch ist der Sondernutzungsberechtigte grundsätzlich frei. Hat der Raum oder die Fläche, an der ein Sondernutzungsrecht besteht, einen „Namen", wird hierin in der Regel allerdings eine Vereinbarung gesehen, welche die Gebrauchsrechte des Berechtigten einschränken soll: nicht jeder denkbare Gebrauch soll also erlaubt sein, sondern nur ein Gebrauch, der dem „Namen" entspricht. Ferner können die Wohnungseigentümer zum Gebrauch eines Sondernutzungsrechts eine konkretisierende Gebrauchsregelung vereinbaren oder beschließen. Ist eine konkretisierende Benutzungsregelung vereinbart, ist häufig auszulegen, was gewollt ist. Überblick:
  - GARTENSONDERNUTZUNGSRECHT. Besteht ein Sondernutzungsrecht an einer Gartenfläche, darf der Sondernutzungsberechtigte nach herrschender Meinung dort eine „Gartenpflege" betreiben, also Maßnahmen, die der Pflege, Erhaltung oder Bewahrung der Gartenfläche dienen. Veränderungen des „prägenden Bestandes" sollen hingegen unzulässig sein, so im Einzelfall etwa die Anlegung eines „Marmor-", eines „japanischen Stein-" oder eines „Skulpturengartens". Problematisch soll das Fällen von Bäumen sein. Zu den üblichen Garten-Maßnahmen zählen in der Regel folgende Maßnahmen: die für den Erhalt der Pflanzen notwendige Bewässerung, der übliche Baumschnitt, das Auslichten von Bäumen, die Erneuerung abgestorbener Pflanzen und das Rasenmähen und Heckenschneiden. Was im Übrigen nicht jeder

an einem Gartensondernutzungsrecht Berechtigte weiß, aber jeder wissen sollte: Eingesetzte und angesäte Pflanzen werden grundsätzlich wesentliche Bestandteile des Grundstücks, so dass sie gemeinschaftliches Eigentum (= Eigentum aller Wohnungseigentümer) werden. Etwas anderes gilt nur dann, wenn der Sondernutzungsberechtigte die Pflanzen nur zu einem vorübergehenden Zweck einsetzt, so dass diese nur ein so genannter „Scheinbestandteil" des Grundstücks werden. Diese Annahme ist bei langlebigen Pflanzen allerdings eher selten. Ein vorübergehender Zweck ist aber beispielsweise dann anzunehmen, wenn es sich um einjährige Nutzpflanzen handelt, deren Zweck im alsbaldigen Verzehr besteht.

- KFZ-STELLPLATZ-SONDERNUTZUNGSRECHT. Besteht ein Sondernutzungsrecht an einem Kfz-Stellplatz, liegt eine Auslegung nahe, dass der Berechtigte dort fahrtüchtige und angemeldete Fahrzeuge abstellen darf. Zu diesen Fahrzeugen gehören Fahr- oder Motorräder, Mofas und Motorroller. Ein Gebrauch als Abstellplatz zur dauerhaften Lagerung beliebiger Gegenstände, die nicht im Zusammenhang mit der Nutzung von Kraftfahrzeugen stehen, ist hingegen eher ausgeschlossen. Kisten und Koffer, „Müll", gegebenenfalls aber auch Wohnwagen dürfen dann nicht auf der Fläche abgestellt werden. Die Errichtung eines Carports oder die Anbringung eines im Boden fest verankerten Sperrbügels ist nur mit Zustimmung der anderen Wohnungseigentümer möglich. Der Ausbau der Fläche zu einer Terrasse ist unzulässig.
- NUTZGARTEN-SONDERNUTZUNGSRECHT. Ein Nutzgarten dient im Gegensatz zu einem Ziergarten hauptsächlich der Erzeugung von Nutzpflanzen (etwa Kräutern, Obst und Gemüse).
- TIEFGARAGENSTELLPLATZ-SONDERNUTZUNGSRECHT. Besteht ein Sondernutzungsrecht an einem Tiefgaragenstellplatz, soll dies dahingehend zu verstehen sein, dass die entsprechende Fläche als Abstellplatz für Kfz dienen soll. Das Abstellen von E-Bikes soll daher nicht möglich sein – was kaum überzeugt.
- TERRASSEN-SONDERNUTZUNGSRECHT. Besteht ein Sondernutzungsrecht an einer Terrasse, darf der Berechtigte die Fläche der Terrasse baulich herstellen und diese gestalten (Gartenmöbel, Töpfe, Gartenutensilien), nicht aber überdachen. Ein vorhandener Belag darf nicht verändert werden.
- ZIERGARTEN-SONDERNUTZUNGSRECHT. Als Ziergarten bezeichnet man einen Garten, der im Gegensatz zu einem Nutzgarten nicht vorrangig dem Anbau und der Verwertung von Nutzpflanzen dient. Besteht ein Sondernutzungsrecht an einem „Ziergarten", soll die Gartenfläche mit Pflanzen bepflanzt werden, die nicht mit

dem Ziel der Nahrungsgewinnung, sondern lediglich aufgrund gestalterischer und ästhetischer Aspekte verwendet werden, insbesondere im Zusammenhang mit Pflasterungen und Bekiesungen. Auch in einem Ziergarten soll die Errichtung eines kleinen Schaukelgerüsts auf einer etwaigen Grünfläche zulässig sein.

- Ein konkretisierender Beschluss ist grundsätzlich möglich, aber unwirksam, wenn eine Benutzungsbestimmung das Sondernutzungsrecht seinem Inhalt nach AUSHÖHLT, die Benutzungsbestimmung also dem Berechtigten das Sondernutzungsrecht gleichsam entzieht. Eine „Aushöhlung" ist etwa anzunehmen, wenn:
  - für eine Gartensondernutzungsfläche ein Ziergarten vorgeschrieben wird;
  - für einen Kfz-Stellplatz das Parken von Autos verboten wird;
  - beschlossen wird, auf einer einem Sondernutzungsrecht unterliegenden Freifläche einen feststehenden, gemauerten Pflanztrog, der die Hälfte der Sondernutzungsfläche einnimmt, zu errichten.
- KOSTEN UND LASTEN. Die Kosten und Lasten in Bezug auf eine Sondernutzungsfläche, etwa für Erhaltungsmaßnahmen von Flächen oder Räumen des gemeinschaftlichen Eigentums, treffen alle Wohnungseigentümer – falls keine Umlagevereinbarung vorliegt. Eine derartige Umlagevereinbarung ist wichtig und kann sich gegebenenfalls auch aus den Umständen ergeben. Durch einen Beschluss – auch wenn er auf einer Öffnungsklausel beruht – soll es später allerdings nicht mehr möglich sein, Erhaltungskosten auf einen Sondernutzungsberechtigten zu verlagern.
- NUTZUNGSRECHTE. Der Sondernutzungsberechtigte ist in aller Regel befugt, die dem Sondernutzungsrecht unterliegenden Räume und/oder Flächen zu vermieten und die Miete zu behalten. Ferner darf er in aller Regel die Früchte ziehen, etwa Äpfel oder Blumen ernten/schneiden und behalten.
- ÜBERTRAGUNG. Dem Sondernutzungsberechtigten ist es nach herrschender Meinung erlaubt, das Sondernutzungsrecht auf ein anderes Wohnungseigentumsrecht zu übertragen (= einen anderen Wohnungseigentümer zu benennen, dem das Sondernutzungsrecht zustehen soll).
- VERKEHRSSICHERUNGSPFLICHTEN. Dass ein Sondernutzungsberechtigter für die seinem Alleingebrauchsrecht unterliegenden Flächen verkehrssicherungspflichtig ist, also etwa Schnee, Eis oder nasses Laub von seinem Stellplatz entfernen muss, muss vereinbart werden. Fehlt es hieran, steht grundsätzlich die Gemeinschaft der Wohnungseigentümer in der Pflicht.

VI. Gebrauch des Sondereigentums

1. Überblick

Ein Wohnungseigentümer darf – soweit nicht das Gesetz oder Rechte Dritter entgegenstehen – von den im Sondereigentum stehenden Gebäudeteilen JEDEN möglichen GEBRAUCH machen.

WEG § 13 Absatz 1
Jeder Wohnungseigentümer kann, soweit nicht das Gesetz entgegensteht, mit seinem Sondereigentum nach Belieben verfahren, insbesondere dieses bewohnen, vermieten, verpachten oder in sonstiger Weise nutzen, und andere von Einwirkungen ausschließen.

Der Wohnungseigentümer darf im Sondereigentum vor allem WOHNEN und nach seinem Belieben das tun, was in Wohnungen üblich ist. Die Wohnungseigentümer können etwas anderes bestimmen. Dies kann beispielsweise in Hotel- und Ferienanlagen der Fall sein, wenn dort ein „Nichtwohnen" vereinbart ist.

Eigene Kinder, fremde Kinder und Tagesmutter
Zum Wohnen gehört die Möglichkeit, in der Familie neben den eigenen Kindern fremde Kinder zu betreuen, etwa bei regelmäßigen Besuchen von Freunden der Kinder oder im Wege der Nachbarschaftshilfe. Hiervon zu UNTERSCHEIDEN ist die Nutzung der Wohnung zur (werk-)täglichen Erbringung von Betreuungsdienstleistungen gegenüber Dritten in Form einer Pflegestelle für bis zu 5 Kleinkinder, bei welcher der Erwerbscharakter im Vordergrund steht. Eine solche teilgewerbliche Nutzung der Wohnung ist als „Ausübung eines Gewerbes oder Berufs" zu qualifizieren. Bei der Antwort auf die Frage, ob von dieser Nutzung nachteilige Störungen ausgehen, sind dann öffentlich-rechtliche Wertungen zu berücksichtigen (siehe 25. Kapitel Öffentliches Recht).

Solange von einem Gebrauch KEINE Störungen ausgehen, ist ALLES erlaubt. Auch die „Moral" setzt hier keine Grenzen. Das Blatt wendet sich, wenn die anderen Wohnungseigentümer von einem Gebrauch NACHTEILE haben. Wie im gemeinschaftlichen Eigentum, darf ein Wohnungseigentümer nur einen Gebrauch in der Weise machen, dass dadurch keinem der anderen Wohnungseigentümer über das bei einem geordneten Zusammenleben unvermeidliche Maß hinaus ein Nachteil erwächst. Der Rahmen, wann ein solcher Nachteil anzunehmen ist, ist im

Sondereigentum allerdings WEITER GESTECKT als im gemeinschaftlichen Eigentum.

Offenes Kellerfenster
Für die Frage, was erlaubt und was zu unterlassen ist, kann man etwa den Gebrauch eines Kellerfensters betrachten (die Ausführungen gelten etwa für Gerüche und Geräusche entsprechend). Ist das Fenster offen, kann der Kellerraum im Winter auskühlen und damit gegebenenfalls auch das über dem Kellerraum liegende Sondereigentum. Ob das ordnungsmäßig ist, können die Wohnungseigentümer vereinbaren oder beschließen. Gibt es keine Bestimmung, gilt das Gesetz. Danach ist jeder Wohnungseigentümer verpflichtet, die im Sondereigentum stehenden Gebäudeteile sowie das gemeinschaftliche Eigentum nur in solcher Weise zu gebrauchen, dass dadurch keinem der anderen Wohnungseigentümer über das bei einem geordneten Zusammenleben unvermeidliche Maß hinaus ein Nachteil erwächst.

Beim Beispiel des offenen Fensters ist also zu fragen, ob durch das Öffnen vermeidbare Nachteile zugefügt werden. Sollte durch das Fenster der Kellerraum auskühlen (und dadurch auch das darüber liegende Sondereigentum) und wird dadurch ein Wohnungseigentümer KRANK, liegt ein Nachteil vor und das Fenster ist zu schließen. Nichts anderes gilt, wenn das über dem Kellerraum liegende Sondereigentum in einer Weise auskühlt, die über eine bloße Belästigung HINAUSGEHT. Hier gilt allerdings: ein Wohnungseigentümer darf seinen Keller in Maßen lüften, wenn er damit einen vertretbaren Zweck verfolgt und seinen Miteigentümer nicht nur schikanieren will. Das praktische Problem liegt mithin darin, eben das Maß zu finden, wann das Fenster geschlossen werden muss, weil das Öffnen über eine bloße Belästigung hinausgeht. Zur Lösung, was gilt, sollte man am besten miteinander reden. Klappt das nicht, kann auf eine Regelung geklagt werden (20. Kapitel WEG-Streitigkeiten › S. 434). Die Klage hat Erfolg, wenn vom geöffneten Fenster Nachteile ausgehen, die zu vermeiden sind. Das Urteil könnte allerdings Zeiten nennen, wann das Fenster (auch im Winter) offen sein darf. Alternativ sollte über eine Mediation, eine Schlichtung oder ein Güteverfahren nachgedacht werden.

Zu einem ZULÄSSIGEN Gebrauch der dem Sondereigentum unterliegenden Gebäudeteile gehören etwa:

- übliches Spielen von Kindern in der Wohnung, soweit diese Kinder oder Gäste des Eigentümers oder seines Mieters sind;

- übliche Wohngerüche, beispielsweise solche, die vom Kochen ausgehen, nicht aber:
  - dauerndes Abbrennen von Duftkerzen, sofern dieses nach außen wahrnehmbar ist;
  - Rauchen, sofern davon eine nach außen wahrnehmbare wesentliche Beeinträchtigung ausgeht;
- übliche Wohngeräusche, etwa Geräusche, die vom Duschen oder Baden ausgehen oder von einer jährlichen Geburtstagsfeier (soweit sich diese in den „üblichen“ Grenzen hält), nicht aber:
  - häufiges Geschrei von Erwachsenen,
  - dauerndes Trampeln,
  - häufiges Springen von Erwachsenen,
  - dauerndes Möbelrücken,
  - häufiges Türknallen.

Allgemeine Ruhezeiten
Ist nichts Besonderes durch Vereinbarung oder Beschluss bestimmt, sind jedenfalls die allgemein in einer Gemeinde geltenden Ruhezeiten einzuhalten. Diese Ruhezeiten konkretisieren unter den Wohnungseigentümern, was ein „vermeidbarer Nachteil“ ist.

2. Musizieren

Jeder Wohnungseigentümer darf in seinem Sondereigentum in moderater Lautstärke MUSIK ABSPIELEN oder dort auch selbst MUSIZIEREN. Das Musizieren innerhalb der eigenen Wohnung ist Bestandteil eines SOZIAL ÜBLICHEN VERHALTENS und „Element der Zweckbestimmung der Wohneigentumsanlage“. Musizieren, das AUSSERHALB der eigenen Wohnung NICHT zu hören ist, kann nicht durch einen Beschluss beschränkt werden, weil durch ein solches Musizieren kein anderer Wohnungseigentümer beeinträchtigt wird (anderslautende Beschlüsse dürften nichtig sein). Etwas anderes gilt bei einer Vereinbarung (das kann man auch anders sehen).

Verschiedene Geräuschquellen
Nach der Rechtsprechung ist der Beschluss zu einer Hausordnung über die Lautstärkeregelungen unwirksam, wenn sie verschiedene Geräuschquellen in Bezug auf Ruhezeiten unzulässigerweise unterschiedlich behandelt.

3. Tierhaltung

Tierhaltung ist zulässig, wenn von ihr Störungen der anderen Wohnungseigentümer nicht ausgehen können. Ist NICHTS Besonderes durch Vereinbarung oder Beschluss BESTIMMT, darf jeder Wohnungseigentümer daher in ANGEMESSENEN GRENZEN und ohne weiteres vor allem Kleintiere halten. Als „Kleintiere" zu verstehen sind unter anderem:

- Aquarienfische;
- Eidechsen;
- Hamster;
- Kleinvögel;
- Mäuse;
- Meerschweinchen;
- Zwergkaninchen;
- möglicherweise auch Leguane oder Chinchillas.

Ob Tierhaltung im Übrigen zulässig ist, ist normalerweise eine FRAGE DES EINZELFALLS. Stets ist dann unter Abwägung sämtlicher beteiligter Interessen zu entscheiden, ob und möglicherweise welche Tiere in welcher Anzahl gehalten werden dürfen. Eine solche Abwägung lässt sich nicht allgemein vornehmen. Die zu berücksichtigenden Umstände sind so individuell und vielgestaltig, dass sich jede schematische Lösung verbietet. Zu bedenken sind insbesondere Art, Größe, Verhalten und Anzahl der Tiere, Art, Größe, Zustand und Lage der Wohnung sowie des Hauses, in dem sich die Wohnung befindet, Anzahl, persönliche Verhältnisse, namentlich Alter und berechtigte Interessen der Mitbewohner und Nachbarn, Anzahl und Art anderer Tiere im Haus. Unzulässig ist daher in der Regel eine GROSSE ANZAHL VON TIEREN (etwa 100 Papageien oder sehr viele Katzen oder Tiere, von denen ein unangenehmer Geruch ausgeht).

Bestimmte Tiere gelten im Übrigen generell als „gefährlich", unter anderem:

- Affen;
- Bären;
- Giftnattern oder giftige Spinnen;
- Grubenottern;
- Hyänen;
- Krokodile;
- Riesenschlangen;
- Seeschlangen;
- Skorpione;

- Trugnattern;
- Vipern
- Wildhunde oder -katzen;

Katzen und Hunde dürfen grundsätzlich gehalten werden, soweit sie nicht „gefährlich“, also störend sind. Anderes gilt für bestimmte Hunde: Zu diesen zählen zurzeit Pitbull-Terrier, American Staffordshire-Terrier, Bullterrier oder Kreuzungen dieser Rassen.

4. Rauchen

Im Sondereigentum kann jeder Wohnungseigentümer RAUCHEN, soweit und solange er die anderen Wohnungseigentümer dadurch nicht beeinträchtigt. Zum einen liegt eine Beeinträchtigung vor, wenn das Rauchen die GESUNDHEIT der anderen Wohnungseigentümer gefährdet, was nur vorstellbar ist, wenn auf dem Balkon geraucht wird (siehe dazu 1. Kapitel › S. 21), wenn regelmäßig ins Treppenhaus entlüftet wird, oder wegen der baulichen Besonderheiten der betreffenden Wohnungseigentumsanlage, etwa wenn es Strohdecken gibt. Zum anderen kann ein Nachteil anzunehmen sein, wenn die mit dem Tabakrauch verbundenen Beeinträchtigungen „wesentlich“ sind. Das ist nach der Rechtsprechung anzunehmen, wenn die Beeinträchtigung von einem „verständigen durchschnittlichen Menschen“ so empfunden werden würde.

Abwägung im Einzelfall

Liegt eine wesentliche Beeinträchtigung vor, besteht ein Unterlassungsanspruch allerdings nicht uneingeschränkt. Es kollidieren 2 grundrechtlich geschützte Besitzrechte, die in einen angemessenen Ausgleich gebracht werden müssen. Im Allgemeinen wird diese Rechtslage auf eine Regelung nach Zeitabschnitten hinauslaufen.

Regelung der Wohnungseigentümer

Die Wohnungseigentümer können Streit vermeiden. Sie können etwa beschließen, was auf dem Balkon und im Treppenhaus in Bezug auf Rauchen gilt. Als Ausfluss ihres Selbstorganisationsrechts können sie den Ausgleich – falls der Rauch im Einzelfall den „Passivraucher“ nicht krank macht – mit Augenmaß selbst bestimmen (das gilt dann auch unter den Mietern). Das entlastet Gerichte und vermeidet Streit.

VII. Gebrauchsbestimmungen

1. Überblick

Die Wohnungseigentümer sind befugt, sich für den Gebrauch des gemeinschaftlichen Eigentums und des Sondereigentums GEBRAUCHSBESTIMMUNGEN zu geben. Diese können vereinbart, aber auch beschlossen werden, wenn eine Gebrauchsvereinbarung fehlt oder nicht entgegensteht.

2. Vereinbarungen

Gegenstand einer Gebrauchsvereinbarung kann jede zulässige Bestimmung zum gemeinschaftlichen und zum Sondereigentum sein. Eine solche Vereinbarung wird in der Regel einen von Gesetzes wegen erlaubten Gebrauch BESCHRÄNKEN. Vorstellbar ist aber auch, dass die Vereinbarung einen Gebrauch erlaubt, der von Gesetzes wegen nicht erlaubt wäre, oder dass Vorbehalte eingeführt werden, etwa eine Zustimmung, die das Gesetz selbst nicht kennt.

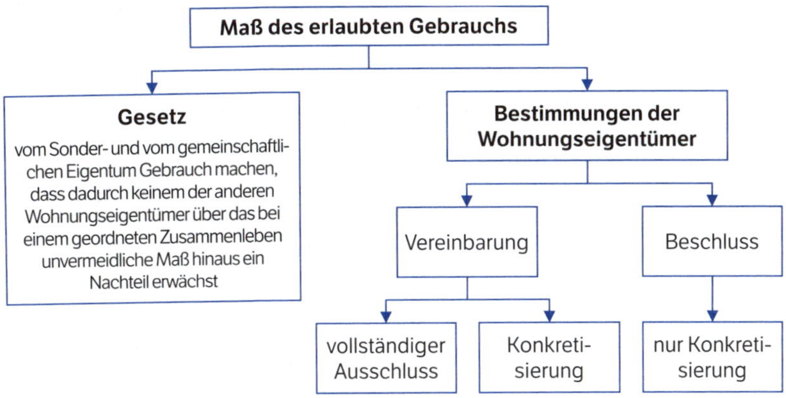

Überblick zum Gebrauch und seinen Grenzen

Für das GEMEINSCHAFTLICHE Eigentum finden sich zum Teil Anordnungen zum allgemeinen Gebrauch der Wohnungseigentumsanlage. Beispielsweise ist angeordnet, dass die Wohnungseigentumsanlage für das „betreute" Wohnen, als Begegnungsstätte, als Boarding-Haus, als Hotel, Studentenwohnheim oder Heim dienen soll. Ferner finden sich Bestimmungen für einzelne Räume (Abstellraum, Fahrradkeller, Trockenraum, Wäschekeller) oder Flächen (Garten, Stellplatz, Terrasse).

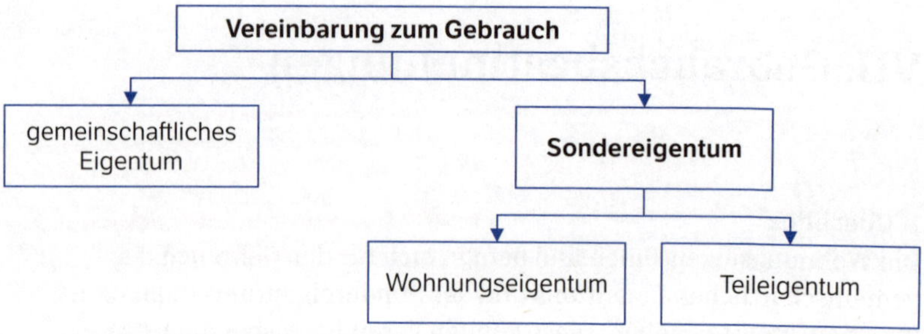

Gebrauchsvereinbarungen

Zum SONDEREIGENTUM werden in Bezug auf das WOHNUNGSEIGENTUM selten Vereinbarungen getroffen, allenfalls für den Gebrauch von Nebenräumen. Ferner sind Vermietungsgebote oder Vermietungsverbote oder Zustimmungsvorbehalte möglich.

Anders ist es beim Sondereigentum in Bezug auf das TEILEIGENTUM. Ohne eine Vereinbarung zum Gebrauch dürfte ein Teileigentum für jeden Zweck gebraucht werden, der im „Nichtwohnen" besteht – was häufig unangemessen erscheint. Beispiele für mögliche Vereinbarungen sind hier unter anderem die folgenden:

- Arztpraxis;
- Café;
- Geschäftsraum;
- Kontakt- und Informationsstelle;
- Laden;
- Restaurant;
- Schwimmbad;
- Supermarkt.

BLINDEN- ODER HILFSHUND
Ist in einer Wohnungseigentumsanlage ein Tierhaltungsverbot vereinbart – wobei streitig ist, ob hierunter auch Kleintiere fallen –, darf ein Wohnungseigentümer mit Einschränkungen in der Regel dennoch einen Blinden- oder anderen Hilfshund halten.

3. Beschluss

Wohnungseigentümer können für das gemeinschaftliche Eigentum, aber auch für das Sondereigentum Gebrauchsregelungen BESCHLIESSEN. Ob ein Gebrauchsbeschluss ordnungsmäßig ist, ist eine Frage des Einzelfalls. Was gilt, ist anhand der konkreten Umstände unter Berücksichtigung der Beschaffenheit und Zweckbestimmung des gemeinschaftlichen Eigentums und des Sondereigentums bei Beachtung des Gebots der allgemeinen Rücksichtnahme in Abwägung der allseitigen Interessen zu ermitteln.

Die Wohnungseigentümer können durch einen Gebrauchsbeschluss den von Gesetzes wegen zulässigen Gebrauch nach Ort, Zeit, Maß und Art konkretisieren. Anders als durch eine Vereinbarung können sie durch einen Beschluss aber einen Gebrauch, der nicht stört, nicht VOLLSTÄNDIG verbieten oder einen Gebrauch ERLAUBEN, der von Gesetzes wegen verboten ist. Es besteht mithin keine Beschlusskompetenz, einen nach dem Gesetz zulässigen Gebrauch zu entziehen oder einen unzulässigen Gebrauch zu erlauben.

Ferner kann gefragt werden, ob eine beschlossene Gebrauchsbeschränkung derart in die Rechte eines Wohnungseigentümers eingreift, dass sie als UNWIRKSAM angesehen werden muss, wenn ihr der Wohnungseigentümer nicht wenigstens nachträglich zustimmt.

Parabolantenne
Entschieden wurde dieses für Parabolantennen, auf deren Anbringung ein Wohnungseigentümer im Einzelfall einen Anspruch haben kann.

4. Typisierende Betrachtungsweise

Der Gebrauch des Wohnungs- oder Teileigentums ist zulässig, wenn er die übrigen Wohnungseigentümer nicht über das Maß hinaus beeinträchtigt, das bei einem typischen Gebrauch (typisierende Betrachtungsweise) zu erwarten ist.

In einem ERSTEN Schritt ist zu prüfen, welche Störungen und Beeinträchtigungen von einem bestimmungswidrigen Gebrauch ausgehen. Ein „Begriffswandel", beispielsweise verlängerte Öffnungszeiten, muss in der Regel nicht in die Bewertung einbezogen werden. In einem ZWEITEN Schritt ist dann zu klären, ob der tatsächliche Gebrauch nach einem objektiven Maßstab mehr stört als der bestimmungsgemäße Gebrauch.

Beispiele

- In einem WOHNUNGSEIGENTUM darf keine Arztpraxis mit erheblichem Patientenverkehr, kein Aussiedlerheim, kein Laden, kein Pflegeheim betrieben und auch keine Prostitution ausgeübt werden. Dieser Gebrauch stört nach einer typisierenden Betrachtungsweise mehr als ein Wohngebrauch. Zulässig soll hingegen eine psychologische Einzelpraxis sein. Für die Frage, ob die Nutzung als Büro zulässig ist, soll es hingegen auf die Umstände des Einzelfalles ankommen (was nicht recht überzeugt, weil hierin keine typisierende Betrachtungsweise liegt).
- Im TEILEIGENTUM stehende Kellerräume dürfen nur als Keller oder in einer Weise gebraucht werden, die nicht mehr als ein Gebrauch gerade als ein Kellerraum stört, beispielsweise als Party-, Werk- oder Abstellraum sowie als Waschküche. Der Gebrauch zu nicht nur vorübergehenden Wohnzwecken ist hingegen unzulässig.

BEISPIELE
- Verbietet ein Beschluss, Goldfische im Glas zu halten, zu baden oder zu duschen, zu feiern oder Blumen zu haben, ist er jeweils nichtig.
- Möglich ist hingegen ein Beschluss, der abstrakt anordnet, Hundekot zu entfernen (das wäre ohnehin geboten) oder gefährliche Hunde anzuleinen. Bei der Formulierung muss man aber aufpassen. Sie muss sich nämlich in die Zukunft wenden. Man könnte nämlich einem Wohnungseigentümer nicht auferlegen, Hundekot, der bereits bekannt ist, zu entfernen.

TYPISIERENDE BETRACHTUNGSWEISE
Ein Wohnungs-/Teileigentümer ist nicht darauf beschränkt, sein Wohnungs-/Teileigentum ausschließlich so zu gebrauchen, wie es vereinbart ist. Er ist nach seinen Grundrechten und nach einer Auslegung auch berechtigt, es zu anderen Zwecken zu gebrauchen. Entscheidend ist, dass ein anderer Gebrauch die übrigen Wohnungseigentümer nicht über das Maß hinaus beeinträchtigt, das bei einem typischen Gebrauch (typisierende Betrachtungsweise) zu erwarten ist.

5. Hausordnung
Typischer Ort für Gebrauchsbeschränkungen ist eine „Hausordnung". Die Aufstellung einer Hausordnung wird vom Gesetz ausdrücklich begrüßt und kann in jeder Wohnungseigentumsanlage durch die Wohnungseigentümer erzwungen werden. Zu den Einzelheiten siehe › 9. Kapitel Hausordnung.

AUFTEILUNGSPLAN
Einen Aufteilungsplan gibt es in jeder Wohnungseigentumsanlage. Er ist eine von der Baubehörde mit Unterschrift und Siegel oder Stempel versehene Bauzeichnung. Seine Aufgabe ist es, die Aufteilung des Gebäudes sowie die Lage und Größe der im Sondereigentum und der im gemeinschaftlichen Eigentum stehenden Gebäudeteile, Stellplätze und Flächen ersichtlich zu machen, nicht jedoch, die Rechte der Wohnungs- und Teileigentümer über die Bestimmung der Grenzen des jeweiligen Eigentums hinaus zu erweitern oder zu beschränken.

6. Eintragungen im Aufteilungsplan
Ist in einem Aufteilungsplan für einen Raum eine Gebrauchsangabe enthalten (zumeist Eintragungen des Architekten in der Bauzeichnung), beispielsweise

- Kinderwagenkeller,
- Trockenraum oder
- Laden,

handelt es sich in der Regel um einen UNVERBINDLICHEN Gebrauchsvorschlag, aus dem sich keine Rechte herleiten lassen. Soll der Aufteilungsplan AUSNAHMSWEISE den Gebrauch verbindlich regeln, muss dies EINDEUTIG aus der Bezugnahme in der Teilungserklärung oder der Gemeinschaftsordnung hervorgehen.

VIII. Ausgleichsansprüche

Hat der Wohnungseigentümer eine Gebrauchseinwirkung zu dulden, die über das zumutbare Maß hinausgeht, kann er im Einzelfall einen angemessenen Ausgleich in Geld verlangen.

Geistig behindertes Kind
Schreit ein geistig behindertes Kind, sollen seine Eltern gegebenenfalls den Wohnungseigentümern, die Störungen erfahren, einen Ausgleichsanspruch schulden.

IX. Nachbargrundstück (Hammerschlags- und Leiterrecht)

Nach den Bestimmungen der Nachbarrechtsgesetze der Länder ist es vorstellbar, dass ein Eigentümer, Pächter oder Mieter die Betretung und Benutzung SEINES Grundstücks und der darauf errichteten Bauwerke durch die benachbarten Wohnungseigentümer DULDEN muss (Hammerschlags- und Leiterrecht). Dies gilt unter der Voraussetzung, dass die Wohnungseigentümer Bau-, Instandsetzungs- und Unterhaltungsarbeiten an ihrem Gebäude auf dem Nachbargrundstück vorbereiten oder durchführen wollen.

Weitere Voraussetzungen sind, dass

- die Arbeiten am Haus der anfragenden Wohnungseigentümer anders nicht oder nur unter unverhältnismäßig hohen Kosten durchgeführt werden können,
- die mit der Duldung verbundenen Nachteile nicht unverhältnismäßig zu dem erstrebten Vorteil sind und
- das Vorhaben nach den öffentlich-rechtlichen Bestimmungen zulässig ist.

Sind all diese Bedingungen zusammen erfüllt, ist es erlaubt, zum Beispiel zur Reinigung einer Dachrinne, zum Streichen oder Verputzen der Fassade oder zur Instandsetzung von Fensterläden auch auf dem GRUNDSTÜCK DES NACHBARN Arbeiten durchzuführen. Benötigt man für diese Arbeiten Gerüste und Geräte oder muss man Baustoffe kurzfristig auf dem fremden Grund lagern, ist auch das zulässig.

Verschönerungsmaßnahmen
Reine Verschönerungsmaßnahmen, bei denen lediglich das Aussehen der Baulichkeit verändert wird, ohne dass dafür eine objektive Notwendigkeit besteht, räumen kein Hammerschlags- und Leiterrecht ein.

Für die Ausübung des Hammerschlags- und Leiterrechts ist die GEMEINSCHAFT DER WOHNUNGSEIGENTÜMER zuständig. Soll sie das Hammerschlags- und Leiterrecht etwa im Rahmen einer energetischen Maßnahme ausüben, bedarf es keines Beschlusses. Es reicht, dass der Verwalter die notwendigen Absprachen trifft und alles Weitere in die Wege leitet. Etwas anderes gilt, wenn Schadenersatz oder eine Nutzungsentschädigung drohen.

Durchsetzung
Will der Nachbar das Hammerschlags- und Leiterrecht nicht gewähren und muss deswegen geklagt werden, müssen die Wohnungseigentümer darüber beschließen.

X. Verfahrensrechte

1. Wohnungseigentümer

Verstößt ein Wohnungseigentümer gegen eine Gebrauchsbestimmung, kann er auf Unterlassung in Anspruch genommen werden. Störungen des gemeinschaftlichen Eigentums hat die Gemeinschaft der Wohnungseigentümer zu unterbinden. Wie ausgeführt, hat darauf jeder Wohnungseigentümer grundsätzlich einen Anspruch. Gegen Störungen des Sondereigentums muss der Wohnungseigentümer einschreiten, welcher der Ansicht ist, sein Sondereigentum erfahre eine Störung.

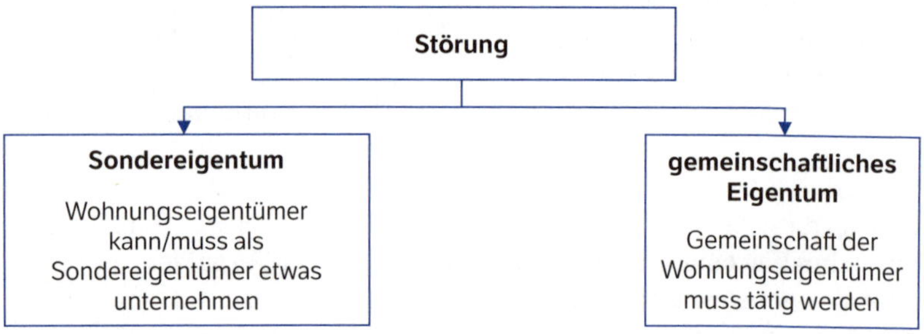

Störungen

2. Drittnutzer

Die Drittnutzer sind sämtlichen Gebrauchsbestimmungen der Wohnungseigentümer in Bezug auf das GEMEINSCHAFTLICHE Eigentum unterworfen. Ferner müssen sie sich jedenfalls an Gebrauchsvereinbarungen halten, welche die Wohnungseigentümer zum INHALT DES SONDEREIGENTUMS gemacht haben. Ob dies auch für die übrigen Gebrauchsbestimmungen gilt, ist noch nicht endgültig geklärt. Da es solche Gebrauchsbestimmungen für das Sondereigentum in der Regel nicht gibt, ist diese Unklarheit aber bedeutungslos.

Verstößt ein Drittnutzer gegen eine Gebrauchsbestimmung, kann auch er auf Unterlassung in Anspruch genommen werden. Störungen des gemeinschaftlichen Eigentums hat wieder die Gemeinschaft der

Wohnungseigentümer zu unterbinden. Und gegen Störungen des Sondereigentums muss der Wohnungseigentümer einschreiten, welcher der Ansicht ist, sein Sondereigentum erfahre eine Störung.

3. Einreden

Ein Anspruch auf Unterlassung verjährt nicht, solange die Störung anhält. Der Anspruch kann aber verwirkt werden. Dann muss die Störung schon lange unverändert anhalten, die Wohnungseigentümer müssen das Vertrauen erweckt haben, den Zustand zu akzeptieren, und der Störer muss sein Verhalten darauf eingestellt haben. Die Durchsetzung einer Gebrauchsvereinbarung, vor allem eines Verbots oder Gebots, kann im Einzelfall schließlich gegen Treu und Glauben verstoßen. Dies ist der Fall, wenn es an einem berechtigten Interesse für ein Festhalten an der Vereinbarung fehlt.

BLINDENHUND
Dies gilt etwa dann, wenn ein Wohnungseigentümer aus gesundheitlichen Gründen auf ein Tier angewiesen ist, zum Beispiel auf einen Blindenhund, oder bei einer nicht beeinträchtigenden, mobilen Parabolantenne.

Zusammenfassung

- Ein Wohnungseigentümer ist den Gebrauchsbestimmungen der Wohnungseigentümer und den Gebrauchsgrenzen unterworfen, die das Gesetz aufstellt.
- Beim Gebrauch ist zwischen dem Sondereigentum und dem gemeinschaftlichen Eigentum zu unterscheiden.

5

Nutzung

Das Kapitel stellt vor, welche Nutzungsrechte ein Wohnungseigentümer am gemeinschaftlichen Eigentum und am Sondereigentum hat. Daneben gibt es die Gebrauchsrechte (dazu Kapitel 4). Die Nutzungs- und die Gebrauchsrechte zusammen bilden die Benutzungsrechte.

5. Nutzung

I. Nutzungen des gemeinschaftlichen Eigentums

1. Überblick
Die Nutzungen des gemeinschaftlichen Eigentums, zum Beispiel

- Erzeugnisse unbebauter Grundstücksflächen wie Blumen, Gemüse oder Obst sowie das Holz gefällter oder durch Unwetter entwurzelter Bäume,
- Nutzungsentschädigungen aus rechtsgrundloser Bereicherung oder
- Pacht oder Miete

stehen als Recht JEDEM Wohnungseigentümer zu. Der Verteilung ist die Größe der jeweiligen Miteigentumsanteile zu Grunde zu legen.

WEG § 16 Absatz 1 Satz 1 und Satz 2
Jedem Wohnungseigentümer gebührt ein seinem Anteil entsprechender Bruchteil der Früchte des gemeinschaftlichen Eigentums und des Gemeinschaftsvermögens. Der Anteil bestimmt sich nach dem gemäß § 47 der Grundbuchordnung im Grundbuch eingetragenen Verhältnis der Miteigentumsanteile.

Etwas anderes gilt, wenn an einer Fläche oder einem Raum des gemeinschaftlichen Eigentums ein SONDERNUTZUNGSRECHT begründet wurde. In diesem Falle werden dem Sondernutzungsberechtigten neben dem Gebrauch auch die Nutzungen zustehen, beispielsweise Mieten oder geerntetes Obst. Ferner kann etwas anderes gelten, wenn ein Wohnungseigentümer für eine NEUE Nutzungsmöglichkeit infolge einer baulichen Veränderung die Kosten getragen hat (4. Kapitel Gebrauch › S. 103).

Mietvertrag und Miete
Ist die im gemeinschaftlichen Eigentum stehende Hausmeisterwohnung oder eine gemeinschaftliche Fläche vermietet, gebührt jedem Wohnungseigentümer an der Miete ein Anteil. Dieser ist ihm über die Einzelabrechnung zuzuweisen. Die Größe des Miteigentumsanteils bestimmt die Größe des jeweiligen Anteils an der Miete: Hat ein Wohnungseigentümer einen Miteigentumsanteil von 10/100 und beträgt eine erwirtschafte Miete nach Abzug aller Unkosten 1.200 EUR, erhält der Wohnungseigentümer beispielsweise 120 EUR.

Der Verwalter muss die Nutzungen in der Jahresabrechnung darstellen. Sie sind den Wohnungseigentümern bei der Berechnung der Nachschüsse anteilig zuzuweisen, wenn die Wohnungseigentümer nichts anderes bestimmen.

Zuweisung zur Erhaltungsrücklage
Vorstellbar und praktisch üblich – wenn auch nicht zwingend – ist es, erwirtschaftete Gelder der Erhaltungsrücklage zuzuweisen.

2. Bauliche Veränderungen
Wie im 4. Kapitel ausgeführt, können die Nutzungen am gemeinschaftlichen Eigentum in Folge einer baulichen Veränderung ABWEICHEND vom Gesetz zu verteilen sein (siehe dazu näher 4. Kapitel Gebrauch › S. 103).

II. Nutzungen des Sondereigentums (Vermietung)

1. Überblick
Sofern nichts anderes vereinbart ist, hat jeder Wohnungseigentümer das Recht, sein Sondereigentum zu vermieten (oder: zu überlassen oder zu verpachten).

WEG §13 Absatz 1
Jeder Wohnungseigentümer kann, soweit nicht das Gesetz entgegensteht, mit seinem Sondereigentum nach Belieben verfahren, insbesondere dieses bewohnen, vermieten, verpachten oder in sonstiger Weise nutzen, und andere von Einwirkungen ausschließen.

Der Mieter darf dann sowohl die Wohnung als auch das gemeinschaftliche Eigentum in der Weise gebrauchen, wie es der Wohnungseigentümer dürfte.

WÄSCHEKELLER
Der Mieter darf etwa einen Wäschekeller gebrauchen oder einen Fahrradständer oder Stellplätze, die im gemeinschaftlichen Eigentum stehen und an denen kein Sondernutzungsrecht besteht.

Der Vermieter muss dafür sorgen, dass der Mieter oder Personen, die seinem Hausstand oder Geschäftsbetrieb angehören oder denen er sonst die Benutzung der in Sonder- oder Miteigentum stehenden Grundstücks- oder Gebäudeteile überlässt, die ihm obliegenden Pflichten einhalten.

Einwand der Unmöglichkeit
Stört der Mieter, so scheitert ein gegen den Wohnungseigentümer gerichteter Unterlassungsanspruch nicht an dessen mietvertraglichen Bindungen. Die wechselseitigen Rechte und Pflichten der Wohnungs-

eigentümer werden dadurch, dass der in Anspruch genommene Wohnungseigentümer mietvertraglich gebunden ist, weder erweitert noch beschränkt. Vielmehr muss der vermietende Wohnungseigentümer alles in seiner Macht Stehende unternehmen, damit sein Mieter einem berechtigten Unterlassungsbegehren Folge leistet – erforderlichenfalls unter hohen finanziellen Opfern.

2. Kurzfristige Vermietung

Jeder Wohnungseigentümer ist berechtigt, sein Sondereigentum nur für STUNDEN, TAGE ODER WOCHEN ZU VERMIETEN. Der Gesetzgeber wird ursprünglich zwar davon ausgegangen sein, dass eine Vermietung oder Verpachtung in der Regel mit dem Willen einer LÄNGERFRISTIGEN Bindung erfolgt – wenn es auch schon immer die ZEITMIETE gab. Zulässige Nutzung eines Wohnungseigentums ist es aber auch, eine Wohnung nur für kurze Zeit wechselnd etwa an Städtereisende zu vermieten. Etwas anderes gilt etwa dann, wenn die konkrete Ausgestaltung einer Vermietung eines Sondereigentums (Eigentumswohnung) an Feriengäste zu wiederholten gröblichen Verstößen gegen die Pflichten eines Wohnungseigentümers führt.

Städtereisen

In Deutschland soll es etwa im Jahr 2015 zu mindestens 14,6 Mio. kommerziellen Übernachtungen in mehr als 46.000 Unterkünften gekommen sein. 10 Mio. Übernachtungen sollen auf die Städte Berlin, München, Hamburg und Köln entfallen sein, während sich die restlichen rund 4 Mio. Übernachtungen auf die übrigen 175 Städte mit mehr als 50.000 Einwohnern in Deutschland verteilten.

Vereinbarung und Beschluss

Die Wohnungseigentümer können vereinbaren, die Vermietung und/oder kurzfristige Vermietungen zu verbieten. Diese Vereinbarung wird in der Regel an den Interessen der Wohnungseigentümer scheitern, die vermieten wollen. Ein Beschluss ist nicht möglich. Er wäre in Ermangelung einer Beschlusskompetenz nichtig. Anders als im alten Recht kann man zur Abschreckung auch keine Umzugskostenpauschale beschließen.

Die KONKRETE Ausgestaltung einer kurzfristigen Vermietung, etwa an Feriengäste, kann beispielsweise

- durch die Entsorgung von Müll,
- das Abstellen von Gepäck auf den im gemeinschaftlichen Eigentum stehenden Flächen oder
- durch dessen übermäßige Abnutzung

für die anderen Wohnungseigentümer Nachteile haben, die über das bei einem geordneten Zusammenleben unvermeidliche Maß hinausgehen. Diese Nachteile führen aber nur zu Unterlassungs- und/oder Beseitigungsansprüchen gegen den vermietenden Wohnungseigentümer.

Zweckentfremdung
Eine Reihe von Städten und Ländern haben Gesetze – das können auch Satzungen oder Verordnungen sein – erlassen, die einer Vermietung von Wohnraum an Feriengäste entgegenwirken sollen. Liegt es so, kann es öffentlich-rechtlich unzulässig sein, dass ein Wohnungseigentümer sein Sondereigentum einem Feriengast überlässt. Es ist vorstellbar, dass ein Wohnungseigentümer den anderen Wohnungseigentümern einen Nachteil zufügt, wenn er gegen diese Gesetze verstößt. Ähnlich kann es nach dem Baurecht liegen. Nach der Systematik des Städtebaurechts sollen allgemeine Wohngebiete – insbesondere die reinen Wohngebiete – nämlich höchstmöglich gegen Störungen geschützt sein. Aus diesem Grunde sind zeitlich kurzfristige Nutzungen mit wechselnden Bewohnern in diesen Gebieten immer unzulässig. Nur soweit Gemeinden – vor allem in touristisch relevanten Urlaubsgebieten – geeignete Gebiete als Sondergebiete ausweisen und dort Ferienwohnungen und/oder Ferienhäuser zulassen, ergeben sich für einen solchen Gebrauch bzw. eine solche Nutzung keine Probleme.

3. Asylbewerber, Geflüchtete und Medizintouristen

Aus dem Vorstehenden folgt, dass ein Wohnungseigentümer grundsätzlich auch berechtigt ist, sein Sondereigentum an Medizintouristen zu vermieten.

MEDIZINTOURISTEN
Menschen, die für kurze Zeit und nur für die Dauer einer Medizinbehandlung ein Sondereigentum für die Familie anmieten, die sie begleitet.

Zweckentfremdung
Soweit Gesetze erlassen worden sind, die einer Vermietung von Wohnraum an Medizintouristen entgegenwirken, gelten die Ausführungen zu Feriengästen entsprechend.

Ferner ist ein Wohnungseigentümer berechtigt, sein Sondereigentum an ASYLBEWERBER oder GEFLÜCHTETE zu vermieten oder an eine Stadt, eine

Kommune oder ein Land mit dem Ziel, dass diese im Sondereigentum Asylbewerber oder Geflüchtete unterbringen. Die Gebrauchsgrenze ist in diesem Falle überschritten, wenn das Sondereigentum eines Wohnungseigentümers als HEIM gebraucht und genutzt wird. So liegt es, wenn das Sondereigentum als Einrichtung zur Unterbringung vieler Menschen dient, der Bestand der Einrichtung von den jeweiligen Bewohnern unabhängig ist und an die Stelle der Eigengestaltung der Haushaltsführung und des häuslichen Wirkungskreises eine Organisationsstruktur tritt, wie sie für ein Heim typisch ist. So werden etwa Zimmer und Betten von Dritten zugewiesen, Verhaltensregeln im Hinblick auf Ruhezeiten sowie die Nutzung gemeinschaftlicher Küchen- und Sanitäranlagen aufgestellt und durchgesetzt und etwaige Konflikte zwischen den Bewohnern geschlichtet. Ein solches Heim ist nur in einem Teileigentum zulässig.

Wann liegt ein Heim vor?
Ob im Einzelfall ein Heim vorliegt, ist nicht einfach zu beantworten. Überblick:

- Die Unterbringung von Flüchtenden und Asylbewerbern in einer Gemeinschaftsunterkunft ist in der Regel als „Heim“ anzusehen.
- Die Intensivpflege eines Menschen in seinen eigenen 4 Wänden gehört – auch wenn sie besonders personal- und pflegeintensiv ist – hingegen zu einer normalen Wohnnutzung.
- Ebenso wird bei betreutem Wohnen, bei ambulant betreuten Wohngemeinschaften oder betreuten Wohngruppen der Wohnzweck häufig (noch) im Vordergrund stehen.
- Die Nutzung durch Einrichtungen, die in erster Linie Pflege- und Betreuungscharakter haben, wird durch die hierfür erforderlichen Pflege- und Dienstleistungen geprägt und wird deshalb ein „Heim“ sein. Dies wird vor allem bei stationären Pflegeeinrichtungen, aber auch bei ausgelagerten Pflegestationen in Betracht kommen.
- Während eine Einrichtung für Kinder und Jugendliche in der Regel ein Heim sein wird, kann eine sonstige betreute Wohnform, jedenfalls ein auf gewisse Dauer angelegtes familienähnliches Zusammenwohnen von Kindern und Jugendlichen mit Betreuern, das dem Zusammenleben in einer Pflegefamilie angenähert ist, als Wohnnutzung anzusehen sein.

Die Gebrauchsgrenze ist ferner erreicht und den anderen Wohnungseigentümern nachteilig, wenn ein Sondereigentum ÜBERBELEGT wird. Insoweit dürfte man sich wohl an den Maßgaben der Wohnungsaufsichtsgesetze orientieren können. Wohnungen dürfen danach in der Regel nur überlassen oder benutzt werden, wenn für jede Person eine Wohnfläche von mindestens 9 qm, für jedes Kind bis zu sechs Jahren eine Wohnfläche von mindestens 6 qm vorhanden ist.

4. Unterlassungsansprüche gegen Mieter

Ein Mieter, Pächter oder anderer berechtigter Nutzer eines Sondereigentums ist an die Bestimmungen der Wohnungseigentümer gebunden und kann zum Beispiel bei einem UNZULÄSSIGEN GEBRAUCH auf UNTERLASSUNG in Anspruch genommen werden. Stört der Mieter eines Wohnungseigentümers, hört er beispielsweise zu laut Musik oder gebraucht er die Mietsache im Widerspruch zu den auch ihn bindenden Bestimmungen der Wohnungseigentümer, hat die Gemeinschaft der Wohnungseigentümer das RECHT, wahlweise unmittelbar gegen den Mieter oder gegen den vermietenden Wohnungseigentümer vorzugehen.

Beispiele

- KORBMARKISE UND NASENSCHILDER. Bringt der Gewerberaummieter unerlaubterweise an der Fassade eine Korbmarkise und Nasenschilder an, ist der vermietende Wohnungseigentümer verpflichtet, alle zumutbaren Maßnahmen zu ergreifen, um die Beseitigung gegenüber seinem Mieter durchzusetzen.
- PARABOLANTENNE. Installiert der Mieter unerlaubterweise fest an der Balkonbrüstung eine Parabolantenne, ist der vermietende Wohnungseigentümer verpflichtet, alle zumutbaren Maßnahmen zu ergreifen, um die Beseitigung gegenüber seinem Mieter durchzusetzen.
- SPERRMÜLL. Stellt der Mieter eines Sondereigentums gemeinschaftliche Flächen zu, muss auch der vermietende Wohnungseigentümer die störenden Dinge wegräumen.

Beschädigt der Mieter das gemeinschaftliche Eigentum, so schuldet er Schadenersatz. Diesen Anspruch muss die Gemeinschaft der Wohnungseigentümer geltend machen. Daneben besteht die Möglichkeit, einen Wohnungseigentümer zu ermächtigen, den Anspruch gegen den Mieter im eigenen Namen zu verfolgen.

Verjährung
Auf Schadenersatzansprüche gegen den Mieter wegen Beschädigung des gemeinschaftlichen Eigentums sind die mietrechtlichen, kurzen Verjährungsvorschriften NICHT anzuwenden.

5. Erhaltung der Mietsache und des gemeinschaftlichen Eigentums

Der vermietende Wohnungseigentümer muss die Mietsache in einem gebrauchsfähigen Zustand erhalten und muss Mängeln der Mietsache entgegentreten. Im Einzelfall müssen in diesem Rahmen die Wohnungseigentümer zusammenwirken. Dieses ist der Fall, wenn das gemeinschaftliche Eigentum zu erhalten ist. Hierauf hat der vermietende Wohnungseigentümer einen Anspruch.

Klage auf Leistung oder auf Beschluss
Haben die Wohnungseigentümer eine Erhaltung beschlossen, ist auf eine Durchführung der entsprechenden Verträge zu klagen. Gibt es keinen Beschluss, ist eine Beschlussersetzungsklage zu erheben.

6. Mietvertrag

Um eine Kollision des Mietvertrags mit wohnungseigentumsrechtlichen Besonderheiten zu vermeiden, sollte der Vermieter versuchen, die beiden Rechtskreise so weit wie möglich zu HARMONISIEREN. Um dieses Ziel zu erreichen, ist vom Vermieter eine Reihe von Punkten zu beachten und, wenn möglich, im Mietvertrag durch entsprechende Klauseln angemessen zu berücksichtigen.

Checkliste Mietvertrag
Wenn man sein Sondereigentum (Eigentumswohnung) vermieten will, muss man unter anderem auf folgende Punkte achten:

- ☐ BERECHTIGUNG ZUR VERMIETUNG. Ein Wohnungseigentümer sollte sich fragen, ob er zu einer Vermietung überhaupt berechtigt ist:
  - Stehen die Räume, die vermietet werden sollen, im Sondereigentum des Wohnungseigentümers, der vermieten will, oder ist dieser Wohnungseigentümer nach einem Vertrag berechtigt, fremdes Sondereigentum zu vermieten?
  - Unterliegen die Räume und/oder Flächen, die vermietet werden sollen, vor allem eine Terrassen- oder Gartenfläche, aber auch ein Stellplatz, wenigstens einem Sondernutzungsrecht des Wohnungseigentümers, der vermieten will, oder ist dieser Wohnungseigentümer aufgrund eines Vertrags berechtigt, ein fremdes Sondernutzungsrecht zu vermieten?
  - Wird gemeinschaftliches Eigentum (mit-)vermietet? Ist die Frage – wie eigentlich immer – zu bejahen, ist zu prüfen, ob und in welcher Weise der vermietende Wohnungseigentümer das gemeinschaftliche Eigentum (mit-)gebrauchen dürfte – er sollte einem Mieter nur einen Mitgebrauch erlauben, der ihm selbst auch zusteht. Einem Mieter kann etwa kein Gebrauchsrecht an

Flächen eingeräumt werden, an denen einem anderen Wohnungseigentümer ein Sondernutzungsrecht zusteht (diese Flächen dürfte auch der Vermieter nicht mitgebrauchen).
- Steht einer Vermietung der ins Auge gefassten Räume und/oder Flächen ein von den Wohnungseigentümern wirksam bestimmtes Vermietungsverbot entgegen?
- Gibt es – wie zuletzt immer häufiger – gesetzliche oder behördliche Vermietungsverbote?

☐ EINWILLIGUNG IN DIE VERMIETUNG. Haben die Wohnungseigentümer vereinbart, dass eine Vermietung einer Einwilligung bedarf, etwa der Einwilligung des Verwalters?
- Liegt es so, ist diese Einwilligung vor Abschluss des Mietvertrags einzuholen.
- Vorstellbar ist auch, dass der Staat in eine Vermietung einwilligen muss.

☐ GEBRAUCHSREGELUNGEN DER WOHNUNGSEIGENTÜMER. Haben sich die Wohnungseigentümer Gebrauchsregelungen gegeben? Ist dies so, sollte der vermietende Wohnungseigentümer einem Mieter keinen Gebrauch gestatten, der ihm selbst nicht erlaubt ist. Vor Abschluss eines Mietvertrags sind daher die folgenden Fragen zu klären:
- Stehen die Räume, die vermietet werden sollen, im Wohnungs- und/oder Teileigentum? Wohnungseigentum darf nur zu Wohnzwecken, Teileigentum nur zu gewerblichen Zwecken vermietet werden.
- Haben die Wohnungseigentümer Benutzungsvereinbarungen – etwa die Bestimmung, dass ein Teileigentum nur als Laden gebraucht werden darf – geschlossen und/oder Benutzungsbeschlüsse gefasst, etwa den Beschluss, dass auf dem Balkon keine nasse Wäsche aufgehängt werden darf, dass Ruhezeiten einzuhalten sind und ob und gegebenenfalls welche Tiere gehalten werden dürfen? Es ist darauf zu achten, dass der Mietvertrag von diesen Regelungen nicht abweicht.
- Gibt es gegebenenfalls Gesetze oder Verfügungen, die dem vorgesehenen Gebrauch der Mietsache entgegenstehen? Vorstellbar ist zum Beispiel, dass ein Teileigentum nicht als Spielhalle gebraucht werden darf oder eine Vermietung an Feriengäste nicht erlaubt ist.

☐ HAUSORDNUNG DER WOHNUNGSEIGENTÜMER. Haben die Wohnungseigentümer eine Hausordnung vereinbart oder beschlossen? Ist es so, sollte mit dem Mieter keine von dieser Hausordnung abweichende Regelung vereinbart werden. Hier ist also vor allem vor Formularen zu warnen. Haben die Wohnungseigentümer hingegen keine Hausordnung vereinbart oder beschlossen, ist der vermietende Wohnungseigentümer „frei“ – darf aber keinen Gebrauch erlauben, der ihm nach anderen Bestimmungen verboten wäre.

- STÖRUNGEN DURCH DEN MIETER. Wird der Mieter von der Mietsache gegebenenfalls einen Gebrauch machen, der den anderen Wohnungseigentümern einen vermeidbaren Nachteil zufügt? Ist dies so, sollte an diesen Mieter nicht vermietet oder im Mietvertrag klargestellt werden, was wohnungseigentumsrechtlich als nachteilige Störung angesehen wird – und daher vom Mieter, für dessen Gebrauchsverhalten der Vermieter wohnungseigentumsrechtlich einstehen muss, zu unterlassen ist.
- UMLAGE DER BETRIEBSKOSTEN AUF DEN MIETER. Ist das Sondereigentum vermietet und haben der vermietende Wohnungseigentümer und der Mieter nichts anderes vereinbart, sind die Betriebskosten nach dem für die Verteilung zwischen den Wohnungseigentümern jeweils geltenden Maßstab umzulegen. Widerspricht der Maßstab allerdings billigem Ermessen, ist nach der Wohnfläche umzulegen.
- Mietvertragsparteien werden in der Regel vereinbaren, dass der Mieter die BETRIEBSKOSTEN trägt. Es ist darauf zu achten, dass der ABRECHNUNGSZEITRAUM der Wohnungseigentumsanlage und der mietvertraglich vorgesehene übereinstimmen.

Um zu verhindern, dass die Regelungen des Mietvertrags und die Bestimmungen der Wohnungseigentümer SPÄTER auseinanderfallen, ist neben Änderungsvorbehalten vorstellbar, den Mieter durch eine Bestimmung im Mietvertrag an die jeweils zwischen den Wohnungseigentümern geltenden Bestimmungen zu binden (dynamische Klausel). Die Einzelheiten sollte man mit dem örtlichen Grundeigentümerverein oder einem Rechtsanwalt klären.

7. Betriebskosten

Der Wohnungseigentümer als Vermieter kann für viele, allerdings nicht für alle Betriebskosten, die auf ihn selbst nach den geltenden Umlageschlüsseln entfallen, mit seinem Mieter vereinbaren, dass dieser sie trägt. „Betriebskosten“ in diesem Sinne sind Kosten, die dem Wohnungseigentümer durch das Eigentum am Wohnungseigentum, durch den bestimmungsmäßigen Gebrauch des Gebäudes, der Nebengebäude, Anlagen, Einrichtungen und des Grundstücks laufend entstehen. Die Betriebskosten sind einzeln aufgeführt in § 2 Nr. 1 bis Nr. 17 der Verordnung über die Aufstellung von Betriebskosten.

Checkliste: Keine Umlage von Kosten auf den Mieter

- ☐ Anschaffungskosten für Sachmittel, etwa ein Feuerlöscher oder ein Rasenmäher.
- ☐ Instandhaltungskosten. Instandhaltung ist der Inbegriff der Maßnahmen, die geeignet sind, normale und verbrauchsbedingte Abnutzungserscheinungen zu beseitigen und vor drohenden Schäden zu schützen. Regelmäßig durchzuführende Maßnahmen, etwa zur Überprüfung der Funktionsfähigkeit einer technischen Anlage, gehören nicht zur Instandhaltung. Die dafür aufgewendeten Kosten sind also umlagefähig.
- ☐ Instandsetzungskosten. Instandsetzung ist die Wiederherstellung des ursprünglichen Zustandes durch Wieder- oder Ersatzbeschaffung von Anlagen, Einrichtungen oder Bestandteilen der Mietsache, die nicht mehr reparabel sind.
- ☐ Kapital- oder Finanzierungskosten, beispielsweise Erbpachtzinsen.
- ☐ Leasing- und Mietkosten sind in den in § 2 der Verordnung über die Aufstellung von Betriebskosten genannten Fällen (zum Beispiel für Wasserzähler) umlagefähig, ansonsten nicht.
- ☐ Verwaltungskosten, vor allem die Vergütung des Verwalters und der Wert der vom Vermieter persönlich geleisteten Verwaltungsarbeit.

Haben die Mietvertragsparteien vereinbart, dass der Mieter die BETRIEBSKOSTEN zu tragen und Vorauszahlungen zu leisten hat, muss der vermietende Wohnungseigentümer über die Vorauszahlungen abrechnen. Die ABRECHNUNG ist dem Mieter spätestens bis zum Ablauf des zwölften Monats nach Ende des Abrechnungszeitraums mitzuteilen. Einwendungen gegen die Abrechnung hat der Mieter dem Vermieter spätestens bis zum Ablauf des zwölften Monats nach Zugang der Abrechnung mitzuteilen.

Abrechnungs- und Einwendungsfrist

Läuft der Abrechnungszeitraum vom 1.1.2022 bis zum 31.12.2022, muss die Abrechnung dem Mieter spätestens bis zum Ablauf des 31.12.2023 mitgeteilt werden, ihm also zugehen. Nach Ablauf dieser Frist ist die Geltendmachung einer Nachforderung grundsätzlich ausgeschlossen.

Ist die Mitteilung der Abrechnung dem Mieter rechtzeitig zugegangen, hat der Mieter bis zum Ablauf des 12. Monats nach Zugang der Abrechnung Zeit, dem Vermieter Einwendungen mitzuteilen. Nach Ablauf dieser Frist ist der Mieter mit Einwendungen grundsätzlich ausgeschlossen.

Der vermietende Wohnungseigentümer kann für die Abrechnung über die Betriebskosten auf seine Einzelabrechnung und die Gesamtabrechnung zurückgreifen, diese aber NICHT weiterreichen.

Mietvertrag
Eine Vereinbarung der Mietvertragsparteien, wonach vom Mieter sämtliche Kosten „gemäß Verwaltungsabrechnung" zu tragen sind, wäre nichtig.

Die Jahresabrechnung und die dazugehörige Einzelabrechnung sind KEINE Abrechnung über die Betriebskosten. Die Jahresabrechnung und die dazugehörige Einzelabrechnung enthalten auch nicht umlagefähige Kosten, vor allem, aber nicht nur, die Kosten der Verwaltung, den Beitrag zur Erhaltungsrücklage und Kosten für die Erhaltung des gemeinschaftlichen Eigentums.

Ferner kann der Mieter eine Zusammenstellung der Gesamtkosten, die Angabe und – soweit erforderlich – die Erläuterung der zu Grunde gelegten Umlageschlüssel, die Berechnung des Anteils des Mieters und den Abzug der geleisteten Vorauszahlungen sowie – zum Teil – Rechnungsabgrenzungen erwarten.

Fassung der Gesamtjahresabrechnung und Einzelabrechnung
Der Verwalter wird in der Regel die Einnahmen und Ausgaben – soweit diese umlagefähig sind – in der Jahresabrechnung so aufgliedern, dass der vermietende Wohnungseigentümer imstande ist, daraus die Abrechnung über die Betriebskosten zu erstellen. Ob hierauf ein Anspruch besteht, ist streitig.

Der Vermieter muss somit selbständig abrechnen oder, etwa durch den Verwalter als Sondereigentumsverwalter, abrechnen lassen. Dazu muss er in die entsprechenden Belege Einsicht nehmen und die umlagefähigen Kosten anhand der in der Wohnungseigentumsanlage geltenden Umlageschlüssel auf sich selbst umlegen. Anschließend muss er dann anhand der im Mietvertrag vereinbarten Umlageschlüssel die umlagefähigen Kostenpositionen auf den Mieter umlegen. Diese Umlageschlüssel sind identisch, WENN die Vertragsparteien nichts anderes vereinbart haben.

§ 556a Absatz 3 BGB
Ist Wohnungseigentum vermietet und haben die Vertragsparteien nichts anderes vereinbart, sind die Betriebskosten abweichend von Absatz 1 nach dem für die Verteilung zwischen den Wohnungseigentümern jeweils geltenden Maßstab umzulegen. Widerspricht der Maßstab billigem Ermessen, ist nach Absatz 1 umzulegen.

Etwas anderes gilt, wenn die Vertragsparteien beispielsweise die Wohnfläche vereinbart haben oder wenn Kosten speziell für die einzelne Wohnung erhoben werden, wie das zum Beispiel bei der Grundsteuer der Fall ist. Der Mieter darf – nach einer Ermächtigung – zur Kontrolle in die beim Verwalter aufbewahrten Abrechnungsunterlagen der Betriebskostenabrechnung Einsicht nehmen (siehe dazu aus Sicht des Wohnungseigentümers umfassend › 12. Kapitel Informations-, Einsichts- und Kontrollrechte).

Einkünfte aus Vermietung und Verpachtung
Vermietet ein Wohnungseigentümer das Sondereigentum, so erzielt er Einkünfte aus Vermietung und Verpachtung. Abzuziehen sind die Werbungskosten, also Aufwendungen zur Erwerbung, Sicherung und Erhaltung der Einnahmen.

8. Barrierereduzierung, E-Mobilität und Einbruchsschutz

Der Mieter kann verlangen, dass ihm der Vermieter bauliche Veränderungen der Mietsache erlaubt, die dem Gebrauch durch Menschen mit Behinderungen, dem Laden elektrisch betriebener Fahrzeuge oder dem Einbruchsschutz dienen (der Anspruch besteht nicht, wenn die bauliche Veränderung dem Vermieter auch unter Würdigung der Interessen des Mieters nicht zugemutet werden kann). Zur Umsetzung muss der Vermieter entsprechende Anträge stellen und gegebenenfalls gegen die Gemeinschaft der Wohnungseigentümer gerichtlich durchsetzen.

III. Verfahrensrechte

Will ein Wohnungseigentümer eine Nutzung an Früchten erzwingen, ist nach einer Vorbefassung der anderen Wohnungseigentümer gegen die Gemeinschaft der Wohnungseigentümer eine Beschlussersetzungsklage zu erheben. Gibt es bereits einen Beschluss, ist ohne Vorbefassung eine Leistungsklage zu erheben.

Zusammenfassung
Ein Wohnungseigentümer hat einen Anspruch auf die Nutzungen des gemeinschaftlichen Eigentums. Ferner hat er ein Recht darauf, Nutzungen aus seinem Sondereigentum zu ziehen.
Die Wohnungseigentümer können etwas anderes vereinbaren.

6

Umlage-schlüssel

Das Kapitel stellt vor, in welcher Höhe die Kosten der Gemeinschaft der Wohnungseigentümer auf die Wohnungseigentümer umzulegen sind und was die Wohnungseigentümer daran verändern können.

6. Umlageschlüssel

I. Überblick

LASTEN
Zu den privatrechtlichen Lasten des gemeinschaftlichen Eigentums gehören etwa die Zinsen von Hypothekenforderungen und Grundschulden oder eine als Entschädigung für einen Überbau oder ein Notwegerecht zu zahlende Geldrente. Öffentliche Lasten des gemeinschaftlichen Eigentums sind vor allem Abgaben, kommunale Beiträge und Gebühren.

Für die Verwaltung, den Betrieb und die Erhaltung des gemeinschaftlichen Eigentums fallen der Gemeinschaft der Wohnungseigentümer Kosten an. Ferner können Kosten für bauliche Veränderungen entstehen. Vorstellbar sind auch Kosten, die auf das Sondereigentum entfallen, aber versehentlich vom Verwalter namens der Gemeinschaft der Wohnungseigentümer verauslagt werden, beispielsweise Kosten für die Reparatur eines Bodenbelags. Schließlich gibt es im Zusammenhang mit dem gemeinschaftlichen Eigentum Lasten.

Jeder Wohnungseigentümer muss sich an diesen Kosten der Gemeinschaft der Wohnungseigentümer beteiligen. Es sind keine Kosten denkbar, die bei der Gemeinschaft der Wohnungseigentümer verbleiben.

Vermietung
Im Verhältnis zwischen Vermieter und Mieter ist das anders. Der Mieter ist teilweise zu Kürzungen befugt. Dann zahlt der Vermieter Kosten, die eigentlich der Mieter zahlen müsste. Im Wohnungseigentumsrecht ist das nicht vorstellbar. Sind beispielsweise sehr hohe Kosten für einen Vertrag angefallen, weil das Angebot unwirtschaftlich war, müssen die Wohnungseigentümer dennoch die Kosten tragen. Es kann allerdings sein, dass es dann Schadenersatzansprüche gibt.

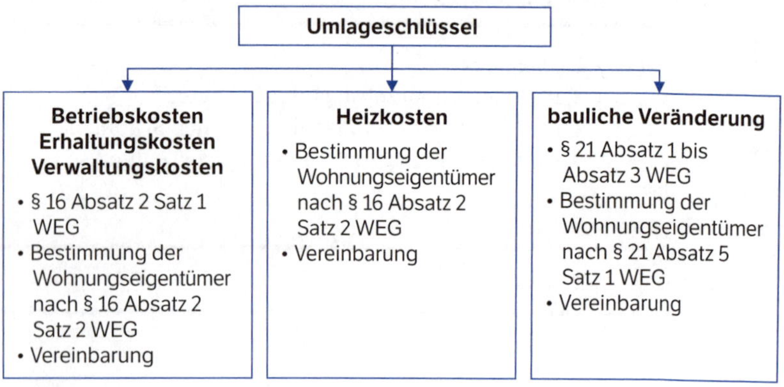

Umlage von Kosten

II. Kosten (ohne bauliche Veränderungen und Heizkosten)

1. Gesetzlicher Umlageschlüssel
Jeder Wohnungseigentümer hat sich an sämtlichen Kosten der Gemeinschaft der Wohnungseigentümer mit Ausnahme der Kosten für eine bauliche Veränderung (dazu › S. 155) und der Kosten der Versorgung mit Wärme und Warmwasser nach der GRÖSSE SEINES MITEIGENTUMS zu beteiligen.

WEG § 16 Absatz 2 Satz 1
Die Kosten der Gemeinschaft der Wohnungseigentümer, insbesondere der Verwaltung und des gemeinschaftlichen Gebrauchs des gemeinschaftlichen Eigentums, hat jeder Wohnungseigentümer nach dem Verhältnis seines Anteils (Absatz 1 Satz 2) zu tragen.

MÜLLKOSTEN
Sind der Gemeinschaft der Wohnungseigentümer Kosten von 5.000 EUR für die Entsorgung des Mülls entstanden, so muss sich ein Wohnungseigentümer daran mit 50 EUR beteiligen, wenn sein Miteigentumsanteil 1/100 beträgt.

Die Wohnungseigentümer können einen anderen Umlageschlüssel vereinbaren, aber auch beschließen.

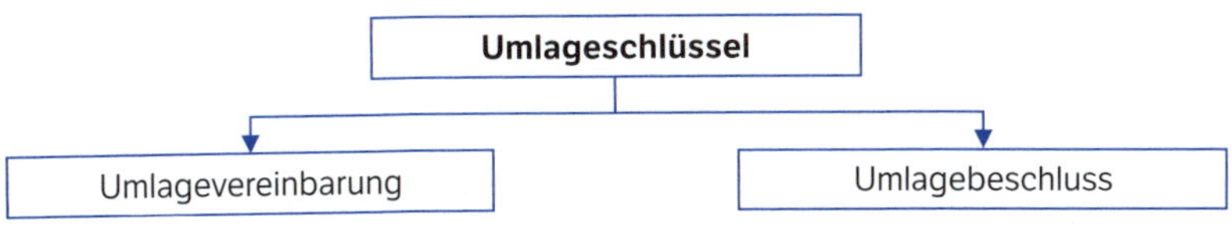

Bestimmungen der Wohnungseigentümer

2. Umlagevereinbarung
Die Wohnungseigentümer haben das Recht, etwas vom gesetzlichen Umlageschlüssel Abweichendes zu vereinbaren.

Checkliste: Alternative Umlageschlüssel

- ☐ Anzahl von Anschlüssen/Anlagen;
- ☐ Anzahl von Wohnungseigentumsrechten (Einheiten), etwa für die Verteilung der Kosten des Kabelfernsehens;
- ☐ Anzahl der Bewohner/Eigentümer/Nutzer bzw. Personen;
- ☐ Gebrauch oder die bloße Gebrauchsmöglichkeit, beispielsweise für den Personenaufzug;
- ☐ Verbrauch/Verursachung, etwa von Kaltwasser oder Anfall einer Müllmenge (in diesem Falle sollte auch bestimmt werden, dass eine Messeinrichtung geschaffen wird);
- ☐ Verteilung nach Häusern/Untergemeinschaften (Mehrhausanlagen);

- ☐ Wohn- und Nutzfläche, etwa für die Verteilung der Kosten der Hausreinigung (in diesem Falle sollte auch bestimmt werden, auf welche Weise, etwa unter Nutzung der Wohnflächenverordnung, und durch wen die Wohn- und Nutzfläche berechnet werden soll).

3. Umlagebeschluss

Die Wohnungseigentümer haben ferner das Recht, etwas vom gesetzlichen oder von einem vereinbarten Umlageschlüssel Abweichendes zu beschließen.

WEG § 16 Absatz 2 Satz 2

Die Wohnungseigentümer können für einzelne Kosten oder bestimmte Arten von Kosten eine von Satz 1 oder von einer Vereinbarung abweichende Verteilung beschließen.

Die Wohnungseigentümer können zwar keinen allgemeinen Umlageschlüssel für ALLE denkbaren Kosten bestimmen. Sie können aber für EINZELNE KOSTEN oder für BESTIMMTE ARTEN VON KOSTEN eine abweichende Verteilung beschließen.

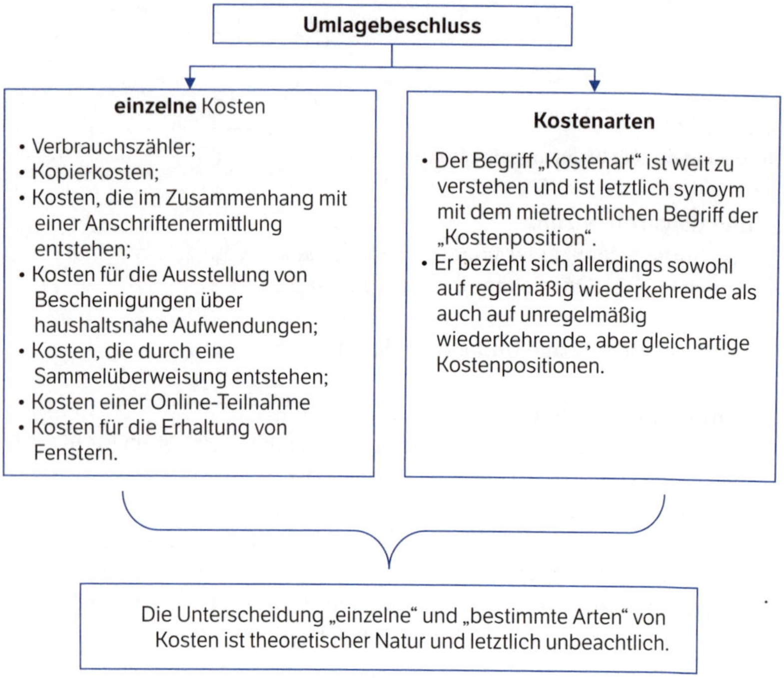

Umlagebeschluss

ERHALTUNGSKOSTEN
Die Wohnungseigentümer können etwa beschließen, dass Balkone, die zum ausschließlichen Gebrauch durch einen Wohnungseigentümer bestimmt sind, auf dessen Kosten zu erhalten sind. Ein Beschluss kann ferner die Pflicht zur Erhaltung der Fenster nebst Rahmen in dem räumlichen Bereich des Sondereigentums den einzelnen Wohnungseigentümern zuweisen.

Den Wohnungseigentümern ist bei Änderungen des Umlageschlüssels ERMESSEN eingeräumt. Sie dürfen jeden Maßstab wählen, der den Interessen der Gemeinschaft der Wohnungseigentümer und der einzelnen Wohnungseigentümer angemessen ist und nicht zu einer ungerechtfertigten Benachteiligung Einzelner führt. Die Änderung eines Umlageschlüssels setzt auch voraus, dass der geltende Umlageschlüssel einzelne Wohnungseigentümer benachteiligt oder dass aufgrund sonstiger Umstände eine Neuregelung erforderlich ist. Bei der Prüfung dürfen KEINE STRENGEN ANFORDERUNGEN gestellt werden. Jede Änderung des bestehenden Schlüssels wirkt sich zwangsläufig auf die Kostenlast des einen oder des anderen Wohnungseigentümers aus.

Willkürverbot
Eine Grenze wird durch das Willkürverbot gezogen. Sowohl das „Ob“ als auch das „Wie“ einer Änderung dürfen also nicht willkürlich sein. Eines „sachlichen Grundes" bedarf es hingegen nicht.

Hält der Wohnungseigentümer einen Umlagebeschluss für notwendig, muss er den Verwalter auffordern, für die nächste Versammlung als Tagesordnungspunkt die Änderung des betreffenden Umlageschlüssels auf die Tagesordnung zu setzen. Zugleich kann und sollte dem Verwalter ein entsprechender Beschlussantrag mitgeteilt werden, der das Änderungsziel verdeutlicht.

Schreiben an Verwalter wegen der Änderung eines Umlageschlüssels
Anschrift(en) des Antragstellers

Anschrift des Verwalters

Datum

Änderung des Umlageschlüssels für die Treppenhausreinigung

Sehr geehrter Herr ___ [Name],

bitte nehmen Sie auf die Tagesordnung der nächsten ordentlichen Versammlung den Punkt „Änderung des Umlageschlüssels für die Treppenhausreinigung“ sowie folgenden Beschlussantrag im Entwurf mit dem Hinweis, dass sich dieser nach der Diskussion in der Versammlung noch ändern kann:

„Ab dem Wirtschaftsjahr ___ werden die Kosten der Treppenhausreinigung nach der Anzahl der selbständigen Wohnungseigentumsrechte

(= Wohnungen) auf die Wohnungseigentümer verteilt. Als „selbständiges Wohnungseigentumsrecht“ gelten keine Räume, die unselbständiges Teileigentum und einem Wohnungseigentum zugeordnet sind.

Mit freundlichen Grüßen

Unterschrift

Findet der Beschlussantrag keine Mehrheit (Grundsatz der Vorbefassung), kann auf einen Umlagebeschluss im Wege der Beschlussersetzungsklage geklagt werden. Einerseits reicht es für den Erfolg dieser Klage noch nicht aus, dass (auch) die beanspruchte Umlage ordnungsmäßiger Verwaltung entspricht. Andererseits bedarf es aber ausnahmsweise auch keiner Ermessensreduktion auf null. Vielmehr ist es notwendig, aber auch ausreichend, dass ein Festhalten am geltenden Umlageschlüssel aus schwerwiegenden Gründen unter Berücksichtigung aller Umstände des Einzelfalls, insbesondere der Rechte und Interessen der anderen Wohnungseigentümer, als unbillig erscheint.

Keine Vorbefassung: Bloße Förmelei
Eine Vorbefassung der Wohnungseigentümer ist entbehrlich, wenn sie eine bloße „Förmelei“ wäre. Dieses ist der Fall, wenn von vornherein klar ist, dass ein entsprechender Beschlussantrag keine Mehrheit finden würde.

III. Umlage der Heizkosten

1. Heizkostenverordnung

Nach der Verordnung über die verbrauchsabhängige Abrechnung der Heiz- und Warmwasserkosten (Verordnung über Heizkostenabrechnung – Heizkostenverordnung) hat ein Gebäudeeigentümer den anteiligen Verbrauch der „Nutzer“ an Wärme und Warmwasser zu erfassen.

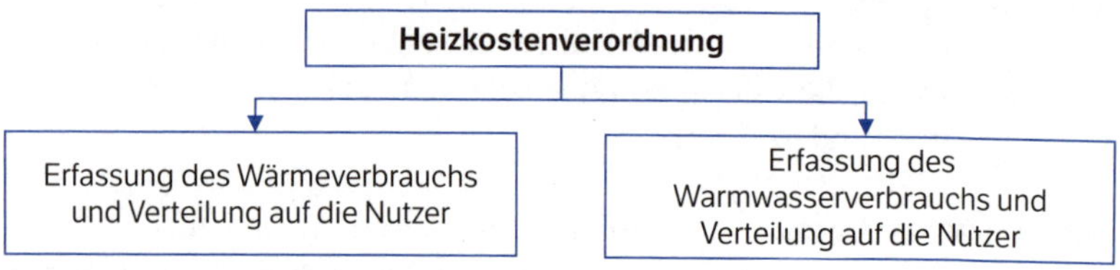

Überblick zur Heizkostenverordnung

Reform: Fernauslesung

Die Heizkostenverordnung wird noch in 2021 novelliert. Voraussichtlich ab ihrer Verkündung werden grundsätzlich nur noch FERNAUSLESBARE MESSGERÄTE eingebaut werden dürfen. Das heißt:

- In Neubauten und bei Ablauf der Eichfristen im Altbestand, dürfen nur noch Geräte der neuen Generation zum Einsatz kommen.
- Wohl bis zum 1. Januar 2027 muss die Umrüstung im Bestand abgeschlossen sein.
- In Liegenschaften, in denen fernablesbare Zähler oder Heizkostenverteiler installiert sind, ist ab 2021 zweimal im Jahr eine Abrechnungs- und Verbrauchsinformation zur Verfügung zu stellen.
- Wenn fernablesbare Zähler oder Heizkostenverteiler vorhanden sind, müssen ab 1.1.2022 Abrechnungs- oder Verbrauchsinformationen monatlich bereitgestellt werden. Wie die Informationen zur Verfügung zu stellen sind, ist nicht vorgegeben.

Nach der Erfassung sind die Kosten der Versorgung mit Wärme und Warmwasser auf die einzelnen Nutzer zu verteilen.

Kosten der Versorgung mit Wärme und Warmwasser

Zu den Kosten des Betriebs der zentralen Heizungsanlage gehören vor allem die Kosten der verbrauchten Brennstoffe und ihrer Lieferung, die Kosten des Betriebsstroms, die Kosten der Bedienung, Überwachung und Pflege der Anlage, der regelmäßigen Prüfung ihrer Betriebsbereitschaft und Betriebssicherheit einschließlich der Einstellung durch eine Fachkraft, der Reinigung der Anlage und des Betriebsraums, die Kosten der Messungen nach dem Bundes-Immissionsschutzgesetz, die Kosten der Anmietung oder anderer Arten der Gebrauchsüberlassung sowie die Kosten der Verwendung einer Ausstattung zur Verbrauchserfassung einschließlich der Kosten der Eichung sowie der Kosten der Berechnung, Aufteilung und Verbrauchsanalyse.

Die Pflicht zur verbrauchsabhängigen Abrechnung soll das Nutzerverhalten bei der Raumheizung sowie beim Warmwasserverbrauch mit dem Ziel der Energieeinsparung beeinflussen.

Die Vorschriften der Heizkostenverordnung sind auf Wohnungseigentum anzuwenden, unabhängig davon, ob durch Vereinbarung oder Beschluss der Wohnungseigentümer abweichende Bestimmungen über die Verteilung der Kosten der Versorgung mit Wärme und Warmwasser getroffen worden sind. Die Wohnungseigentümer müssen also weder vereinbaren noch beschließen, dass unter ihnen die Heizkostenverordnung anzuwenden ist.

Dessen ungeachtet sind die Wohnungseigentümer aber gezwungen, eine ganze Reihe von Entscheidungen zu treffen, unter anderem:

- VERBRAUCHSERFASSUNGSGERÄTE:
  - Auswahl der Verbrauchserfassungsgeräte (zur Erfassung des anteiligen Wärmeverbrauchs sind Wärmezähler oder Heizkostenverteiler zu verwenden; zur Erfassung des anteiligen Warmwasserverbrauchs sind Warmwasserzähler oder andere geeignete Ausstattungen zu verwenden);
  - Entscheidung, ob die Verbrauchserfassungsgeräte gekauft oder gemietet oder geleast werden (werden die Verbrauchserfassungsgeräte gemietet oder geleast, handelt es sich um auf Mieter umlagefähige Finanzierungskosten);
  - Anbringung der Verbrauchserfassungsgeräte;
  - Zähler und Heizkostenverteiler müssen nach der Richtlinie (EU) 2018/2002 vom 11. Dezember 2018 nach dem 25. Oktober 2020 grundsätzlich fernablesbar sein (bereits installierte, nicht fernablesbare Zähler und Heizkostenverteiler müssen bis zum 1. Januar 2027 mit dieser Funktion grundsätzlich NACHGERÜSTET oder durch fernablesbare Geräte ERSETZT werden).
- KOSTEN:
  - Umlage der Kosten für die (Neu-)Anschaffung und die Anbringung der Verbrauchserfassungsgeräte (nicht auf Mieter umlagefähige Verwaltungskosten);
  - Umlage der Kosten des Betriebs der zentralen Heizungsanlage und der Kosten der Wärmelieferung (dazu Festlegung des entsprechenden Umlageschlüssels).

Entscheidungen des Bauträgers
Hat diese Entscheidungen bereits der Bauträger getroffen, hindert dies die Wohnungseigentümer nicht, die Entscheidungen zu ändern. Ferner kann es im Laufe des Bestehens einer Wohnungseigentumsanlage stets zu Änderungen kommen.

2. Bestimmung der Umlageschlüssel
Nach der Heizkostenverordnung sind von den Wohnungseigentümern durch Vereinbarung oder Beschluss insgesamt 3 Umlageschlüssel zu bestimmen. Die Auswahl steht im Ermessen der Wohnungseigentümer und kann weder vom Verwalter noch von einem Messdienstleister getroffen werden.

- Gemäß § 7 Absatz 1 Satz 1 Heizkostenverordnung sind 2 Umlageschlüssel im Hinblick auf sämtliche Kosten des Betriebs der zentralen Heizungsanlage zu bestimmen:
  - Soweit die Voraussetzungen des § 7 Absatz 1 Satz 2 Heizkostenverordnung nicht vorliegen, sind die Kosten des Betriebs der zentralen Heizungsanlage mindestens zu 50 %, höchstens zu 70 % nach dem erfassten Wärmeverbrauch der Nutzer zu verteilen. Der Umlageschlüssel gilt für die Verteilung der Kosten der Wärmelieferung entsprechend.
  - Die übrigen, also die verbrauchsunabhängigen (Grund-)Kosten, sind entweder nach der Wohn- oder Nutzfläche oder nach dem umbauten Raum (= Raumvolumen) zu verteilen (die Verteilung der Grundkosten nach dem umbauten Raum bietet sich an, wenn es sehr unterschiedliche Raumhöhen gibt). Alternativ können bei der Verteilung der Grundkosten nicht beheizte Flächen oder Räume unberücksichtigt bleiben.
- Gemäß § 8 Absatz 1 Heizkostenverordnung ist 1 Umlageschlüssel für die Kosten des Betriebs der zentralen Warmwasserversorgungsanlage zu bestimmen. Er beträgt mindestens 50 %, höchstens 70 % des erfassten Warmwasserverbrauchs. Die übrigen, also die verbrauchsunabhängigen Kosten, sind nach Wohn- oder Nutzfläche zu verteilen. Der Begriff der „Wohn- oder Nutzfläche“ kann unter Rückgriff auf die Bestimmungen der Wohnflächenverordnung und damit unter Einbeziehung von Balkonen, Loggien, Dachgärten und Terrassen ermittelt werden. Die Wohnungseigentümer können aber auch eine andere Berechnungsmethode festlegen.

Verbrauchsunabhängiger Teil
Mit dem verbrauchsunabhängigen Teil (die „Grundkosten“) sollen die Kosten abgedeckt werden, die eine Heizungsanlage schon allein durch ihren Betrieb verursacht; ferner werden lagebedingte Wärmebedarfsunterschiede etwas „geglättet“.

Genaue Berechnung der Wohn- oder Nutzflächen
Unklar ist, wann ein Wohnungseigentümer eine GENAUE Ermittlung der Wohn- oder Nutzflächen verlangen kann. Diese Berechnung ist sehr teuer. Nahe liegt, dass es gegenüber den bis zum Verlangen genutzten Zahlen wenigstens ein „berechtigtes Misstrauen“ geben muss. Dieses könnte gegeben sein, wenn ein Wohnungseigentümer glaubhaft machen kann, dass die „tatsächliche“ Wohnfläche mehr als 10 % von den bisherigen Zahlen abweicht. Flächenangaben in der Teilungserklärung/Gemeinschaftsordnung, die dazu bestimmt sind, der Berechnung von Heiz- und Warmwasserkosten zu dienen, sollen im Fall ihrer Unrichtigkeit sogar

nur durch Vereinbarung geändert werden können (zur Frage, wann man mit Erfolg auf diese Vereinbarung klagen kann, siehe 20. Kapitel WEG-Streitigkeiten › S. 436 ff.).

Durch eine Vereinbarung können die Kosten für Wärme und Warmwasser auch anders verteilt werden. Haben die Wohnungseigentümer einen Umlageschlüssel bestimmt, der den gesetzlichen Vorgaben nicht entspricht, ist die Bestimmung UNWIRKSAM. Haben die Wohnungseigentümer hingegen keinen Umlageschlüssel bestimmt, ist er nach Bestimmung der Wohnungseigentümer grundsätzlich entweder auf der Grundlage des Verbrauchs der betroffenen Räume in vergleichbaren Zeiträumen oder des Verbrauchs vergleichbarer anderer Räume im jeweiligen Abrechnungszeitraum oder des Durchschnittsverbrauchs des Gebäudes oder der Nutzergruppe zu ermitteln.

Funkbasierte Heizkostenverteiler
Funkbasierte Heizkostenverteiler sind zum Teil in der Lage, den jeweiligen Verbrauch zur Monatsmitte, zum Monatsende und zu einem anderen Stichtag über einen längeren Zeitraum zu speichern. Mit diesen Daten können sich Dritte ein wenigstens vages Bild machen, wann ein Wohnungseigentümer oder sein Mieter in der „Einheit" anwesend war und wie er sich dort verhielt. Personenbezogene Daten dürfen indessen nur im Rahmen des Erforderlichen und unter Beachtung des Prinzips der Datensparsamkeit verarbeitet werden. Was gilt, müssen insoweit die Wohnungseigentümer selbst entscheiden und beschließen. Die Wohnungseigentümer müssen daher dem Verwalter Vorgaben machen, welchen datenschutzrechtlichen Inhalt der Vertrag der Gemeinschaft der Wohnungseigentümer mit dem Ableseunternehmen haben soll. Soweit funkbasierte Heizkostenverteiler bereits eingebaut worden sind, sollte der Beschluss nachgeholt werden. Im Übrigen sollten auch vermietende Wohnungseigentümer die Zwecke, für welche die Daten verarbeitet oder genutzt werden sollen, konkret und synonym mit den für sie geltenden Bestimmungen festlegen und ihrem Mieter mitteilen.

Bauträger haben Wohnungseigentumsanlagen aus Kostengründen häufig mit Heizungsanlagen im EINROHRSYSTEM ausgestattet. Bei einem Einrohrheizungssystem wird indessen ein erheblicher Teil der Wärme wegen der systembedingten höheren Vorlauftemperatur nicht über die Heizkörper, sondern über das Rohrleitungssystem abgegeben. Diese Wärme wird von elektronischen Heizkostenverteilern nicht erfasst und bleibt bei der Kostenverteilung unberücksichtigt.

Mit dem Ziel, unbillige Kostenverschiebungen unter den Nutzern auszugleichen beziehungsweise zu reduzieren, bestimmt daher die Heizkostenverordnung, dass der Wärmeverbrauch „nach anerkannten Regeln der Technik" bestimmt werden KANN, wenn

- die freiliegenden Leitungen der Wärmeverteilung im Gebäude WEITGEHEND UNGEDÄMMT sind (dies gilt nicht für überwiegend ungedämmte, aber eben nicht freiliegende Leitungen) und
- deswegen ein WESENTLICHER Anteil des Wärmeverbrauchs nicht erfasst wird.

Ob die Wohnungseigentümer bei Einrohrheizungen den Wärmeverbrauch nach „anerkannten Regeln der Technik" bestimmen, steht in ihrem Ermessen. Sind gewisse Grenzwerte erreicht, etwa eine Erfassungsrate von UNTER 20 %, MÜSSEN die Wohnungseigentümer die Regeln aber wohl anwenden. In Betracht kommen zurzeit dann eine messtechnische Ermittlung, ein Bilanzverfahren oder eine rechnerische Ermittlung.

VDI-Richtlinie 2077

Nach allgemeiner Ansicht enthält unter anderem das Beiblatt „Verfahren zur Berücksichtigung der Rohrwärmeabgabe" der VDI-Richtlinie 2077 anerkannte Regeln der Technik, welche mathematisch-technische Methoden zur Heizkostenermittlung und -verteilung beschreibt. Haben sich die Wohnungseigentümer der VDI-Richtlinie 2077 bedient, müssen einem Mieter weder deren Anwendungsvoraussetzungen mitgeteilt werden, noch muss dem Mieter die VDI-Richtlinie 2077 zur Verfügung gestellt werden.

3. Umlage der Heizkosten im Wirtschaftsplan

Bei der Erstellung des Wirtschaftsplans muss prognostiziert werden, welche verbrauchsabhängigen und welche verbrauchsunabhängigen Kosten auf die jeweiligen Wohnungseigentümer entfallen werden. Entsprechend dieser Prognose sind die Kosten auf den einzelnen Wohnungseigentümer umzulegen. Sind im Vorjahr keine Kosten angefallen, etwa bei einer neu errichteten Wohnungseigentumsanlage, muss anhand anderer Werte geschätzt werden – oder man nimmt als Umlageschlüssel die Größe der Miteigentumsanteile.

4. Umlage der Heizkosten in der Abrechnung
Die Heizkosten sind in die Gesamtabrechnung nach dem Abflussprinzip als Ausgabe einzustellen. Bei den Einzelabrechnungen muss hingegen nach zurzeit herrschender Meinung unterschieden werden:

- Kosten für verbrauchte Brennstoffe sind in den Einzelabrechnungen auf die jeweiligen Einheiten (= Nutzer) auch nach Verbrauch zu verteilen.
- Kosten für nicht verbrauchte, aber im Wirtschaftsjahr erworbene Brennstoffe sind in den Einzelabrechnungen nach dem dafür bestimmten Umlageschlüssel oder nach der Größe der Miteigentumsanteile zu verteilen.

Verfährt ein Verwalter bei der Erstellung der Jahresabrechnung nach diesen Grundsätzen, müssen den Wohnungseigentümern bei der Jahresabrechnung des Folgejahres die Kosten für die nicht verbrauchten Brennstoffe „zurückgegeben" werden.

Checkliste: Prüfung der Heizkosten

- ☐ Zusammenstellung der Gesamtkosten:
  - ■ Energieverbrauch nebst den dafür verauslagten Kosten (bei einer Ölheizung müssen der Anfangs- und der Endbestand sowie die einzelnen Lieferungen angeführt sein);
  - ■ Nebenkosten (Kosten, die beim Betrieb einer Zentralheizung zusätzlich zu den Energiekosten anfallen), etwa: die Kosten des Betriebsstroms, die Kosten der Bedienung, Überwachung und Pflege der Anlage, der regelmäßigen Prüfung ihrer Betriebsbereitschaft und Betriebssicherheit einschließlich der Einstellung durch eine Fachkraft, der Reinigung der Anlage und des Betriebsraums, die Kosten der Messungen nach dem Bundes-Immissionsschutzgesetz, die Kosten der Anmietung oder anderer Arten der Gebrauchsüberlassung sowie die Kosten der Verwendung einer Ausstattung zur Verbrauchserfassung einschließlich der Kosten der Eichung sowie der Kosten der Berechnung, Aufteilung und Verbrauchsanalyse;
  - ■ Kommt das warme (Brauch-)Wasser aus der Zentralheizung, so müssen die Kosten der Warmwasserbereitung in der Heizkostenabrechnung gesondert ausgewiesen werden;
- ☐ Angabe und gegebenenfalls Erläuterung des verwendeten Umlageschlüssels;
- ☐ Berechnung des Anteils des Wohnungseigentümers;
- ☐ Abzug der vom Wohnungseigentümer geleisteten Vorschüsse.

5. Ausbau eines Dachgeschosses oder Kellers
Wie ausgeführt, sind von den Kosten des Betriebs der zentralen Heizungsanlage grundsätzlich mindestens 50 %, höchstens 70 % nach dem erfassten Wärmeverbrauch der Nutzer zu verteilen. Die übrigen Kosten sind zwingend nach der Wohn- oder Nutzfläche oder nach dem umbauten Raum zu verteilen (es kann auch die Wohn- oder Nutzfläche oder der umbaute Raum nur der beheizten Räume zu Grunde gelegt werden). Baut ein Wohnungseigentümer ein DACHGESCHOSS oder seinen KELLER zulässigerweise zu Wohnraum aus, müssen diese „neuen" Flächen nachträglich in die Berechnung der Wohn- oder Nutzflächen einbezogen werden.

IV. Kosten baulicher Veränderungen

1. Überblick
Für die Umlage der Kosten einer baulichen Veränderung und der damit zusammenhängenden Folgekosten ist zu UNTERSCHEIDEN,

- ob die bauliche Veränderung einem Wohnungseigentümer gestattet oder auf sein Verlangen durch die Gemeinschaft der Wohnungseigentümer durchgeführt wurde,
- mit wieviel Stimmen sie beschlossen wurde,
- ob sich die Kosten innerhalb eines angemessenen Zeitraums amortisieren oder
- ob die Wohnungseigentümer einen Umlagebeschluss gefasst oder eine Umlagevereinbarung geschlossen haben.

Sondereigentum
Baut ein Wohnungseigentümer im Bereich des Sondereigentums, errichtet er beispielsweise einen Zaun, muss er die Kosten selbst tragen.

2. Bauliche Veränderung auf Verlangen
Die Kosten einer baulichen Veränderung, die einem Wohnungseigentümer gestattet oder auf sein Verlangen durch die Gemeinschaft der Wohnungseigentümer durchgeführt wurde, beispielsweise

- eine Lademöglichkeit,
- ein Personenaufzug,
- eine Rollstuhlrampe oder
- eine Schließanlage

und die damit zusammenhängenden Folgekosten hat dieser Wohnungseigentümer zu tragen.

WEG § 21 Absatz 1 Satz 1

Die Kosten einer baulichen Veränderung, die einem Wohnungseigentümer gestattet oder die auf sein Verlangen nach § 20 Absatz 2 durch die Gemeinschaft der Wohnungseigentümer durchgeführt wurde, hat dieser Wohnungseigentümer zu tragen.

Sondernachfolger

Die Pflicht, die Erhaltungs- und/oder Betriebskosten zu tragen, trifft auch den Sondernachfolger dieses Wohnungseigentümers.

3. Die für einen Beschluss abgegebenen Stimmen

Geht es nicht um die Kosten einer baulichen Veränderung und die damit zusammenhängenden Folgekosten, die einem Wohnungseigentümer gestattet oder auf sein Verlangen durch die Gemeinschaft der Wohnungseigentümer durchgeführt wurde, haben GRUNDSÄTZLICH nur die Wohnungseigentümer die Kosten zu tragen, welche die bauliche Veränderung beschlossen haben.

WEG § 21 Absatz 3 Satz 1

Die Kosten anderer als der in den Absätzen 1 und 2 bezeichneten baulichen Veränderungen haben die Wohnungseigentümer, die sie beschlossen haben, nach dem Verhältnis ihrer Anteile (§ WEG § 16 Absatz WEG § 16 Absatz 1 Satz 2) zu tragen.

Die Kosten sind unter diesen Wohnungseigentümern nach der Größe ihrer Miteigentumsanteile zu verteilen.

Fahrradständer, Dämmung oder Vordach

Haben beispielsweise von 20 Wohnungseigentümern nur 4 für die Errichtung eines Fahrradständers, die Dämmung einer intakten Fassade oder die Installation eines Vordaches gestimmt und haben sich die anderen Wohnungseigentümer der Stimme enthalten, müssen nur die 4 Wohnungseigentümer, die mit „Ja“ gestimmt haben, die Kosten tragen. Wie ausgeführt, dürfen nur diese Wohnungseigentümer den Fahrradständer dann nutzen. Für die Dämmung und das Vordach gilt das aber nicht.

Etwas anderes KANN gelten, wenn

- der baulichen Veränderung sehr viele Wohnungseigentümer ZUGESTIMMT haben oder
- wenn sich die Kosten der baulichen Veränderung AMORTISIEREN.

WEG § 21 Absatz 2 Satz 1
Vorbehaltlich des Absatzes 1 haben alle Wohnungseigentümer die Kosten einer baulichen Veränderung nach dem Verhältnis ihrer Anteile (§ 16 Absatz 1 Satz 2) zu tragen,
1. die mit mehr als zwei Dritteln der abgegebenen Stimmen und der Hälfte aller Miteigentumsanteile beschlossen wurde, es sei denn, die bauliche Veränderung ist mit unverhältnismäßigen Kosten verbunden, oder
2. deren Kosten sich innerhalb eines angemessenen Zeitraums amortisieren.

Gutachten
Für die Frage der Amortisation sollte ein Gutachten eingeholt werden. Auf dieses dürfen die Wohnungseigentümer im Grunde vertrauen.

- HOHE STIMMENANZAHL. Alle Wohnungseigentümer haben in den Beispielsfällen die Kosten zu tragen, wenn die bauliche Veränderung MIT MEHR ALS ZWEI DRITTELN der abgegebenen Stimmen und der HÄLFTE ALLER MITEIGENTUMSANTEILE beschlossen wurde.
  - Etwas anderes gilt nur dann, wenn die bauliche Veränderung mit UNVERHÄLTNISMÄSSIGEN Kosten verbunden ist. Um „Trittbrettfahrer“ zu verhindern, also Wohnungseigentümer, die die bauliche Veränderung auch anstreben und an ihr in jedem Falle teilhaben würden (etwa an einer Dämmung), sie aber nicht bezahlen wollen, kann es in KLEINEREN Gemeinschaften sinnvoll sein, die Abstimmung im Subtraktionsverfahren vorzunehmen. Dabei wird nicht nach den „Ja“-Stimmen, sondern nach den „Nein“-Stimmen gefragt. So kann jeder Wohnungseigentümer, wenn er sieht, dass die Zahl der „Nein“-Stimmen ein Drittel übersteigt, das Quorum der „Ja“-Stimmen also nicht erreicht werden kann, ebenfalls mit „Nein“ stimmen, um zu vermeiden, dass er sich an den Kosten beteiligen muss.
  - Daneben ist es auch MÖGLICH UND VIEL BESSER, den Beschluss unter die Bedingung zu stellen, dass alle Wohnungseigentümer die Kosten tragen müssen. Wirksam wird der Beschluss nur dann, wenn es nach dem Stimmverhalten zu einer entsprechenden Kostentragung durch alle Wohnungseigentümer kommt.

- AMORTISATION. Alle Wohnungseigentümer haben in den Beispielsfällen die Kosten zu tragen, wenn sich die Kosten innerhalb eines angemessenen Zeitraums amortisieren. Dies meint, dass die Mittel, welche die Gemeinschaft der Wohnungseigentümer für die bauliche Veränderung aufgewendet hat, durch Einsparungen gedeckt werden, die auf die bauliche Veränderung zurückzuführen sind. Gemeint sind gebäudebezogene Kosten. Ein Zeitraum von 10 Jahren soll ein wichtiger Anhaltspunkt sein.

Unverhältnismäßige Kosten

- Maßgeblich sind nicht nur die zu erwartenden Baukosten, sondern auch die zu erwartenden Folgekosten für Gebrauch und Erhaltung. Diese Kosten sind in das Verhältnis zu den Vorteilen zu setzen, welche die bauliche Veränderung verspricht.
- Dies verlangt eine wertende Betrachtung. Dabei ist ein objektiver, auf die konkrete Wohnungseigentumsanlage bezogener Maßstab anzulegen. Entscheidend sind deshalb nicht die Bedürfnisse und finanziellen Mittel des einzelnen überstimmten Wohnungseigentümers, sondern die der Gesamtheit der Wohnungseigentümer in der Wohnungseigentumsanlage.
- Je nach Charakter der Wohnungseigentumsanlage und der Alters- und Sozialstruktur der Wohnungseigentümer kann die Bewertung unterschiedlich ausfallen. Bei besonders hohen Kosten ist eine Unverhältnismäßigkeit auch dann nicht ausgeschlossen, wenn alle Wohnungseigentümer finanziell in der Lage sind, diese Kosten zu tragen. Diese Frage kann in der Regel nur ein Gutachten beantworten.

4. Umlagevereinbarung und Umlagebeschluss

Die Wohnungseigentümer können eine von den gesetzlichen Vorschlägen abweichende Verteilung der Kosten für eine bauliche Veränderung vereinbaren oder beschließen. Durch einen Umlagebeschluss dürfen einem Wohnungseigentümer, der nicht bereits von Gesetzes wegen die Kosten zu tragen hat, allerdings keine Kosten auferlegt werden. Der Umlagebeschluss darf also nur TRANSPARENT machen, was sowieso gilt. Verfahren die Wohnungseigentümer anders, ist der Beschluss allerdings nur anfechtbar, aber nicht nichtig.

WEG § 21 Absatz 5

Die Wohnungseigentümer können eine abweichende Verteilung der Kosten und Nutzungen beschließen. Durch einen solchen Beschluss dürfen einem Wohnungseigentümer, der nach den vorstehenden Absätzen Kosten nicht zu tragen hat, keine Kosten auferlegt werden.

V. Muster

Weisung wegen des Verständnisses einer Umlagevereinbarung
(1) Der Verwalter hat die Wohnungseigentümer darüber informiert, dass man die Umlagevereinbarung in § ___ (genaue Angabe der Stelle der Gemeinschaftsordnung) der Gemeinschaftsordnung unterschiedlich auslegen kann.
(2) Der Verwalter hat ferner darauf hingewiesen, dass die Umlagevereinbarung unbeachtlich wäre, sollte man sie als unklar ansehen. Weiter hat der Verwalter darauf hingewiesen, dass – sollte man die Umlagevereinbarung als „klar" und damit als beachtlich ansehen – man sie wie folgt verstehen könnte: ___. Schließlich hat der Verwalter die Wohnungseigentümer darauf hingewiesen, dass es eine Beschlusskompetenz gebe, den Verwalter bei der Durchführung der Verwaltung anzuweisen.
(3) Vor diesem Hintergrund weisen die Wohnungseigentümer den Verwalter an, die Umlagevereinbarung wie folgt anzuwenden: ___

BETRIEBSSTROM
Die Wohnungseigentümer weisen den Verwalter an, die Kosten des Betriebsstroms der zentralen Heizungsanlage mit ___% der Brennstoffkosten zu schätzen.

VI. Verfahrensrechte

Will ein Wohnungseigentümer die Änderung eines Umlageschlüssels erzwingen, ist nach einer Vorbefassung der anderen Wohnungseigentümer gegen die Gemeinschaft der Wohnungseigentümer eine Beschlussersetzungsklage zu erheben.

Zusammenfassung
- Bis auf die Heizkosten und die Kosten baulicher Veränderungen sind sämtliche Kosten der Gemeinschaft der Wohnungseigentümer auf alle Wohnungseigentümer nach der Größe ihres Miteigentumsanteils umzulegen. Die Wohnungseigentümer können etwas anderes vereinbaren oder beschließen.
- Für die Heizkosten müssen die Wohnungseigentümer immer einen Umlageschlüssel vereinbaren oder beschließen.
- Die Kosten einer baulichen Veränderung trägt im Kern der Wohnungseigentümer, der sie verlangt hat. Die Wohnungseigentümer können etwas anderes bestimmen. Ferner müssen alle Wohnungseigentümer die Kosten tragen, wenn sich eine große Mehrheit für die bauliche Veränderung entschieden hat.

7

Entziehung

Das Kapitel stellt vor, in welchen Fällen und auf welche Art und Weise man das Recht hat, einen Wohnungseigentümer dazu zu zwingen, sein Wohnungseigentum zu veräußern.

7. Entziehung

I. Überblick

ABMEIERUNG
Die Abmeierung beschreibt den Zwang gegen einen Wohnungseigentümer, sein Wohnungseigentum zu veräußern oder es gegen seinen Willen zwangszuversteigern. Der Begriff meinte ursprünglich den vorzeitigen Entzug eines Meierhofs, also die Vertreibung des Meiers durch den Grundherrn.

Wenn ein Wohnungseigentümer seine Pflichten gerade als Wohnungseigentümer so schwer verletzt, dass sein Verbleiben in der Gemeinschaft für die übrigen Wohnungseigentümer unzumutbar wird, können diese von ihm die VERÄUSSERUNG SEINES WOHNUNGSEIGENTUMS verlangen, ihn abmeiern.

WEG § 17 Absatz 1 und Absatz 2

(1) *Hat ein Wohnungseigentümer sich einer so schweren Verletzung der ihm gegenüber anderen Wohnungseigentümern oder der Gemeinschaft der Wohnungseigentümer obliegenden Verpflichtungen schuldig gemacht, dass diesen die Fortsetzung der Gemeinschaft mit ihm nicht mehr zugemutet werden kann, so kann die Gemeinschaft der Wohnungseigentümer von ihm die Veräußerung seines Wohnungseigentums verlangen.*

(2) *Die Voraussetzungen des Absatzes 1 liegen insbesondere vor, wenn der Wohnungseigentümer trotz Abmahnung wiederholt gröblich gegen die ihm nach § 14 Absatz 1 und § 14 Absatz 2 obliegenden Pflichten verstößt.*

TRINKGELAGE
Eine Entziehung kann beispielsweise bei Trinkgelagen des Mieters eines Wohnungseigentümers verlangt werden, wenn wiederholte polizeiliche Einsätze keinen Erfolg hatten, eine Kündigung des Mieters möglich wäre, der vermietende Wohnungseigentümer davon aber keinen Gebrauch macht.

Bei der Entscheidung der Frage, ob eine Pflichtverletzung des Störers zu einem Anspruch auf Veräußerung des Wohnungseigentums führt, muss man GENAU hinsehen. Es ist dabei zu berücksichtigen, dass die Entziehung eines Wohnungseigentums nur als LETZTES Mittel dienen kann. „Mildere" Maßnahmen, etwa klärende Gespräche oder eine Abmahnung des Störers, müssen erfolglos geblieben sein. Die Pflichtverletzung muss grundsätzlich der Störende verursachen. Im Einzelfall reicht es aber auch, dass sich seine Haushalts- oder Familienangehörigen oder seine Mieter schlecht benehmen.

Ein Entziehungsverlangen setzt nicht voraus, dass der Störer „vorwerfbar" handelt. Auch wenn sich beispielsweise ein Wohnungseigentümer aufgrund psychischer Erkrankung oder Drogenabhängigkeit schlecht verhält, kann sein Betragen im Einzelfall unzumutbar sein.

II. Regelbeispiel für eine schwere Verletzung

Ein Veräußerungsverlangen ist insbesondere dann gerechtfertigt, wenn der Wohnungseigentümer trotz Abmahnung WIEDERHOLT GRÖBLICH gegen die ihm nach § 14 Absatz 1 und Absatz 2 WEG obliegenden Handlungs- und/oder Rücksichtnahmepflichten verstößt.

§ 14 Absatz 1 und 2 WEG

(1) Jeder Wohnungseigentümer ist gegenüber der Gemeinschaft der Wohnungseigentümer verpflichtet,

1. die gesetzlichen Regelungen, Vereinbarungen und Beschlüsse einzuhalten und

2. das Betreten seines Sondereigentums und andere Einwirkungen auf dieses und das gemeinschaftliche Eigentum zu dulden, die den Vereinbarungen oder Beschlüssen entsprechen oder, wenn keine entsprechenden Vereinbarungen oder Beschlüsse bestehen, aus denen ihm über das bei einem geordneten Zusammenleben unvermeidliche Maß hinaus kein Nachteil erwächst.

(2) Jeder Wohnungseigentümer ist gegenüber den übrigen Wohnungseigentümern verpflichtet,

1. deren Sondereigentum nicht über das in Absatz 1 Nummer 2 bestimmte Maß hinaus zu beeinträchtigten und

2. Einwirkungen nach Maßgabe des Absatzes 1 Nummer 2 zu dulden.

Der Wohnungseigentümer muss insgesamt 3 schwere Pflichtverletzungen begangen haben, und zwar mindestens eine vor und 2 nach der Abmahnung, wobei sich die einzelnen Pflichtverstöße aber nach Art und Ausmaß unterscheiden können. Eine solche Abmahnung ist allerdings in 2 SELTENEN Ausnahmefällen entbehrlich:

- Zum einen, wenn eine Abmahnung unzumutbar wäre. Dies ist der Fall, wenn die Pflichtverletzung so gravierend in die Rechte der anderen Eigentümer eingreift, dass von diesen nach einer Abwägung nicht verlangt werden kann, die durch eine Abmahnung eintretende zeitliche Verzögerung und damit gegebenenfalls die Fortsetzung der schweren Pflichtverletzung zu ertragen.
- Und zum anderen dann, wenn eine Abmahnung offenkundig keinen Erfolg verspräche („bloße Förmelei"). Dies ist dann der Fall, wenn von vornherein mit an Sicherheit grenzender Wahrscheinlichkeit davon auszugehen ist, dass eine Abmahnung fruchtlos wäre.

III. Generalklausel

Ist kein Regelbeispiel erfüllt, kann DENNOCH eine schwere Verletzung vorliegen. Als eine solche schwere Verletzung zu verstehen sind unter anderem:

- die fortlaufend unpünktliche Erfüllung der Pflicht zur Zahlung von Hausgeld und zur Erfüllung anderer Zahlungsansprüche;
- schwere, fortdauernde Beleidigungen;
- Tätlichkeiten oder Straftaten gegen die übrigen Wohnungseigentümer (etwa Einbrüche in fremde Keller und Sachbeschädigungen);
- Gewalttätigkeiten;
- Verschmutzungen;
- Fäkalgerüche.

IV. Durchführung

Bevor gegen einen Wohnungseigentümer vorgegangen wird, muss er „abgemahnt" werden. Die Abmahnung muss das Fehlverhalten, das dem Abgemahnten zum Vorwurf gemacht wird, KONKRET bezeichnen. Denn nur dann wird die Abmahnung ihrem Zweck gerecht, das beanstandete Fehlverhalten zu dokumentieren und den Abgemahnten darauf hinzuweisen, dass dieses Verhalten nicht mehr länger toleriert werden wird. Wer abmahnt, ist egal.

Muster: Abmahnung

Adresse des Abmahnenden (etwa des Verwalters)

Adresse des Abzumahnenden

Datum

Abmahnung

Sehr geehrter Herr ___ [Name],

Sie haben am ___ [Datum] ___ [genaue Benennung des Fehlverhaltens]. Ich mahne Sie deshalb ab. Kommt es nochmals mehrfach zu Vergleichbarem, kommt auch in Betracht, von Ihnen die Veräußerung Ihres Wohnungseigentums zu verlangen.

Mit freundlichen Grüßen

Unterschrift

V. Durchsetzung des Entziehungsverlangens

Das Verlangen auf Veräußerung muss beschlossen werden. Für die Beschlussfassung gelten keine besonderen Mehrheitserfordernisse.

Klage gegen Entziehungsbeschluss
Der Betroffene kann gegen den Entziehungsbeschluss vorgehen. Gegenstand dieser Anfechtungsklage sind die Fragen,

- ob der Entziehungsbeschluss formell ordnungsmäßig zustande kam und
- ob eine Abmahnung vorlag.

Veräußert der vom Entziehungsbeschluss betroffene Wohnungseigentümer sein Wohnungseigentum nicht freiwillig, muss die Gemeinschaft der Wohnungseigentümer gegen ihn Klage erheben (Entziehungsklage).

VI. Verfahrensrechte

ENTZIEHUNGSKLAGE
Der Verwalter ist ermächtigt, namens der Gemeinschaft der Wohnungseigentümer gegen Wohnungseigentümer ___ (Name) eine Entziehungsklage zu führen oder durch Rechtsanwalt ___ (Name) auf Kosten und Rechnung der Gemeinschaft der Wohnungseigentümer sowohl in erster Instanz als auch in zweiter Instanz führen zu lassen.

Will ein Wohnungseigentümer eine Entziehung erzwingen, muss er nach einer Vorbefassung der anderen Wohnungseigentümer gegen die Gemeinschaft der Wohnungseigentümer eine Beschlussersetzungsklage erheben.

Das Gericht prüft, ob ein ENTZIEHUNGSBESCHLUSS und ENTZIEHUNGSGRÜNDE vorliegen. Anders als im arbeitsrechtlichen Kündigungsschutzprozess können die Wohnungseigentümer ihr Entziehungsverlangen dabei auch auf Gründe stützen, die erst NACH einer Klageerhebung eingetreten sind.

Keine Gebrauchsüberlassung gerade an „Störer"
Der Ersteher eines Wohnungseigentums verletzt die Pflicht, den anderen Wohnungseigentümern keinen Nachteil zuzufügen, wenn er den Gebrauch durch den früheren Wohnungseigentümer, dem das Wohnungseigentum entzogen worden ist, nicht beendet. Die anderen Wohnungseigentümer können dann verlangen, dass er dem früheren Wohnungseigentümer den Besitz entzieht.

Zusammenfassung
Hat ein Wohnungseigentümer sich einer so schweren Verletzung der ihm gegenüber anderen Wohnungseigentümern oder der Gemeinschaft der Wohnungseigentümer obliegenden Verpflichtungen schuldig gemacht, dass diesen die Fortsetzung der Gemeinschaft mit ihm nicht mehr zugemutet werden kann, so kann die Gemeinschaft der Wohnungseigentümer von ihm die Veräußerung seines Wohnungseigentums verlangen.

8

Verwaltung

Das Kapitel stellt vor,
- was Verwaltung ist,
- dass die Wohnungseigentümer bei der Verwaltung (und bei der Ausformung von Benutzungsbestimmungen) Ermessen haben,
- dass jeder Wohnungseigentümer eine ordnungsmäßige Verwaltung verlangen kann,
- dass jeder Wohnungseigentümer ein Notverwaltungsrecht hat und
- dass man eine Verwaltung einklagen kann.

8. Verwaltung

I. Überblick

1. Allgemeines

Der Begriff „Verwaltung“ umfasst VERWALTUNGSENTSCHEIDUNGEN und VERWALTUNGSMASSNAHMEN. Überblick:

- Verwaltungsentscheidungen werden durch Vereinbarungen oder Beschlüsse getroffen (siehe dazu auch 1. Kapitel Grundbegriffe › S. 25 ff.).
- Verwaltungsmaßnahmen sind sämtliche Maßnahmen, die in tatsächlicher oder rechtlicher Hinsicht auf eine Änderung des bestehenden Zustandes des gemeinschaftlichen Eigentums abzielen oder sich als Geschäftsführung oder als Vertretung der Gemeinschaft der Wohnungseigentümer in Bezug auf das gemeinschaftliche Eigentum gegenüber Dritten darstellen.

2. Aufgabe der Gemeinschaft der Wohnungseigentümer

Die Verwaltung des gemeinschaftlichen Eigentums ist eine Aufgabe der Gemeinschaft der Wohnungseigentümer.

WEG § 18 Absatz 1
Die Verwaltung des gemeinschaftlichen Eigentums obliegt der Gemeinschaft der Wohnungseigentümer.

Sie nimmt diese Aufgabe durch ihre ORGANE wahr (siehe bereits 2. Kapitel Gemeinschaft der Wohnungseigentümer › S. 62 ff.):

- Die Willensbildung ist eine Pflicht der Wohnungseigentümer. Insoweit sind alle Wohnungseigentümer gemeinsam ein Organ der Gemeinschaft der Wohnungseigentümer.
- Die Willensausführung ist eine Pflicht des Verwalters. Zum Teil darf er aber auch den Willen der Gemeinschaft der Wohnungseigentümer bilden, ohne die Wohnungseigentümer zu fragen. Dies ist der Fall, wenn Maßnahmen untergeordnete Bedeutung haben und nicht zu erheblichen Verpflichtungen führen oder zur Wahrung einer Frist oder zur Abwendung eines Nachteils erforderlich sind. Die Wohnungseigentümer können etwas anderes bestimmen.
- Der Vorsitzende des Verwaltungsbeirats ist Organ der Gemeinschaft der Wohnungseigentümer, wenn er diese vertritt.

Kein Übergriff ins Sondereigentum
Die Verwaltung des Sondereigentums steht jedem Wohnungseigentümer ALLEIN zu. Treffen die Wohnungseigentümer dennoch eine Regelung und beschließen sie etwa, dass ein Sondereigentümer sein Sondereigentum baulich nicht verändern darf – in Frage kommen vor allem nicht tragende Wände –, ist der Beschluss NICHTIG.

3. Verlagerung

Die Wohnungseigentümer können durch eine Vereinbarung, aber auch durch einen Beschluss ihre Aufgaben und Pflichten auf den Verwalter verlagern. Umgekehrt können sie aber auch die Rechte des Verwalters, die Verwaltung zu führen, auf diese Weise verkürzen.

II. Ermessen

1. Allgemeines

Bei der Verwaltung des gemeinschaftlichen Eigentums haben die Wohnungseigentümer ein Ermessen. Dieses besteht in 2 Richtungen:

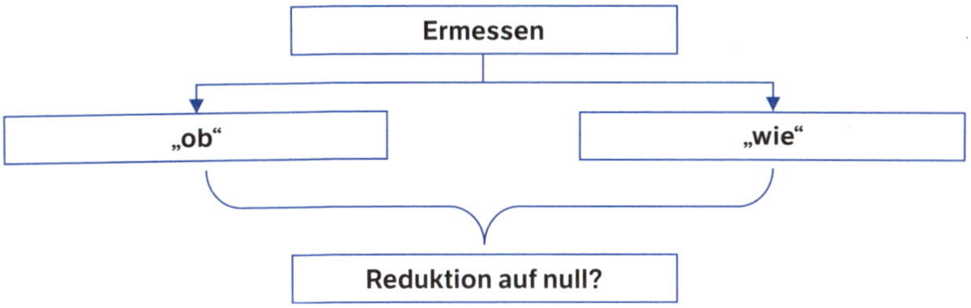

Ermessen

Die Wohnungseigentümer können grundsätzlich wählen, ob sie eine zulässige Maßnahme überhaupt treffen wollen (Entschließungsermessen). Hier spricht man vom „ob“. Und zum anderen haben die Wohnungseigentümer ein Ermessen, welche von mehreren zulässigen Maßnahmen sie im Fall des Tätigwerdens („ob“) ergreifen wollen. Hier spricht man vom „wie“.

Sowohl beim „ob“ als auch beim „wie“ kann sich Ermessen auf „null“ reduzieren. Dies meint, dass man im Einzelfall in einer ganz bestimmten Art und Weise handeln muss.

BEISPIEL
Wie viele Mittel in einer Erhaltungsrücklage angesammelt werden und wie das gemeinschaftliche Eigentum erhalten wird, kann von Wohnungseigentumsanlage zu Wohnungseigentumsanlage anders geregelt werden, ohne dass die jeweiligen Entscheidungen gerichtlich zu beanstanden wären; Entsprechendes gilt für die Hausordnung.

Ermessensreduktion auf null

Das Ermessen der Wohnungseigentümer zu handeln, ist etwa in den folgenden Fällen auf „null" reduziert:

- Bei den gesetzlichen Regelbeispielen zur Verwaltung (siehe › S. 178 ff.) für das „ob".
- Für die Frage, ob ein Verwalter bestellt wird (dazu 16. Kapitel Verwalter › S. 301), für das „ob".
- Für die Frage, ob im gemeinschaftlichen Eigentum stehende, in die Fassade eingebrachte Glasbausteine von außen zu reinigen sind, für das „ob".
- Wenn der Denkmalschutz konkrete Vorgaben macht für das „wie", gegebenenfalls auch für das „ob".
- Bei einem öffentlich-rechtlichen Bescheid für das „ob", gegebenenfalls aber auch für das „wie".
- Für die Erfüllung der Verkehrssicherungspflichten, etwa des Winterdienstes, für das „ob" und – soweit es um einen Dritten geht – das „wie". Beschlösse man hingegen, dass ein Wohnungseigentümer den Winterdienst zu verrichten hat, wäre der Beschluss nichtig (tätige Mithilfe, siehe 9. Kapitel Hausordnung › S. 190).

2. Ermessensgrenzen

Ermessen wird durch das Gesetz, etwa wenn eine Maßnahme gesetzlich vorgeschrieben ist, sowie durch Vereinbarungen, Gerichtsentscheidungen und Beschlüsse eingeengt. Daneben kommen als weitere Grenzen

- das Gebot der Wirtschaftlichkeit (dazu 17. Kapitel Finanzwesen › S. 355),
- eine Kosten-Nutzen-Analyse,
- die finanziellen Möglichkeiten der Wohnungseigentümer,
- grobe Unbilligkeit, das Diskriminierungsverbot,
- der Gleichbehandlungsgrundsatz,
- Rechtsmissbrauch,
- die Treuepflicht (keine Sondervorteile, keine Sondernachteile),
- Verträge, beispielsweise die Verteilung der Kosten für die Nutzung eines Kabelanschlusses nach Einheiten
- oder der „Kernbereich" des Wohnungseigentums

in Betracht.

3. Abwägung

Die Wohnungseigentümer müssen bei einer Ermessensausübung sämtliche Vor- und Nachteile abwägen und ihre möglicherweise gegenläufigen Interessen und die betroffenen Rechte in einen ANGEMESSENEN AUSGLEICH zueinander bringen. Dies gilt sowohl beim „ob" als auch beim „wie". Beispiele für abzuwägende Punkte sind etwa:

- die Dringlichkeit einer Maßnahme (etwa die Frage, ob man mit der Erhaltung des gemeinschaftlichen Eigentums noch warten kann);
- die Leistungsfähigkeit der Wohnungseigentümer (würde eine Maßnahme, etwa eine Modernisierung, Wohnungseigentümer finanziell überfordern?);
- eine Kosten-Nutzen-Analyse der geplanten Maßnahme (wann rechnet sich beispielsweise eine neue Heizung?)

Sind – wie es vorwiegend der Fall ist – MEHRERE Maßnahmen ermessensfehlerfrei, haben die Wohnungseigentümer die Wahl, für welche der Möglichkeiten sie sich entscheiden. Es kommt für die Vertretbarkeit nicht darauf an, dass eine Regelung, gegebenenfalls aus Sicht einer Minderheit, in jeder Hinsicht notwendig und zweckmäßig ist; stets können mehrere Maßnahmen ermessensfehlerfrei sein.

4. Ermessensfehler

Die Wohnungseigentümer können Ermessen falsch ausüben und Fehler machen. Als klassische ERMESSENSFEHLER können vor allem 3 benannt werden: ein Nichtgebrauch, ein zweckwidriger Ermessensgebrauch und eine Ermessensüberschreitung.

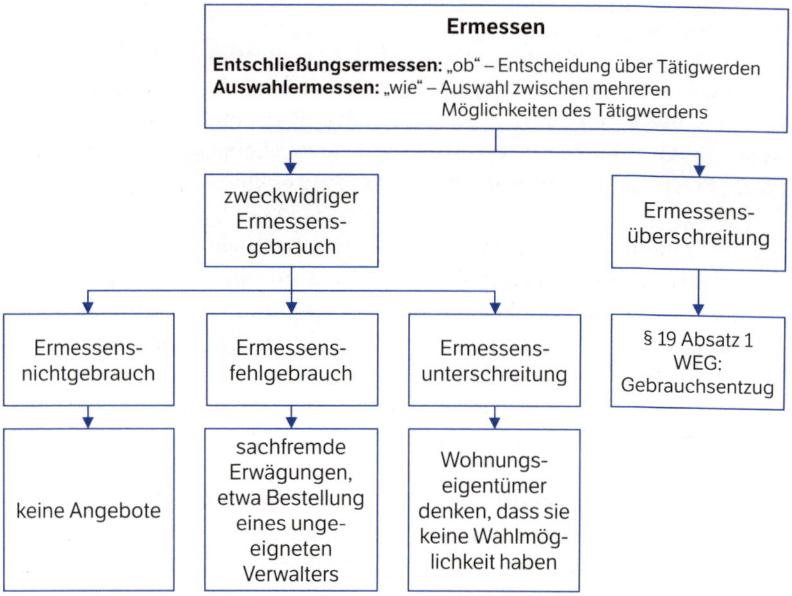

Ermessensfehler

Checkliste: Ermessensfehler

Ein zweckwidriger Ermessensgebrauch liegt vor allem in 3 Fällen vor:

- ☐ Wenn die Wohnungseigentümer ihr Ermessen nicht gebrauchen, etwa dann, wenn
  - sie keine,
  - zu wenige oder
  - nicht vergleichbare Angebote einholen (nach einer „Daumenregel" sind wenigstens 3 Angebote einzuholen).
- ☐ Wenn die Wohnungseigentümer ihr Ermessen fehlgebrauchen. Ermessen wird fehlgebraucht, wenn sich eine bestimmte Entscheidung nicht an dem Interesse der Gesamtheit der Wohnungseigentümer nach billigem Ermessen ausrichtet. Ein Verstoß sind zum Beispiel sachfremde Erwägungen, eine Ermessensausübung aus persönlichen Gründen oder eine aus Opportunismus.
- ☐ Wenn die Wohnungseigentümer nicht erkennen, dass sie zwischen mehreren Möglichkeiten wählen können.

Als eine Ermessensüberschreitung ist vor allem ein Verstoß gegen das Gesetz, eine Vereinbarung oder einen Beschluss anzusehen.

Ungleichbehandlung

Ermessen ist ferner überschritten, wenn gleiche Sachverhalte VERSCHIEDEN behandelt werden. Eine Ungleichbehandlung ist nicht von dem den Wohnungseigentümern bei der Beschlussfassung zustehenden Ermessensspielraum gedeckt.

Angebote: Überblick

Angebote zielen nicht auf die geplante Maßnahme – die muss vorher feststehen –, sondern auf die Auswahl eines Vertragspartners. Der Sinn und Zweck, mehrere Angebote einzuholen, liegt daher im Wesentlichen darin,

- den Wohnungseigentümern die Stärken und Schwächen der jeweiligen Angebote in Bezug auf eine bereits konkret ins Auge gefasste Maßnahme aufzuzeigen,
- technische Lösungen zu wählen, die eine dauerhafte Beseitigung von Mängeln und Schäden versprechen und
- keine überteuerten Verträge zu schließen (Gebot der Wirtschaftlichkeit, siehe 17. Kapitel Finanzwesen › S. 355).

Wie viele Angebote erforderlich sind, können die Wohnungseigentümer nach ihrem Ermessen FESTLEGEN. Die Rechtsprechung der Amts- und Landgerichte verlangt in der Regel wenigstens 3 Angebote. Es ist streitig, ob es hiervon Ausnahmen gibt, etwa dann, wenn ein gewisser „Schwellenwert" unterschritten ist, beispielsweise 2.500 EUR, und wenn die Vergütung aller Bewerber grundsätzlich gleich ist (so kann es etwa bei Rechtsanwälten oder Architekten sein).

Die Angebote müssen vergleichbar und aussagekräftig sein. Ferner darf ein Angebot nicht unvollständig sein, etwa, weil es nicht sämtliche Kosten berücksichtigt. Ein Angebot muss in der Regel detailliert sein und darf sich nicht auf die Angabe eines Pauschalpreises oder auf eine Schätzung beschränken. Werden keine Angebote eingeholt – oder sind diese nicht aussagekräftig miteinander vergleichbar – ist die Ermessensausübung wegen unzureichender Tatsachengrundlage fehlerhaft.

5. Gerichtliche Überprüfung

Die Ermessensausübung ist einer gerichtlichen Überprüfung weitgehend ENTZOGEN. Ausgeübtes Ermessen ist nur hinsichtlich seiner Voraussetzungen und Grenzen nachprüfbar. Ein Gericht kann also in eine fehlerfreie Ermessensentscheidung nicht eingreifen, auch wenn der Richter nach seinem Ermessen eine andere Entscheidung getroffen hätte und auch diese vertretbar wäre.

III. Recht auf eine ordnungsmäßige Verwaltung

1. Vereinbarung

Die Wohnungseigentümer können zur Verwaltung des gemeinschaftlichen Eigentums Vereinbarungen treffen (1. Kapitel Grundbegriffe › S. 32 ff.). Jedenfalls in größeren Wohnungseigentumsanlagen kommt es dazu eigentlich nie:

- Zum einen sind die Miteigentümer häufig nicht einer Ansicht und vertreten gegenläufige Interessen.
- Zum anderen gibt es Wohnungseigentümer, die keine Lust dazu haben, an einer Verwaltung mitzuwirken oder die sogar destruktiv (= zerstörerisch) sind.

2. Beschluss

Das Gesetz erlaubt es daher, sofern und soweit eine BESCHLUSSKOMPETENZ (1. Kapitel Grundbegriffe › S. 25 ff.) dazu besteht, über eine der Beschaffenheit des gemeinschaftlichen Eigentums entsprechende ordnungsmäßige Verwaltung zu beschließen.

Dann trifft die Mehrheit der Wohnungseigentümer, die sich versammelt haben, eine Entscheidung für alle. Sind in der Versammlung nur 3 von 100 Wohnungseigentümern anwesend oder vertreten, reicht also bei 2 Enthaltungen 1 „Ja“-Stimme, um eine Entscheidung zu treffen.

Kein Zwang!

Dass ein Gegenstand beschlossen werden kann, heißt nicht, dass er beschlossen werden muss. Wohnungseigentümer haben grundsätzlich ein Ermessen, „ob“ und „wie“ sie handeln wollen (siehe dazu im Einzelnen › S. 173 ff.). Auch aus diesem Grunde gibt es in einer Wohnungseigentumsanlage zu einer Frage, etwa ob im Winter Kellerfenster zu schließen sind, eine Regelung, in einer anderen aber nicht. Etwas anderes gilt nur, wenn sich das Ermessen der Wohnungseigentümer einer Wohnungseigentumsanlage für das „ob“ oder sogar für das „ob“ und das „wie“ auf eine EINZIGE Entscheidung verengt hat.

3. Regelbeispiele

Um es den Wohnungseigentümern leichter zu machen, nennt das Gesetz 6 Regelbeispiele. Bei diesen haben die Wohnungseigentümer für die Frage, ob sie eine Verwaltungsentscheidung treffen, KEIN ERMESSEN.

Wenn ein Wohnungseigentümer zu einem Regelbeispiel eine Verwaltungsentscheidung verlangt, müssen die Wohnungseigentümer also eine Bestimmung treffen. Für das „wie“ gibt das Gesetz auch in diesen Fällen aber keine Regelung vor.

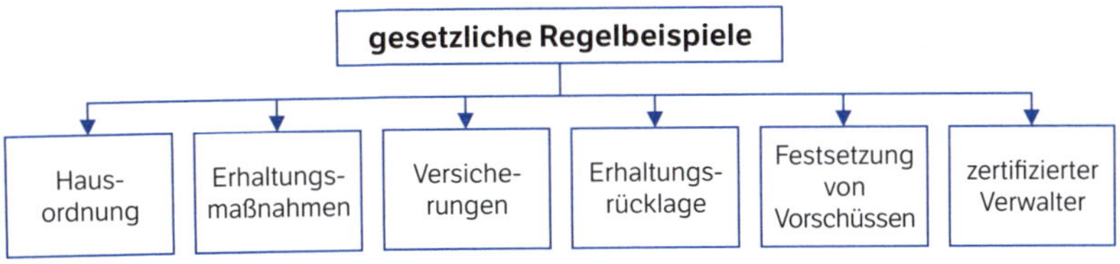

Überblick zu den gesetzlichen Regelbeispielen

4. Weitere Fälle

Die gesetzlichen Regelbeispiele sind NICHT abschließend. Es gibt weitere Verwaltungsentscheidungen, welche die Wohnungseigentümer treffen müssen. Das Verlangen nach einer solchen Verwaltungsentscheidung hat aber nur dann eine Aussicht auf Erfolg, wenn sich das Ermessen der Wohnungseigentümer, gerade diese Verwaltungsentscheidung zu treffen, „auf null“ reduziert hat (› S. 174).

Ob ein Wohnungseigentümer im Übrigen ein Verwaltungshandeln verlangen und notfalls darauf klagen kann, etwa die Einführung einer moderneren Klingelanlage an Stelle der bisherigen schadhaften (die Einführung wäre eine „modernisierende Erhaltung“), ist eine Frage, die in jeder Wohnungseigentumsanlage gegebenenfalls anders beantwortet werden muss.

IV. Notverwaltungsrecht eines Wohnungseigentümers

1. Überblick

Jeder Wohnungseigentümer kann ohne Zustimmung der anderen Wohnungseigentümer oder der Gemeinschaft der Wohnungseigentümer die Maßnahmen treffen, die zur Abwendung eines dem gemeinschaftlichen Eigentum UNMITTELBAR drohenden Schadens notwendig sind (im Einzelfall kann das Recht zur Notgeschäftsführung sogar in eine PFLICHT zur Notgeschäftsführung „umschlagen“).

WEG § 18 Absatz 3
Jeder Wohnungseigentümer ist berechtigt, ohne Zustimmung der anderen Wohnungseigentümer die Maßnahmen zu treffen, die zur Abwendung eines dem gemeinschaftlichen Eigentum unmittelbar drohenden Schadens notwendig sind.

Drohender Schaden
Ein Schaden droht dem gemeinschaftlichen Eigentum vor allem dann unmittelbar, wenn:

- in die Substanz des gemeinschaftlichen Eigentums (etwa: Mauern, Dach) ohne ein menschliches Tun nachhaltig negativ „eingegriffen“ werden würde (also künftig) oder wurde (es ist bereits passiert), zum Beispiel durch einen Sturm, eindringendes Wasser oder ein Feuer; ebenso verhält es sich, wenn im Winter die Heizung ausfällt oder wenn ein Rohr platzt;
- ein verständiger Wohnungseigentümer nicht länger abwarten würde;
- weder der Verwalter noch die Miteigentümer zur Behebung der Notlage rechtzeitig „herangezogen“ (beteiligt/befragt) werden können.

2. Voraussetzungen

Eine Maßnahme ist „notwendig“, wenn sie den Eintritt eines unmittelbar drohenden Schadens VERHINDERT und die Gefahrenlage BESEITIGT oder einem eingetretenen Schaden – dessen Beseitigung DRINGLICH ist – entgegentritt. Eine Maßnahme ist ferner notwendig, wenn der Handelnde einen Anspruch auf die von ihm eigenmächtig durchgeführte Maßnahme besaß. Ein solcher Anspruch ist beispielsweise zu bejahen, wenn eine Maßnahme als einzige den Grundsätzen ordnungsmäßiger Verwaltung entsprach.

Unter den Begriff „Notmaßnahmen“ fallen

- TATSÄCHLICHE Maßnahmen, etwa die Deckung eines Daches, eine Abdichtung, Auspumpen eines vollgelaufenen Kellers,
- aber auch RECHTLICHE Maßnahmen, beispielsweise die Einleitung eines Rechtsstreits zur Hemmung des drohenden Ablaufs der Verjährung oder die Geltendmachung eines Abwehrrechts gegen einen Nachbarn.

Typische Fälle sind Notreparaturen oder Notmaßnahmen, etwa nach einem Wassereinbruch, nach einem Sturm oder bei Rohrverstopfungen.

Daneben kommt präventives Handeln gegen Gefahren durch Feuer, Gas, Öl in Betracht.

Vertragsschluss
Der Wohnungseigentümer, der ein Notverwaltungsrecht in Anspruch nimmt, darf zur Gefahrenabwehr nach bisheriger Anschauung nur im EIGENEN Namen Verträge schließen, beispielsweise einen Vertrag mit einem Klempner. Fallen für eine Notverwaltungsmaßnahme Kosten an, kann der Wohnungseigentümer verlangen, dass sie ihm ersetzt werden.

Vor diesem Hintergrund ist es für einen Wohnungseigentümer daher besser, den Verwalter an dessen auch bestehendes Notverwaltungsrecht zu erinnern. Anders als ein Wohnungseigentümer kann der Verwalter im Notfall nämlich Verträge im Namen Gemeinschaft der Wohnungseigentümer schließen und sich dazu des Gemeinschaftsvermögens bedienen.

V. Verfahrensrechte

1. Überblick
Jeder Wohnungseigentümer hat gegen die Gemeinschaft der Wohnungseigentümer einen Anspruch darauf, dass das gemeinschaftliche Eigentum so verwaltet wird, wie es die Gesetze, die Vereinbarungen und die Beschlüsse der Wohnungseigentümer vorschreiben. Fehlen solche Regelungen, kann er eine Verwaltung VERLANGEN, die dem Interesse der Gesamtheit der Wohnungseigentümer nach billigem Ermessen entspricht.

WEG § 18 Absatz 2
Jeder Wohnungseigentümer kann von der Gemeinschaft der Wohnungseigentümer
1. eine Verwaltung des gemeinschaftlichen Eigentums sowie
2. eine Benutzung des gemeinschaftlichen Eigentums und des Sondereigentums
verlangen, die dem Interesse der Gesamtheit der Wohnungseigentümer nach billigem Ermessen (ordnungsmäßige Verwaltung und Benutzung) und, soweit solche bestehen, den gesetzlichen Regelungen, Vereinbarungen und Beschlüssen entsprechen.

Der Anspruch des Wohnungseigentümers auf ordnungsmäßige Verwaltung ist UNVERJÄHRBAR. Zu UNTERSCHEIDEN ist, ob eine Regelung vorhanden ist, vom Verpflichteten aber ignoriert wird, oder aber, ob es an einer Regelung fehlt.

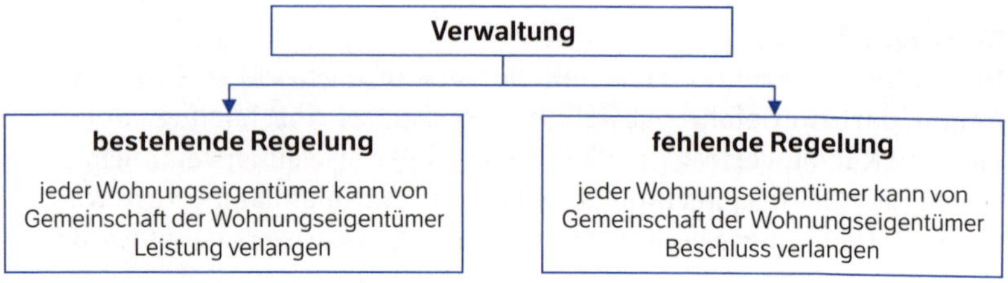

Erzwingung einer ordnungsmäßigen Verwaltung

2. Klage auf Leistung (Leistungsklage)
Besteht eine Regelung, wie das gemeinschaftliche Eigentum zu verwalten ist, hält sich der Verpflichtete aber nicht daran, kann auf dieses Verhalten geklagt werden. Beruft der Verwalter zum Beispiel die Versammlung nicht zu dem vereinbarten Zeitpunkt ein, ist gegen die Gemeinschaft der Wohnungseigentümer Klage zu erheben. Erbringt ein Wohnungseigentümer für das gemeinschaftliche Eigentum eine Leistung nicht, die zwischen den Wohnungseigentümern vereinbart ist, ist gegen diesen vorzugehen.

3. Klage auf Beschluss (Beschlussersetzungsklage)
Wenn die bisherige Situation nicht hinnehmbar ist und ALLEIN ein diese Situation ändernder Beschluss ordnungsmäßiger Verwaltung entspricht, kann ein Wohnungseigentümer auf diesen BESCHLUSS nach einer Vorbefassung der anderen Wohnungseigentümer KLAGEN.

SCHNEERÄUMEN
Eine Klage auf einen konkreten Beschluss hatte etwa in einem Fall Erfolg, in dem ein Wohnungseigentümer die Vergabe des Winterdienstes hinsichtlich der straßenseitigen Gehwege und Stellplätze an eine Fachfirma begehrte.

Über die Frage, was ordnungsmäßiger Verwaltung entspricht, kann man streiten. Es ist auch nicht an den Gerichten, sie zu entscheiden und das richterliche Ermessen und seine Sichtweise auf die Welt an die Stelle eines ordnungsmäßig ausgeübten Ermessens der Wohnungseigentümer zu setzen.

Abberufung des Verwalters
Jeder Wohnungseigentümer kann ein Recht darauf haben, dass die zum Verwalter bestellte Person abberufen wird. Fassen die Wohnungseigentümer keinen entsprechenden Beschluss, kann jeder Wohnungseigentümer gerichtlich auf ABBERUFUNG KLAGEN (dazu 16. Kapitel Verwalter › S. 315 ff.). Diese Klage auf einen Beschluss hat nach den genannten Prinzipien Erfolg, wenn jede andere Entscheidung nicht ordnungsmäßig wäre.

4. Klage auf Vereinbarung
Jeder Wohnungseigentümer kann das Recht auf eine vom Gesetz abweichende Vereinbarung oder auf Anpassung einer bestehenden Vereinbarung haben. Siehe dazu 20. Kapitel WEG-Streitigkeiten › S. 436.

WEG §10 Absatz 2
Jeder Wohnungseigentümer kann eine vom Gesetz abweichende Vereinbarung oder die Anpassung einer Vereinbarung verlangen, soweit ein Festhalten an der geltenden Regelung aus schwerwiegenden Gründen unter Berücksichtigung aller Umstände des Einzelfalls, insbesondere der Rechte und Interessen der anderen Wohnungseigentümer, unbillig erscheint.

Zusammenfassung
- Die Verwaltung des gemeinschaftlichen Eigentums obliegt der Gemeinschaft der Wohnungseigentümer.
- Jeder Wohnungseigentümer kann von ihr eine Verwaltung des gemeinschaftlichen Eigentums verlangen, die dem Interesse der Gesamtheit der Wohnungseigentümer nach billigem Ermessen (ordnungsmäßige Verwaltung und Benutzung) und, soweit solche bestehen, den gesetzlichen Regelungen, Vereinbarungen und Beschlüssen entspricht.
- Jeder Wohnungseigentümer ist berechtigt, ohne Zustimmung der anderen Wohnungseigentümer die Maßnahmen zu treffen, die zur Abwendung eines dem gemeinschaftlichen Eigentum unmittelbar drohenden Schadens notwendig sind.

9

Hausordnung

Das Kapitel stellt vor, was eine Hausordnung für eine Wohnungseigentumsanlage ist, welche Wege es gibt, sie aufzustellen, und welche Personen sich an ihre Regeln halten müssen

9. Hausordnung

I. Überblick

Jeder Wohnungseigentümer hat einen Anspruch auf eine Hausordnung. Mit dieser können Verhaltensvorschriften für den Gebrauch des Sonder- und des gemeinschaftlichen Eigentums angeordnet werden. Die Hausordnung dient ferner dem Schutz des Gebäudes und der Aufrechterhaltung von Sicherheit und Ordnung sowie der Erhaltung des Hausfriedens. Der Sinn und Zweck einer Hausordnung liegt schließlich darin, die Pflichten der Wohnungseigentümer im Hinblick auf die Erhaltung des Sonder- und des gemeinschaftlichen Eigentums sowie die Verwaltung des gemeinschaftlichen Eigentums zu veranschaulichen.

Hausordnung (Themen)
Eine Hausordnung sollte wenigstens Antworten auf folgende Fragen finden:

- zum Gebrauch des Treppenhauses (Fußmatten, Kinderwagen, Rollatoren, Schuhe, Verhalten)
- zum Grillen in der Wohnungseigentumsanlage
- zur Mittags- und Nachtruhe in der Wohnungseigentumsanlage
- zum Musizieren in der Wohnungseigentumsanlage
- zur Tierhaltung in der Wohnungseigentumsanlage
- zum Gebrauch von Außenflächen und Stellplätzen.

II. Entstehung

Eine Hausordnung kann von den Wohnungseigentümern vereinbart, aber auch beschlossen werden.

Verwalteranordnung
Ist das so bestimmt, kann auch der Verwalter die Inhalte einer Hausordnung anordnen. Macht der Verwalter von dieser Befugnis Gebrauch, bestimmt er etwa Ruhezeiten, können die Wohnungseigentümer nach herrschender Meinung allerdings etwas Abweichendes durch einen Beschluss bestimmen.

Hausordnung
Die vom Verwalter und den Mitgliedern des Verwaltungsbeirats als Entwurf erarbeitete Hausordnung, Anlage 1 der Niederschrift, wird genehmigt. Sie tritt am ___ in Kraft. Es wird dazu geraten, dass Wohnungseigentümer, die einem Dritten künftig ihr Wohnungseigentum überlassen, den Dritten an die Hausordnung binden. Ferner wird dazu geraten, dass Wohnungseigentümer, die ihr Wohnungseigentum bereits Dritten überlassen haben, diese mit dem Inhalt der Hausordnung vertraut machen.

III. Gegenstand

Beliebte Themen einer Wohnungseigentümer-Hausordnung sind Sorgfalts-, Sicherheits-, Gefahrvorbeugungs- sowie Reinigungspflichten.

Checkliste: Hausordnung
Gegenstände einer Hausordnung können unter anderem sein:

- ☐ Abstellen von Gegenständen im Treppenhaus;
- ☐ Allgemeine Ruhezeiten und zulässige Zeiten für die Musikausübung;
- ☐ Aufstellen von Getränkeautomaten;
- ☐ Beleuchtung;
- ☐ Bepflanzungsvorgaben;
- ☐ Fensteröffnung;
- ☐ Feuerschutz;
- ☐ Gebrauch gemeinschaftlicher Einrichtungen und Anlagen, etwa:
  - Fahrradkeller,
  - Garten,
  - gemeinsame Müllanlagen,
  - Grillplatz,
  - Heizung,
  - Terrassen und Dachterrassen,
  - Tiefgarage,
  - Treppenhaus,
  - Trockenraum, Waschküche und Wäschetrockner,
  - Sauna,
  - Spielplatz,
  - Stellplätze.
- ☐ Grillen;
- ☐ Klingel- und Briefkastenanlagen;

- ☐ Lüftung;
- ☐ Rauchen;
- ☐ Verschluss der Hauseingangstür – soweit der Brandschutz dieses zulässt (siehe dazu 25. Kapitel Öffentliches Recht › S. 490);
- ☐ Wäschetrocknen.

Tätige Mithilfe
Wohnungseigentümer sind berechtigt, sich im Wege des Beschlusses zu verpflichten, der Gemeinschaft der Wohnungseigentümer Hausgeld in einer bestimmten Höhe zu zahlen (Vor- und/oder Nachschuss). Eine weitere Kompetenz, sich Handlungspflichten aufzuerlegen, besteht nicht. So wäre etwa der Beschluss, dass man Gartenarbeit verrichten oder eine Markise entfernen muss, nichtig. Dieses gilt wohl auch für die typischerweise in Hausordnungen geregelten Pflichten, etwa eine Verpflichtung der einzelnen Miteigentümer zur Mithilfe bei Schneeräumarbeiten oder bei der Reinigung des Treppenhauses (streitig).

IV. Gebundene Personen

Einer Hausordnung ist jeder Wohnungseigentümer unterworfen. DRITTNUTZER – im Wesentlichen Mieter, Nießbraucher und Pächter – müssen sich aber auch an sie halten.

NIESSBRAUCH
Die Belastung des Wohnungseigentums mit dem Inhalt, dass derjenige, zu dessen Gunsten die Belastung erfolgt, berechtigt ist, die Nutzungen des Wohnungseigentums zu ziehen und dieses allein zu gebrauchen.

- Dies gilt für den Bereich des gemeinschaftlichen Eigentums auch dann, wenn der Drittnutzer eine Bindung nicht mit dem Wohnungseigentümer vereinbart hat.
- Für den Bereich des Sondereigentums gilt das jedenfalls für die Gemeinschaftsordnung und Benutzungsbeschlüsse.

V. Verfahrensrechte

- Will ein Wohnungseigentümer eine Hausordnung erzwingen, ist nach einer Vorbefassung der anderen Wohnungseigentümer gegen die Gemeinschaft der Wohnungseigentümer eine Beschlussersetzungsklage zu erheben.
- Will ein Wohnungseigentümer gegen einen Beschluss zur Hausordnung vorgehen, muss er gegen die Gemeinschaft der Wohnungseigentümer eine Anfechtungsklage erheben. Ist die Anfechtungsfrist abgelaufen, kann er eine Nichtigkeitsklage erheben.

Zusammenfassung
Jeder Wohnungseigentümer hat einen Anspruch auf eine Hausordnung. Hierauf sollte er in der Regel nicht verzichten, da die Hausordnung dazu beiträgt, für Recht und Ordnung in der Gemeinschaft zu sorgen.

10

Erhaltungsmaßnahmen

Das Kapitel stellt vor, dass jeder Wohnungseigentümer einen Anspruch auf eine ordnungsmäßige Erhaltung des gemeinschaftlichen Eigentums hat. Für die Erhaltung des Sondereigentums muss jeder Wohnungseigentümer selbst sorgen.

10. Erhaltungsmaßnahmen

I. Begriff

INSTANDSETZUNG
Unter einer Instandsetzung kann – im Grundsatz – die Wiederherstellung des ursprünglichen ordnungsmäßigen Zustands gesehen werden. Eine Instandsetzung bezweckt nicht Sicherung, sondern Wiederherstellung eines einmal vorhanden gewesenen Zustandes und des bestimmungsgemäßen Gebrauchs. Unter einer Instandsetzung lässt sich so die Beseitigung von größeren Schäden und Mängeln fassen, die zum Beispiel durch Alterung, Abnutzung, Witterungseinflüsse, unterlassene oder unzureichende Durchführung der laufenden Instandhaltung oder durch Einwirkung Dritter entstanden sind oder auf außergewöhnlichen Umständen und Ereignissen beruhen.

INSTANDHALTUNG
Instandhaltung ist der Inbegriff der Maßnahmen, die geeignet sind, normale und gebrauchsbedingte Abnutzungserscheinungen zu beseitigen und das gemeinschaftliche Eigentum vor drohenden Schäden zu bewahren. Die Maßnahmen müssen dazu dienen, den bei der Begründung des Wohnungseigentums bestehenden technisch einwandfreien, gebrauchs- und funktionsfähigen Zustand sowie den bestimmungsgemäßen Gebrauch einer baulichen Anlage aufrechtzuerhalten. Dies geschieht durch pflegende, erhaltende und vorsorgende Maßnahmen.

Der Begriff Erhaltung meint zum einen die Instandsetzung und Instandhaltung des gemeinschaftlichen Eigentums oder des Sondereigentums.

Nach herrschender Meinung gehören zur Erhaltung des gemeinschaftlichen Eigentums zum anderen eine Reihe anderer Maßnahmen, die NICHT eigentlich eine REPARATUR sind oder der Pflege des gemeinschaftlichen Eigentums dienen. Überblick:

- Die erstmalige Herstellung des gemeinschaftlichen Eigentums ist eine Erhaltung, wenn der Bauträger dieses mangelhaft oder planwidrig erstellt hat.
- Maßnahmen, die der Erfüllung eines Gesetzes oder einer anderen staatlichen Anordnung oder der Erfüllung der Verkehrssicherungspflichten in Bezug auf das gemeinschaftliche Eigentum dienen, werden als Erhaltung verstanden.
- Maßnahmen, die nicht den vorherigen Zustand des gemeinschaftlichen Eigentums wiederherstellen, sondern einen Zustand schaffen, der „besser" ist, werden als eine modernisierende Erhaltung verstanden. Voraussetzung dafür ist, dass das gemeinschaftliche Eigentum schadhaft ist oder droht, bald schadhaft zu werden. Weiter muss es so sein, dass der schadhafte Zustand, etwa der Fenster oder der Heizung oder der Fassade, nicht einfach repariert werden soll. Angestrebt werden muss vielmehr ein besserer (= modernerer) Zustand. Ob es zu einer modernisierenden Erhaltung kommt, steht im Ermessen der Wohnungseigentümer. Maßgeblich ist vor allem eine Wirtschaftlichkeitsbetrachtung durch eine Kosten-Nutzen-Analyse (17. Kapitel Finanzwesen › S. 355).

Klarheit herstellen!
Andere Stimmen zählen die modernisierenden Erhaltungen zu den baulichen Veränderungen. Diese unterschiedliche Einordnung wirkt sich auf die Frage aus, wer die Kosten zu tragen hat: Zählt man die modernisierenden Erhaltungen zu den Erhaltungsmaßnahmen, müssen alle Wohnungseigentümer die Kosten tragen. Zählt man sie zu den baulichen Veränderungen, müssen nur die Wohnungseigentümer die Kosten tragen, die mit „Ja" gestimmt haben, es sei denn, die Kosten amortisieren sich oder der Beschluss erreicht eine hohe Mehrheit.

Um eindeutig zu bestimmen, wer die Kosten einer modernisierenden Erhaltung zu tragen hat, sollten wenigstens in diesem Falle die Wohnungseigentümer immer über die Kostentragung beschließen. Eine Beschlusskompetenz besteht sowohl für die Verteilung der Kosten einer Erhaltung als auch für die Kosten einer baulichen Veränderung.

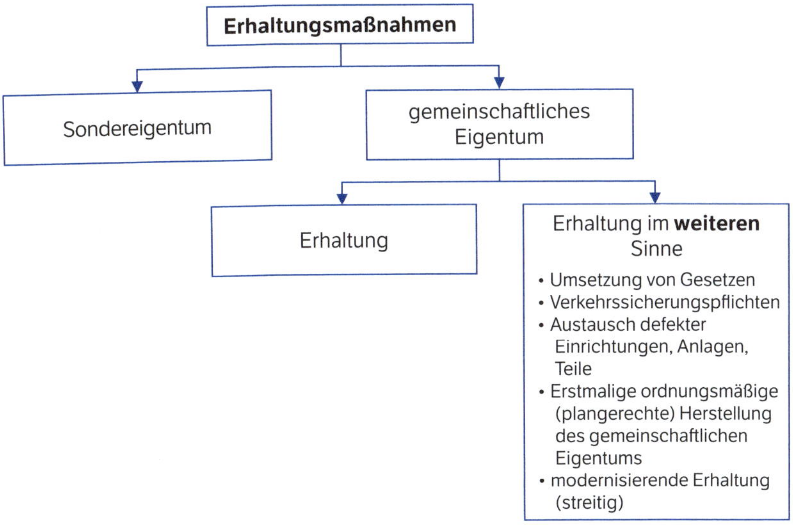

Erhaltungsmaßnahmen

Erstmalige ordnungsmäßige Herstellung des gemeinschaftlichen Eigentums

Nach den Baubeschreibungen der Erwerbsverträge ist der Weg zum Gebäude zu pflastern, und zwar ___ (Beschreibung des Bau-Solls). Dieser Zustand soll hergestellt werden. Der Verwalter wird ermächtigt, im Namen der Gemeinschaft der Wohnungseigentümer das Angebot der _____ (Name) vom ____ zur Pflasterung entsprechend der Baubeschreibung anzunehmen. Die entsprechenden Mittel sind der Erhaltungsrücklage zu entnehmen. Architekt Wohnungseigentümer W wird ermächtigt, die Arbeiten namens und in Vollmacht der Gemeinschaft der Wohnungseigentümer rechtlich abzunehmen.

II. Organisation

BADEWANNE & CO.
Beispielsweise kann nur der Wohnungseigentümer Verträge für die Auswechslung einer Badewanne, einer Duschtasse oder eines Waschbeckens schließen

1. Sondereigentum

Die Erhaltung des Sondereigentums muss jeder Wohnungseigentümer SELBST organisieren und ist allein verantwortlich.

2. Gemeinschaftliches Eigentum

Die Erhaltung des gemeinschaftlichen Eigentums ist eine Aufgabe der Gemeinschaft der Wohnungseigentümer und von ihr zu organisieren.

Die Entscheidungen,

- ob,
- wann,
- auf welche Art und Weise,
- durch wen
- und mit welchen Mitteln das gemeinschaftliche Eigentum erhalten wird (Rückgriff auf die Erhaltungsrücklage? Erhebung einer Sonderumlage? Darlehensvertrag?)

haben grundsätzlich die WOHNUNGSEIGENTÜMER zu vereinbaren oder durch Beschluss zu regeln.

Erhaltungsbeschluss
Die Fenster im Hausflur sollen entsprechend dem Angebot der ___ (Name) vom ___ (Datum), Anlage 1 der Niederschrift, repariert werden. Der Verwalter wird ermächtigt, das Angebot der ___ (Name) vom ___ (Datum) im Namen der Gemeinschaft der Wohnungseigentümer anzunehmen. Die Kosten in Höhe von ___ EUR sollen der Erhaltungsrücklage entnommen werden. Der Wohnungseigentümer Architekt X wird ermächtigt, die Arbeiten der ___ (Name) im Namen der Gemeinschaft der Wohnungseigentümer rechtlich abzunehmen.

ERHALTUNGSMASSNAHMEN DES VERWALTERS
Ordnen die Wohnungseigentümer nichts anderes an, ist es in der Regel am Verwalter, ein Leuchtmittel auswechseln zu lassen, für die Reparatur einer kaputten Fensterscheibe zu sorgen oder die Entfernung eines Graffitos zu organisieren.

Hat eine Erhaltungsmaßnahme allerdings eine nur UNTERGEORDNETE Bedeutung und führt sie NICHT ZU ERHEBLICHEN VERPFLICHTUNGEN, hat der Verwalter sie zu treffen. Die Wohnungseigentümer können etwas anderes bestimmen: Sie können also die Rechte des Verwalters einschränken, aber auch erweitern.

Erhaltungsplan

Zur Planung und Koordinierung können sich die Wohnungseigentümer eines Erhaltungsplans bedienen. Dieser enthält eine Prognose, zu welchen Zeitpunkten welche Erhaltungsmaßnahmen VORAUSSICHTLICH ERFORDERLICH werden und wie ihnen zu begegnen ist. In einen Erhaltungsplan sind sämtliche bekannten Mängel des gemeinschaftlichen Eigentums bzw. erwartete Reparaturen aufzunehmen. Mit einem Erhaltungsplan kann mittels einer Prioritätenliste – die bei neuen Erkenntnissen aktualisiert werden muss – eine sachgerechte Planung über einen längeren Zeitraum hinweg vorgenommen werden. Unzulässig ist es, eine Erhaltungsplanung „blind abzuarbeiten". Ob ein Erhaltungsplan beschlossen wird, steht ebenso wie seine spätere Fortentwicklung grundsätzlich im Ermessen. Ein darauf gerichteter Anspruch besteht, wenn auf Grund besonderer Umstände nur ein solcher Beschluss ordnungsmäßiger Verwaltung entspricht.

Die Wohnungseigentümer können vereinbaren, dass einer von ihnen dauerhaft auf eigene Kosten geschlossene Bereiche (Wirtschaftseinheiten bei Mehrhausanlagen, Wohnungseigentumsanlage mit Tiefgaragenbereichen, bei der faktischen Realteilung von Reihenhaus- oder Doppelhausanlagen, bei der Begründung von Sondernutzungsrechten) oder Teile des gemeinschaftlichen Eigentums (Balkone, Brandschutzeinrichtungen, Dachterrassen, Fenster, Garagentore, Loggien, Mehrfachparker, Personenaufzüge, Rollläden, Türen) erhalten muss und insoweit allein befugt sein soll, die Erhaltungsmaßnahmen zu organisieren.

Checkliste: Vorbereitung und Durchführung einer Erhaltungsmaßnahme

Steht eine Maßnahme der Erhaltung auf der Tagesordnung und soll darüber Beschluss gefasst werden, sollten unter anderem folgende Bereiche in den Blick genommen werden:

- ☐ BESTANDSAUFNAHME (Grundlagenermittlung – Vorhaben klären)
  - Steht das betroffene Bauteil im gemeinschaftlichen Eigentum? Wenn Nein, besteht keine Beschlusskompetenz.
  - Ist klar, welchen Mangel das betroffene Bauteil hat? Wenn Nein, gegebenenfalls Einholung eines Gutachtens nach Beschluss der Wohnungseigentümer.
  - Muss nach Beschluss ein Leistungsverzeichnis ausgeschrieben werden?
  - Gegebenenfalls Vorplanung mit Kostenschätzung.
  - Gegebenenfalls Entwurfsplanung und Kostenberechnung.
  - Gegebenenfalls Genehmigungsplanung (Bauantrag, Statik).

- Gegebenenfalls Ausführungsplanung.
- Stehen für die beabsichtigte Maßnahme ausreichende Mittel (Erhaltungsrücklage, Sonderumlage, Darlehen) zur Verfügung?
- Wer soll Vertragspartner des Bauvertrags sein?
- Liegen für die Mangelbeseitigung mehrere Angebote vor? Wenn Nein, vergleichbare Angebote einholen (Vorbereitung der Vergabe).
- Ist ein Preisspiegel anzulegen?
- Welche technischen Normen (beispielsweise Gebäudeenergiegesetz) sind zu beachten?

☐ ÖFFENTLICHES RECHT

- Bedarf es einer Baugenehmigung?
- Sind weitere Vorschriften, etwa die Verordnung über Sicherheit und Gesundheitsschutz auf Baustellen, zu beachten?
- Steuerabzug bei Bauleistungen („Bauabzugssteuer")? Auftraggeber von Bauleistungen sind grundsätzlich verpflichtet, 15 % des Rechnungsbetrags einzubehalten und an das Finanzamt abzuführen. Eine Ausnahme liegt vor, wenn der Vertragspartner des Bauvertrags eine gültige Freistellungsbescheinigung vorlegen kann oder das geschuldete Entgelt (Nettoentgelt zuzüglich Umsatzsteuer) im laufenden Kalenderjahr bestimmte Beträge voraussichtlich nicht übersteigen wird.

☐ ERHALTUNGSBESCHLUSS

- Sind alle relevanten Unterlagen allen Wohnungseigentümern bekannt?
- Ist ordnungsmäßig zur Versammlung geladen worden?
- Ist der Erhaltungsbeschluss ausreichend bestimmt formuliert?
- Ist der Verwalter für entsprechende Verträge ausreichend ermächtigt?
- Ist der Fall einer etwaigen Anfechtung beachtet worden? Ist der Verwalter gegebenenfalls angewiesen worden, den Beschluss erst mit Bestandskraft durchzuführen bzw. nach Abschluss einer erfolglosen Anfechtungsklage?

☐ WEITERES

- Sind Mieter ausreichend durch Informationen eingebunden?
- Wer nimmt die Bauleistung technisch, wer nimmt sie rechtlich ab?
- Ist, zum Beispiel wegen einer Rüstung, mit einer Versicherung Kontakt aufzunehmen?
- Liegen gegebenenfalls notwendige behördliche Genehmigungen vor?
- Gibt es Beeinträchtigungen des Nachbargrundstücks?
- Wer begleitet die Maßnahme?

BESTANDSKRAFT
Bestandskraft meint, dass ein Wohnungseigentümer einen Beschluss nicht mehr angreifen kann. Die Bestandskraft schützt einen nicht ordnungsmäßigen, aber nicht nichtigen Beschluss vor einer gerichtlichen Aufhebung. Die Wohnungseigentümer sind durch die Bestandskraft eines Erstbeschlusses nicht daran gehindert, über eine geregelte gemeinschaftliche Angelegenheit im Wege des Zweitbeschlusses und seiner Regeln erneut zu beschließen.

III. Anspruch auf eine Erhaltungsmaßnahme

Jeder Wohnungseigentümer kann im Einzelfall eine konkrete Reparatur des gemeinschaftlichen Eigentums VERLANGEN.

Durchfeuchtete Außen- und Innenwände
Dies ist beispielsweise der Fall, wenn Außen- und Innenwände bis zur Höhe von 1 m massiv durchfeuchtet sind. Der zweckentsprechende Gebrauch der Räume wird hierdurch erheblich beeinträchtigt:

- Dienen Räume zu Wohnzwecken, müssen derartige Durchfeuchtungen schon wegen der erheblichen nachteiligen Auswirkungen auf Wohnkomfort und Gesundheit sowie auf den optischen Eindruck beseitigt werden.
- Nichts anderes gilt bei Räumen, die als Büro oder Laden dienen. Diese müssen ebenso wie Wohnungen grundsätzlich dazu geeignet sein, als Aufenthaltsraum für Menschen zu dienen.
- Dies gilt auch dann, wenn gesundheitsschädlicher Schimmel (noch) nicht aufgetreten ist.

IV. Prüfung eines Erhaltungsbeschlusses

Bei der Prüfung der Ordnungsmäßigkeit/des Ermessens eines Erhaltungsbeschlusses ist zu klären, ob die Wohnungseigentümer ERMESSENSFEHLERFREI unter anderem folgenden Fragen nachgegangen sind:

- Welche von mehreren notwendigen Maßnahmen zuerst ansteht.
- Welchen Mängeln im Einzelnen entgegenzutreten ist bzw. welche Mängel eingetreten sind.
- Welche Ursachen die Mängel haben.
- Jedenfalls bei Vorliegen gravierender Mängel, ob die geplanten Maßnahmen dem allgemein anerkannten Stand der Technik entsprechen und ob die Regeln der Baukunst beachtet worden sind.
- Ob durch Angebote aufgeklärt ist, welche Möglichkeiten der Mangelbehebung in Betracht kommen.
- In welchen Schritten vorzugehen ist.

- Wie die Mittel für die geplante Erhaltungsmaßnahme aufgebracht werden.
- Ob eine Kosten-Nutzen-Analyse vorgenommen und darauf geachtet wurde, dass die beabsichtigte Maßnahme die einzelnen Wohnungseigentümer in finanzieller Hinsicht nicht überfordert.

V. Erhaltungsrücklage

1. Begriff
Jeder Wohnungseigentümer hat einen ANSPRUCH darauf, dass für die Erhaltungsmaßnahmen eine angemessene Erhaltungsrücklage (auch: Instandhaltungsrücklage oder Instandhaltungsrückstellung) angesammelt wird. Die Erhaltungsrücklage dient der Aufbringung der Mittel für die KÜNFTIGEN Erhaltungsmaßnahmen für das gemeinschaftliche Eigentum.

Typische VERWENDUNGSZWECKE sind:

- die Reparatur oder Erneuerung der Balkone;
- die Reparatur oder Erneuerung des Daches;
- die Reparatur oder Erneuerung der Fenster;
- die Reparatur oder Erneuerung der Heizung;
- die Reparatur oder Erneuerung der Hauseingangs- und Wohnungseingangstüren;
- das Anstreichen oder Verputzen beziehungsweise das Ausbessern von Mängeln im Treppenhaus;
- Gartenarbeiten;
- „Kleinreparaturen“.

Weitere Wege
Weitere Wege, Mittel zu generieren, sind Sonderumlagen und der Abschluss eines Darlehensvertrages. Welchen Weg die Wohnungseigentümer beschreiten, steht in ihrem Ermessen.

2. Höhe
In welcher Höhe eine Erhaltungsrücklage anzusammeln ist, hängt von den Umständen des Einzelfalls ab. Auch bei der Festsetzung des jährlichen Beitrags zur Erhaltungsrücklage haben die Wohnungseigentümer also ein ERMESSEN. Angemessen und ermessensfehlerfrei ist in der Regel

die Höhe, die ein „verständiger und vorausschauender Eigentümer" zurücklegen würde.

Ziel
Das Ziel sollte es sein, dann, wenn das gemeinschaftliche Eigentum instandzusetzen oder instandzuhalten ist, über die notwendigen Mittel in der Erhaltungsrücklage zu verfügen und nicht auf andere Finanzmittel (vor allem: Sonderumlage und Darlehen) zurückgreifen zu müssen.

Prüfsteine, um eine angemessene Höhe zu bestimmen, können sein:

- die Beschaffenheit/der bauliche Zustand der Wohnungseigentumsanlage (vor allem ihr Alter);
- Vorschäden;
- die Größe der Wohnungseigentumsanlage;
- die Lage der Wohnungseigentumsanlage in der Umwelt, etwa am Meer oder in den Bergen;
- bauliche Besonderheiten;
- Reparaturanfälligkeit;
- die wirtschaftlichen Verhältnisse der Wohnungseigentümer;
- die Erhaltungsplanung (› S. 199).

Untergemeinschaften
Ist vereinbart, verwaltungs- und abrechnungsmäßig selbständige Untergemeinschaften zu bilden, die – soweit nach den tatsächlichen Gegebenheiten möglich – im Ergebnis so behandelt werden sollen, als wenn sie voneinander unabhängige Gemeinschaften wären, und sollen sämtliche Lasten und Kosten soweit möglich für die Untergemeinschaften getrennt ermittelt und abgerechnet werden, ist der Verwalter verpflichtet, buchungstechnisch getrennte Erhaltungsrücklagen anzusammeln.

VI. Kosten

Die Kosten für die Erhaltung des gemeinschaftlichen Eigentums hat die Gemeinschaft der Wohnungseigentümer zu tragen. Jeder Wohnungseigentümer hat sich daran zu beteiligen. Die Wohnungseigentümer können etwas anderes bestimmen. Wendet ein Wohnungseigentümer ABSICHTLICH ODER VERSEHENTLICH für eine Erhaltung des gemeinschaftlichen Eigentums eigene Mittel ohne Beteiligung der Gemeinschaft der

Wohnungseigentümer auf, hat er nach Meinung des Bundesgerichtshofs keinen Anspruch, diese Mittel erstattet zu bekommen.

Notgeschäftsführung
Anders ist es nur, wenn eine Notgeschäftsführung vorliegt.

VII. Verfahrensrechte

- Will ein Wohnungseigentümer eine Erhaltungsmaßnahme erzwingen, ist nach einer Vorbefassung der anderen Wohnungseigentümer gegen die Gemeinschaft der Wohnungseigentümer eine Beschlussersetzungsklage zu erheben.
- Verlangt ein Wohnungseigentümer Schadenersatz, weil die Erhaltung des gemeinschaftlichen Eigentums schuldhaft verzögert wurde, muss er eine Leistungsklage gegen die Gemeinschaft der Wohnungseigentümer erheben.

Zusammenfassung
- Jeder Wohnungseigentümer hat einen Anspruch auf eine angemessene Erhaltung des gemeinschaftlichen Eigentums.
- Die Kosten hierfür hat die Gemeinschaft der Wohnungseigentümer zu tragen.

11

Versicherung

Das Kapitel stellt vor, dass jeder Wohnungseigentümer einen Anspruch auf eine ANGEMESSENE Versicherung

- des gemeinschaftlichen Eigentums zum Neuwert sowie
- der Wohnungseigentümer gegen Haus- und Grundbesitzerhaftpflicht in Bezug auf das gemeinschaftliche Eigentum hat.

Für eine angemessene Versicherung des SONDEREIGENTUMS muss jeder Wohnungseigentümer selbst sorgen.

11. Versicherung

I. Überblick

Für einen Versicherungsschutz des SONDEREIGENTUMS (etwa: Betriebs- und Berufshaftpflicht-, Hausrat-, Haftpflicht-, Rechtsschutzversicherung) muss jeder Wohnungseigentümer selbst sorgen. Für das GEMEINSCHAFTLICHE Eigentum gilt das nicht: Zu einer ordnungsmäßigen Verwaltung gehören die angemessene Versicherung des gemeinschaftlichen Eigentums zum Neuwert sowie der Wohnungseigentümer gegen Haus- und Grundbesitzerhaftpflicht.

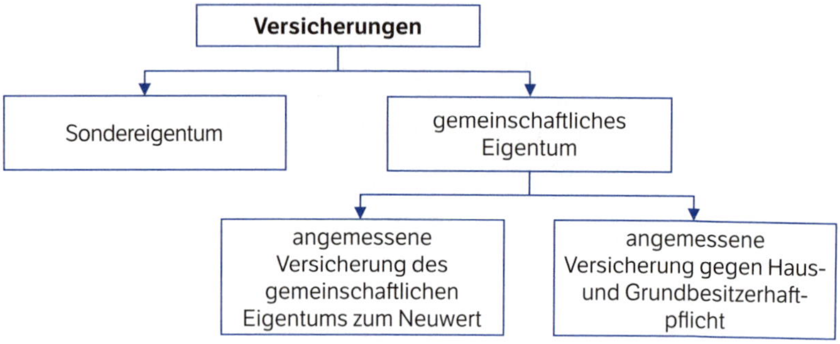

Gesetzlich vorgesehene Versicherungen

II. Versicherung zum Neuwert

1. Allgemeines

Jeder Wohnungseigentümer kann eine angemessene Versicherung des gemeinschaftlichen Eigentums zum Neuwert verlangen. Diese Versicherung umfasst in der Regel (maßgebend ist immer der konkrete Vertrag):

- Schäden durch Anprall oder Absturz eines bemannten Flugkörpers, seiner Teile oder seiner Ladung,
- durch Blitzschlag,
- Brand oder Explosion.

Ferner sind Folgeschäden eines Feuers versichert,

- die durch Rauch,
- Ruß und Löschwasser,
- Niederreißen und Aufräumen des Gebäudes oder von Gebäudeteilen entstehen.

Gegenstände in den Wohnungen – im Sondereigentum – werden nicht umfasst (der einzelne Wohnungseigentümer kann einen Versicherungsschutz durch Abschluss einer eigenen Hausratversicherung erlangen).

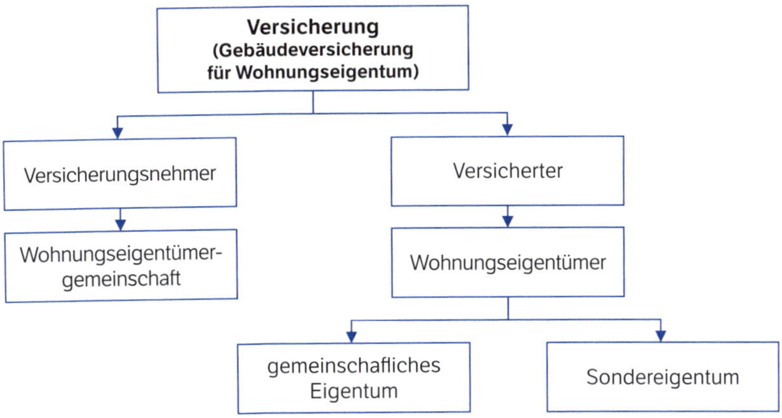

Versicherungsverhältnisse I

2. Versicherungsnehmerin

Versicherungsnehmerin und Vertragspartnerin des Versicherers ist die Gemeinschaft der Wohnungseigentümer. Versicherte sind hingegen die Wohnungseigentümer, und zwar bei einer angemessenen Versicherung des gemeinschaftlichen Eigentums zum Neuwert sowohl wegen ihres Sondereigentums als auch wegen ihrer Beteiligung (ideeller Anteil) am gemeinschaftlichen Eigentum („Versicherung für fremde Rechnung“).

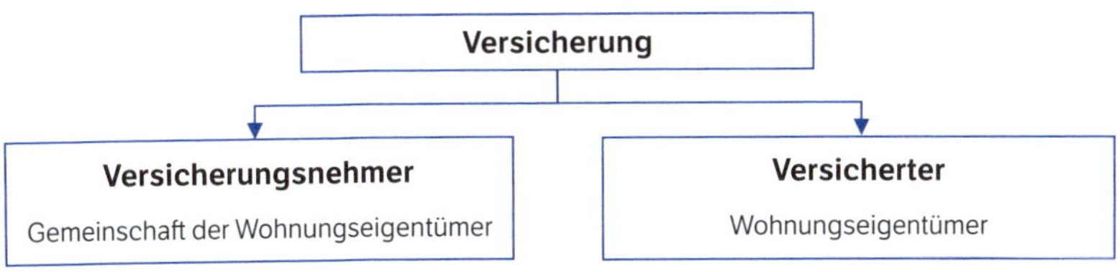

Versicherungsverhältnisse II

3. Abwicklung eines Schadenfalls: gemeinschaftliches Eigentum
Für die Anzeige der Schäden am gemeinschaftlichen Eigentum sowie für das weitere Vorgehen muss der Verwalter als Organ der Gemeinschaft der Wohnungseigentümer Sorge tragen.

Fehler
Unterlaufen dem Verwalter Fehler, haftet er der Gemeinschaft der Wohnungseigentümer auf Schadenersatz.

4. Abwicklung eines Schadenfalls: Sondereigentum
Schäden am Sondereigentum muss der Verwalter grundsätzlich dem Versicherer nur anzeigen. Zur eigentlichen Schadenabwicklung ist der Verwalter nicht berufen – sofern er mit dem oder den betroffenen Wohnungseigentümern individuell nichts anderes vereinbart hat. Ein betroffener Wohnungseigentümer muss sich grundsätzlich SELBST um versicherte Schäden im Sondereigentum kümmern.

Checkliste: Abwicklung Sondereigentum

- ☐ Der Wohnungseigentümer bedarf zur Durchsetzung seiner Ansprüche zunächst der Vertragsdaten des Versicherungsvertrags. Diese Daten hat ihm der Verwalter namens der Gemeinschaft der Wohnungseigentümer mitzuteilen.
- ☐ Ferner bedarf der Wohnungseigentümer einer Zustimmung der Gemeinschaft der Wohnungseigentümer, gegen den Versicherer vorzugehen. Diese Zustimmung muss der Verwalter erteilen, sofern das die Wohnungseigentümer so bestimmt haben. Kann der Verwalter nicht handeln, müssen die anderen Wohnungseigentümer die Zustimmung erteilen.
- ☐ Fehlt es an einer Zustimmung, kann ein Wohnungseigentümer Rechte geltend machen, wenn er ausnahmsweise im Besitz des Versicherungsscheins ist und dieser Fall im Versicherungsvertrag nicht ausgeschlossen ist.
- ☐ Vorstellbar ist es, dass die Gemeinschaft der Wohnungseigentümer über den Verwalter für einen Wohnungseigentümer auch die auf sein Sondereigentum entfallende Versicherungssumme „einzieht“ und dem Wohnungseigentümer die Summe dann auszahlt.
- ☐ Unternimmt die Gemeinschaft der Wohnungseigentümer hinsichtlich einer Schadenregulierung nichts, soll ein Wohnungseigentümer ausnahmsweise den Anspruch eigenständig gegenüber dem Versicherer geltend machen können.

5. Selbstbehalt

Probleme können bei Aufteilung eines im Versicherungsvertrag vereinbarten Selbstbehaltes („Eigenbeteiligung“) entstehen:

- Ist nur gemeinschaftliches Eigentum betroffen, gibt es keine Probleme.
- Sind hingegen gemeinschaftliches Eigentum und Sondereigentum betroffen, ist streitig, was gilt: Teilweise wird vertreten, dass der Selbstbehalt unabhängig von der Schadenverteilung zwischen gemeinschaftlichem und Sondereigentum anteilig von sämtlichen Wohnungseigentümern zu tragen ist. Nach einer anderen Auffassung muss im Schadenfall hingegen jeder Wohnungseigentümer den bei ihm eingetretenen Schaden selbst tragen, soweit dieser unversichert ist.

SELBSTBEHALT
Ein Selbstbehalt ist der finanzielle Anteil, für den man im Schadenfall selbst aufkommen muss. Der Selbstbehalt wird in der Regel pro Schadenfall abgezogen. Die Versicherung zahlt die Schäden, die über den Selbstbehalt hinausgehen. Unterschieden wird zwischen einem absoluten/fixen Selbstbehalt, das ist eine gewisse Summe je Schadenfall, einem prozentualen Selbstbehalt – einem gewissen Prozentsatz je Schadenfall – und einem zeitlichen Selbstbehalt.

III. Haus- und Grundbesitzerhaftpflichtversicherung

Jeder Wohnungseigentümer kann eine angemessene Versicherung der Wohnungseigentümer gegen Haus- und Grundbesitzerhaftpflicht verlangen. Die Haus- und Grundbesitzerhaftpflichtversicherung dient dem Schutz der Wohnungseigentümer gegen die aus dem gemeinschaftlichen Eigentum aufgrund gesetzlicher Haftpflichtbestimmungen privatrechtlichen Inhaltes drohenden Risiken.

Erfasste Gefahren

Insbesondere sollen durch eine Haus- und Grundbesitzerhaftpflichtversicherung gegen die Wohnungseigentümer gerichtete Schadenersatzansprüche oder Ansprüche wegen Verletzung einer Verkehrssicherungspflicht angemessen abgewehrt werden können.

IV. Weitere Versicherungen

Die Wohnungseigentümer können nach billigem Ermessen einen weitergehenden Versicherungsschutz vereinbaren oder beschließen.

Checkliste: Weitere Versicherungen

- ☐ Elementarversicherung (Schutz vor Naturgefahren);
- ☐ Gebäudeglasversicherung;
- ☐ Gewässerschadenhaftpflichtversicherung (Schutz vor der Haftung, wenn ein Gewässer etwa durch Öl verunreinigt wird);
- ☐ Hausgeldausfallversicherung (Schutz vor einem Vermögensverfall der Wohnungseigentümer = dies ist in der Regel der Fall, wenn über das Vermögen eines Wohnungseigentümers das Insolvenzverfahren eröffnet oder er in das vom Vollstreckungsgericht zu führende Verzeichnis eingetragen worden ist);
- ☐ Leitungswasserschadenversicherung;
- ☐ Rechtsschutzversicherung;
- ☐ Sturm- und Hagelschadenversicherung;
- ☐ Wohnungs- und Grundstücksrechtsschutzversicherung;
- ☐ Versicherung der Verwaltungsbeiräte (dazu noch 18. Kapitel Verwaltungsbeirat › S. 406 ff.).

V. Verfahrensrechte

Will ein Wohnungseigentümer eine Versicherung erzwingen, ist nach einer Vorbefassung der anderen Wohnungseigentümer gegen die Gemeinschaft der Wohnungseigentümer eine Beschlussersetzungsklage zu erheben.

Zusammenfassung

Jeder Wohnungseigentümer hat einen Anspruch auf
- eine angemessene Versicherung des gemeinschaftlichen Eigentums zum Neuwert sowie
- der Wohnungseigentümer gegen Haus- und Grundbesitzerhaftpflicht.

12

Informations-, Einsichts- und Kontrollrechte

Dieses Kapitel stellt dar, welche Rechte ein Wohnungseigentümer auf
- Information,
- Kontrolle sowie auf
- Einsicht in die Verwaltungsunterlagen hat.

12. Informations-, Einsichts- und Kontrollrechte

I. Allgemeines

Jeder Wohnungseigentümer hat gegenüber der Gemeinschaft der Wohnungseigentümer ein UMFASSENDES Recht auf Information. Es bedarf dieses Rechtes vor allem, damit er seine Rechte und Pflichten im Zusammenhang mit der Verwaltung des gemeinschaftlichen Eigentums angemessen wahrnehmen kann, zum Beispiel seine Stimmabgabe über eine Erhaltungsmaßnahme, die Vor- und Nachschüsse oder eine bauliche Maßnahme, und damit er die Verwaltung kontrollieren kann.

Verwalter
Die Gemeinschaft der Wohnungseigentümer erfüllt ihre Pflicht, die Wohnungseigentümer zu informieren, durch den Verwalter als ihr Organ. Gibt es keinen Verwalter, schulden sich die Wohnungseigentümer gegenseitig diese Pflicht.

II. Informationsrechte

1. Gesetzliche Informationsrechte

Jeder Wohnungseigentümer hat einen Anspruch auf die Unterrichtung über eine gegen die Gemeinschaft der Wohnungseigentümer erhobene Beschlussklage.

BESCHLUSSVORBEREITUNG
Bei der Beschlussfassung über eine Erhaltungsmaßnahme, etwa die Reparatur der Fassade, muss der Verwalter über einschlägige Gesetze, etwa das Bürgerliche Gesetzbuch, das Gebäudeenergiegesetz, aber auch über das Wohnungseigentumsgesetz oder über bundesweite oder kommunale Fördermöglichkeiten (streitig) berichten sowie den entsprechenden Beschluss angemessen vorbereiten.

WEG § 44 Absatz 2 Satz 2
Der Verwalter hat den Wohnungseigentümern die Erhebung einer Klage unverzüglich bekannt zu machen.

Der Verwalter muss den Wohnungseigentümern außerdem darüber berichten, wenn ihm anstelle der Wohnungseigentümer etwas zugestellt oder erklärt wurde. Ferner muss der Verwalter als Organ der Gemeinschaft der Wohnungseigentümer den Instandhaltungs- und Instandsetzungsbedarf des gemeinschaftlichen Eigentums ermitteln und die Wohnungseigentümer davon unterrichten.

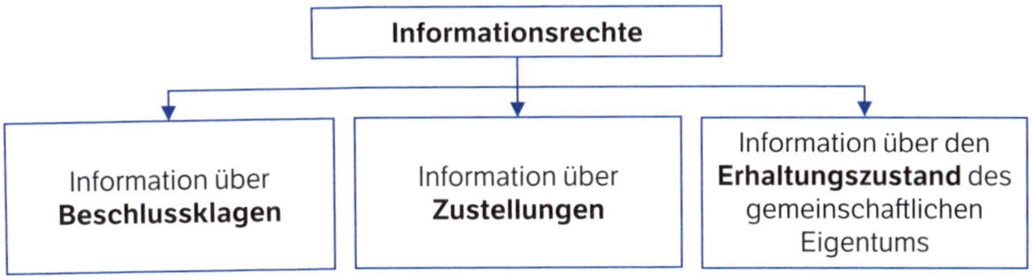

Gesetzliche Informationsrechte

2. Besonderer Anlass für Informationen

Der Verwalter hat die Wohnungseigentümer für die Gemeinschaft der Wohnungseigentümer ferner bei einem besonderen Anlass zu informieren. Der Verwalter muss die Wohnungseigentümer soweit über den Stand der Dinge unterrichten, dass diese

- ermessensfehlerfreie und ordnungsmäßige Entscheidungen für die Verwaltung und/oder Benutzung des gemeinschaftlichen Eigentums treffen,
- ihre Rechte als Wohnungseigentümer und gegenüber der Gemeinschaft der Wohnungseigentümer wahrnehmen und
- ihre Pflichten als Wohnungseigentümer und gegenüber der Gemeinschaft der Wohnungseigentümer erfüllen

können.

Beispiele für Informationen, die aus Anlass zu geben sind

- Die Wohnungseigentümer haben ein Recht darauf, dass der Verwalter sie
  - vor jeder Beschlussfassung über die Rechtslage aufklärt und
  - ihre Ermessensausübung angemessen, vor allem durch Einholung von Angeboten, vorbereitet.
- Der Verwalter muss bei einem Benutzungsbeschluss über die GRENZEN, was ordnungsmäßig ist, informieren.
- Der Verwalter muss bei einem Beschluss zur Hausordnung über die GRENZEN von Lärm- oder Tierbestimmungen oder tätiger Mithilfe informieren.
- Irrt ein Wohnungseigentümer über einen Stimmrechtsausschluss, muss ihn der Verwalter über den IRRTUM AUFKLÄREN.
- Kommt gegen einen Wohnungseigentümer, der Hausgeld schuldig geblieben ist, ein ZWANGSVERSTEIGERUNGSVERFAHREN in Betracht, muss der Verwalter hierüber berichten bzw. Rechtsrat empfehlen.

- Stimmen die Wohnungseigentümer über einen Verbraucherdarlehensvertrag ab, muss der Verwalter nach herrschender Meinung über das RISIKO EINER NACHSCHUSSPFLICHT bei Zahlungsunfähigkeit von Wohnungseigentümern unterrichten.

3. Übersendung von Unterlagen

Der Verwalter muss den Wohnungseigentümern namens der Gemeinschaft der Wohnungseigentümer im Einzelfall Unterlagen übersenden. Vor Abhaltung einer Versammlung gehören hierzu jedenfalls

- die Jahresabrechnung,
- die Einzelabrechnungen,
- der Gesamtwirtschaftsplan,
- die Einzelwirtschaftspläne und
- der Entwurf eines Verwaltervertrags.

Ferner ist eine gegenüber der Gemeinschaft der Wohnungseigentümer ergangene gerichtliche Entscheidung zu übersenden, wenn die Wohnungseigentümer über ein Rechtsmittel abstimmen wollen. Der Verwalter kann und sollte darüber hinaus den Wohnungseigentümern aber auch WEITERE Unterlagen zur Information übersenden, etwa Gutachten oder Bauunterlagen.

E-Mail

Um Kosten zu sparen, sollte man als Wohnungseigentümer dem Verwalter eine E-Mail-Adresse nennen, damit dieser die entsprechenden Unterlagen – vor allem als pdf-Datei – zusenden kann. Dieses Verfahren ist schnell und kostengünstig und sollte in jeder Wohnungseigentumsanlage genutzt werden.

III. Fragen/Auskünfte

Jeder Wohnungseigentümer kann von der Gemeinschaft der Wohnungseigentümer zur Kontrolle und zu seiner Information Auskünfte verlangen. Hat ein Wohnungseigentümer zur Verwaltung des gemeinschaftlichen Eigentums Fragen, muss ihm der Verwalter diese beantworten.

Bisherige Haltung des Bundesgerichtshofs

Der Verwalter kann den Wohnungseigentümer zwar auf eine Einsichtnahme verweisen, da die Gemeinschaft der Wohnungseigentümer nach bisheriger Ansicht des Bundesgerichtshofs grundsätzlich nur allen Wohnungseigentümern gemeinsam Auskunft schuldet (die Auskunft soll „unteilbar“ sein).

Im Regelfall wird es aber für Wohnungseigentümer und Verwalter leichter sein, die offene Frage kurz am Telefon zu besprechen.

Beispiele

Beispiele für Fragen können sein:
- bei welcher Versicherungsgesellschaft das gemeinschaftliche Eigentum versichert ist;
- welches Unternehmen der Gemeinschaft der Wohnungseigentümer vertraglich verbunden ist und der Wohnungseigentumsanlage Heizöl zu welchem Preis liefert;
- welches Unternehmen den Winterdienst macht;
- wann der Verwalter die nächste Versammlung mit welchen Themen plant.

Der Verwalter muss jedem Wohnungseigentümer ferner darüber Auskunft geben, wer die Miteigentümer (= die anderen Wohnungseigentümer) sind, er schuldet also für die Gemeinschaft der Wohnungseigentümer eine Erstellung und Herausgabe einer Eigentümerliste.

IV. Einsicht in die Verwaltungsunterlagen

1. Überblick

Jeder Wohnungseigentümer hat das Recht, unter Wahrung des Datenschutzes (29. Kapitel Datenschutz) zur Information und Kontrolle Einsicht in SÄMTLICHE Verwaltungsunterlagen zu nehmen, beispielsweise in die Beschluss-Sammlung, in die Niederschriften oder in die Teilungserklärung.

WEG § 18 Absatz 4
Jeder Wohnungseigentümer kann von der Gemeinschaft der Wohnungseigentümer Einsicht in die Verwaltungsunterlagen verlangen.

Keine einmalige Einsichtnahme
Der Anspruch ist nicht auf eine einmalige Einsichtnahme beschränkt und besteht auch noch, wenn die Wohnungseigentümer die Nachschüsse

beschlossen haben und dem Verwalter namens der Gemeinschaft der Wohnungseigentümer eine Entlastung erteilt haben.

Das Recht auf Einsicht in die Verwaltungsunterlagen ist nur durch das Verbot des Rechtsmissbrauchs und das Schikaneverbot beschränkt. Eine bereits gewährte Einsichtnahme steht einem erneuten Einsichtswunsch nicht entgegen.

Herausgabe von Verwaltungsunterlagen
Ein Wohnungseigentümer kann nicht verlangen, dass ihm die Verwaltungsunterlagen an einem „neutralen", möglicherweise von ihm bestimmten Ort zur Einsicht zur Verfügung gestellt werden. Erhält ein Wohnungseigentümer ausnahmsweise doch die Verwaltungsunterlagen, kommt zwischen dem Verwalter und diesem Wohnungseigentümer ein Leihvertrag zustande. Der Verwalter ist danach berechtigt, aus eigenem Recht die Herausgabe zu verlangen.

2. Praktische Durchführung

Will ein Wohnungseigentümer in die Verwaltungsunterlagen Einsicht nehmen, muss er den aktuellen Verwalter in dessen Räumen aufzusuchen. Wenigstens ein Gebot der Höflichkeit, für das Heraussuchen des Verlangten in der Regel aber auch praktisch notwendig ist es, dass sich der Wohnungseigentümer dazu eine angemessene Zeit vorher beim Verwalter ankündigt. Ein Wohnungseigentümer sollte dem Verwalter am besten sagen, wann er was sehen will (bei der verlangten Zeit ist auf die Bürozeiten und den Bürobetrieb des Verwalters Rücksicht zu nehmen). Einen Grund oder ein besonderes rechtliches Interesse muss er hingegen nicht nennen.

Muster: Bitte um Einsichtnahme
Adresse des Wohnungseigentümers

Adresse des Verwalters

Datum

Einsichtnahme

Sehr geehrter Herr ___ [Name],

ich möchte nächste Woche, nämlich am ___ [Datum] um ___ [Uhrzeit], gemeinsam mit meinem Rechtsanwalt Einsicht in die Verwaltungsunterlagen der Gemeinschaft der Wohnungseigentümer ___ [Adresse] nehmen, insbesondere in die Beschluss-Sammlung. Bitte bereiten Sie das Entsprechende vor.

Sollte der Termin Ihnen nicht passen, teilen Sie mir bitte unverzüglich einen zeitnahen anderen mit.

Mit freundlichen Grüßen

Unterschrift

Durchführung der Einsichtnahme

Die Einsichtnahme selbst kann an einem Tisch durchgeführt werden. Möglich ist es aber auch, dass die Einsichtnahme etwa in Form gescannter Unterlagen oder als elektronisch geführte Beschluss-Sammlung vor einem Bildschirm stattfindet.

Der Verwalter muss die Unterlagen nicht abweichend von der sonstigen Buchführung und Dokumentation zusammenstellen. Ein Recht zu einer unbeaufsichtigten Einsicht gibt es nicht. Ein Wohnungseigentümer darf zur Überprüfung der Unterlagen stets eine fachkundige Hilfsperson hinzuziehen oder einen Vertreter entsenden.

Kopien

Der Wohnungseigentümer darf sich bei der Einsichtnahme Notizen machen oder die Verwaltungsunterlagen abfotografieren. Besteht dazu in den Geschäftsräumen des Verwalters eine Gelegenheit, kann der Wohnungseigentümer sich auch Kopien genau bezeichneter Belege gegen Kostenerstattung anfertigen lassen (für den Material- und Arbeitsaufwand soll für die ersten 50 Kopien eine Vergütung von bis zu 0,50 EUR, danach 0,15 EUR je Kopie verlangt werden können).

Nach Treu und Glauben und unter Zumutbarkeitsgesichtspunkten kann ein Wohnungseigentümer in Ausnahmefällen eine Einsichtnahme auch AUSSERHALB DER GESCHÄFTSRÄUME verlangen. Die Frage, ob ein solcher Ausnahmefall gegeben ist, entzieht sich allgemeiner Betrachtung und ist unter Würdigung aller Umstände des Einzelfalls zu entscheiden.

Ein Ausnahmefall kommt gegebenenfalls in Betracht, wenn:

- ein Wohnungseigentümer weit entfernt von den Geschäftsräumen des Verwalters wohnt und ihm für eine bloße Einsichtnahme eine Anreise unzumutbar wäre (unklar ist, welche Entfernung hier anzusetzen ist und ob das Verkehrsnetz eine Rolle spielt; bejaht

wurde ein Ausnahmefall im Mietrecht für eine Mietwohnung in Köln, bei der der Mieter mittlerweile in Münster lebt);
- es um die Vorbereitung für die Versammlung geht und nicht mehr genügend Zeit besteht, den Verwalter aufzusuchen;
- ein Aufsuchen des Verwalters unzumutbar wäre, etwa wenn:
  - ein Wohnungseigentümer wegen Alters gebrechlich ist und auch keinen Vertreter nehmen kann;
  - ein Wohnungseigentümer dauerhaft erkrankt ist und auch keinen Vertreter nehmen kann;
  - ein Wohnungseigentümer körperlich in erheblicher Weise behindert ist und auch keinen Vertreter nehmen kann;
  - einem Wohnungseigentümer eine Einsichtnahme gerade beim Verwalter aus anderen Gründen unzumutbar ist.

Herstellung von Kopien
Liegt es im Einzelfall so, muss der Verwalter von den Verwaltungsunterlagen Kopien herstellen. Sämtliche Verwaltungsunterlagen kommen aber nicht in Betracht. Vielmehr muss sich der Wohnungseigentümer auf vorhandene und hinreichend genau bezeichnete Verwaltungsunterlagen beziehen, die ohne nennenswerten Vorbereitungsaufwand und ohne Störungen des Betriebsablaufs des Verwalters herausgesucht und fotokopiert werden können. Zu berücksichtigen ist etwa, ob die Belege möglicherweise vom Verwalter im Rahmen seiner eigenen Verwaltung eingescannt wurden und deswegen leicht auf Datenträger übersandt werden können. Auch die räumliche Entfernung des Berechtigten vom Ort der möglichen Einsichtnahme und die Zumutbarkeit einer Anreise sind zu bedenken, ebenso die Anzahl der geforderten Belege sowie der mit einem Kopiervorgang verbundene Zeitaufwand.

V. Beschluss-Sammlung

Jeder Wohnungseigentümer hat einen Anspruch darauf, dass der Verwalter als Organ der Gemeinschaft der Wohnungseigentümer eine Beschluss-Sammlung führt. In der Beschluss-Sammlung muss der Verwalter

- die Versammlungsbeschlüsse,
- die schriftlichen Beschlüsse (Beschlüsse außerhalb der Versammlung) und
- die gerichtlichen Entscheidungen in einer WEG-Streitigkeit sammeln.

WEG § 24 Absatz 7 und Absatz 8

(7) Es ist eine Beschluss-Sammlung zu führen. Die Beschluss-Sammlung enthält nur den Wortlaut

1. der in der Versammlung der Wohnungseigentümer verkündeten Beschlüsse mit Angabe von Ort und Datum der Versammlung,

2. der schriftlichen Beschlüsse mit Angabe von Ort und Datum der Verkündung und

3. der Urteilsformeln der gerichtlichen Entscheidungen in einem Rechtsstreit gemäß § 43 mit Angabe ihres Datums, des Gerichts und der Parteien, soweit diese Beschlüsse und gerichtlichen Entscheidungen nach dem 1. Juli 2007 ergangen sind. Die Beschlüsse und gerichtlichen Entscheidungen sind fortlaufend einzutragen und zu nummerieren. Sind sie angefochten oder aufgehoben worden, so ist dies anzumerken. Im Fall einer Aufhebung kann von einer Anmerkung abgesehen und die Eintragung gelöscht werden. Eine Eintragung kann auch gelöscht werden, wenn sie aus einem anderen Grund für die Wohnungseigentümer keine Bedeutung mehr hat. Die Eintragungen, Vermerke und Löschungen gemäß den Sätzen 3 bis 6 sind unverzüglich zu erledigen und mit Datum zu versehen. Einem Wohnungseigentümer oder einem Dritten, den ein Wohnungseigentümer ermächtigt hat, ist auf sein Verlangen Einsicht in die Beschluss-Sammlung zu geben.

(8) Die Beschluss-Sammlung ist von dem Verwalter zu führen. Fehlt ein Verwalter, so ist der Vorsitzende der Wohnungseigentümerversammlung verpflichtet, die Beschluss-Sammlung zu führen, sofern die Wohnungseigentümer durch Stimmenmehrheit keinen anderen für diese Aufgabe bestellt haben.

Unter anderem die Wohnungseigentümer sollen durch die Beschluss-Sammlung die Möglichkeit haben, sich rasch und auf einem einfachen Wege darüber zu informieren, was in einer Wohnungseigentumsanlage gilt. In welcher Form der Verwalter die Beschluss-Sammlung führt (Software oder Stehordner), ist seine Sache. Die Wohnungseigentümer können auch eine Weisung erteilen. Nach neuerer Auffassung soll der Verwalter Beschluss-Anlagen in einer Anlage zur Beschluss-Sammlung sammeln dürfen.

Einsichtnahme

Die Beschluss-Sammlung kann von jedem Wohnungseigentümer eingesehen werden. Will ein Wohnungseigentümer von seinem Einsichtsrecht Gebrauch machen, sollte er seinen Wunsch dem Verwalter vorher mitteilen und mit ihm einen Termin vereinbaren. Ein Wohnungseigentümer kann auch einen Dritten, beispielsweise einen potenziellen Erwerber oder einen Rechtsanwalt, ermächtigen, an seiner Stelle das Einsichtsrecht wahrzunehmen.

Das Augenmerk bei einer Einsichtnahme sollte vor allen Dingen solchen Beschlüssen gewidmet werden, die „besonders“ sind. Besondere Beschlüsse können etwa

- Einschränkungen oder Erweiterungen der Aufgaben des Verwalters sein,
- Beschlüsse, die größere Bauvorhaben regeln, oder
- Beschlüsse, die auf einer Öffnungsklausel beruhen.

ÖFFNUNGSKLAUSEL
Eine Öffnungsklausel ist eine Vereinbarung, nach der die Wohnungseigentümer auch über solche Gegenstände einen Beschluss fassen dürfen, für die das Gesetz selbst keine Beschlusskompetenz vorsieht.

Insbesondere die letzteren Beschlüsse sind von enormer Bedeutung für alle Wohnungseigentümer, da sie häufig die Vereinbarungen, die zum Inhalt des jeweiligen Sondereigentums gemacht wurden, abändern. Diese Beschlüsse müssen für eine Bindung der Sondernachfolger im Übrigen in das Grundbuch eingetragen werden. Dies gilt ab dem 1. Januar 2026 auch für Beschlüsse, die vor dem 1. Dezember 2020 gefasst wurden.

VI. Verfahrensrechte

Will ein Wohnungseigentümer eine Einsichtnahme in die Verwaltungsunterlagen erzwingen, ist gegen die Gemeinschaft der Wohnungseigentümer auf Leistung zu klagen.

Zusammenfassung
Jeder Wohnungseigentümer kann von der Gemeinschaft der Wohnungseigentümer

- Einsicht in die Verwaltungsunterlagen und
- Informationen und
- Auskünfte in Bezug auf das gemeinschaftliche Eigentum verlangen.

13

Bauliche Veränderung: Beschluss

Das Kapitel stellt den Beschluss über bauliche Veränderungen und seine Grenzen vor. Wer sich umfassend mit der Thematik beschäftigen will, muss allerdings weitere Aspekte miteinbeziehen:

- ANSPRUCH AUF BAULICHE VERÄNDERUNG: Ein Wohnungseigentümer kann einen Anspruch auf eine bauliche Veränderung haben. Zu diesem Anspruch, etwa zur Errichtung einer Lademöglichkeit oder zur Durchsetzung der Belange seines Mieters, findet sich die Darstellung im 14. Kapitel. Das Sondereigentum wird aber in diesem 13. Kapitel dargestellt.
- KOSTEN BAULICHER VERÄNDERUNG: Jede bauliche Veränderung ist mit Kosten verbunden.
- NUTZUNGEN BAULICHER VERÄNDERUNGEN: Wird durch eine bauliche Veränderung eine neue Nutzung eröffnet, muss man klären, wem diese zusteht.

13. Bauliche Veränderung: Beschluss

I. Grundsätze

Für die Frage, „ob“ und „wie“ ein Wohnungseigentümer bauen darf, ist zwischen Maßnahmen am Sondereigentum und Maßnahmen am gemeinschaftlichen Eigentum zu unterscheiden.

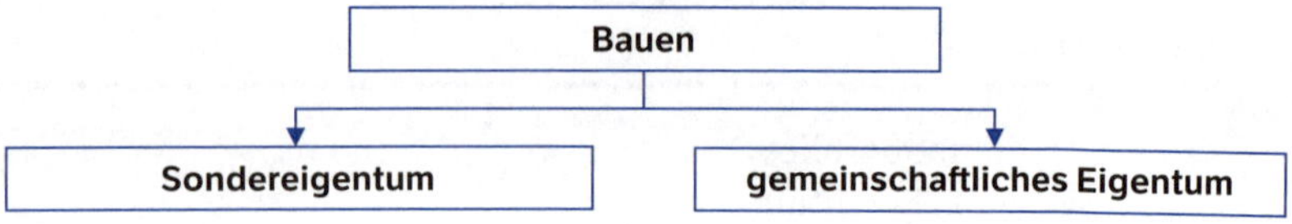

Bereich des Bauens

II. Sondereigentum

1. Überblick

Für Maßnahmen, die über die Erhaltung des Sondereigentums hinausgehen (siehe zu dieser Frage näher im 10. Kapitel Erhaltungsmaßnahmen), ist zu klären, ob ein Wohnungseigentümer damit den anderen Wohnungseigentümern einen Nachteil zufügt oder nicht.

WEG § 13 Absatz 2

Für Maßnahmen, die über die ordnungsmäßige Instandhaltung und Instandsetzung (Erhaltung) des Sondereigentums hinausgehen, gilt § 20 mit der Maßgabe entsprechend, dass es keiner Gestattung bedarf, soweit keinem der anderen Wohnungseigentümer über das bei einem geordneten Zusammenleben unvermeidliche Maß hinaus ein Nachteil erwächst.

Diese Klärung ist für die Frage NOTWENDIG, ob der Wohnungseigentümer die anderen Wohnungseigentümer mit der Maßnahme befassen muss. Für die Kosten spielt die Klärung hingegen keine Rolle: Der Wohnungseigentümer muss sie in beiden Fällen ALLEIN tragen. Muss bei der Durchführung der Maßnahme das gemeinschaftliche Eigentum erhalten werden, etwa ein Balken, müssen die anderen Wohnungseigentümer im Übrigen stets beteiligt werden.

Begriff
Das Gesetz spricht in Bezug auf das Sondereigentum nicht von einer baulichen Veränderung. Dieser Begriff ist Eingriffen in das gemeinschaftliche Eigentum vorbehalten. Der Sache nach handelt es sich aber um bauliche Veränderungen. Dies sowie der Umstand, dass es um einen Beschluss über eine bauliche Veränderung geht, rechtfertigt es, die Maßnahmen im Bereich des Sondereigentums an dieser Stelle darzustellen.

2. Kein vermeidbarer Nachteil

Erwächst keinem der anderen Wohnungseigentümer über das bei einem geordneten Zusammenleben UNVERMEIDLICHE Maß hinaus ein Nachteil, bedarf ein Wohnungseigentümer KEINER GESTATTUNG und er darf – ohne die anderen Wohnungseigentümer und/oder die Gemeinschaft der Wohnungseigentümer zu beteiligen – bauen. Beispiele:

- die Versetzung oder Entfernung einer nicht tragenden Wand;
- der Einbau einer Durchreiche zwischen Küche und Wohnzimmer in eine nicht tragende Wand;
- der Anbau eines Innenrollos;
- ein Deckendurchbruch durch eine im Sondereigentum stehende Decke, was etwa bei einer Reihenhausanlage vorstellbar ist.

Will ein Wohnungseigentümer in die Bausubstanz seiner Wohnung eingreifen und diese zur Förderung der Mobilität senioren- und/oder behindertengerecht umbauen und barrierefrei herrichten, ist auch dies unproblematisch möglich und grundsätzlich zulässig.

Der Wohnungseigentümer muss allerdings auch darauf achten, den anderen Wohnungseigentümern durch seine baulichen Maßnahmen KEINE VERMEIDBAREN NACHTEILE zuzufügen. Dies bedeutet unter anderem, dass er von mehreren in Betracht kommenden Maßnahmen – können diese von den anderen Wohnungseigentümern wahrgenommen werden – grundsätzlich die Maßnahme wählen muss, welche die anderen Wohnungseigentümer am wenigsten beeinträchtigt.

Alle hier genannten Maßnahmen können im EINZELFALL den anderen Wohnungseigentümern Nachteile zufügen. Es ist beispielsweise vorstellbar, dass die Versetzung einer Wand zu einer erhöhten, vermeidbaren Lärmbelästigung der anderen Wohnungseigentümer führt. Dann bedarf es eines Beschlusses.

BARRIEREFREI
Barrierefrei sind bauliche Anlagen, wenn sie für behinderte Menschen in der allgemein üblichen Weise, ohne besondere Erschwernis und grundsätzlich ohne fremde Hilfe zugänglich und nutzbar sind.

BEISPIELE FÜR BAULICHE MASSNAHMEN IM SONDEREIGENTUM ZUR HERSTELLUNG EINER BARRIEREFREIHEIT
- Türverbreiterungen, soweit die Wand nicht tragend ist und daher im Sondereigentum steht.
- Absenkung von Möbeln, etwa der Arbeitsplatte in der Küche oder eines Waschbeckens.
- Entfernung von Stolpergefahren.
- Aufbringung einer Antirutsch-Beschichtung.
- Einbau eines Badewannenliftes.
- Einbau eines Badewanneneinstiegs.
- Umbau einer Badewanne zur Dusche.

Nachfragen und Beteiligen!
Was gilt, wenn im Sondereigentum gebaut wird, ist daher immer eine Frage des Einzelfalls und sollte vor Durchführung der Maßnahme gut geprüft und erwogen werden. Im Zweifel sollte man sich stets der Zustimmung der anderen Wohnungseigentümer vergewissern.

3. Vermeidbarer Nachteil
Erwächst den anderen Wohnungseigentümern oder einem Wohnungseigentümer durch eine Maßnahme, die über die Erhaltung hinausgeht, ein vermeidbarer Nachteil, muss der Wohnungseigentümer die anderen Wohnungseigentümer um einen Beschluss bitten, der ihm die Maßnahme gestattet. Beispiele:

- Errichtung einer Garage oder einer LADEMÖGLICHKEIT auf einem im Sondereigentum stehenden Stellplatz;
- Errichtung eines Zauns, eines GARTENHAUSES oder einer Rollstuhlrampe auf einer Fläche, auf die sich das Sondereigentum erstreckt.

Ermessen und Ermessensreduzierung
Ob die anderen Wohnungseigentümer die Maßnahme gestatten und einen Beschluss fassen, steht in ihrem Ermessen.

Anders ist es, wenn ein Wohnungseigentümer auf die Maßnahme einen ANSPRUCH hat. Dies ist der Fall für:

- angemessene Maßnahmen, die
  - dem Gebrauch durch Menschen mit Behinderungen, etwa eine Verbindung von Garten und Balkon,
  - dem Laden elektrisch betriebener Fahrzeuge,
  - dem Einbruchsschutz, etwa eine Videoanlage, oder
  - dem Anschluss an ein Telekommunikationsnetz mit sehr hoher Kapazität dienen.
- Maßnahmen, mit denen alle Wohnungseigentümer, deren Rechte durch die Maßnahme über das bei einem geordneten Zusammenleben unvermeidliche Maß hinaus beeinträchtigt werden, einverstanden sind.

4. Sorgfältige Durchführung
Eine bauliche Veränderung des Sondereigentums muss immer – auch im Interesse der anderen Wohnungseigentümer – SORGFÄLTIG durchgeführt werden. Dieses ist etwa nicht der Fall, wenn das gemeinschaftliche Eigentum durch die Maßnahme in Mitleidenschaft gezogen wird, wenn dort etwa Wasser eindringt. Und dieses ist auch nicht der Fall, wenn sich

etwa beim Austausch des vorhandenen Teppichs gegen Parkett oder Laminat wegen Baumängeln beispielsweise Trittschallbrücken ergeben. Diese müssen natürlich beseitigt werden.

III. Gemeinschaftliches Eigentum

1. Überblick

Bauliche Veränderungen des gemeinschaftlichen Eigentums sind Maßnahmen, die über die ordnungsmäßige Erhaltung HINAUSGEHEN (siehe dazu das 10. Kapitel). Wer eine bauliche Veränderung vorhat, muss die anderen Wohnungseigentümer AUSNAHMSLOS um eine Erlaubnis oder um die Durchführung der Maßnahme durch die Gemeinschaft der Wohnungseigentümer bitten. Diese Entscheidung ist durch einen Beschluss zu klären.

Nachteil unerheblich
Ob man den anderen Wohnungseigentümern durch eine bauliche Veränderung einen Nachteil zufügen würde, ist – anders als bei der baulichen Veränderung des Sondereigentums – unerheblich.

2. Beschluss

Der Beschluss über eine bauliche Veränderung bedarf einer EINFACHEN Mehrheit. Notwendig, aber auch ausreichend sind also mehr „Ja"- als „Nein"-Stimmen. Die Wohnungseigentümer können etwas anderes vereinbaren.

WEG § 20 Absatz 1
Maßnahmen, die über die ordnungsmäßige Erhaltung des gemeinschaftlichen Eigentums hinausgehen (bauliche Veränderungen), können beschlossen oder einem Wohnungseigentümer durch Beschluss gestattet werden.

Der Beschluss kann auf zweierlei Weise gefasst werden. Zum einen können die Wohnungseigentümer die bauliche Veränderung beschließen. Zum anderen können Sie die bauliche Veränderung durch einen Beschluss gestatten.

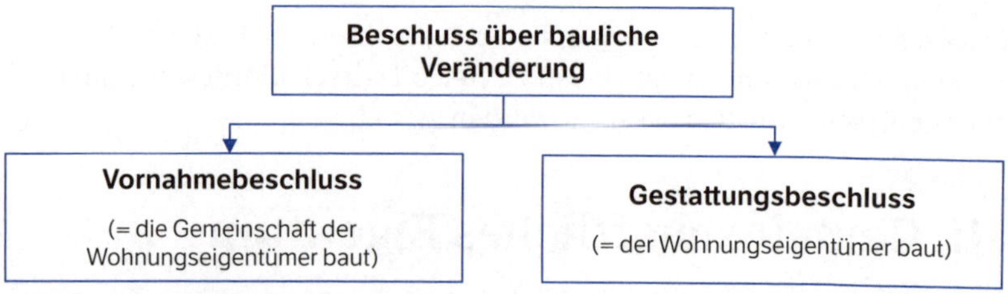

Beschluss über bauliche Veränderung

Bei der Antwort auf die Frage, ob die Wohnungseigentümer einem Wohnungseigentümer eine bauliche Veränderung GESTATTEN oder ob sie sich dazu entscheiden, diese zu BESCHLIESSEN mit der Folge, dass die Gemeinschaft der Wohnungseigentümer die bauliche Veränderung zu organisieren hat, haben die Wohnungseigentümer ein ERMESSEN. Die Wohnungseigentümer haben die Vor- und Nachteile abzuwägen, die in dem einen oder anderen Weg liegen. Überblick:

- VORNAHMEBESCHLUSS
  - Mit einem Vornahmebeschluss wird bestimmt, dass die Gemeinschaft der Wohnungseigentümer eine bauliche Veränderung selbst durchführt.
  - Die Wohnungseigentümer müssen dann festlegen, auf welche Art und Weise, durch wen, wann, aufgrund welcher vertraglichen Grundlagen die Gemeinschaft der Wohnungseigentümer durch ihre Organe mit welchen Mitteln handeln soll.
  - Die Gemeinschaft der Wohnungseigentümer muss einen Vertrag schließen. Dazu muss klar sein, mit wem (Angebote).
  - Die Gemeinschaft der Wohnungseigentümer muss zunächst die Mittel zum Bauen selbst aufbringen. Verlangt ein Wohnungseigentümer die bauliche Veränderung, kann allerdings bestimmt werden, dass er der Gemeinschaft der Wohnungseigentümer einen Vorschuss zu leisten hat.
  - Die Gemeinschaft der Wohnungseigentümer trifft die Bauaufsicht und die Pflicht zur Verkehrssicherung (durch den Verwalter).
  - Der Verwalter muss die Bauleistung abnehmen und gegebenenfalls Mängel verfolgen (bis hin zur Klage gegen den Werkunternehmer).
- GESTATTUNGSBESCHLUSS
  - Mit einem Gestattungsbeschluss wird erlaubt, dass ein Wohnungseigentümer eine bauliche Veränderung selbst durchführt.
  - Man kann das Konzept des bauwilligen Wohnungseigentümers ohne Bedingungen/ Auflagen gestatten.

- Die Wohnungseigentümer können von dem Konzept in der Regel aber auch abweichen und dem Bauwilligen vorgeben, wie er die bauliche Veränderung umzusetzen hat.

Fazit: Vornahmebeschluss
In der Regel bietet sich ein VORNAHMEBESCHLUSS nur dann an, wenn die Gemeinschaft der Wohnungseigentümer SELBST den Entschluss gefasst hat, zu bauen, beispielsweise die Fassade zu dämmen, die Außenanlagen umzubauen oder etwas zu errichten, beispielsweise Balkone.

Bittet hingegen ein Wohnungseigentümer die anderen Wohnungseigentümer darum, dass ihm eine bauliche Veränderung GESTATTET wird, will er zum Beispiel eine Ladestation oder eine Rollstuhlrampe errichten, sollte ihm dies auch bloß gestattet werden. Etwas anderes sollte nur dann gelten, wenn die Wohnungseigentümer die Kontrolle über die Durchführung der baulichen Veränderung nicht aus der Hand geben wollen. Diese Kontrolle erreichen sie in der Regel aber bereits dadurch, dass der bauwillige Wohnungseigentümer vor der Gestattung ein KONZEPT vorlegen muss, aus dem sich ALLE EINZELHEITEN ergeben. Nur dieses Konzept gestatten die Wohnungseigentümer. Bei Abweichungen muss also wieder ihre Zustimmung eingeholt werden.

3. Ordnungsmäßigkeit
Bauliche Veränderungen dürfen in 3 Fällen nicht beschlossen oder einem Wohnungseigentümer gestattet werden, wenn:

- die Wohnungseigentumsanlage durch eine bauliche Veränderung GRUNDLEGEND UMGESTALTET werden würde.
  - Der Begriff „Umgestaltung" ist sehr ENG zu verstehen. Er meint nicht den Anbau von Balkonen, die Aufstockung des Gebäudes oder einen Anbau. Keine Umgestaltung sind auch die Errichtung eines Personenaufzuges oder einer Rollstuhlrampe.
  - Der Bezugspunkt für die Frage, ob eine grundlegende Umgestaltung vorliegt, ist die GESAMTE Wohnungseigentumsanlage.
  - Eine grundlegende Umgestaltung soll nur im Ausnahmefall vorliegen und bei privilegierten Maßnahmen (siehe zu diesen näher 14. Kapitel › S. 248) zumindest typischerweise gar nicht anzunehmen sein.
- eine bauliche Veränderung einen Wohnungseigentümer ohne sein Einverständnis gegenüber anderen Wohnungseigentümern UNBILLIG BENACHTEILIGEN würde.
  - Ein Wohnungseigentümer wird gegenüber anderen Wohnungseigentümern unbillig benachteiligt, wenn die beabsichtigte

bauliche Veränderung für ihn zu einem beachtenswerten Nachteil führt (= Sonderopfer).
- die bauliche Veränderung im Übrigen NICHT ORDNUNGSMÄSSIG wäre.

Verstöße
Beschließen die Wohnungseigentümer dennoch eine bauliche Veränderung oder gestatten sie sie, ist der Beschluss anfechtbar, aber nicht nichtig.

4. Wiederaufbau

Das im gemeinschaftlichen Eigentum stehende Gebäude kann durch Naturkatastrophen,

- etwa einen Sturm,
- ein Hochwasser oder ein Feuer
- oder durch ein anderes Unglück, etwa eine Gasexplosion,

stark in Mitleidenschaft gezogen oder sogar vollständig zerstört werden. In allen Fällen werden die Wohnungseigentümer über bauliche Maßnahmen zur Instandsetzung eines teilweise beschädigten Gebäudes oder über einen WIEDERAUFBAU nachdenken müssen.

Ist das Gebäude zu MEHR als der Hälfte seines Wertes zerstört und ist der Schaden NICHT durch eine Versicherung oder in anderer Weise gedeckt, kann der Wiederaufbau aber weder beschlossen noch kann er von einem Wohnungseigentümer verlangt werden. Wollen die Wohnungseigentümer ein derart zerstörtes Gebäude wiederaufbauen, müssen sie das besonders VEREINBAREN. An einer Vereinbarung müssen sich sämtliche Wohnungseigentümer beteiligen.

Aufhebung der Gemeinschaft
Kein Wohnungseigentümer kann die Aufhebung der Gemeinschaft der Wohnungseigentümer verlangen. Etwas anderes gilt, wenn das Gebäude GANZ ODER TEILWEISE ZERSTÖRT wird, eine Verpflichtung zum Wiederaufbau nicht besteht und die Wohnungseigentümer für diesen Fall eine Aufhebung vereinbart haben. Fehlt es daran, bleibt die Gemeinschaft der Wohnungseigentümer bestehen, es sei denn, die Wohnungseigentümer vereinbaren nach der Zerstörung die Aufhebung oder allein die Auflösung entspräche ordnungsmäßiger Verwaltung.

5. Kosten und Nutzungen
Zu den Kosten einer baulichen Veränderung siehe im 6. Kapitel Umlageschlüssel › S. 155 und im 14. Kapitel Bauliche Veränderung: Anspruch › S. 259.

Die im Zusammenhang mit einer baulichen Veränderung stehenden Nutzungen sind im 5. Kapitel Nutzung › S. 129 und im 14. Kapitel Bauliche Veränderung: Anspruch › S. 259 dargestellt.

6. Anspruch auf bauliche Veränderung
Zum Anspruch auf eine bauliche Veränderung, etwa zur Errichtung einer Lademöglichkeit, findet sich die Darstellung im anschließenden 14. Kapitel.

7. Bausoll
Die Wohnungseigentümer können das Bausoll neu zu definieren. Hat der Bauträger seine Versprechungen nicht erfüllt, kann man beschließen, dass das Gebäude so, wie es steht und liegt, UNTER DEN WOHNUNGSEIGENTÜMERN nicht zu beanstanden ist. Auf diese Weise kann man einem Anspruch auf erstmalige ordnungsmäßige Herstellung (siehe 10. Kapitel Erhaltungsmaßnahmen › S. 196) aus dem Wege gehen.

Bauträgervertrag
Auf die Ansprüche eines Wohnungseigentümers aus dem Bauträgervertrag hat dieser Beschluss keine Auswirkungen.

IV. Sondernutzungsrechte

Für die Frage, ob ein Wohnungseigentümer auf einer Fläche oder in einem Raum, der einem Sondernutzungsrecht unterliegt, bauen darf, gelten die Ausführungen zum gemeinschaftlichen Eigentum ENTSPRECHEND.

Vereinbarung
Beim Sondereigentum wird es häufig eine Vereinbarung geben, die sich zur Zulässigkeit einer baulichen Veränderung äußert. Eine solche Zustimmung kann bereits Eingang in die Beschreibung des Sondernutzungsrechts gefunden haben (siehe 4. Kapitel Gebrauch › S. 108).

V. Dachgeschossausbau

In der Praxis stellt sich häufig die Frage, ob das DACHGESCHOSS einer Wohnungseigentumsanlage ausgebaut werden darf. Die Antwort lautet: ja. Eine solche Maßnahme ist möglich. Sie ist aber sehr komplex, da sie eine Vielzahl von Fragen berührt. Häufig muss umfassend in die Substanz des gemeinschaftlichen Eigentums eingegriffen werden, etwa

- durch den Einbau eines Dachfensters,
- von Gauben,
- durch Errichtung einer Dachterrasse oder eines Balkons.
- Ferner muss die neue „Einheit“ (= das neue Wohnungseigentum) in der Regel an die in der Wohnungseigentumsanlage vorhandenen Medien jeglicher Art angeschlossen werden, etwa Gas, Internet, Strom, Telefon und Wasser.
- Weiter stellen sich viele sachenrechtliche Fragen, unter anderem, ob das in der Regel bislang vorhandene gemeinschaftliche Eigentum in Sondereigentum oder ob Teil- in Wohnungseigentum umgewidmet werden kann oder ob ein Sondernutzungsrecht bestellt werden kann.

Zu klären ist auch, inwieweit der ausbauwillige Wohnungseigentümer das gemeinschaftliche Eigentum beim Ausbau selbst verwalten und ob er selbst bestimmen darf, wie etwa das Dach eingedeckt wird, und wer eigentlich die Kosten zu tragen hat, vor allem, aber nicht nur, wenn aus Anlass des Ausbaus Mängel des gemeinschaftlichen Eigentums offenbar werden, etwa Hausschwamm, oder wenn eine Behörde aus Anlass des Ausbaus erkennt, dass sich das gemeinschaftliche Eigentum „schon immer“ in einem ordnungswidrigen Zustand befand. Auch das öffentliche Recht kann eine Rolle spielen, beispielsweise kann der Brandschutz einen zweiten Rettungsweg erfordern.

Bei der Durchführung der Baumaßnahmen bedarf es dann einer Baufreiheit, das Wasser wird abgestellt, es entstehen Schmutz und Dreck, das Versicherungsrisiko erhöht sich und die Außenanlagen können in Mitleidenschaft gezogen werden.

Sachkunde einholen!
Der nicht abschließende Überblick zeigt, dass ein Dachgeschossausbau in der Regel nur dann möglich ist, wenn sich alle Wohnungseigentümer EINIG sind oder bereits der Bauträger den Dachausbau in der Gemein-

schaftsordnung umfassend vorbereitet hat. Im Wege von Beschlüssen das Notwendige zu regeln ist zwar vorstellbar, muss aber unbedingt sachkundig begleitet werden.

VI. Blockheizkraftwerk

1. Begriff

Ein Blockheizkraftwerk dient der gleichzeitigen Erzeugung von Strom und Wärme (so genannte Kraft-Wärme-Kopplung). Dabei wird mit einem Verbrennungsmotor zunächst mechanische Energie erzeugt und dann durch einen Generator in Strom umgewandelt. Die anfallende Abwärme des Generators und des Motors wird unmittelbar vor Ort zum Heizen des Gebäudes und für die Warmwasserbereitung in dem Gebäude verwendet. Der selbst erzeugte Strom wird in der Regel in das öffentliche Netz eingespeist, soweit er nicht selbst verbraucht wird (Herstellung und Verkauf des Stroms sind grundsätzlich als gewerbliche Tätigkeit zu beurteilen).

2. Vorhandenes Blockheizkraftwerk

Für die Frage, wer Eigentümer eines in der Wohnungseigentumsanlage vorhandenen Blockheizkraftwerkes ist, ist zu unterscheiden. Das Blockheizkraftwerk ist grundsätzlich ein wesentlicher Bestandteil des Gebäudes und steht damit im GEMEINSCHAFTLICHEN Eigentum. Es kann aber auch anders sein.

Was gilt, hängt nach zurzeit überwiegender Ansicht (auch) davon ab, welche Personen den vom Blockheizkraftwerk erzeugten Strom bzw. die Wärme verbrauchen sollen.

WESENTLICHER BESTANDTEIL
Bestandteile einer Sache, die voneinander nicht getrennt werden können, ohne dass der eine oder der andere zerstört oder in seinem Wesen verändert wird.
Zu den wesentlichen Bestandteilen eines Grundstücks gehören die mit dem Grund und Boden fest verbundenen Sachen, insbesondere Gebäude, sowie die Erzeugnisse des Grundstücks, solange sie mit dem Boden zusammenhängen. Samen wird mit dem Aussäen, eine Pflanze wird mit dem Einpflanzen wesentlicher Bestandteil des Grundstücks.
Zu den wesentlichen Bestandteilen eines Gebäudes gehören die zur Herstellung des Gebäudes eingefügten Sachen.

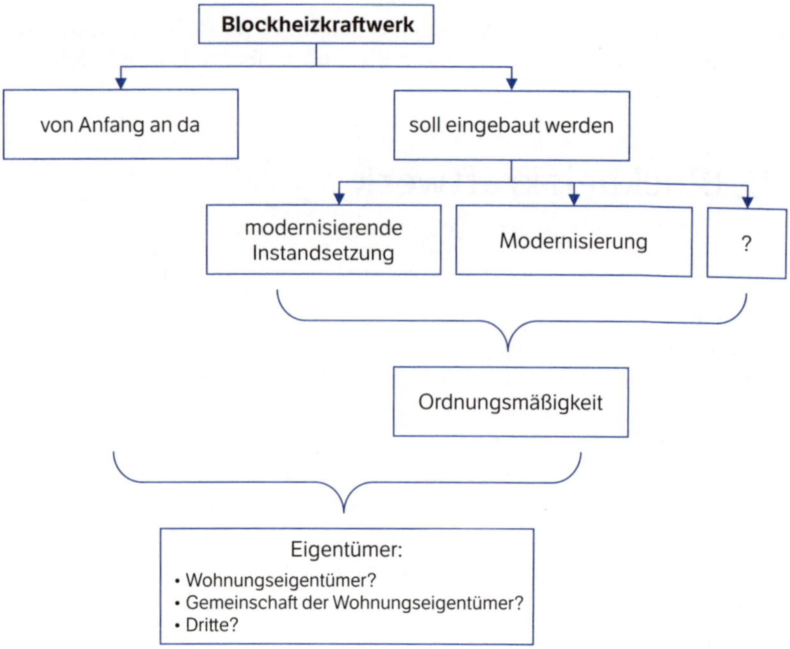

Überblick Eigentum Blockheizkraftwerk

CONTRACTING
Die Gemeinschaft der Wohnungseigentümer schließt mit einem gewerblichen Wärmelieferanten (dem Contractor) einen Wärmeliefervertrag im Sinne von § 2 der Verordnung über die Umstellung auf gewerbliche Wärmelieferung für Mietwohnraum (Wärmelieferverordnung). Beim Contracting errichtet und betreibt der Contractor die Energieanlage auf eigenes Risiko und auf eigene Kosten auf der Basis von langfristigen Energielieferverträgen mit der Gemeinschaft der Wohnungseigentümer.

Erhalten auch Dritte Strom bzw. Wärme, kann das Blockheizkraftwerk auch im Eigentum eines DRITTEN stehen. So liegt es sogar nach herrschender Ansicht in aller Regel beim Contracting.

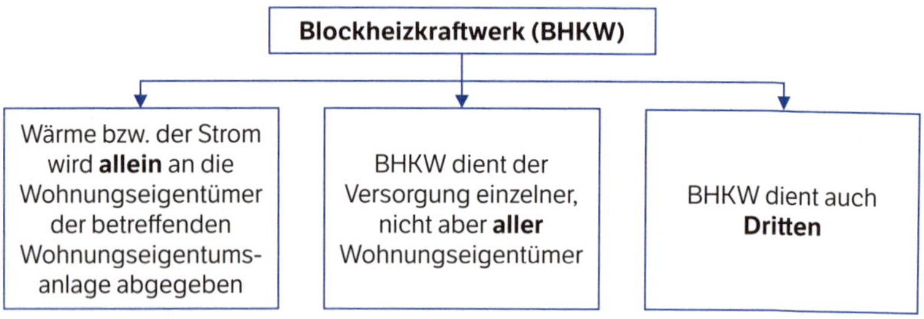

Überblick Verbrauch des erzeugten Stroms

3. Bauseitig kein Blockheizkraftwerk vorgesehen

Ist bauseitig kein Blockheizkraftwerk vorgesehen, können die Wohnungseigentümer den Einbau anstelle der vorhandenen Heizungsanlage vereinbaren, aber auch als bauliche Veränderung beschließen. Weder besteht ein Zwang zu einer solchen Vereinbarung oder einem Beschluss, noch könnte der Einbau erzwungen werden.

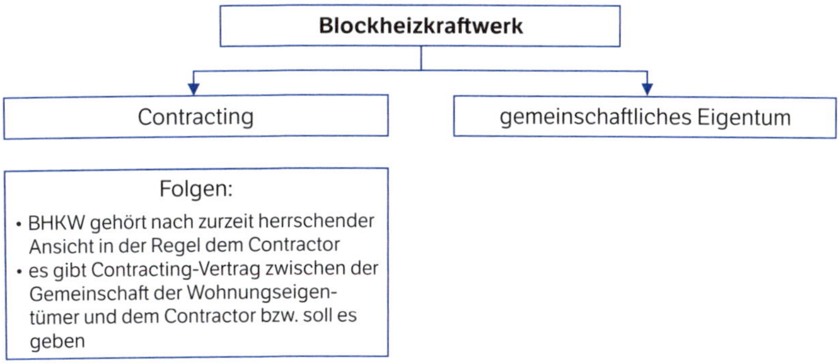

Überblick Contracting

Ist die bisherige Heizungsanlage reparaturbedürftig – oder droht das zeitnah –, können sich die Wohnungseigentümer für einen Einbau gegebenenfalls als modernisierende Erhaltung entscheiden, wenn dies wirtschaftlich ist.

4. Verwaltung

Steht das Blockheizkraftwerk im EIGENTUM DER WOHNUNGSEIGENTÜMER, ist dieses auch von IHNEN zu verwalten und zu erhalten. In diesem Falle ist es möglich, dass die Gemeinschaft der Wohnungseigentümer in Bezug auf das Blockheizkraftwerk nach außen Verträge schließt.

So kann es liegen, wenn der erzeugte Strom oder die erzeugte Wärme ganz oder teilweise, regelmäßig und nicht nur gelegentlich gegen Entgelt in das allgemeine Stromnetz eingespeist wird. Das Blockheizkraftwerk dient dann der nachhaltigen Erzielung von Einnahmen. Eine solche Tätigkeit begründet die Unternehmereigenschaft des „Betreibers“, also der Gemeinschaft der Wohnungseigentümer, auch wenn diese daneben nicht anderweitig unternehmerisch tätig ist.

Betreiber

„Betreiberin“ des Blockheizkraftwerkes ist ungeachtet dessen, dass das Blockheizkraftwerk den Wohnungseigentümern gehört, grundsätzlich die Gemeinschaft der Wohnungseigentümer. Vorstellbar wäre allerdings auch, dass die Wohnungseigentümer – über die Gemeinschaft der Wohnungseigentümer – das Blockheizkraftwerk an eine Gesellschaft, etwa eine Gesellschaft bürgerlichen Rechts oder eine GmbH, vermieten. Dann wäre diese Betreiberin.

Liefert die Gemeinschaft der Wohnungseigentümer Strom oder Wärme an Dritte, wird sie Betriebseinnahmen erzielen. Zu den Betriebseinnahmen können unter anderem Vergütungen bzw. Zuschläge für den in das öffentliche Netz eingespeisten Strom gehören, Vergütungen anlässlich der Lieferung von Strom und Wärme an Dritte, eventuelle Mineralölsteuererstattungen nach dem Mineralölsteuergesetz, vereinnahmte Umsatzsteuer sowie Umsatzsteuererstattungen (gegebenenfalls anteilig) – sofern die Gemeinschaft der Wohnungseigentümer als Unternehmerin anzusehen ist und die Kleinunternehmerregelung nicht in Anspruch nimmt. Die Betriebseinnahmen stehen wirtschaftlich den Wohnungseigentümern zu.

Checkliste: Betriebsausgaben

Als Betriebsausgaben kommen etwa in Betracht:

- ☐ Aufwendungen für den Einkauf von Brennstoff für das Betreiben des Motors (gegebenenfalls anteilig),
- ☐ Reparatur- und Wartungskosten (gegebenenfalls anteilig),
- ☐ Finanzierungskosten (gegebenenfalls anteilig),
- ☐ Vorsteuer (gegebenenfalls anteilig), sofern die Gemeinschaft der Wohnungseigentümer als Unternehmer anzusehen ist und die Kleinunternehmerregelung nicht in Anspruch nimmt,
- ☐ und Absetzungen für Abnutzung beziehungsweise Erhaltungsaufwand (gegebenenfalls anteilig).

VII. Fotovoltaik

1. Überblick

Die Wohnungseigentümer haben das Recht, sich durch einen Beschluss über eine bauliche Veränderung für die Einführung von Fotovoltaik zu entscheiden.

FOTOVOLTAIK
Unter Fotovoltaik versteht man die direkte Umwandlung von Lichtenergie in elektrische Energie mittels Solarzellen.

Der Betrieb von Fotovoltaik-Anlagen ist ÖKOLOGISCH SINNVOLL und kann für Wohnungseigentümer BETRIEBSWIRTSCHAFTLICH LOHNEND sein. Die konkrete Amortisationszeit ist abhängig vom Jahr der Inbetriebnahme, der Sonneneinstrahlung, der Ausrichtung und Dachneigung (20^0 bis 35^0), sowie dem Anteil der Fremdfinanzierung.

Öffentliches Recht

In der Regel sind Fotovoltaik-Anlagen nicht baugenehmigungspflichtig. Im Einzelfall kann es hingegen zu Konflikten mit dem Denkmalschutz kommen. In jedem Fall empfiehlt es sich, mit der zuständigen Behörde in Kontakt zu treten, um Unklarheiten zu beseitigen. Der Betreiber einer Fotovoltaik-Anlage (siehe dazu zum Blockheizkraftwerk; das dort Ausgeführte gilt entsprechend) bezieht Einkünfte aus Gewerbebetrieb. Eine Gewerbeanmeldung ist meist aber nicht notwendig. Private Fotovoltaik-Anlagen in einer üblichen Größe werden normalerweise als „Bagatelle" eingeordnet und entsprechen grundsätzlich nicht dem „Gesamtbild" der unternehmerischen Tätigkeit. In Zweifelsfragen sollte man sich an das zuständige Ordnungsamt wenden, um nähere Informationen zu bekommen. Die Finanzämter haben im Übrigen eine Verfügung erlassen, nach welcher jeder, der regelmäßig mehr als 50 % seines erzeugten Stroms in das Netz der Netzbetreiber einspeist, umsatzsteuerpflichtig ist.

2. Eigentum

Zum Eigentum an der Fotovoltaik-Anlage gelten die Ausführungen zum Blockheizkraftwerk entsprechend. Allerdings wird hier sogar wohl überwiegend diskutiert, ob die Fotovoltaik-Anlage „Zubehör" des Grundstücks sein kann – was weitere Probleme aufwirft. Wie dort gilt, dass die Wohnungseigentümer zum Betrieb der Fotovoltaik-Anlage eine Gesellschaft gründen können. Diese kann die Fotovoltaik-Anlage betreiben, was bei Steuern und bei der Finanzierung Vorteile haben kann; ob es so ist, ist eine Frage des Einzelfalls.

3. Sondernutzungsrecht

Die Wohnungseigentümer können einem der Wohnungseigentümer an einer Fotovoltaik-Anlage ein Sondernutzungsrecht einräumen. Dies kommt nicht nur, aber vor allem für ein Dach in Betracht.

Sondernutzungsrecht Fotovoltaik-Anlage

Dem jeweiligen Eigentümer des Wohnungseigentums ___ wird das Recht eingeräumt, auf der ___ Dachfläche ___ [genaue Beschreibung mit Lageplan] eine Fotovoltaik-Anlage auf seine Kosten und Gefahr zu errichten sowie die dazugehörigen technischen Nebenanlagen, Kabel- und Einspeisevorrichtungen am bzw. im gemeinschaftlichen Eigentum des Hauses zu installieren und auf unbeschränkte Zeit vorzuhalten sowie diese Fotovoltaik-Anlage zur Erzeugung von elektrischem Strom zu nutzen und diesen Strom für eigene Rechnung entgeltlich oder unentgeltlich in das Stromnetz einzuspeisen.

4. Vermietung/Verpachtung
Ferner können die Wohnungseigentümer einem Dritten das Dach der Wohnungseigentumsanlage oder eine Freifläche im Rahmen eines Gewerberaummietvertrags vermieten oder verpachten („Fotovoltaik-Anlagenpachtmodelle").

Ein solcher Vertrag wird häufig durch eine Fotovoltaik-Dienstbarkeit begleitet. Diese soll das Gebrauchsrecht des Anlagenbetreibers aus dem Mietvertrag dinglich absichern. Vorsorge soll dagegen getroffen werden, dass jemand das Grundstück im Anschluss an die Eröffnung des Insolvenzverfahrens über das Vermögen des Grundstückseigentümers von dem Insolvenzverwalter erwirbt und den Miet- oder Pachtvertrag kündigt oder dass jemand im Rahmen der Zwangsversteigerung über das Grundstück das Eigentum durch Zuschlag erwirbt und im Anschluss den Miet- oder Pachtvertrag gegenüber dem Anlagenbetreiber kündigt. Im Wohnungseigentumsrecht stellen sich beide Probleme nicht. Allerdings kann die Bank des Anlagenbetreibers ein Interesse haben.

Bestellung
Die Wohnungseigentümer können eine Fotovoltaik-Dienstbarkeit nicht beschließen. Handeln muss jeder Wohnungseigentümer für sich.

VIII. Unzulässige bauliche Veränderung

Hat ein Wohnungseigentümer eine bauliche Veränderung ohne einen Beschluss vorgenommen, der ihm diese erlaubt, stört er die anderen Wohnungseigentümer und muss die bauliche Veränderung grundsätzlich BESEITIGEN und ZURÜCKBAUEN.

Mieter
Nichts anderes gilt, wenn ein Mieter die Veränderung vorgenommen hat. So liegt es zum Beispiel, wenn ein Mieter an der Fassade ein Klimagerät anbaut.

Diesen Anspruch hat die Gemeinschaft der Wohnungseigentümer durchzusetzen. Wenn allerdings ein Wohnungseigentümer durch die bauliche Veränderung in seinem SONDEREIGENTUM eine Störung erfährt, beispielsweise nachteilige Geräusche, kann er allein vorgehen.

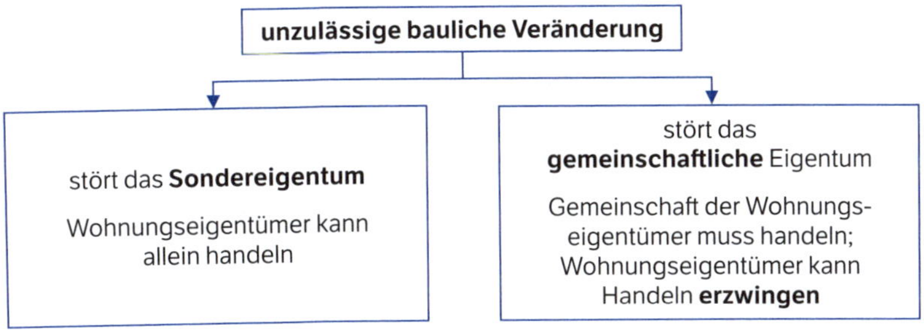

Vorgehen gegen unzulässige bauliche Veränderung

IX. Muster

Hinweis auf unzulässige bauliche Veränderung

Wohnungseigentümer ___ (Name) wird darauf hingewiesen, dass die von ihm vorgenommene bauliche Veränderung, nämlich ___ (genaue Beschreibung), von Gesetzes wegen unzulässig ist. Er wird darauf hingewiesen, dass die Wohnungseigentümer beabsichtigen, gegen ihn durch die Gemeinschaft der Wohnungseigentümer Klage zu erheben, wenn er die bauliche Veränderung nicht freiwillig bis zum ___ beseitigt hat.

Muster: Entfernung einer baulichen Veränderung

(1) Wohnungseigentümer ___ (Name, Adresse) wird aufgefordert, bis zum ___ (Datum) ___ zu entfernen.

(2) Der Verwalter wird ermächtigt, namens der Gemeinschaft der Wohnungseigentümer Rechtsanwalt ___ mit einer Klage gegen Wohnungseigentümer ___ (Name, Adresse) zu beauftragen. Er soll verklagt werden, ___. Der Auftrag ist für sämtliche Instanzen zu erteilen.

(3) Für die Finanzierung der Klage wird eine Sonderumlage in Höhe von ___ erhoben. Umlageschlüssel ist die Größe der Miteigentumsanteile. Auf die einzelnen Wohnungseigentümer entfallen damit die Beträge, die in der Anlage 1 zur Niederschrift aufgeführt sind.

(4) Sollte es zu keiner Klage kommen, wird der Verwalter angewiesen, die Mittel der Sonderumlage für spätere mögliche Klagen abzusondern und in einer Rücklage für Klagen anzusammeln.

X. Verfahrensrechte

- Will ein Wohnungseigentümer gegen einen Beschluss über eine bauliche Veränderung vorgehen, kann er gegen die Gemeinschaft der Wohnungseigentümer eine Anfechtungsklage erheben. Alternativ ist eine Nichtigkeitsklage vorstellbar.
- Will ein Wohnungseigentümer gegen eine bauliche Veränderung vorgehen, die nicht beschlossen ist, ist gegen die Gemeinschaft der Wohnungseigentümer auf Leistung zu klagen. Ist das Sondereigentum betroffen, kann der Wohnungseigentümer unmittelbar den Störer auf Unterlassung/Beseitigung verklagen.

Zusammenfassung

- Die Wohnungseigentümer müssen über jede bauliche Veränderung des gemeinschaftlichen Eigentums einen Beschluss fassen.
- Ohne diese Legitimation ist jede bauliche Veränderung unrechtmäßig.
- Ob die anderen Wohnungseigentümer einen Nachteil haben, ist unerheblich.

14

Bauliche Veränderung: Anspruch

Das Kapitel erläutert, wann ein Wohnungseigentümer verlangen kann, dass ihm die anderen Wohnungseigentümer eine bauliche Veränderung erlauben. Ferner werden hier die im Zusammenhang mit diesem Verlangen stehenden Kosten und Nutzungen dargestellt.

14. Bauliche Veränderung: Anspruch

I. Überblick

Das Gesetz nennt 4 bauliche Veränderungen, die jeder Wohnungseigentümer VERLANGEN kann. Ferner hat ein Wohnungseigentümer ein Recht auf eine bauliche Veränderung, wenn

- durch sie keine Nachteile entstehen oder
- diese akzeptiert werden.

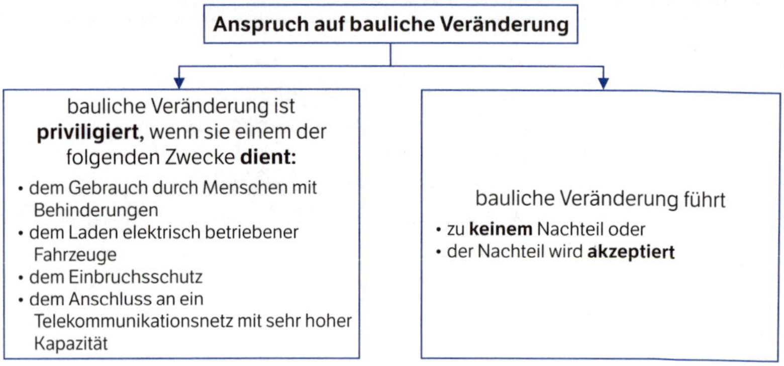

Anspruch auf bauliche Veränderung

II. Privilegierte bauliche Veränderungen

1. Allgemeines

Jeder Wohnungseigentümer kann bestimmte bauliche Veränderungen VERLANGEN, wenn sie einem der im Folgenden näher beschriebenen 4 Zwecke dienen.

WEG § 20 Absatz 2

Jeder Wohnungseigentümer kann angemessene bauliche Veränderungen verlangen, die
1. dem Gebrauch durch Menschen mit Behinderungen,
2. dem Laden elektrisch betriebener Fahrzeuge,
3. dem Einbruchsschutz und

4. dem Anschluss an ein Telekommunikationsnetz mit sehr hoher Kapazität
dienen. Über die Durchführung ist im Rahmen ordnungsmäßiger Verwaltung zu beschließen.

Diese Rechtslage berechtigt einen Wohnungseigentümer allerdings nicht, diese Maßnahmen durchzuführen, OHNE die anderen Wohnungseigentümer zu beteiligen: Auch über die Durchführung privilegierter baulicher Veränderung müssen die Wohnungseigentümer stets beschließen (Vornahme- oder Gestattungsbeschluss).

Dies meint, dass die Wohnungseigentümer die bauliche Veränderung nach ihrer Wahl durch einen Beschluss GESTATTEN oder sich dazu entscheiden können, dass die GEMEINSCHAFT DER WOHNUNGSEIGENTÜMER die privilegierte bauliche Veränderung für den Wohnungseigentümer DURCHFÜHRT, der sie verlangt (siehe dazu näher im 13. Kapitel Bauliche Veränderung: Beschluss).

Umsetzung
Der privilegierte Wohnungseigentümer muss sein Verlangen gegenüber der Gemeinschaft der Wohnungseigentümer AUSSPRECHEN, die in der Regel von einem Verwalter vertreten wird. Einer besonderen Form bedarf es nicht. Der Vertreter der Gemeinschaft der Wohnungseigentümer hat dann einen entsprechenden Beschlussvorschlag in die Tagesordnung der nächsten Versammlung aufzunehmen und/oder einen Beschluss außerhalb der Versammlung zu initiieren.

Die Wohnungseigentümer sind sowohl bei einem Vornahme-, als auch bei einem Gestattungsbeschluss berechtigt, über die Art und Weise der privilegierten baulichen Veränderung MITZUBESTIMMEN. Sie können im Rahmen des Interessenausgleichs und ihres Ermessens beispielsweise die folgenden BEDINGUNGEN UND/ODER AUFLAGEN aufstellen:

EXPERTENRAT
Die Gemeinschaft sollte sich hier stets beraten lassen.

- Bei einem Vornahmebeschluss können die Wohnungseigentümer bestimmen, dass der bauwillige Wohnungseigentümer der Gemeinschaft der Wohnungseigentümer einen angemessenen KOSTENVORSCHUSS leisten muss.
- Die Wohnungseigentümer können VORGABEN für die bauliche Durchführung machen, etwa die Verwendung bestimmter Materialien oder die Vorgabe, Kabel unter Putz zu verlegen. Es kann auch bestimmt werden, welche Wallbox eingesetzt wird. Ohne diese Vorgabe droht gegebenenfalls ein „Wallbox-Patchwork“, bei dem ein Lastmanagement nicht betriebssicher gewährleistet ist.

- Die Wohnungseigentümer können verlangen, dass alle Verträge, die der bauwillige Wohnungseigentümer schließt, Verträge zu GUNSTEN der Gemeinschaft der Wohnungseigentümer sein müssen.
- Die Wohnungseigentümer können bestimmen, dass beispielsweise eine Lademöglichkeit oder eine Maßnahme für einen barrierefreien Zugang an einem UNAUFFÄLLIGEN, aber technisch geeigneten Ort installiert wird.
- Die Wohnungseigentümer können verlangen, dass die bauliche Veränderung baurechtlich und DENKMALSCHUTZRECHTLICH zulässig ist.
- Die Wohnungseigentümer können bestimmen, dass die bauliche Veränderung durch einen FACHMANN durchgeführt wird, um eine Beschädigung oder eine erhöhte Reparaturanfälligkeit des gemeinschaftlichen Eigentums zu vermeiden.
- Die Wohnungseigentümer können bestimmen, dass der Begünstigte ein etwaiges Haftungsrisiko durch eine VERSICHERUNG abdeckt und/oder SICHERHEIT für die voraussichtlichen Kosten des Rückbaus einer Anlage erbringt.

Grenzen

DIN 18040-2
Fraglich ist etwas, ob eine Beachtung der DIN 18040-2 immer verlangt werden kann.

Die Entscheidungsmacht der Wohnungseigentümer ist nicht schrankenlos. Da der verlangende Wohnungseigentümer einen Anspruch besitzt, geht es nicht um das „Ob“, sondern allein um das „Wie“ einer privilegierten baulichen Veränderung. Die Wohnungseigentümer sind mithin nicht berechtigt, durch eine Bedingung und/oder Auflage den Anspruch auf eine privilegierte bauliche Veränderung DER SACHE NACH ZU VEREITELN. Ferner müssen die Bedingungen und/oder Auflagen einer ordnungsmäßigen Verwaltung entsprechen. Hieran fehlt es beispielsweise, wenn die Wohnungseigentümer für die bauliche Veränderung einen Ort oder eine Art und Weise ihrer Durchführung bestimmen, die den grundrechtlich geschützten Interessen des Anspruchstellers nicht gerecht wird.

2. Menschen mit Behinderungen

Eine bauliche Veränderung, die dem Gebrauch durch Menschen mit Behinderungen dient, ist beispielsweise

HUBLIFT
Die Alternative zur Rollstuhlrampe ist ein Hublift.

- der Einbau einer Rollstuhlrampe im Eingangsbereich;
- der Anbau eines weiteren Handlaufs;
- die Aufstellung einer Rollatorenbox;
- der Anbau eines Schrägliftes im Treppenhaus;
- angeschrägte Setzstufen;
- Stufenmarkierungen;

- Anwendung des 2-Sinne-Prinzips, etwa Brailleschrift, Akustik- und Lichtsignale (der barrierefreie Gebrauch von Gebäuden erfordert eine Informationsübermittlung, die mindestens 2 der 3 Sinne Sehen, Hören und Tasten anspricht);
- der Einbau eines Treppenliftes nebst notwendiger neuer Treppenausführung;
- der Einbau eines Personenaufzugs.

Keine dienende Maßnahme ist hingegen die bloße Gewährung eines Stellplatzes oder die Zurverfügungstellung eines Platzes für eine Unterstellmöglichkeit eines Elektromobils. Hierbei handelt es sich jeweils NICHT um bauliche Veränderungen.

Menschen mit Behinderungen
Menschen mit Behinderungen sind Menschen, die körperliche, seelische, geistige oder Sinnesbeeinträchtigungen haben, die sie in Wechselwirkung mit einstellungs- und umweltbedingten Barrieren an der gleichberechtigten Teilhabe an der Gesellschaft mit hoher Wahrscheinlichkeit länger als sechs Monate hindern können.

Eine Beeinträchtigung liegt vor, wenn der Körper- und Gesundheitszustand von dem für das Lebensalter typischen Zustand abweicht. Menschen sind von Behinderung bedroht, wenn eine Beeinträchtigung nach Satz 1 zu erwarten ist.

Gemeinschaftliches Eigentum im Bereich des Sondereigentums
Die Notwendigkeit, die anderen Wohnungseigentümer zu beteiligen und einen Beschluss fassen zu lassen, besteht auch dann, wenn sich das gemeinschaftliche Eigentum im Bereich des Sondereigentums befindet, etwa wenn

- ein Türausschnitt in einer tragenden Wand verbreitert werden muss und aus diesem Grunde in die Statik des Gebäudes eingegriffen wird, oder
- barrierefreie Übergänge für Terrassen und Balkone durch das Beseitigen von Türschwellen geschaffen werden müssen.

3. Laden elektrisch betriebener Fahrzeuge

Hat ein Wohnungseigentümer ein elektrisch betriebenes Fahrzeug, wird er darüber nachdenken, ob er dieses auch oder sogar vor allem im Bereich der Wohnungseigentumsanlage aufladen kann.

ELEKTRISCH BETRIEBENES FAHRZEUG
Ein elektrisch betriebenes Fahrzeug ist
- ein reines Batterieelektrofahrzeug,
- ein von außen aufladbares Hybridelektrofahrzeug oder
- ein Brennstoffzellenfahrzeug.

Dazu bedarf es – ist die Lademöglichkeit nicht bereits bauseitig hergestellt worden – der Erstellung einer LADEMÖGLICHKEIT : entweder eine für alle Wohnungseigentümer zugängliche Ladesäule oder Ladesäulen, die nur einem einzelnen Kfz-Stellplatz dienen.

Ladestationen
Inzwischen wird auf dem Markt eine Vielzahl an Ladestationen angeboten, bei denen der Abrechnungsservice gleich integriert ist. Eine „Wallbox" mit 22 kW und Abrechnungsservice kostet ab ca. 1.200 EUR (ohne Installation).

Um sich eine Lademöglichkeit zu verschaffen, muss derjenige, dem als Teileigentum ein Kfz-Stellplatz zugewiesen ist, regelmäßig auf Teile des gemeinschaftlichen Eigentums baulich einwirken. Einfach ist es, wenn die Gemeinschaftsordnung dieses Recht bereits vermittelt (das wäre auch für ein Sondernutzungsrecht vereinbar). Bestehen diese Vereinbarungen nicht, hat er einen ANSPRUCH AUF EINE BAULICHE VERÄNDERUNG, die dem Laden elektrisch betriebener Fahrzeuge dient. Dies ist eine Einrichtung, die zum Aufladen elektrisch betriebener Fahrzeuge geeignet und bestimmt ist.

Mögliche Einrichtungen
In Betracht kommen für Garagenstellplätze zurzeit vor allem die einfache Ladesteckdose (Haushaltssteckdose) und Wallboxen sowie für den Außenbereich Ladesäulen.

Der Anspruch UMFASST

- die Anbringung eines Ladepunktes oder einer Ladestation an der Wand,
- aber auch die Ladeinfrastruktur, also
  - die Summe aller elektrotechnischen Verbindungen, Mess-, Steuer- und Regelungseinrichtungen, einschließlich Überstrom- und Überspannungsschutzeinrichtungen, die zur Installation, zum Betrieb und zur Steuerung von Ladepunkten für die Elektromobilität notwendig sind, sowie die „Leitungsinfrastruktur",
  - mithin die Gesamtheit aller Leitungsführungen zur Aufnahme von elektro- und datentechnischen Leitungen in Gebäuden oder im räumlichen Zusammenhang von Gebäuden vom Stellplatz über den Zählpunkt eines Anschlussnutzers bis zu den Schutzelementen.

Der Anspruch beschränkt sich nicht auf die ERSTEINRICHTUNG eines Ladepunktes oder einer Ladestation, sondern betrifft auch deren VERBESSERUNG, etwa durch die Installation eines Lastmanagementsystems oder die Erweiterung der Hausanschlussleistung.

Gebäude-Elektromobilitätsinfrastruktur-Gesetz

Ein Gebäude-Elektromobilitätsinfrastruktur-Gesetz sieht vor, dass bei Neubau oder „größerer Renovierung" von Wohngebäuden mit mehr als 10 Stellplätzen künftig jeder Stellplatz – in Nichtwohngebäuden jeder 5. Stellplatz – mit Schutzrohren für Elektrokabel auszustatten ist. Zusätzlich ist in Nicht-Wohngebäuden mindestens 1 Ladepunkt zu errichten. Bis 1. Januar 2025 ist jedes Nichtwohngebäude mit mehr als 20 Stellplätzen zudem mit 1 Ladepunkt oder mehr auszustatten (Ladesäulenpflicht).

Folgefragen

Werden mehrere Kraftfahrzeuge (Kfz) an das im gemeinschaftlichen Eigentum stehende Stromnetz angeschlossen und über Stunden betankt, ist das Stromnetz schnell überlastet. An einer „Schuko-Dose" (Schuko steht für „SCHutz-KOntakt" und bezeichnet ein System von Steckern und Steckdosen) lädt man über Nacht ca. 24 kWh, also genug für (reale) 100 km nach. Erheblich schneller geht es mit 16 A/400 V Drehstrom (11kW), da lädt man über Nacht voll – 50 km Reichweite pro Stunde. Die mögliche Ladeleistung wird durch die freie Kapazität des Hauses BEGRENZT. Eine normale Haussicherung mit 35A liefert 24.150 Watt = 24kW. Das ist zu wenig, um ein E-Auto mit 22kW zu laden; wenn gleichzeitig ein Herd oder Wasserkocher eingeschaltet wird, wird mindestens eine Phase überlastet. Durch LASTMANAGEMENTSYSTEME kann diesem Problem begegnet werden. Dies bedeutet Maßnahmen zur Anpassung des elektrischen Leistungsbedarfes an die verfügbaren Kapazitäten. Ferner muss in der Regel der Stromverbrauch gemessen werden. Der entnommene Strom kann etwa mittels RFID-Chipkarten oder entsprechender RFID-Anhänger abgerechnet werden.

Verlangen mehrere Wohnungseigentümer die Erstellung einer Lademöglichkeit, muss die Gemeinschaft der Wohnungseigentümer die Wünsche durch Beschluss KOORDINIEREN.

Bestehende Lademöglichkeit

Besteht bereits eine Lademöglichkeit, hat ein Wohnungseigentümer einen Anspruch auf Mitnutzung (siehe 4. Kapitel Gebrauch › S. 105).

4. Einbruchsschutz
Der Begriff „Einbruchsschutz" meint technische Vorrichtungen, welche darauf abzielen, das Sondereigentum oder die Wohnungseigentumsanlage gegen das Eindringen oder Einbrechen Unbefugter zu schützen.

Checkliste: Einbruchsschutz
Eine solche technische Vorrichtung können beispielsweise sein:

- ☐ eine Alarmanlage,
- ☐ Rollläden,
- ☐ eine Schließanlage,
- ☐ eine Schrankenanlage,
- ☐ Schutzgitter vor den Fenstern einer Parterrewohnung,
- ☐ eine Stahlgittertür vor der Wohnungseingangstür,
- ☐ eine einbruchhemmende Verglasung,
- ☐ eine Videoanlage (siehe dazu auch 4. Kapitel Gebrauch › S. 98),
- ☐ ein Zaun.

5. Anschluss an ein Telekommunikationsnetz
Ein „Netz mit sehr hoher Kapazität" ist

- entweder ein elektronisches Kommunikationsnetz, das komplett aus Glasfaserkomponenten – zumindest bis zum Verteilerpunkt am Ort der Nutzung – besteht, oder
- ein elektronisches Kommunikationsnetz, das zu üblichen Spitzenlastzeiten eine ähnliche Netzleistung in Bezug auf die verfügbare Down- und Uplink-Bandbreite, Ausfallsicherheit, fehlerbezogene Parameter, Latenz und Latenzschwankung bieten kann.

6. Parabolantenne
Ein Wohnungseigentümer kann nach der bisherigen Rechtsprechung einen Anspruch auf die FESTE MONTAGE EINER PARABOLANTENNE haben (ob eine mobile Parabolantenne erlaubt ist, ist grundsätzlich eine Frage des Gebrauchs des gemeinschaftlichen Eigentums, nicht des Bauens am gemeinschaftlichen Eigentum; im Einzelnen ist hier allerdings vieles streitig).

Gegebenenfalls neue Rechtslage
Ob an diesem Denken nach dem 1. Dezember 2020, dem Inkrafttreten der WEG-Reform, festgehalten werden kann, ist noch ungeklärt, da das Gesetz Parabolantennen nicht extra erwähnt und nicht privilegiert.

Ob ein Wohnungseigentümer die Anbringung einer festen Parabolantenne verlangen kann, ist durch eine FALLBEZOGENE ABWÄGUNG jeweils grundrechtlich geschützter Interessen zu beantworten. Auf Seiten des Wohnungseigentümers, der einen Anspruch auf Errichtung einer Satellitenempfangsanlage geltend macht, streitet etwa sein Eigentums- und sein Informationsrecht. Dem steht auf Seiten der widersprechenden Wohnungseigentümer deren durch die Duldung einer solchen Anlage berührtes Eigentumsrecht gegenüber.

Deutsche Wohnungseigentümer

Für die Abwägung ist grundsätzlich unerheblich, ob es sich um einen ausländischen oder deutschen Wohnungseigentümer handelt. Hat etwa ein Wohnungseigentümer seine ausländische Staatsangehörigkeit aufgegeben und die deutsche Staatsangehörigkeit angenommen, schränkt dieses den Schutz des Informationsinteresses, ausländische Fernsehsender zu empfangen, nicht ein.

Bei der Abwägung, ob eine Parabolantenne zulässig ist, kommt auch der FREIHEIT DER RELIGIONSAUSÜBUNG und in deren Rahmen der Ermöglichung der Teilnahme an gottesdienstlichen Handlungen ein besonderer Stellenwert zu. Dieses gilt insbesondere dann, wenn einem Wohnungseigentümer die persönliche Teilnahme an Gottesdiensten nicht möglich ist und Fernsehsender, die regelmäßig gottesdienstliche Handlungen ausstrahlen, nur über Satelliten zu empfangen sind.

Dem Anspruch auf Anbringung einer Parabolantenne können ein VORHANDENER KABEL- oder ein INTERNETANSCHLUSS entgegenstehen. Selbst bei einem vorhandenen Kabelanschluss kann aber ein besonderes Informationsinteresse oder ein religiöses Interesse die Installation einer Parabolantenne rechtfertigen. Das trifft insbesondere – aber nicht nur – auf Wohnungseigentümer mit ausländischer Staatsangehörigkeit zu, deren Heimatprogramme nicht oder nur in geringer Zahl in das deutsche Kabelnetz eingespeist werden.

Direktionsrecht der anderen Wohnungseigentümer

Auch wenn ein Anspruch auf eine Parabolantenne besteht, zielt der Anspruch nur darauf, die Antenne an einem zum Empfang geeigneten Ort zu installieren, an dem sie den optischen Gesamteindruck des Gebäudes möglichst wenig stört. Bei der Auswahl zwischen mehreren geeigneten Standorten steht den übrigen Wohnungseigentümern ein MITBESTIMMUNGSRECHT zu. Einem Wohnungseigentümer ist es daher auch bei einem Anspruch auf Errichtung einer Parabolantenne verwehrt, eine Parabolantenne eigenmächtig zu installieren.

7. Modernisierungen

Ein Wohnungseigentümer hat KEINEN Anspruch darauf, dass das gemeinschaftliche Eigentum modernisiert wird, beispielsweise durch Maßnahmen für den Klimaschutz (siehe dazu näher 13. Kapitel Bauliche Veränderung: Beschluss). Die anderen Wohnungseigentümer können zu einer Modernisierung des gemeinschaftlichen Eigentums also NICHT gegen ihren Willen GEZWUNGEN werden.

Modernisierende Erhaltung

Geht es bei einer Maßnahme nicht um eine Modernisierung, sondern nur um eine „modernisierende Erhaltung", kann ein Wohnungseigentümer hingegen einen Anspruch auf Verbesserung des gemeinschaftlichen Eigentums haben. Das kann auch der Fall sein, um etwa den Anforderungen des Gebäudeenergiegesetzes oder anderer gesetzlicher Vorschriften gerecht zu werden.

8. Klimaschutz

Ein Wohnungseigentümer hat nach dem Wortlaut des Gesetzes keinen Anspruch auf bauliche Veränderungen für den Klimaschutz. Ob die Rechtsprechung diese Rechtslage anders beurteilt, bleibt abzuwarten.

9. Mieter

Der Mieter kann verlangen, dass ihm der vermietende Wohnungseigentümer bauliche Veränderungen der Mietsache erlaubt, die

- dem Gebrauch durch Menschen mit Behinderungen,
- dem Laden elektrisch betriebener Fahrzeuge oder
- dem Einbruchsschutz dienen.

BGB § 554

Der Mieter kann verlangen, dass ihm der Vermieter bauliche Veränderungen der Mietsache erlaubt, die dem Gebrauch durch Menschen mit Behinderungen, dem Laden elektrisch betriebener Fahrzeuge oder dem Einbruchsschutz dienen. Der Anspruch besteht nicht, wenn die bauliche Veränderung dem Vermieter auch unter Würdigung der Interessen des Mieters nicht zugemutet werden kann. Der Mieter kann sich im Zusammenhang mit der baulichen Veränderung zur Leistung einer besonderen Sicherheit verpflichten; § 551 Absatz 3 gilt entsprechend.

Mietsache ist die Mietwohnung, aber auch Orte bloßen Mitgebrauchs, etwa das Treppenhaus oder die Wege.

Abwägung
Der Anspruch besteht nicht, wenn die bauliche Veränderung dem Vermieter auch unter Würdigung der Interessen des Mieters NICHT ZUGEMUTET werden kann. Auf Seiten des Vermieters können eine Rolle spielen

- das Konservierungsinteresse,
- dass er gegebenenfalls Rechtsbeziehungen zu Dritten hat, etwa zu anderen Mietern, und
- das Rückbaurisiko.

Der Mieter kann sich zur Leistung einer besonderen Sicherheit verpflichten. Dann ist ein Rückbaurisiko nicht erkennbar.

Zur Umsetzung eines Anspruchs des Mieters muss der Wohnungseigentümer die anderen Wohnungseigentümer um einen Beschluss bitten und diesen gegebenenfalls erzwingen.

III. Nicht nachteilige bauliche Veränderungen

1. Überblick

Ein Wohnungseigentümer kann die Zustimmung der anderen Wohnungseigentümer zu einer baulichen Veränderung des gemeinschaftlichen Eigentums durch Beschluss VERLANGEN, wenn

- kein Wohnungseigentümer durch die bauliche Veränderung beeinträchtigt wird oder
- jeder Wohnungseigentümer, der einen Nachteil erfährt, damit einverstanden ist.

WEG § 20 Absatz 3
Unbeschadet des Absatzes 2 kann jeder Wohnungseigentümer verlangen, dass ihm eine bauliche Veränderung gestattet wird, wenn alle Wohnungseigentümer, deren Rechte durch die bauliche Veränderung über das bei einem geordneten Zusammenleben unvermeidliche Maß hinaus beeinträchtigt werden, einverstanden sind.

2. Nachteil

Der Begriff des „Nachteils" ist bei der baulichen Veränderung nicht anders zu verstehen als im Zusammenhang mit dem Gebrauch des gemeinschaftlichen Eigentums oder des Sondereigentums (dazu 4. Kapitel Gebrauch › S. 95). Nachteil ist also JEDE NICHT GANZ UNERHEBLICHE, VERMEIDBARE UND ZU VERMEIDENDE BEEINTRÄCHTIGUNG. Nur konkrete und objektive Beeinträchtigungen können so ein Nachteil sein. Entscheidend ist, ob sich ein Wohnungseigentümer in der entsprechenden Lage verständlicherweise beeinträchtigt fühlen kann. In welchen Fällen eine Beeinträchtigung anzunehmen ist, ist eine Frage des Einzelfalls. Es gibt allerdings aus der Erfahrung heraus „Fallgruppen". Fällt eine bauliche Veränderung in eine solche Fallgruppe, ist in der REGEL davon auszugehen, dass ein Anspruch auf eine bauliche Veränderung NICHT besteht.

Checkliste: Nachteil

Unter anderen sind die folgenden „Gruppen" bedeutsam:

- ☐ Veränderung des optischen Gesamteindrucks;
- ☐ wesentlicher Substanzeingriff (Statik);
- ☐ Zuführung neuer, unwägbarer Stoffe; negative Immissionen (Entzug von Licht);
- ☐ Schäden am Sondereigentum;
- ☐ Verstärkte Einsehbarkeit;
- ☐ Möglichkeit intensiverer Nutzung; Vergrößerung nutzbarer Fläche;
- ☐ Wand- oder Deckendurchbrüche;
- ☐ ernsthafte Möglichkeit einer Minderung des Miet- oder Verkaufswertes;
- ☐ Erschwerung von Erhaltungsmaßnahmen.

3. Einverständnis

Liegt ein Nachteil vor, bedarf es eines Einverständnisses der beeinträchtigten Wohnungseigentümer. Der Begriff des „Einverständnisses" meint ein Einverstanden-Sein mit einer baulichen Veränderung, eine Billigung. Möglich ist eine Willenserklärung. Ausreichend ist aber jede rechtsgeschäftsähnliche Handlung. Eine besondere Form ist nicht erforderlich.

Erzwingung

Ein Wohnungseigentümer kann das Einverständnis nicht erzwingen. Liegt es nicht vor, ist er nur berechtigt, die bauliche Veränderung vorzunehmen, wenn sie privilegiert ist.

IV. Kosten

Die Kosten einer baulichen Veränderung, die einem Wohnungseigentümer gestattet oder die auf sein Verlangen durch die Gemeinschaft der Wohnungseigentümer durchgeführt wurde, hat er SELBST zu tragen.

WEG § 21 Absatz 1
Die Kosten einer baulichen Veränderung, die einem Wohnungseigentümer gestattet oder die auf sein Verlangen nach § WEG § 20 Absatz WEG § 20 Absatz 2 durch die Gemeinschaft der Wohnungseigentümer durchgeführt wurde, hat dieser Wohnungseigentümer zu tragen.

Mit dem Begriff „Kosten“ sind nicht nur die Bau-, sondern auch die Folgekosten gemeint. Erwirbt ein Wohnungseigentümer eine Wohnung, dessen Rechtsvorgänger eine Privilegierung verlangt hat, muss er deren Kosten auch dann tragen, wenn er selbst an der baulichen Veränderung kein Interesse hat.

Zusammenfassende Darstellung
Zu den Kosten einer baulichen Veränderung, die ein Wohnungseigentümer verlangt, siehe im Zusammenhang auch das 6. Kapitel Umlageschlüssel › S. 155.

V. Nutzungen

1. Überblick

Der Wohnungseigentümer, dem eine bauliche Veränderung gestattet wurde oder die auf sein Verlangen durch die Gemeinschaft der Wohnungseigentümer durchgeführt wurde, ist ALLEIN berechtigt, die damit im Zusammenhang stehenden Nutzungen zu ziehen:

- Zum einen ist also allein er berechtigt, die neue Einrichtung zu GEBRAUCHEN.
- Zum anderen ist allein er berechtigt, die NUTZUNGEN der neuen Einrichtung ZU ZIEHEN, beispielsweise sie an einen Dritten zu vermieten.

Zusammenfassende Darstellung
Der im Zusammenhang mit einer baulichen Veränderung stehende Gebrauch ist im 4. Kapitel Gebrauch › S. 103 dargestellt, die Nutzungen finden sich im 5. Kapitel Nutzung › S. 129.

2. Spätere Mitnutzung

Ein Wohnungseigentümer, der nicht berechtigt ist, Nutzungen an einer baulichen Veränderung zu ziehen, da er sich nicht an ihren Kosten beteiligt hat, kann von der Gemeinschaft der Wohnungseigentümer verlangen, dass ihm die Mitnutzung gegen einen angemessenen Ausgleich gestattet wird.

WEG § 21 Absatz 4 Satz 1
Ein Wohnungseigentümer, der nicht berechtigt ist, Nutzungen zu ziehen, kann verlangen, dass ihm dies nach billigem Ermessen gegen angemessenen Ausgleich gestattet wird.

VI. Verfahrensrechte

- Will ein Wohnungseigentümer eine bauliche Veränderung erzwingen, ist nach einer Vorbefassung der anderen Wohnungseigentümer gegen die Gemeinschaft der Wohnungseigentümer eine Beschlussersetzungsklage zu erheben.
- Parallel kann gegen den negativen Beschluss eine Anfechtungsklage erhoben werden.

Zusammenfassung
- Jeder Wohnungseigentümer kann angemessene bauliche Veränderungen verlangen, die
  - dem Gebrauch durch Menschen mit Behinderungen,
  - dem Laden elektrisch betriebener Fahrzeuge,
  - dem Einbruchsschutz und
  - dem Anschluss an ein Telekommunikationsnetz mit sehr hoher Kapazität dienen.
- Ferner kann jeder Wohnungseigentümer verlangen, dass ihm eine bauliche Veränderung gestattet wird, wenn alle Wohnungseigentümer, deren Rechte durch die bauliche Veränderung über das bei einem geordneten Zusammenleben unvermeidliche Maß hinaus beeinträchtigt werden, einverstanden sind.

15

Versammlung

Das Kapitel stellt vor,
- welche Rechte ein Wohnungseigentümer im Zusammenhang mit der Versammlung hat und
- welche Beschlüsse gefasst werden können.

15. Versammlung

I. Grundsätze zur Versammlung

1. Überblick

Soweit die Verwaltung des gemeinschaftlichen Eigentums und die Benutzung des gemeinschaftlichen Eigentums und des Sondereigentums nicht durch eine Vereinbarung geregelt sind, BESCHLIESSEN die Wohnungseigentümer eine ordnungsmäßige Verwaltung und Benutzung. Diese Beschlüsse fassen sie grundsätzlich in einer Versammlung.

Beschluss außerhalb der Versammlung

Es sind – wie im 1. Kapitel Grundbegriffe › S. 30 dargestellt – auch Beschlüsse außerhalb der Versammlung möglich. Ist nichts anderes vereinbart oder für einen einzelnen Gegenstand beschlossen, müssen diesen Beschlüssen aber ausnahmslos sämtliche Wohnungseigentümer zustimmen.

2. Einberufung

Die Versammlung der Wohnungseigentümer wird vom Verwalter als Organ der Gemeinschaft der Wohnungseigentümer einberufen. Die Einberufung erfolgt in Textform.

Textform

Ist durch Gesetz die Textform vorgeschrieben, so muss eine lesbare Erklärung, in der die Person des Erklärenden genannt ist, auf einem dauerhaften Datenträger abgegeben werden. Ein dauerhafter Datenträger ist jedes Medium, das es dem Empfänger ermöglicht, eine auf dem Datenträger befindliche, an ihn persönlich gerichtete Erklärung so aufzubewahren oder zu speichern, dass sie ihm während eines für ihren Zweck angemessenen Zeitraums zugänglich ist und geeignet ist, die Erklärung unverändert wiederzugeben.

Diese Anforderung ERFÜLLEN beispielsweise

- Briefe,
- E-Mails,
- Faxe,
- eine Mobile App (Applikation),
- aber auch Text-Nachrichten.

Die Frist der Einberufung soll, sofern nicht ein Fall besonderer Dringlichkeit vorliegt, MINDESTENS 3 Wochen betragen. Die Gemeinschaftsordnung kann einen anderen Zeitraum bestimmen. Dies ist allerdings im Einzelfall möglicherweise nicht zu berücksichtigen, wenn es sich um eine „Altvereinbarung" handelt.

WEG § 47 Auslegung von Altvereinbarungen
Vereinbarungen, die vor dem 1. Dezember 2020 getroffen wurden und die von solchen Vorschriften dieses Gesetzes abweichen, die durch das Wohnungseigentumsmodernisierungsgesetz vom 16. Oktober 2020 (BGBl. I S. 2187) geändert wurden, stehen der Anwendung dieser Vorschriften in der vom 1. Dezember 2020 an geltenden Fassung nicht entgegen, soweit sich aus der Vereinbarung nicht ein anderer Wille ergibt. Ein solcher Wille ist in der Regel nicht anzunehmen.

Die Frist berechnet sich vom Eingang der Ladung beim LETZTEN Wohnungseigentümer bis zum Tag der Versammlung.

Erhaltungsmaßnahmen
Zu mehreren Versammlungen in einem Jahr wird es regelmäßig bei der Organisation einer Erhaltungsmaßnahme kommen, da hier häufig Angebote einzuholen sind und möglicherweise für die Finanzierung ein Darlehen zu organisieren ist.

Die Versammlung der Wohnungseigentümer MUSS von dem Verwalter unter anderem in folgenden Fällen einberufen werden:

- Mindestens einmal im Jahr.
- Wenn die Gemeinschaft der Wohnungseigentümer akut finanzieller Mittel bedarf.
- Für die Organisation einer Erhaltungsmaßnahme aus aktuellem Anlass, zum Beispiel nach einer Naturkatastrophe.
- Wenn die Wohnungseigentümer dies vereinbart oder beschlossen haben.
- Wenn dies in Textform unter Angabe des Zwecks und der Gründe von mehr als einem Viertel der Wohnungseigentümer verlangt wird (zum Einberufungsverlangen siehe › S. 268).

Fehlt ein Verwalter oder weigert er sich pflichtwidrig, die Versammlung einzuberufen, so kann die Versammlung auch durch den Vorsitzenden des Verwaltungsbeirats oder dessen Vertreter einberufen werden (siehe dazu näher › S. 270).

3. Präsenzversammlung und Online-Teilnahme
Die Versammlung der Wohnungseigentümer ist immer eine PRÄSENZVERSAMMLUNG. Die Wohnungseigentümer können etwas anderes gegebenenfalls vereinbaren, nicht aber beschließen. Die Wohnungseigentümer können allerdings beschließen, dass Wohnungseigentümer an der Versammlung auch OHNE ANWESENHEIT AN DEREN ORT teilnehmen und sämtliche oder einzelne ihrer Rechte ganz oder teilweise im Wege elektronischer Kommunikation ausüben können.

Der Beschluss muss im EINZELNEN festlegen, welche Versammlungsrechte der Wohnungseigentümer online wahrgenommen werden dürfen:

- Sehen;
- Hören;
- Reden;
- Anträge stellen;
- Abstimmen.

Hard- und Software
Der Beschluss sollte festlegen, welche Hard- und Software eingesetzt wird. Ferner ist zu klären, ob diese zu mieten/zu leasen/zu kaufen ist und ob eine Lizenz erworben werden soll.

Die Versammlungsleitung hat die Voraussetzungen der NICHTÖFFENTLICHKEIT (siehe dazu › S. 293) herzustellen und ihre Einhaltung zu überwachen. Gegen Manipulationen durch Wohnungseigentümer kann sie allerdings nur einschreiten, wenn diese erkennbar werden.

Das elektronische Kommunikationsmittel

- MUSS eine Kontrolle der Legitimität des Zuganges ermöglichen,
- darf keine Aufnahmemöglichkeit vorsehen,
- kann Missbräuche aber nicht verhindern.

Kosten
Die Kosten der Organisation sind Kosten der Gemeinschaft der Wohnungseigentümer. Die Wohnungseigentümer können beschließen, dass NUR die Wohnungseigentümer an den Kosten zu beteiligen sind, die eine Online-Teilnahme wünschen.

Der Online-Teilnehmer trägt Verantwortung für seinen Zugang. Fehler gehen zu seinen Lasten. Die Versammlungsleitung trägt Verantwortung für Software/Portal, Kamera et cetera. Erkennt sie Fehler, muss sie die Versammlung zunächst UNTERBRECHEN und gegebenenfalls beenden.

Muster: Online-Teilnahme an Präsenzversammlung

(1) Die Wohnungseigentümer können an jeder Versammlung auch ohne Anwesenheit an deren Ort teilnehmen.

(2) Die Wohnungseigentümer sind befugt, sämtliche Versammlungsrechte im Wege elektronischer Kommunikation auszuüben [hier können auch einzelne Rechte genannt werden].

(3) Zur Ermöglichung einer elektronischen Kommunikation soll folgende Hardware angemietet werden ___. Ferner soll von ___ eine Lizenz mit folgendem Inhalt erworben werden ___.

(4) Die Kosten nach Ziffer 3. tragen folgende Wohnungseigentümer ___ im folgenden Verhältnis ___ [nicht zwingend].

(5) Der Verwalter wird angewiesen, den Wohnungseigentümern mit der Ladung die notwendigen Zugangsdaten zur Verfügung zu stellen.

(6) Der Verwalter wird angewiesen, den Wohnungseigentümern 1 Woche vor dem Versammlungstag einen Techniktest anzubieten.

4. Beschlussfähigkeit

Jede Versammlung ist beschlussfähig. Wie viele Wohnungseigentümer erscheinen oder sich vertreten lassen, ist UNERHEBLICH. Auch die Frage, wie viele Miteigentumsanteile die erschienenen oder vertretenen Wohnungseigentümer repräsentieren, ist BELANGLOS. Die Wohnungseigentümer können etwas anderes bestimmen.

Altvereinbarung

Im Einzelfall ist eine alte Vereinbarung dahingehend auszulegen, ob sie etwas anderes bestimmt (siehe dazu › S. 265).

5. Unterbrechung, Verlegung und Vertagung

Der Versammlungsleiter ist berechtigt,

- die Versammlung zu unterbrechen,
- zu vertagen oder
- zu verlegen.
- Ein Recht, die ordnungsgemäß einberufene und zusammengetretene Versammlung aufzulösen, besteht hingegen nicht.

II. Ladung

1. Allgemeines

Jeder Wohnungseigentümer hat ein Recht darauf, dass der Verwalter

- die Versammlungen an einen Ort einberuft, der GUT ERREICHBAR ist,
- und eine Versammlungsstätte festlegt, die ANGEMESSEN UND ZUMUTBAR ist.

Bei der Anberaumung von Tag und Zeit hat jeder Wohnungseigentümer ein Recht darauf, dass der Verwalter auf die Bedürfnisse der Wohnungseigentümer Rücksicht nimmt, etwa auf

- berufstätige Wohnungseigentümer,
- Feiertage und
- Schulferien.

Die Wohnungseigentümer haben das Recht, das Ermessen des Verwalters einzuschränken. Zu Versammlungsort, -datum, -tag und -zeit siehe auch › S. 272.

Bestimmung eines Versammlungstermins

Der Verwalter hat den Verwaltungsbeiräten (alternativ: dem Vorsitzenden des Verwaltungsbeirats) mitzuteilen, wann, wo und wohin er die Versammlung einberufen will. Die Verwaltungsbeiräte werden dem Verwalter durch Beschluss, der einer einfachen Mehrheit bedarf, binnen 3 Wochen nach Erhalt der Mitteilung erklären, ob sie gegen den vorgesehenen Versammlungstag, die Versammlungszeit, den Versammlungsort oder die Versammlungsstätte Einwände haben. Der Verwalter ist an die Mitteilung bei seinen endgültigen Bestimmungen nicht gebunden. Er hat bei seiner Ladung aber die abweichenden Vorstellungen der Verwaltungsbeiräte mitzuteilen und darzulegen, warum er ihnen nicht gefolgt ist.

2. Einberufungsverlangen

Jeder Wohnungseigentümer kann eine LADUNG ZUR VERSAMMLUNG VERLANGEN. Ein solches Verlangen kann er allerdings NICHT ALLEIN aussprechen. Findet ein Wohnungseigentümer keine Mitstreiter, kann er selbst beim Verwalter daher nur „anregen“, wegen bestimmter Umstände – etwa eines Schadens des gemeinschaftlichen Eigentums oder einer anderen dringenden Frage – zu einer Versammlung zu laden. Findet ein Wohnungseigentümer als Mitstreiter hingegen mehr als ein Viertel der Wohnungseigentümer, muss der Verwalter zu einer Versammlung laden, wenn dieses in Textform unter Angabe des Zwecks und der Gründe von ihm verlangt wird.

Berechnung der erforderlichen Mehrheit

Steht ein Sondereigentum mehreren zu, zählen sie nur gemeinsam als ein Wohnungseigentümer. Ein Einberufungsverlangen kann auch von einem vom Stimmrecht ausgeschlossenen Wohnungseigentümer gestellt werden. Zu zählen ist nach „Köpfen". Notwendig, aber auch ausreichend sind in einer Wohnungseigentumsanlage mit 20 Wohnungseigentümern beispielsweise sechs Verlangende.

Ein Einberufungsverlangen muss auf die Behandlung solcher Gegenstände gerichtet sein, für welche die Wohnungseigentümer eine BESCHLUSSKOMPETENZ besitzen (siehe dazu 1. Kapitel Grundbegriffe › S. 25) und die eine BESCHLUSSFASSUNG auch ERFORDERN. Des Weiteren darf das Einberufungsverlangen nicht auf die Herbeiführung eines gesetzes- oder vereinbarungswidrigen Beschlusses gerichtet sein.

Adressat und Empfänger des Einberufungsverlangens ist der Verwalter. Im Einberufungsverlangen sind der Zweck (= mit welchen Punkten sich die Wohnungseigentümer beschäftigen sollen) und der Grund (= die besondere Eilbedürftigkeit, die es nicht erlaubt, die nächste ordentliche Versammlung abzuwarten) anzugeben. Fehlt es einem Einberufungsverlangen an der Angabe des Zweckes oder von Gründen, ist der Verwalter nicht verpflichtet, eine Versammlung einzuberufen.

Aufgaben des Verwalters

Der Verwalter muss ein Einberufungsverlangen zeitnah bescheiden, damit die den Antrag stellenden Wohnungseigentümer wissen, woran sie sind. Der Verwalter darf und sollte prüfen, ob die erforderliche Anzahl von Wohnungseigentümern das Begehren gestellt hat, ob die Textform eingehalten ist und ob die Antragsteller Gegenstände für die Versammlung sowie einen Grund für die Eilbedürftigkeit benannt haben. Eine Prüfung danach, ob die angegebenen Gründe aus Sicht eines objektiven Dritten die Abhaltung einer Versammlung rechtfertigen, darf der Verwalter hingegen nicht anstellen.

Der Verwalter muss einem Einberufungsverlangen, soweit die formellen Voraussetzungen vorliegen, UNVERZÜGLICH entsprechen. Im Allgemeinen wird eine auf Grund eines Einberufungsverlangens stattfindende

VERSPÄTETE UMSETZUNG
Leistet der Verwalter einem wiederholten Verlangen nach Einberufung einer Versammlung nicht Folge, könnte dies für die Wohnungseigentümer ein Anlass für seine Abberufung und für eine fristlose Kündigung des Verwaltervertrags sein. Ebenso dürfte es in der Regel liegen, wenn der Verwalter 1½ Jahre lang überhaupt keine Versammlung einberufen hat.

Versammlung INNERHALB EINES MONATS abzuhalten sein. Wenn es um die Abberufung des Verwalters wegen angeblicher Pflichtwidrigkeit und um eine Neubestellung geht, ist ein Verwalter sogar gehalten, einen sehr zeitnahen Termin für die Versammlung festzulegen und die Einladungen dafür schnell zu versenden.

Muster eines Einberufungsverlangens

Anschrift(en) des/der Antragsteller(s)

Anschrift des Verwalters

Datum

Einberufungsverlangen

Sehr geehrter Herr ___ [Name],

bitte berufen Sie auf Verlangen der Unterzeichnenden – die die gesetzlich erforderliche Mehrheit von mehr als einem Viertel der Wohnungseigentümer repräsentieren – zu folgenden Gegenständen ___ [genaue Bezeichnung der Punkte] unverzüglich an einem ___ [Wochentag] ___ [Zeitangabe] Uhr eine Versammlung ein. Die nächste ordentliche Versammlung kann nicht abgewartet werden, da ___ [Angabe der Eilbedürftigkeit].

Mit freundlichen Grüßen

Unterschriften sämtlicher Verlangender

3. Ladung durch den Verwaltungsbeirat

Fehlt ein Verwalter oder weigert er sich pflichtwidrig, eine VERSAMMLUNG einzuberufen, kann eine Versammlung – falls ein VERWALTUNGSBEIRAT bestellt ist – von dessen Vorsitzendem einberufen werden. Handelt der Vorsitzende nicht oder kann er nicht handeln, ist auch sein Vertreter zur Einberufung befugt. Der Verwaltungsbeirat als solcher besitzt kein Einberufungsrecht (berufen alle 3 Verwaltungsbeiräte die Versammlung gemeinsam ein, nimmt die herrschende Meinung hieran aber keinen Anstoß).

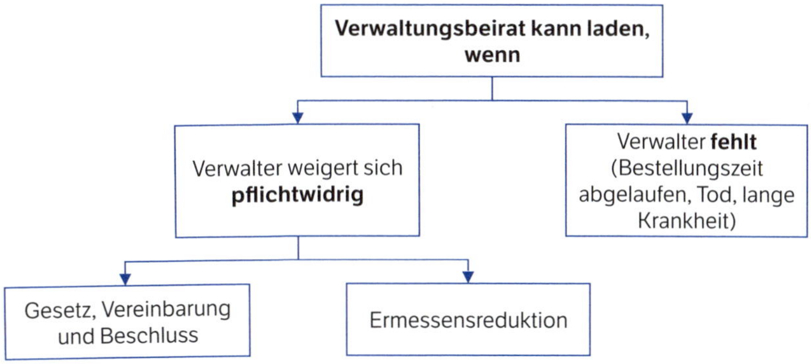

Ladung durch den Verwaltungsbeirat

Verwalter fehlt oder weigert sich pflichtwidrig

Ein Verwalter FEHLT, wenn

- ein Verwalter nicht bestellt wurde,
- die Amtszeit des Verwalters abgelaufen ist,
- der bisherige Verwalter sein Amt niederlegt hat,
- der Verwalter abberufen oder tot, geschäftsunfähig oder beschränkt geschäftsfähig (geworden) ist.
- Ferner fehlt ein Verwalter, wenn er seine Aufgaben wegen einer schweren Erkrankung oder länger andauernder Abwesenheit nicht wahrnehmen kann.

Ein Verwalter weigert sich PFLICHTWIDRIG, wenn

- das Gesetz oder die Wohnungseigentümer einen bestimmten Einberufungszeitpunkt bestimmt haben und der Verwalter diesen ignoriert,
- er einem ihm bekannten Einberufungsverlangen nicht oder zu „spät“ nachkommt oder
- das Ermessen des Verwalters, eine Versammlung einzuberufen, auf null reduziert war.

Ist der Vorsitzende des Verwaltungsbeirats im Einzelfall dazu aufgerufen, die Versammlung einzuberufen, sind eine GANZE REIHE VON FRAGEN zu bedenken.

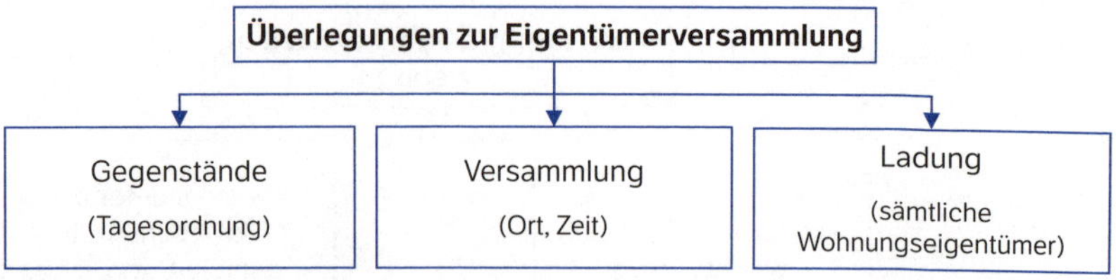

Überlegungen zur Versammlung

Der Vorsitzende des Verwaltungsbeirats sollte zunächst überlegen, WELCHE Gegenstände auf der Versammlung besprochen werden sollen. Diesen Gegenständen muss er einen „Namen" geben.

Namen

In der Regel reicht eine Kurzbezeichnung, beispielsweise „Bestellung eines Verwalters und Abschluss eines Verwaltervertrags" bzw. „Abbestellung des Verwalters und Kündigung des Verwaltervertrags". Kniffelige Gegenstände, etwa eine Erhaltungsmaßnahme, müssen allerdings näher beschrieben werden, damit jeder weiß, worum es geht. Insoweit kann und sollte auf eine der Ladung beizufügende Anlage, etwa ein Angebot, ein Bild, ein Gutachten oder eine Stellungnahme verwiesen werden.

Im Anschluss oder parallel ist zu klären, an WELCHEM Ort und in WELCHER Versammlungsstätte die Versammlung stattfinden soll. Ferner sind der Tag der Versammlung und der Einberufungszeitpunkt („Daumenregel": nicht vor 18.00 Uhr an einem Wochentag) zu bestimmen.

Schließlich sind sämtliche Wohnungseigentümer und Teileigentümer rechtzeitig zur Versammlungsstätte zu laden. Die Adressen und Namen der anderen Wohnungseigentümer erhalten die Verwaltungsbeiräte vom Verwalter oder sind den Verwaltungsunterlagen oder gegebenenfalls dem Grundbuch zu entnehmen. Am besten ist es, wenn sich die Verwaltungsbeiräte aus Gründen der Vorsicht regelmäßig aktuelle Eigentümerlisten geben lassen.

Verlegung

Stellt sich heraus, dass der vom Vorsitzenden des Verwaltungsbeirats bestimmte Versammlungstag sich aus sachlichen Gründen als ungeeignet erweist, kann der Versammlungstag verlegt werden.

In der Versammlung ist der Vorsitzende des Verwaltungsbeirats – bestimmen die Wohnungseigentümer keine andere Person – als Ladender der „geborene" Versammlungsleiter. Als solcher eröffnet er die Versammlung, kann sie, sind nicht alle Tagesordnungspunkte „abgearbeitet“, vertagen (= Tag und Ort bestimmen, an dem die Versammlung fortgesetzt wird) und sie auch unterbrechen.

Eine Unterbrechung für das Gespräch einiger, aber nicht aller Wohnungseigentümer mit einem Rechtsanwalt entspräche freilich nur bei Vorliegen besonderer Umstände einer ordnungsmäßigen Durchführung der Versammlung.

Checkliste Versammlungsleitung

Der Vorsitzende des Verwaltungsbeirats muss wie der Verwalter bei der Leitung der Versammlung nach billigem Ermessen unter anderem dafür sorgen, dass

- ☐ die Versammlung formell eröffnet, ordentlich durchgeführt, gegebenenfalls zeitweise unterbrochen und formell wieder geschlossen wird;
- ☐ Teilnahme- und Stimmberechtigung geprüft werden;
- ☐ alle Sachen erschöpfend erörtert und diskutiert werden (Diskussionsleitung); hierzu gehören etwa die Erteilung des Wortes und die Aufrufung der Redner;
- ☐ die Tagesordnungspunkte grundsätzlich unter Einhaltung der Tagesordnung ohne Unterbrechung behandelt und beschlossen werden;
- ☐ grundsätzlich eine angemessene Redezeit eingeräumt wird;
- ☐ Beschlussanträge bestimmt und sachgerecht formuliert sind;
- ☐ über sämtliche Beschlussgegenstände durch ein geeignetes Verfahren abgestimmt wird;
- ☐ die Beschlüsse festgestellt und verkündet werden;
- ☐ im Regelfall die Stimmabgaben namentlich dokumentiert sind.

Der Vorsitzende des Verwaltungsbeirats als Versammlungsleiter ist im Übrigen der Inhaber des HAUS- UND DES ORGANISATIONSRECHTS. Die Versammlung ist von ihm dabei so zu leiten, wie es den Vereinbarungen und Beschlüssen und, soweit solche nicht bestehen, dem Interesse der Gesamtheit der Wohnungseigentümer nach billigem Ermessen entspricht.

Die Versammlung muss danach

- fair,
- unparteiisch und
- nach rechtsstaatlichen und demokratischen Prinzipien moderiert werden,

insbesondere unter Beachtung

- des Grundrechtes auf rechtliches Gehör,
- des Gleichbehandlungsgrundsatzes sowie
- des Erforderlichkeitsprinzips und des
- Verhältnismäßigkeitsprinzips.

Ob etwa ein Störenfried nach einer „Läuterungsphase" vor der Tür („cooling-off") wiederum zur Sitzung zugelassen werden kann, ist nach den UMSTÄNDEN DES EINZELFALLS, aber in jedem Fall unter Beachtung der Versammlungsrechte zu klären. Primäre Aufgabe ist es, für einen geordneten, gesetzmäßigen, reibungslosen sowie zügigen Versammlungsablauf und für eine sachgerechte Erledigung sämtlicher Versammlungsgegenstände zu sorgen.

Haus- und Organisationsrecht
Dem Vorsitzenden des Verwaltungsbeirats stehen als Versammlungsleiter das Haus- und das Organisationsrecht so lange zu, wie die Wohnungseigentümer diese Rechte nicht selbst ausüben, ihm keine Weisung erteilen oder die Ausübung des Haus- und des Organisationsrechts einem Dritten übertragen.

AUFWENDUNGEN
Ausgaben, die der Beauftragte zum Zwecke der Ausführung eines Auftrags gemacht hat.

Den Verwaltungsbeiräten entstehen durch eine Ladung Kosten, vor allem für Kopien, Briefmarken und für die Versammlungsstätte. Diese Kosten sind AUFWENDUNGEN und von der Gemeinschaft der Wohnungseigentümer zu erstatten.

Ein Recht, im Namen der Gemeinschaft der Wohnungseigentümer Verträge zu schließen, beispielsweise einen Miet- oder Druckvertrag, haben die Verwaltungsbeiräte nach noch herrschender Meinung nicht. Dies kann sich aber ändern, wenn man nämlich anerkennt, dass die Verwaltungsbeiräte als Organ der Gemeinschaft der Wohnungseigentümer handeln.

Checkliste: Ladung durch den Vorsitzenden des Verwaltungsbeirats

- ☐ FORM
  - Die Versammlung ist in Textform einzuberufen (dazu › S. 264).
  - Die übliche Schriftform schadet nicht, wird aber teurer sein.
  - Stehen zur Ladung E-Mail-Adressen zur Verfügung, dürften Aufwendungen für eine schriftliche Ladung nicht ersatzfähig sein.
- ☐ FRIST
  - Die Frist der Einberufung soll, sofern nicht ein Fall besonderer Dringlichkeit vorliegt, mindestens 3 Wochen betragen.
- ☐ EINZULADENDE
  - Einzuladen sind sämtliche aktuellen Wohnungseigentümer. Steht ein Wohnungseigentum in Miteigentum, sind die Miteigentümer getrennt einzuladen.
  - Zu laden sind auch etwaige Insolvenz- oder Zwangsverwalter.
- ☐ GEGENSTÄNDE DER VERSAMMLUNG
  - Zur Gültigkeit etwaiger Beschlüsse ist erforderlich, dass ihr Gegenstand bei der Einberufung bezeichnet ist.
  - Die Gegenstände sind so anzukündigen, dass jeder weiß, worum es geht und worüber beschlossen werden soll. In der Regel reicht zwar eine Kurzbezeichnung. Es ist aber immer besser, im Detail mitzuteilen, worum es geht. Beim Verwalter sollte beispielsweise zu seiner Bestellung/Abbestellung und dem Abschluss/der Kündigung des Verwaltervertrags geladen werden.
  - Zur Klarstellung können Unterlagen, beispielsweise Gutachten oder Angebote, beigefügt werden. Der Entwurf eines Verwaltervertrags sollte jedem Wohnungseigentümer zur Verfügung stehen, ebenso der Gesamtwirtschaftsplan und der entsprechende Einzelwirtschaftsplan sowie die Jahresabrechnung und die entsprechende Einzelabrechnung.

Muster einer Ladung durch den Vorsitzenden des Verwaltungsbeirats
Absender

Anschriften

Datum

Ladung zur Versammlung am ___ [Datum]

Sehr geehrte Damen und Herren,

wie Sie wissen, ist die Bestellungszeit des bisherigen Verwalters abgelaufen. Damit fehlt im Sinne des Gesetzes ein Verwalter. Ich bin als Vorsitzender des Verwaltungsbeirats befugt, die Versammlung der Wohnungseigentümer einzuberufen.

[Alternative: Ich habe erfahren, dass das Gemeinschaftsvermögen erschöpft ist. Wir müssen daher dringend eine Sonderumlage beschließen, um die fälligen Rechnungen bedienen zu können. Der Verwalter weigert sich indes, die Versammlung einzuberufen, und will sich vorübergehend der Mittel der Erhaltungsrücklage bedienen. Ich bewerte dieses Verhalten als pflichtwidrig. Damit bin ich als Vorsitzender des Verwaltungsbeirats befugt, die Versammlung der Wohnungseigentümer einzuberufen.]

[Alternative: Der Verwalter hat in den letzten Wochen eine Reihe von Pflichtverletzungen begangen ___ [Beschreibung und Erläuterung]. Ich bin aus diesem Grunde der Auffassung, dass wir über die Abbestellung des Verwalters und die fristlose Kündigung des Verwaltervertrags beraten sollten. Der Verwalter weigert sich indes, die Versammlung für diese Themen einzuberufen. Ich bewerte dieses Verhalten als pflichtwidrig. Damit bin ich als Vorsitzender des Verwaltungsbeirats befugt, die Versammlung der Wohnungseigentümer einzuberufen.]

Ich berufe die Versammlung ein

am ___ [Datum], ___ [Uhrzeit], ___ [Ort], ___ [Adresse].

Die zur Behandlung vorgesehenen Tagesordnungspunkte entnehmen Sie bitte der diesem Schreiben als Anlage beigefügten Tagesordnung. Bitte beachten Sie die dort aufgeführten Anmerkungen und Beschlussvorschläge sowie die dazugehörigen Anlagen.

Mit freundlichen Grüßen

Unterschrift

Anlagen

3 Angebote von örtlichen Verwaltern

Entwurf eines Verwaltervertrags

4. Ladungsermächtigung

Ferner haben die Wohnungseigentümer die Möglichkeit, einen Wohnungseigentümer durch Beschluss zur Einberufung zu ermächtigen. Diese Beschlusskompetenz soll es den Wohnungseigentümern erleichtern, sich versammeln zu können, ohne ein Gericht befassen zu müssen. Eine Ermächtigung ist allerdings nur sinnvoll, wenn der ermächtigte Wohnungseigentümer wenigstens über die aktuellen ADRESSEN seiner Miteigentümer verfügt und klar ist, in welchem Verhältnis seine Rechte zu den Rechten des Verwalters und des Beirats stehen. Außerdem ist nach der bisherigen Sichtweise möglicherweise davon auszugehen, dass der Wohnungseigentümer etwaige Verträge, etwa zur Anmietung eines Versammlungsraums, zunächst im eigenen Namen schließen muss.

Muster: Ermächtigung eines Wohnungseigentümers zur Ladung der Versammlung

(1) Wohnungseigentümer ___ [Name, Adresse, Telefon, E-Mail] wird ermächtigt, Versammlungen einzuberufen, wenn ein Verwalter fehlt oder sich pflichtwidrig weigert, eine Versammlung einzuberufen. Die Einberufung erfolgt in Textform. Die Frist der Einberufung soll, sofern nicht ein Fall besonderer Dringlichkeit vorliegt, mindestens drei Wochen betragen.

(2) Das Recht des Wohnungseigentümers steht hinter dem Recht des Vorsitzenden des Verwaltungsbeirats und dessen Vertreter zu laden zurück.

(3) Der Verwalter wird angewiesen, Wohnungseigentümer ___ alle 6 Monate eine aktuelle Eigentümerliste (Namen, Adressen) zur Verfügung zu stellen. Diese Liste darf nur zum Zweck der Ladung eingesetzt werden.

Für die Formalien gelten die Anmerkungen zum Verwaltungsbeirat entsprechend.

5. Ladungsermächtigung durch das Gericht
Fruchtet kein anderer Weg, ist eine Einberufung aber dringlich – etwa wegen eines (gegebenenfalls drohenden) Schadens des gemeinschaftlichen Eigentums, dem SOFORT entgegengetreten werden muss –, kann sich jeder Wohnungseigentümer durch das AMTSGERICHT, in dem die Wohnungseigentumsanlage belegen ist, zur Einberufung ERMÄCHTIGEN lassen.

Da dieses Verfahren häufig eine gewisse Zeit in Anspruch nimmt, ist es möglich, sich im Wege einer Eilentscheidung – einer einstweiligen Verfügung – ermächtigen zu lassen. Eine solche Eilentscheidung sollte in der Regel sofort, jedenfalls aber binnen 2 Wochen, erreicht werden können. Ihr Gegenstand sollte die Ermächtigung des Antragstellers zur Einberufung einer Versammlung sein.

Muster: Antrag auf Erlass einer einstweiligen Verfügung
Anschriften

- des Antragstellers
- des zuständigen WEG-Gerichts

Datum

Angabe

- des Antragstellers
- des Verwalters (sofern es diesen gibt; ansonsten der anderen Wohnungseigentümer nach Name und Adresse)

Formulierung des Antrags, etwa:

- „Der Antragsteller wird ermächtigt, zu einer Versammlung der Gemeinschaft der Wohnungseigentümer ___ [Name] zu laden“.

Begründung des Verlangens

- Einberufungsgegenstände
- Eilbedürftigkeit der Ladung für diese Einberufungsgegenstände (Angabe des Grundes, warum die nächste ordentliche Versammlung nicht abgewartet werden kann)
- Weigerung des Verwalters und des Beirats zu laden, sofern es diese gibt.

Unterschrift

Für die Formalien gelten die Anmerkungen zum Verwaltungsbeirat entsprechend.

III. Aufnahme eines Punktes auf die Tagesordnung

Jeder Wohnungseigentümer hat einen Anspruch darauf, dass der Verwalter einen Gegenstand, den der Wohnungseigentümer als maßgeblich betrachtet, in den Entwurf der Tagesordnung AUFNIMMT. Der Verwalter hat KEIN Recht, diesen Gegenstand auf seine etwaige „Eignung“ hin zu prüfen und ihm etwa die Aufnahme zu verweigern, weil er selbst eine Aussprache und gegebenenfalls Beschlussfassung nicht für nötig erachtet (ein Beispiel findet sich 6. Kapitel Umlageschlüssel › S. 147).

IV. Recht auf Einladung

Jeder Wohnungseigentümer – auch wenn er bloßer Miteigentümer ist – hat einen Anspruch darauf, zur Versammlung geladen zu werden. Wird ein Stimmberechtigter versehentlich nicht geladen, sind die in der Versammlung gefassten Beschlüsse allerdings nicht nichtig. Der Ladungsmangel führt nur dazu, dass ohne den Stimmberechtigten gefasste Beschlüsse anfechtbar sind. Die Anfechtung hat außerdem nur Erfolg, wenn die Beschlüsse auf dem Ladungsmangel beruhen.

Ausnahmefälle
Etwas anderes gilt in besonders schwerwiegenden Ausnahmefällen, etwa wenn der Wohnungseigentümer in böswilliger Weise gezielt von der Teilnahme ausgeschlossen werden soll. Einer vorsätzlichen Nichtladung kann der Fall gleichstehen, dass der Verwalter bei der Wahl des Versammlungsortes sein Ermessen pflichtwidrig überschreitet. Wählt der Verwalter einen Versammlungsort, von dem ihm bekannt ist, dass ihn nicht alle Eigentümer aufsuchen können – etwa wegen einer körperlichen Behinderung oder einer bekannten und nachvollziehbaren Abneigung gegen den Ort –, kommt diese Wahl einer vorsätzlichen Nichtladung gleich.

V. Recht auf Teilnahme

1. Höchstpersönlich
Jeder Wohnungseigentümer hat das Recht, an jeder Versammlung HÖCHSTPERSÖNLICH teilzunehmen. Um diese Teilnahme zu ermöglichen, soll ihn der Ladende – liegt kein Fall besonderer Dringlichkeit vor – mindestens 3 Wochen vorher laden.

Sinn und Zweck der Ladungsfrist
Die Ladungsfrist soll es einem Wohnungseigentümer einerseits ermöglichen, sich angemessen vor der Versammlung auf die zur Diskussion und Beschlussfassung anstehenden Gegenstände VORZUBEREITEN und sich vorher – soweit nötig – Rechtsrat einzuholen, etwa bei einem Rechtsanwalt, bei Behörden und Registern, oder beim Verwalter die Verwaltungsunterlagen einzusehen.

Der Drei-Wochen-Zeitraum soll es den Geladenen andererseits ermöglichen, sich zu überlegen, ob sie wegen der zur Beschlussfassung anstehenden Gegenstände oder der angekündigten Informationen, etwa über den Stand eines gerichtlichen Verfahrens oder über den erreichten Bautenstand bei einer Renovierung, an der Versammlung überhaupt teilnehmen wollen: denn der Besuch der Versammlung ist ein RECHT, grundsätzlich aber keine PFLICHT. Ein Wohnungseigentümer verhält sich daher in der Regel nicht falsch, wenn er aus persönlichen, höchst individuellen Gründen an einer Versammlung nicht teilnimmt.

Etwas anderes gilt allerdings, wenn es aus Gründen der Ordnungsmäßigkeit zu einem Beschluss kommen MUSS. In solchen Fällen macht sich ein Wohnungseigentümer gegenüber der Gemeinschaft der Wohnungseigentümer SCHADENERSATZPFLICHTIG, wenn er an der notwendigen Beschlussfassung nicht selbst oder durch einen Vertreter teilnimmt.

Versammlungs-Beschlusspflicht

- UNZUREICHENDES GEMEINSCHAFTSVERMÖGEN. Ist das Gemeinschaftsvermögen im Verlauf eines Jahres erschöpft und bedarf die Gemeinschaft der Wohnungseigentümer neuer Mittel zur Bewirtschaftung, beispielsweise zur Bezahlung von Wasserkosten gegenüber den örtlichen Wasserwerken, muss eine Sonderumlage beschlossen werden. Nimmt ein Wohnungseigentümer an der Abstimmung hierzu nicht teil und kommt deshalb ein Beschluss nicht zustande, macht er sich schadenersatzpflichtig.

- MÄNGEL AM GEMEINSCHAFTLICHEN EIGENTUM. Ist das gemeinschaftliche Eigentum schadhaft, etwa die Fassade eines von mehreren Häusern einer Mehrhausanlage, muss der Schaden grundsätzlich behoben werden. Nimmt ein Wohnungseigentümer an der Abstimmung hierzu nicht teil und kommt deshalb ein Beschluss nicht zustande, macht er sich etwa gegenüber einem vermietenden Wohnungseigentümer, der sich wegen der Fassade Mietminderungen ausgesetzt sieht, schadenersatzpflichtig (siehe auch 21. Kapitel Aufopferungs- und Schadenersatzansprüche › S. 444 ff.).

Da man häufig nicht erkennen kann, ob es zu einem Beschluss kommen muss, und weil diese Frage auch streitig sein kann, sollte jeder Wohnungseigentümer aus Gründen der Sicherheit STETS dafür sorgen, sich in jeder Versammlung jedenfalls VERTRETEN zu lassen und dort im Zweifel gegenüber Beschlüssen, die der Erhaltung des gemeinschaftlichen Eigentums dienen – etwa der Beauftragung eines Gutachtens, der Ansammlung von Mitteln oder dem konkreten Beschluss, was zu tun ist –, mit „ja" stimmen.

2. Vertretung

Ein Wohnungseigentümer muss an einer Versammlung grundsätzlich NICHT höchstpersönlich (selbst) teilnehmen. Jeder Wohnungseigentümer besitzt das Recht, sich in der Versammlung durch jeden beliebigen Dritten, beispielsweise einen Freund, aber auch durch einen Rechtsanwalt VERTRETEN zu lassen. Ein Wohnungseigentümer kann sich bei der Ausübung seines Stimmrechts sogar durch MEHRERE Bevollmächtigte vertreten lassen. Diese können allerdings nur einheitlich abstimmen, wenn sie gleichzeitig in der Versammlung anwesend sind. Ferner ist zu überlegen, ob eine große Anzahl an Vertretern einen Rechtsmissbrauch darstellen kann.

Einen Dritten als Vertreter zu bestellen, heißt, ihm für einen bestimmten Rechtskreis eine RECHTSMACHT zu erteilen, also für den zu Vertretenden zu handeln. Im Zusammenhang mit der Versammlung geht es darum, dass der Wohnungseigentümer den Vertreter in einige oder alle seiner Rechte als Teilnehmer der Versammlung einsetzt. Eine Versammlungsvollmacht wird durch eine individuelle Erklärung gegenüber dem zu Bevollmächtigenden erteilt. Die Vertretungsmacht ist in der Regel umfassend. Sie kann aber auch beschränkt werden, etwa auf konkrete Versammlungsgegenstände oder auf bestimmte Rechte. Die Vollmacht sollte regeln, ob der Vertreter seinerseits einen Vertreter („Untervertreter“) für den Wohnungseigentümer bestimmen darf.

Muster: Stimmrechtsvollmacht

Ich erteile ___ [Name, Adresse] die Vollmacht, mich in der Versammlung vom ___ [Datum] (alternativ: in jeder Versammlung [das wäre eine Dauervollmacht]) zu vertreten und dort für jeden in der Versammlung behandelten Gegenstand (alternativ: Aufführung konkreter Gegenstände gemäß der mit der Ladung angekündigten Tagesordnung) meine Rechte als Wohnungseigentümer wahrzunehmen, vor allem für mich zu reden, Anträge zu stellen und für mich bei einer Beschlussfassung abzustimmen.

Mein Vertreter ist nicht berechtigt, eine Untervollmacht zu erteilen.

Unterschrift

Der Wohnungseigentümer kann seinen Vertreter anweisen, in BESTIMMTER Weise abzustimmen, etwa die Vor- und Nachschüsse oder den Abschluss eines Vertrages mit einem Winterdienst zu billigen. Wird eine solche Weisung erteilt, sollte diese allerdings – wie beim Muster vorgesehen – von der eigentlichen Vollmacht getrennt werden. Diese Trennung hat ihren Grund darin, dass die anderen Wohnungseigentümer eine schriftliche Vollmacht jederzeit einsehen können und dadurch die Anweisungen erfahren würden.

Textform

Eine Vollmacht bedarf – ist nichts anderes, beispielsweise die Schriftform, vereinbart – der Textform und kann daher nicht mündlich erteilt werden.

Die Befugnis, sich durch jedermann VERTRETEN zu lassen, kann durch eine Vereinbarung auf BESTIMMTE Vertreter beschränkt werden. In der Praxis finden sich Vereinbarungen, die eine Vertretung nur durch einen Ehegatten, einen Wohnungs- oder einen Teileigentümer oder den Verwalter derselben Wohnungseigentumsanlage zulassen. Eine solche Beschränkung nennt man eine VERTRETERKLAUSEL. Sie gilt nicht für den oder die gesetzlichen Vertreter eines Wohnungseigentümers, beispielsweise die Eltern oder einen Betreuer.

Treu und Glauben
Den Wohnungseigentümern kann es aufgrund besonderer Umstände nach Treu und Glauben verwehrt sein, sich auf eine Vertreterklausel zu „berufen". Überblick:

- Auf eine Vereinbarung, dass sich ein Wohnungseigentümer nur durch nahe Angehörige, nämlich Ehegatten oder Kinder, vertreten lassen darf, sollen sich die Wohnungseigentümer nicht berufen dürfen, wenn ein Wohnungseigentümer seit Jahren geschieden ist und die Kinder noch nicht volljährig sind.
- Auf eine Vereinbarung, dass sich ein Wohnungseigentümer nur durch Ehegatten, den Verwalter oder einen anderen Wohnungseigentümer vertreten lassen darf, sollen sich die Wohnungseigentümer nicht berufen dürfen, wenn
  - der Ehegatte zur Vertretung aus gesundheitlichen Gründen nicht in der Lage ist, die Wohnungseigentümer mit den übrigen Wohnungseigentümern völlig zerstritten sind und erst unmittelbar vor der Versammlung ein neuer Verwalter bestellt worden ist, den der – verhinderte – Eigentümer (noch) nicht kennt, oder
  - die Gemeinschaft der Wohnungseigentümer lediglich aus 3 Parteien besteht, von denen die beiden anderen zudem die Verwaltung bilden, der Wohnungseigentümer im Ausland lebt, der deutschen Sprache weder schriftlich noch mündlich mächtig ist und in der Vergangenheit beispielsweise der Informationsfluss durch äußerst kurze Fristen gekennzeichnet war,
  - die Ladungsfrist sehr kurz ist, der Wohnungseigentümer in den USA lebt und sich durch einen Angehörigen eines zur Verschwiegenheit verpflichteten Berufsstandes (zum Beispiel Steuerberater oder Rechtsanwalt) vertreten lässt.

VI. Recht auf Antrag

1. Überblick
Jeder Wohnungseigentümer kann in der Versammlung ANTRÄGE stellen:

- Diese können den Ablauf der Versammlung betreffen.
- Sie können aber auch darin bestehen, dass ein Wohnungseigentümer über seinen Antrag eine verbindliche Beschlussfassung wünscht, die nichts mit der Versammlung zu tun hat.

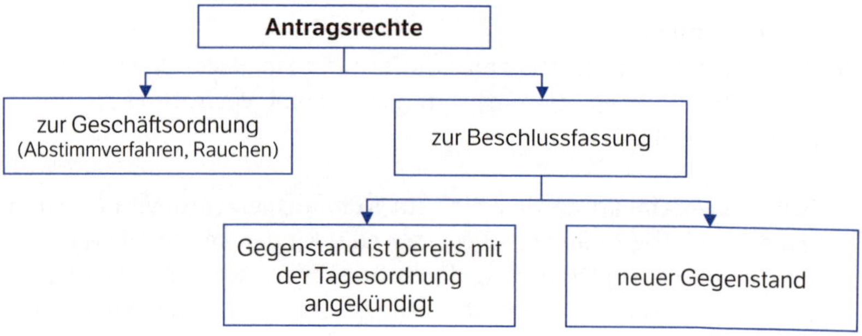

Antragsrechte

2. Anträge zur Geschäftsordnung

Ein Wohnungseigentümer kann JEDERZEIT einen Antrag zur Geschäftsordnung stellen. Dieses sind zum Beispiel Anträge,

- in welcher Reihenfolge die Gegenstände (die Tagesordnungspunkte) in der Versammlung abgehandelt werden sollen,
- ob Gegenstände von der Tagesordnung genommen werden sollen,
- ob geheim abgestimmt wird,
- wer Versammlungsleiter sein soll,
- ob die Versammlung für einige Minuten unterbrochen wird,
- aber auch zum Lüften oder Rauchen usw.

Geschäftsordnung

Die Wohnungseigentümer können sich für den Ablauf ihrer Versammlungen eine Geschäftsordnung geben. Die Geschäftsordnung bestimmt den äußeren Ablauf der Versammlung. Die Wohnungseigentümer können die Geschäftsordnung jederzeit durch Beschluss ergänzen. Nur wenn eine Geschäftsordnung vereinbart wurde, kann sie nicht durch Beschluss geändert werden. Ein Beschluss zur Geschäftsordnung ist grundsätzlich nicht anfechtbar. Anfechtbar ist aber ein Beschluss, der unter einer Geschäftsordnungsmaßnahme „leidet". Wurde zum Beispiel ein Wohnungseigentümer zu Unrecht der Versammlungsstätte verwiesen, kann nicht der Verweis, wohl aber können alle nach dem Verweis gefassten Beschlüsse wegen des Verweises angefochten werden.

BEISPIEL WIRTSCHAFTSPLAN
Beantragt ein Wohnungseigentümer beispielsweise, die Vorschüsse zur Erhaltungsrücklage zu erhöhen, weil er in den kommenden Jahren mit erheblichem Erhaltungsaufwand rechnet, ist das in Ordnung.

Ob ein Wohnungseigentümer einen anderen als einen Geschäftsordnungsantrag stellen kann, ist nicht immer leicht zu beantworten. Natürlich kann JEDER ANTRAG jederzeit gestellt werden, und zwar zu JEDEM denkbaren Gegenstand. Unproblematisch ist das aber nur, wenn der Gegenstand, etwa eine Renovierungsmaßnahme oder die Genehmigung der Abrechnung, BEREITS mit der Tagesordnung auch

ANGEKÜNDIGT ist. In diesem Falle wusste jeder der anderen Wohnungseigentümer, dass sich die Versammlung mit diesen Punkten beschäftigen sollte, und musste daher damit rechnen, dass Anträge zu diesem Punkt gestellt werden.

Etwas anderes gilt hingegen, wenn ein Wohnungseigentümer ERSTMALS in der Versammlung und für die anderen Wohnungseigentümer überraschend einen Punkt zum Gegenstand der Befassung macht und hierüber unter „Sonstiges/Verschiedenes" ein Beschluss gefasst werden soll. Schlägt etwa ein Wohnungseigentümer plötzlich vor, eine auf dem gemeinschaftlichen Eigentum stehende Linde zu fällen, leidet dieser Beschlussantrag unter einem LADUNGSMANGEL : Dieser Antrag war nicht – wie es sich gehört – bereits mit der Ladung angekündigt worden. Auf diesen Antrag konnte sich kein Wohnungseigentümer angemessen vorbereiten.

Möglich ist daher eigentlich nur, handelt es sich um keine bloße Bagatelle, allgemein über das Problem zu reden und eine Beschlussfassung einem späteren Zeitpunkt vorzubehalten. Man kann zwar auch über den Gegenstand beschließen. Das ist aber nicht ordnungsmäßig. Dieser Beschluss hat – wird er von einem Wohnungseigentümer angefochten – vor Gericht keinen Bestand und wird dort in der Regel für ungültig erklärt werden.

Aufnahme eines Tagesordnungspunktes
Möchte ein Wohnungseigentümer, dass über einen Tagesordnungspunkt in der Versammlung gesprochen wird, sollte er den Verwalter rechtzeitig vor dem Termin der Versammlung (Ladungsfrist!) bitten, diesen auf die Tagesordnung der nächsten Versammlung zu setzen.

VII. Rederechte

Jeder Wohnungseigentümer kann im Grundsatz in der Versammlung zu jedem Gegenstand reden, und zwar eigentlich, so lange er will. Denn jeder Wohnungseigentümer hat in der Versammlung ein Rederecht. Dieses Rederecht gewährleistet jedem an der Versammlung Teilnahmeberechtigten gleichsam ein „rechtliches Gehör". Das Rederecht ist nicht abhängig vom Stimmrecht. Auch dann, wenn das Stimmrecht ausnahmsweise ruht oder wenn ein Wohnungseigentum von einem Insolvenz- oder Zwangsverwalter verwaltet wird (dazu › 26. Kapitel Verlust von

Wohnungseigentümerrechten), darf ein Wohnungseigentümer noch in der Versammlung auftreten und reden.

Entzug des Rederechts

Das Rederecht kann NICHT VOLLSTÄNDIG entzogen werden. Ein solcher Beschluss wäre nichtig. Ein vollständiger Entzug ist nur möglich, wenn ein Wohnungseigentümer selbst damit einverstanden ist und dem Entzug zustimmt, oder wenn ein Wohnungseigentümer völlig unsachlich, etwa stark beleidigend, auftritt und eine mildere Maßnahme als der Entzug nicht in Betracht kommt. Das Rederecht kann aber BESCHRÄNKT werden. Die Wohnungseigentümer können allgemein VEREINBAREN, dass jeder von ihnen grundsätzlich zu jedem Punkt – ist kein längeres Rederecht wegen des Gegenstands geboten – nur zehn Minuten reden darf.

Fehlt es an einer solchen Vereinbarung, können die Wohnungseigentümer auch durch einen Beschluss zur Geschäftsordnung bestimmen, wie lange jeder von ihnen zu einem Punkt sprechen darf. Bei der Bemessung der Redezeit ist die Bedeutung des Gegenstandes einzubeziehen, sodass ein Rederecht in der Regel 5 bis 15 Minuten nicht unterschreiten sollte.

Muster: Redezeitbeschränkung

(1) Zum Tagesordnungspunkt ___ hat sich eine Vielzahl von Wohnungseigentümern gemeldet, die Stellung nehmen wollen. Für einen geordneten Ablauf der Diskussion wird vor diesem Hintergrund angeordnet, dass jeder Wohnungseigentümer grundsätzlich nur zehn Minuten sprechen darf. Miteigentümer eines Wohnungseigentums gelten als ein Wohnungseigentümer. Ein Vertreter darf nur einmal reden – auch wenn er mehrere Wohnungseigentümer vertritt.

(2) Etwas anderes gilt, wenn ein Wohnungseigentümer erhebliche Gründe anführen kann. Als ein erheblicher Grund kommt insbesondere infrage, dass ein Wohnungseigentümer ein neues Argument anführt oder einen bislang nicht betrachteten Aspekt beleuchten will und dessen Betrachtung nach Abwägung aller Umstände nicht nach zehn Minuten sachgerecht abzuschließen ist.

Maßnahmen des Versammlungsleiters zur Redezeit

Treffen die Wohnungseigentümer keine Bestimmung zur Redezeit, kann auch der Versammlungsleiter eine angemessene Redezeitbeschränkung aussprechen. Wollen die Wohnungseigentümer dessen Anordnungen nicht hinnehmen, können sie jederzeit etwas anderes beschließen.

VIII. Stimmrechte

1. Überblick

Wollen die Wohnungseigentümer über einen Beschlussantrag ABSTIMMEN und einen Beschluss fassen, etwa, ob eine bauliche Veränderung zulässig ist, müssen die Wohnungseigentümer über einen konkreten und klar und eindeutig formulierten Beschlussantrag abstimmen.

Abstimmung über die Vorschüsse

Der Verwalter legt in der Regel in der ersten Versammlung des Jahres seinen Wirtschaftsplan vor (besser ist es, den Wirtschaftsplan in der Versammlung des Vorjahres vorzulegen). Auf Grundlage dieses Plans müssen die Wohnungseigentümer über die VORSCHÜSSE zur Kostentragung und zu Rücklagen beschließen. Für eine Beschlussfassung ruft der Versammlungsleiter den Tagesordnungspunkt auf. Möglicherweise entspinnt sich darüber eine Diskussion. Jedenfalls müssen die Wohnungseigentümer über die Vorschüsse abstimmen, beispielsweise durch Handheben, möglicherweise aber auch geheim.

Zur Abstimmung fordert der Versammlungsleiter die Wohnungseigentümer in der Regel ausdrücklich auf. Darauf findet die Abstimmung statt. Nach dieser muss der Versammlungsleiter feststellen, ob der Beschlussantrag eine Mehrheit gefunden hat. Dies ist der Fall, wenn mehr Wohnungseigentümer mit „Ja“ als mit „Nein“ gestimmt haben. Enthaltungen gelten weder als „Ja“ noch als „Nein“, sondern gehen ins „Leere“.

- Stimmen beispielsweise von 20 Wohnungseigentümern elf mit „Ja“, neun hingegen mit „Nein“, hat der Beschlussantrag eine Mehrheit gefunden.
- Stimmen von 20 Wohnungseigentümern zwar nur 3 mit „Ja“, enthalten sich aber die anderen Wohnungseigentümer, hat der Beschlussantrag ebenfalls eine Mehrheit gefunden.

Kann der Versammlungsleiter eine Beschlussmehrheit feststellen, muss er den gefassten Beschluss „verkünden“. Dieses meint, dass er den Inhalt des gefassten Beschlusses MITTEILEN muss. Im Beispiel müsste der Verwalter also sagen, dass die Wohnungseigentümer Vorschüsse gemäß einem den Wohnungseigentümern vorliegenden Plan, der Gegenstand des Beschlusses ist, bestimmt haben.

Jeder Wohnungseigentümer hat bei einer Abstimmung über einen Antrag grundsätzlich EINE einzige Stimme. Dieses gilt unabhängig davon, ob dem Wohnungseigentümer nur ein Wohnungseigentum gehört oder ob er Eigentümer mehrerer Wohnungseigentumsrechte ist. Ein solches STIMMRECHTSPRINZIP, bei dem jede Person eine Stimme hat („one man, one vote"), nennt man „Kopfstimmrecht". Das Gesetz hält das Kopfstimmrecht für das angemessene Stimmrechtsprinzip und schlägt es als Regelfall vor. Bei Geltung des Kopfstimmrechts entsteht ein neues Stimmrecht, wenn ein Wohnungseigentümer das Alleineigentum an einem von mehreren Wohnungseigentumsrechten auf eine von ihm beherrschte juristische Person überträgt.

Widerruf der Stimmabgabe
Die in der Versammlung abgegebene Stimme kann nach ihrem Zugang bei dem Versammlungsleiter nicht mehr widerrufen werden. Für einen schriftlichen Beschluss kann eigentlich nichts anderes gelten – dennoch ist die Frage hier streitig.

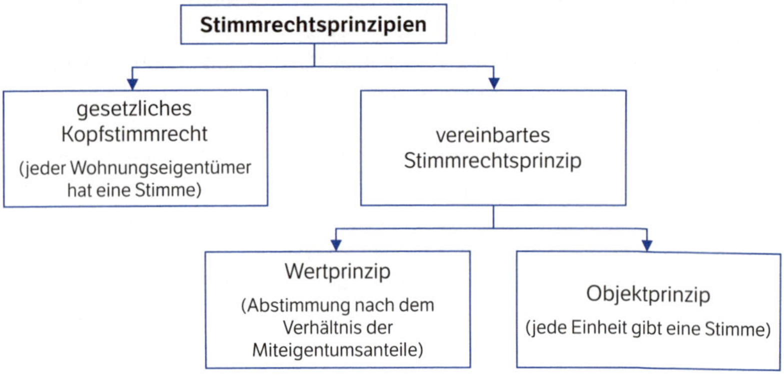

Stimmrechtsprinzipien

Die Wohnungseigentümer sind befugt, ein vom Kopfstimmrecht ABWEICHENDES STIMMRECHTSPRINZIP zu vereinbaren. In der Praxis finden sich vor allem das Objektstimmrecht (dann hat jeder Wohnungseigentümer so viele Stimmrechte, wie er „Objekte" hat; ein Wohnungseigentümer mit 2 Wohnungseigentumsrechten hat also 2 Stimmen) oder sehr häufig ein Wertstimmrecht (dann hat jeder Wohnungseigentümer ein Stimmrecht nach dem Verhältnis der Miteigentumsanteile; ein Wohnungseigentümer mit $^{40}/_{1000}$ Miteigentumsanteilen hat also 40 von 1000 Stimmen).

2. Ehegatten

Steht ein Wohnungseigentum mehreren Personen GEMEINSCHAFTLICH zu, wie es bei vielen EHEN oder LEBENSPARTNERSCHAFTEN der Fall ist (1. Kapitel Grundbegriffe › S. 23 ff.), können sie das Stimmrecht nur EINHEITLICH ausüben. Den Miteigentümern steht etwa beim gesetzlichen Kopfstimmrecht nur eine Stimme zu. Die Stimme kann nicht in „zwei halbe" geteilt werden. Auch bei einem Wertstimmrecht können Mitberechtigte, die etwa einen $^{40}/_{100}$ Miteigentumsanteil haben, nicht jeder über einen $^{20}/_{100}$ Anteil abstimmen.

Wie die Miteigentümer ihr gemeinsames Stimmrecht ausüben wollen, müssen sie vorher besprechen. Außerdem müssen sie sich auf die Stimmabgabe intern einigen (siehe bereits 1. Kapitel Grundbegriffe › S. 23 ff.). Sind die Miteigentümer in gleicher Höhe beteiligt, können sie sich aber nicht einigen, führt das dazu, dass sie ihr Stimmrecht nicht ausüben können.

Ein einzelner Ehegatte in der Versammlung

Kommt – wie es häufig der Fall ist – nur ein Ehegatte in die Versammlung, muss er vom anderen für eine Stimmabgabe ERMÄCHTIGT werden. Viele Verwalter werden in einem solchen Fall zwar nicht viel nachfragen und annehmen, dass der, der erschienen ist, für beide abstimmen darf. Rechtlich betrachtet ist das aber wohl nicht korrekt (auch wenn sich manche Gerichte hier als sehr großzügig erweisen). Besser ist es in jedem Falle, wenn ein Wohnungseigentümer den anderen ausdrücklich in Textform ermächtigt. Denn nur so kann im Zweifel verhindert werden, dass das Stimmrecht ausfällt. Entsprechendes gilt für Lebenspartner.

3. Stimmrechtsausschluss

Grundsätzlich ist jeder Wohnungseigentümer für jeden Gegenstand stimmberechtigt. Dem Gesetz ist – auch in Mehrhausanlagen oder bei baulichen Veränderungen – ein „Betroffenheitsstimmrecht" fremd. Das Gesetz bestimmt nur in wenigen Fällen etwas anderes. Daneben hat die Rechtsprechung Fälle benannt, in denen ein Wohnungseigentümer sein Stimmrecht missbraucht. Ein Beschluss zum STIMMRECHTSAUSCHLUSS, aber auch eine Vereinbarung darüber sind hingegen wohl nichtig.

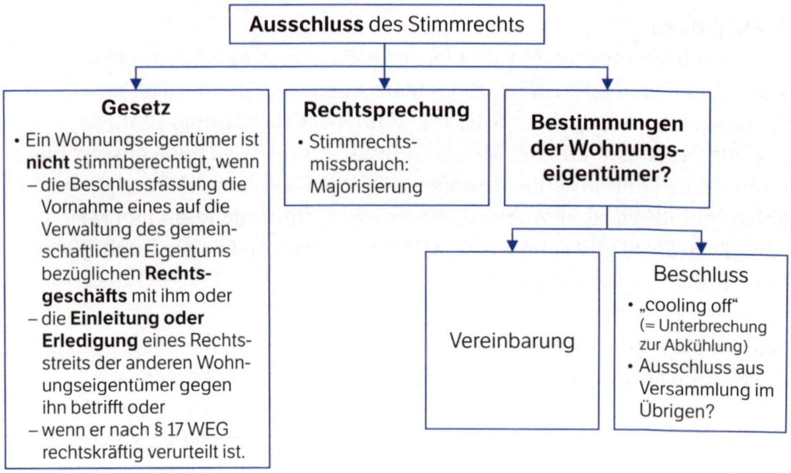

Stimmrechtsausschluss

Ein Wohnungseigentümer ist NICHT STIMMBERECHTIGT, wenn er „Richter in eigener Sache" wäre. Um einer solchen INTERESSENKOLLISION entgegenzuwirken, ist ein Wohnungseigentümer in folgenden Situationen zwar rede- und teilnahme-, aber nicht stimmberechtigt:

- Die Beschlussfassung betrifft die Vornahme eines auf die Verwaltung des gemeinschaftlichen Eigentums bezüglichen Rechtsgeschäftes mit einem Wohnungseigentümer, etwa
  - den Abschluss eines Werk- oder Kaufvertrags oder
  - die Geltendmachung von Mängeln des gemeinschaftlichen Eigentums gegen den Bauträger.
- Die Beschlussfassung betrifft die Einleitung oder Erledigung eines Rechtsstreits der anderen Wohnungseigentümer gegen einen Wohnungseigentümer, zum Beispiel dann, wenn
  - über die Frage abgestimmt wird, ob ein Wohnungseigentümer gerichtlich auf Unterlassung einer Störung in Anspruch genommen werden soll oder
  - ein selbständiges Beweisverfahren eingeleitet oder ein Gutachten in Auftrag gegeben werden soll.
- Der Wohnungseigentümer ist rechtskräftig zur Veräußerung seines Wohnungseigentums verurteilt.

Ein Wohnungseigentümer ist ferner vom Stimmrecht ausgeschlossen, wenn er sein STIMMRECHT MISSBRAUCHT. Ein Stimmrechtsausschluss wegen rechtsmissbräuchlichen Verhaltens kommt allerdings nur ausnahmsweise und unter engen Voraussetzungen in Betracht; es reicht nicht aus, dass der Beschluss, an dem der Wohnungseigentümer mitgewirkt hat, ordnungsmäßiger Verwaltung widerspricht oder dass ein Wohnungseigentümer aufgrund seines Stimmgewichts Beschlussfassungen blockiert, obwohl es ein Gebot ordnungsmäßiger Verwaltung wäre, einen positiven Beschluss zu fassen. Vielmehr kommt ein Stimmrechtsausschluss regelmäßig erst dann in Betracht, wenn die treuwidrige Benachteiligung so offenkundig ist, dass der Ausgang eines gerichtlichen Anfechtungsverfahrens nicht abgewartet werden kann. Dies soll in aller Regel nur bei positiven Stimmabgaben in Betracht kommen, die dazu führen, dass Beschlüsse zustande kommen.

Beispiele

- Dass ein Wohnungseigentümer zu seinen Gunsten, zu Gunsten eines Angehörigen oder eines ihm wirtschaftlich oder auf andere Weise Verbundenen abstimmt, reicht nicht zum Ausschluss. Bloße Näheverhältnisse, insbesondere Verwandtschaftsverhältnisse, führen zu keinem Stimmverbot.
- Ferner reicht es nicht, dass der Beschluss zu seinem „Vorteil" ist, dem Wohnungseigentümer etwa eine Genehmigung erteilt wird.
- Missbrauch liegt hingegen vor, wenn ein Mehrheitseigentümer gegen die Stimmen der übrigen Wohnungseigentümer eine wegen gravierender Vermögensdelikte vorbestrafte Person aufgrund einer persönlichen Nähe zum Verwalter bestellt, oder wenn mit den Stimmen eines Mehrheitseigentümers ein Beschluss gefasst wird, der offensichtlich unangemessene Vorteile verschafft.

Nimmt ein Wohnungseigentümer „mitgliedschaftliche Rechte und Interessen" wahr, ist er stimmberechtigt. Ein Wohnungseigentümer verfolgt vor allem dann im Schwerpunkt solche mitgliedschaftlichen Rechte und Interessen, wenn es um seine Bestellung zum Verwalter oder Verwaltungsbeirat oder seine Abberufung als Verwalter oder seine Abwahl als Beirat geht. Auch wenn im Rahmen einer EINHEITLICHEN Beschlussfassung sowohl über BE- UND ANSTELLUNG des Wohnungseigentümers als Verwalter oder sowohl über Abberufung als auch die Kündigung des Verwaltervertrags entschieden wird, besitzt der betroffene Wohnungseigentümer ein Stimmrecht.

Wichtiger Grund

Etwas anderes gilt, wenn mit ein und demselben Beschluss über eine BEENDIGUNG des Verwalteramtes und des bestehenden Vertragsverhältnisses AUS WICHTIGEM GRUND abgestimmt wird. Dann ist der entsprechende Wohnungseigentümer vom Stimmrecht ausgeschlossen.

Die Verwaltungsbeiräte sind bei der Abstimmung über ihre eigene ENTLASTUNG vom Stimmrecht ausgeschlossen. Entsprechendes gilt für einen Wohnungseigentümer, wenn er ausnahmsweise der Verwalter ist, oder für den Verwalter als Vertreter eines Wohnungseigentümers bei seiner eigenen Entlastung.

RECHTSGESCHÄFT MIT EINER (PERSONEN- ODER) RECHTSFÄHIGEN GESELLSCHAFT
Ein Wohnungseigentümer ist bei der Beschlussfassung über ein Rechtsgeschäft mit einer (Personen- oder) rechtsfähigen Gesellschaft jedenfalls dann nicht stimmberechtigt, wenn er an der Gesellschaft mehrheitlich beteiligt und deren Geschäftsführer oder geschäftsführender Gesellschafter ist.

Von einem Stimmverbot NICHT ERFASST sind grundsätzlich solche Wohnungseigentümer, die dem vom Stimmrecht Ausgeschlossenen nur „nahe" stehen, etwa ein Ehegatte. Etwas anderes kann im Einzelfall bei wirtschaftlicher Verflochtenheit gelten.

Ist ein Wohnungseigentümer vom Stimmrecht ausgeschlossen, darf er dennoch in die Versammlung kommen, an der Versammlung teilnehmen, dort Anträge stellen und reden. Außerdem darf ein solcher Wohnungseigentümer Beschlüsse, die er nicht mitgefasst hat, anfechten.

Ein vom Stimmrecht ausgeschlossener Wohnungseigentümer kann sich nicht vertreten lassen und kann auch nicht VERTRETER eines anderen Wohnungseigentümers sein.

Untervollmacht
Ein Wohnungseigentümer, der einen anderen Wohnungseigentümer vertreten soll, vom Stimmrecht aber ausgeschlossen ist, kann – ist nichts anderes bestimmt – im Namen des Vertretenen eine Untervollmacht erteilen.

4. Schadenersatz

Kommt ein Beschluss nicht zustande, kann ein Wohnungseigentümer im Einzelfall seine Pflichten verletzt haben und der Gemeinschaft der Wohnungseigentümer SCHADENERSATZ schulden.

5. Ausübung durch einen Verwalter kraft Amtes

Ein Wohnungseigentümer kann sein Stimmrecht grundsätzlich nicht ausüben, wenn sein Wohnungseigentum unter ZWANGSVERWALTUNG steht oder über sein Vermögen das INSOLVENZVERFAHREN eröffnet wurde. In diesen Fällen üben die jeweiligen Verwalter das Stimmrecht aus.

Reststimmrecht
Streitig ist insoweit, ob dem Wohnungseigentümer ein „Reststimmrecht" für die Fälle verbleibt, die den Insolvenz- oder Zwangsverwalter nichts angehen, etwa eine Gebrauchsregelung für das Treppenhaus.

IX. Recht auf Begleitung

Grundsätzlich ist es jedem Wohnungseigentümer zuzumuten, sich anhand der Tagesordnung bereits VOR der Versammlung Rat von einem Dritten zu holen. Ein generelles Recht auf Begleitung eines Wohnungseigentümers durch einen Dritten in der Versammlung gibt es daher nicht.

Jeder Wohnungseigentümer muss seine Meinung in der Versammlung selbst vortragen oder durch einen zulässigerweise bestellten Vertreter vortragen lassen. Ungeachtet dessen und ungeachtet des so genannten „Grundsatzes der Nichtöffentlichkeit“ (nach dem an einer Versammlung nur Berechtigte teilnehmen dürfen), kann ein Wohnungseigentümer im Einzelfall allerdings einen Anspruch darauf besitzen, zur Versammlung einen Dritten als Begleiter und vor allem als Berater hinzuzuziehen, zum Beispiel einen Rechtsanwalt, einen Architekten, einen Buchprüfer.

Recht auf Begleitung

Ein solcher Anspruch ist zu bejahen, wenn die Wohnungseigentümer das Recht auf Begleitung VEREINBART haben. Daneben besteht ein ungeschriebener Anspruch auf Begleitung, wenn ein Wohnungseigentümer ein berechtigtes und ein die Interessen der anderen Wohnungseigentümer ÜBERWIEGENDES Interesse daran hat, gerade in der Versammlung einen Berater hinzuzuziehen. Dieses Interesse darf durch eine Beratung im Vorfeld der Versammlung nicht entfallen sein. Dieses ist etwa der Fall, wenn schwerwiegende Entscheidungen zu fällen sind, dem Wohnungseigentümer die erforderliche Sachkunde fehlt und er sie sich vorher auch nicht beschaffen kann.

Prüfsteine für das Bedürfnis eines Wohnungseigentümers, sich begleiten zu lassen, sind etwa:

- Art, Bedeutung und Schwierigkeit der anstehenden Tagesordnungspunkte;
- die individuellen Fähigkeiten des Wohnungseigentümers, die beispielsweise beeinträchtigt sein können durch
  - ein hohes Lebensalter,
  - eine Erkrankung,
  - geistige Gebrechlichkeit oder das Unvermögen, seinen Standpunkt in der Versammlung angemessen zu vertreten;
- Ort und Zeit der Versammlung;
- Dauer der Ladungsfrist;
- Größe der Gemeinschaft der Wohnungseigentümer.

BESCHLUSS:
Ob die Wohnungseigentümer über eine Begleitung beschließen können, ist streitig.

Beratung sämtlicher Wohnungseigentümer
Von der persönlichen Beratung einzelner Wohnungseigentümer zu unterscheiden ist die Beratung SÄMTLICHER Wohnungseigentümer. Die Wohnungseigentümer sind berechtigt, sich in ihrer Gesamtheit in der Versammlung etwa von einem Rechtsanwalt informieren zu lassen, solange nicht ein konkreter Interessengegensatz zwischen einem einzelnen Wohnungseigentümer und der Gesamtheit der übrigen Wohnungseigentümer hervorgetreten ist. Notwendig, aber auch ausreichend ist, dass der Beratungsbedarf gerade in der Versammlung besteht und nur hier sachgerecht erfüllbar ist. Ferner muss die Beratung bei objektiver Betrachtung allen anwesenden Eigentümern zugutekommen.

X. Dolmetscher und Schwerhörigkeit

Ein ausländischer Wohnungseigentümer ist berechtigt, dass ihn in die Versammlung ein Dolmetscher begleitet. Die Überschreitung der Dolmetschertätigkeit macht diesen zum „Dritten". Der Dolmetscher muss sich daher auf die Übersetzungstätigkeit beschränken und eigener Äußerungen enthalten. Ein Schwerhöriger kann eine Begleitperson mitnehmen, soweit er seine Beeinträchtigung nicht durch ein Hörgerät ausgleichen kann.

Vertreterklausel
Besteht eine Vertreterklausel (› S. 282), gilt diese grundsätzlich auch für den Begleiter.

XI. Verfahrensrechte

- Will ein Wohnungseigentümer eine Ladung zur Versammlung, eine Versammlung oder die Aufnahme eines Tagesordnungspunktes erzwingen, muss er gegen die Gemeinschaft der Wohnungseigentümer auf Leistung klagen.
- Will ein Wohnungseigentümer gegen einen Beschluss vorgehen, muss er gegen die Gemeinschaft der Wohnungseigentümer eine Anfechtungsklage erheben. Alternativ ist eine Nichtigkeitsklage vorstellbar.
- Will ein Wohnungseigentümer einen Beschluss erzwingen, ist nach einer Vorbefassung der anderen Wohnungseigentümer gegen die Gemeinschaft der Wohnungseigentümer eine Beschlussersetzungsklage zu erheben. Parallel kann gegen den negativen Beschluss eine Anfechtungsklage erhoben werden.

Zusammenfassung
Jeder Wohnungseigentümer hat einen Anspruch auf mindestens eine Versammlung pro Jahr und ein Recht, zur Versammlung geladen zu werden. In der Versammlung hat er unter anderem folgende Rechte:
- das Rederecht,
- das Antragsrecht,
- das Stimmrecht,
- das Recht auf Begleitung und
- das Recht auf einen Dolmetscher.

16

Verwalter

Das Kapitel stellt vor, welche Pflichten und Rechte ein Verwalter gegenüber der Gemeinschaft der Wohnungseigentümer hat und was die Wohnungseigentümer vor allem bei der Bestellung eines Verwalters und beim Abschluss eines Verwaltervertrags zu beachten haben.

16. Verwalter

I. Bedeutung des Verwalters

Die Bedeutung des Verwalters kann NICHT ÜBERSCHÄTZT werden. Im Alltag einer Wohnungseigentumsanlage ist der Verwalter DIE zentrale Gestalt. Mit seiner fachlichen und menschlichen Qualität, mit seinem Willen, sich für die Belange der Wohnungseigentümer einzusetzen, sich ständig fort- und weiterzubilden und die maßgeblichen Gesetze und die Rechtsprechung zu verfolgen, kann das Leben in einer Wohnungseigentumsanlage stehen und fallen.

Checkliste: Wichtigste Aufgaben des Verwalters

- ☐ Die Vertretung der Gemeinschaft der Wohnungseigentümer.
- ☐ Die Führung der Geschäfte der Gemeinschaft der Wohnungseigentümer.
- ☐ Die Verwaltung des gemeinschaftlichen Eigentums für die Gemeinschaft der Wohnungseigentümer, etwa
  - die Organisation, Durchführung und Nachbereitung der Versammlung,
  - die Anfertigung der Niederschrift,
  - die Führung der Beschluss-Sammlung,
  - die Sorge für die Einhaltung der Hausordnung,
  - die Durchführung der Beschlüsse,
  - die Erhaltung des gemeinschaftlichen Eigentums,
  - das Finanzwesen, etwa die Beitreibung offener Forderungen und die Bedienung von Verbindlichkeiten,
  - die Anfertigung der Wirtschaftspläne und der Abrechnungen,
  - die Information der Wohnungseigentümer,
  - der Abschluss von Verträgen und
  - der Verkehr mit Behörden.

Die Antwort auf die Frage, welche Person zum Verwalter bestellt wird und welcher Verwaltervertrag mit ihr geschlossen wird, muss daher das Ergebnis sehr SORGFÄLTIGER Überlegungen sein.

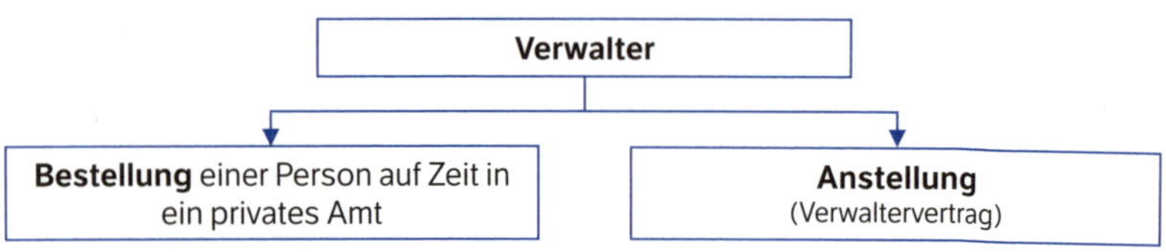

Überblick zum Verwalter

II. Anspruch auf Bestellung eines Verwalters

1. Überblick

Jeder Wohnungseigentümer hat einen unabdingbaren Anspruch darauf, dass ein Verwalter bestellt wird. Ab dem 1. Dezember 2022 besteht sogar ein Anspruch auf Bestellung eines ZERTIFIZIERTEN Verwalters.

Zertifizierter Verwalter

Als zertifizierter Verwalter darf sich bezeichnen, wer vor einer Industrie- und Handelskammer durch eine PRÜFUNG nachgewiesen hat, dass er über die für die Tätigkeit als Verwalter notwendigen rechtlichen, kaufmännischen und technischen Kenntnisse verfügt. Bestimmte Personen sind aufgrund ANDERWEITIGER Qualifikationen allerdings von der Prüfung befreit.

Etwas anderes gilt ausnahmsweise, wenn

- es in der Wohnungseigentumsanlage 8 oder weniger Wohnungseigentumsrechte gibt,
- 1 Wohnungseigentümer Verwalter ist
- und weniger als ein Drittel der Wohnungseigentümer die Bestellung eines zertifizierten Verwalters verlangt.

BERECHNUNGSBEISPIEL
Wenn es 6 Wohnungseigentumsrechte gibt, muss ein zertifizierter Verwalter bestellt werden, wenn es wenigstens 2 Wohnungseigentümer verlangen. Es reicht aber auch 1 Wohnungseigentümer, wenn der Verwalter ein Profi ist.

Verwalter muss nicht zertifiziert sein

Die Wohnungseigentümer können nach ihrem Ermessen auch eine Person zum Verwalter bestellen, die NICHT zertifiziert ist. Eine Bestellung gegen den Wunsch eines Wohnungseigentümers, einen zertifizierten Verwalter zu bestellen, ist aber NICHT ORDNUNGSMÄSSIG und anfechtbar, wenn nicht die geschilderte Ausnahme für Kleinstanlagen vorliegt.

Eine Person, die am 1. Dezember 2020 Verwalter einer Gemeinschaft der Wohnungseigentümer war, gilt gegenüber den Wohnungseigentümern dieser Gemeinschaft bis zum 1. Juni 2024 als zertifizierter Verwalter.

2. Klage auf einen Verwalter

Fehlt ein Verwalter, kann jeder Wohnungseigentümer ohne weitere Darlegung von Tatsachen, etwa einer besonderen Dringlichkeit oder einer bestimmten dringenden Maßnahme, die Bestellung eines Verwalters VERLANGEN.

- Für das „Ob“ dieser Verwaltungsentscheidung haben die Wohnungseigentümer kein Ermessen.
- Für die Frage, welche Person die Wohnungseigentümer als geeignet ansehen, haben sie hingegen ein Ermessen.

Können sich die Wohnungseigentümer nicht auf die Bestellung eines Verwalters verständigen, kann eine Klage auf Bestellung eines Verwalters erhoben werden („Notverwalter“). Dies gilt auch in einer Zweiergemeinschaft (24. Kapitel Zweiergemeinschaft).

Einstweilige Verfügung
Bei Dringlichkeit kann eine Bestellung auch im Wege einer einstweiligen Verfügung erreicht werden. Hier ist streitig, ob es reicht, auf das Fehlen eines Verwalters hinzuweisen oder ob man eine Pflicht beschreiben muss, die aktuell ansteht.

III. Personen, die als Verwalter bestellt werden können

Zum Verwalter können die Wohnungseigentümer jede natürliche Person bestellen. Dies kann auch der (ehemalige) Bauträger oder ein Wohnungseigentümer sein. Ferner kommt jede juristische Person in Betracht, beispielsweise eine Aktiengesellschaft oder eine Gesellschaft mit beschränkter Haftung (GmbH). Möglich ist aber auch eine Unternehmergesellschaft (eine GmbH, die mit einem Stammkapital gegründet wird, das den Betrag des Mindeststammkapitals von 25.000 EUR unterschreitet) oder eine Private Company Limited by Shares – Limited (= eine nach englischen Recht verfasste Gesellschaft). Schließlich können auch Personengesellschaften wie die offene Handelsgesellschaft oder eine Kommanditgesellschaft zum Verwalter bestellt werden.

Ungeeignete Personen
Nicht möglich ist, dass 2 Personen Verwalter sind, etwa ein Ehepaar. Auch eine Gesellschaft bürgerlichen Rechts kann nicht Verwalter sein.

IV. Organ der Gemeinschaft der Wohnungseigentümer

1. Vertretung und Geschäftsführung
Der Verwalter ist, wie bereits im 2. Kapitel Gemeinschaft der Wohnungseigentümer › S. 62 ausgeführt, das Organ der Gemeinschaft der Wohnungseigentümer. Dies meint, dass er die Gemeinschaft der Wohnungseigentümer gegenüber Dritten und den Wohnungseigentümern bei Rechtsgeschäften VERTRITT, beispielsweise beim Vertrag mit einem Hausmeister, und die Aufgabe der Gemeinschaft der Wohnungseigentümer, das gemeinschaftliche Eigentum zu verwalten, UMFASSEND wahrzunehmen hat. Die Gemeinschaft der Wohnungseigentümer ist auch die Vertragspartei des Verwalters.

Macht der Verwalter einen Fehler,

- lädt er beispielsweise zu spät oder fehlerhaft zur Versammlung,
- erkennt er einen offenbaren Mangel des gemeinschaftlichen Eigentums nicht oder
- schließt er eigenmächtig einen unvorteilhaften Vertrag,

haftet die Gemeinschaft der Wohnungseigentümer den Wohnungseigentümern und kann Schadenersatz schulden.

Regress
Diese Rechtslage befreit den Verwalter nicht davon, seinerseits Schadenersatz zu leisten. Er schuldet diesen aber nicht den Wohnungseigentümern, sondern der Gemeinschaft der Wohnungseigentümer. Bei einem Vorgehen der Gemeinschaft der Wohnungseigentümer gegen den Verwalter muss der Vorsitzende des Verwaltungsbeirats die Gemeinschaft der Wohnungseigentümer vertreten.

2. Willensbildung
Die Aufgabe, den Willen der Gemeinschaft der Wohnungseigentümer zu bilden, also die Entscheidungen, was, wann, auf welche Art und Weise und durch wen zu tun ist, beispielsweise

- mit wem zu welchen Konditionen ein Vertrag zur Reparatur der Fassade geschlossen,
- ob die Heizungsanlage gegen ein Blockheizkraftwerk ausgetauscht oder
- ob eine Klage erhoben

wird, haben die Wohnungseigentümer. Diese Aufgabe müssen sie durch eine Vereinbarung oder einen Beschluss wahrnehmen.

Schadenersatz

Machen die Wohnungseigentümer einen Fehler, haftet wieder die Gemeinschaft der Wohnungseigentümer und kann Schadenersatz schulden. Und auch in diesem Falle kommt ein Regress in Betracht (siehe dazu noch 21. Kapitel Aufopferungs- und Schadenersatzansprüche).

Etwas anderes gilt in 3 Fällen:

- Wenn die Wohnungseigentümer VEREINBART ODER BESCHLOSSEN haben, dass der Verwalter für einen Vertrag, die Einwirkung auf einen Vertrag oder eine andere Entscheidung, etwa darüber zu entscheiden, ob ein Baum zu fällen ist, befugt sein soll, ohne Beteiligung der Wohnungseigentümer den Willen der Gemeinschaft der Wohnungseigentümer zu bilden.
- Wenn ein Handeln zur WAHRUNG EINER FRIST ODER ZUR ABWENDUNG EINES NACHTEILS erforderlich ist, beispielsweise bei einem Gasleck, bei einem Heizungsausfall oder einem Rohrbruch.
- Wenn es sich um eine Maßnahme ordnungsmäßiger Verwaltung handelt, die eine UNTERGEORDNETE Bedeutung hat und NICHT ZU ERHEBLICHEN VERPFLICHTUNG für einen Wohnungseigentümer führt (gemeint ist die Haftung eines Wohnungseigentümers für Verbindlichkeiten der Gemeinschaft der Wohnungseigentümer, siehe dazu 2. Kapitel Gemeinschaft der Wohnungseigentümer › S. 65).

Ungeordnete Bedeutung/unerhebliche Verpflichtung

Ob eine Verpflichtung ERHEBLICH und damit von nicht nur untergeordneter Bedeutung ist, hängt von der Sichtweise eines durchschnittlichen Wohnungseigentümers in der Wohnungseigentumsanlage ab. Mit der Größe der Wohnungseigentumsanlage wächst der Kreis der Maßnahmen, die der Verwalter eigenverantwortlich treffen kann und muss. Etwa der Austausch defekter Leuchtelemente im Bereich des gemeinschaftlichen Eigentums oder die Erhaltung eines Fensterglases, eine Graffitientfernung werden häufig dieses Merkmal erfüllen.

Eine Entscheidung, die nicht zu (weiteren) erheblichen Verpflichtungen führt, für die Wohnungseigentümer aber MEHR ALS EINE UNTERGEORDNETE BEDEUTUNG hat, kann das Fällen eines Baums, die Vermietung von Flächen oder der Abschluss von Versorgungsverträgen sein. In diesen Fällen führt allein die Bedeutung der Maßnahme dazu, dass der

Verwalter nicht allein entscheiden kann, und kommt es auf die Erheblichkeit der Verpflichtung nicht an.

Um Klarheit zu schaffen, SOLLTEN die Wohnungseigentümer BESCHLIESSEN, in welchen Fällen der Verwalter berechtigt sein soll, den Willen der Gemeinschaft der Wohnungseigentümer zu bilden. Dieser Beschluss kann jederzeit geändert und angepasst werden. Zur Vorbereitung dieser Entscheidung sollten die Verwaltungsbeiräte SÄMTLICHE bestehenden Verträge sichten.

Dann ist zu klären,

- welche dieser Verträge der Verwalter künftig schließen können soll, ohne die Wohnungseigentümer zu befassen,
- auf welche Verträge der Verwalter einwirken können soll (etwa kündigen), ohne die Wohnungseigentümer zu befassen,
- bei welchen Summen der Verwalter die Verwaltungsbeiräte oder die Wohnungseigentümer einschalten muss,
- wann der Verwalter Rat einholen muss,
- wann die Entscheidung des Verwalters an die Zustimmung eines Dritten, etwa eines Architekten, Ingenieurs, Rechtsanwaltes, Wirtschaftsprüfers oder Sachverständigen gebunden sein soll.

Weiter ist zu ermitteln, welche ENTSCHEIDUNGEN üblicherweise in der Wohnungseigentumsanlage zu treffen sind. Dies kann die Erhebung einer Klage, die Gestaltung der Außenanlagen oder die Weisung an einen Hausmeister sein. Auch hier ist zu klären, inwieweit der Verwalter allein handeln können und wo und wann er gebunden sein soll. Schließlich kann auch überlegt werden, welche Verträge künftig anstehen und welche Rechte der Verwalter haben soll. Im Übrigen kann der Verwalter ANGEWIESEN werden, wie er sich zu verhalten hat.

Muster: Erweiterung der Rechte des Verwalters

(1) Der Verwalter ist berechtigt, namens der Gemeinschaft der Wohnungseigentümer folgende Verträge zu schließen und sämtliche Vertragserklärungen abzugeben:

___;

___;

___;

___.

Etwas anderes gilt, soweit eine Haftung nach § 9a Absatz 4 Satz 1 WEG den Betrag von ___ überschreitet.

(2) Der Verwalter ist berechtigt, namens der Gemeinschaft der Wohnungseigentümer sämtliche ihrer Forderungen außergerichtlich und gerichtlich mit Hilfe eines von ihm zu bestimmenden Rechtsanwaltes in sämtlichen Instanzen zu verfolgen und die Zwangsvollstreckung durchzuführen.

(3) Der Verwalter bedarf bei den im Folgenden aufgezählten Verträgen und sämtlichen Erklärungen in Bezug auf diese Verträge eines zustimmenden Beschlusses des Verwaltungsbeirats:

___;

___;

___;

___.

(4) Der Verwalter ist berechtigt, namens der Gemeinschaft der Wohnungseigentümer einen Zahlungsdiensterahmenvertrag mit Überziehungsmöglichkeit bis zu einer Summe von ___ zu schließen.

(5) Der Verwalter ist berechtigt, namens der Gemeinschaft der Wohnungseigentümer folgende Entscheidungen zu treffen:

___;

___;

___;

___.

(6) Der Verwalter wird für den Fall, dass das Gemeinschaftsvermögen nicht ausreicht, die Verbindlichkeiten der Gemeinschaft der Wohnungseigentümer ___ [Name] zu bedienen, ermächtigt, einmalig [alternativ: zweimalig] Teile der Erhaltungsrücklage in Höhe von 3/12 der für das Jahr ___ [Angabe des Jahres] insgesamt geplanten Zuführung zu Mitteln

zur Bedienung von Betriebs- und Verwaltungskosten umzuwidmen. Der Vorsitzende des Verwaltungsbeirats ist unverzüglich schriftlich über den konkreten Anlass und die Höhe der umgewidmeten Mittel zu informieren. Ist absehbar, dass die umgewidmeten Mittel nicht ausreichen, ist eine Versammlung einzuberufen; deren Gegenstand sind die Information über die Vermögenslage und über die Möglichkeiten, einer Illiquidität entgegenzutreten. Ferner ist zu klären, wie die Erhaltungsrücklage wieder aufgefüllt wird.

(7) Der Verwalter wird angewiesen, Beschlüsse (alternativ: folgende Beschlüsse) erst bei Bestandskraft durchzuführen. Ist ein Beschluss Gegenstand einer Anfechtungsklage, soll er erst – bestimmen die Wohnungseigentümer durch einen Mehrheitsbeschluss nichts anderes – mit Rechtskraft einer die Klage entscheidenden gerichtlichen Entscheidung oder bei Erledigung des Verfahrens oder Rücknahme der Klage durchgeführt werden.

(8) Der Verwalter ist ermächtigt, für den Fall, dass die Gemeinschaft der Wohnungseigentümer ___ nicht in der Lage ist, eine fällige Verbindlichkeit mit den Mitteln des Gemeinschaftsvermögens zu erfüllen, die Mittel aus der Liquiditätsrücklage zu entnehmen. Der Betrag darf einmalig ___ EUR nicht überschreiten und darf nicht höher sein als ___ % der angesammelten und vorhandenen Mittel der Liquiditätsrücklage. Der Verwalter darf innerhalb des Wirtschaftsjahres von dieser Ermächtigung nur dreimal Gebrauch machen.

(9) Der Verwalter ist ermächtigt, namens der Gemeinschaft der Wohnungseigentümer eine Lastschriftabrede mit einem Wohnungseigentümer zu kündigen, wenn ein sachlicher Grund besteht und die berechtigten Interessen des Wohnungseigentümers an dem Fortbestand der Lastschriftabrede dem Interesse der Gemeinschaft der Wohnungseigentümer, sich von der Lastschriftabrede zu lösen, nicht entgegenstehen.

(10) Eine Verfügung über das Gemeinschaftsvermögen, die den Betrag von ___ überschreitet, ist nur mit Zustimmung von ___ (etwa Name und Adresse eines Wohnungseigentümers) erlaubt.

Ist es am Verwalter, für die Gemeinschaft der Wohnungseigentümer einen Willen zu bilden, unterliegt er demselben WILLENSBILDUNGSPROGRAMM, das für die Wohnungseigentümer gilt. Dies bedeutet, dass

- seine Entscheidungen dem Interesse der Gesamtheit der Wohnungseigentümer nach billigem Ermessen (ordnungsmäßige Verwaltung und Benutzung) und, soweit solche bestehen, den gesetzlichen Regelungen sowie Vereinbarungen und Beschlüssen entsprechen müssen,
- er das Gebot der Wirtschaftlichkeit (17. Kapitel Finanzwesen › S. 355) beachten muss und
- er eine ermessensfehlerfreie Entscheidung zu treffen hat. Aus diesem Grunde muss der Verwalter beispielsweise – so wie es auch die Wohnungseigentümer müssen – eine Vertragsentscheidung grundsätzlich durch die Einholung von Angeboten absichern.

V. Eignung

1. Gesetz

Das Wohnungseigentumsgesetz richtet an die Befähigung der Person, die das Amt des Verwalters wahrnimmt, KEINE Anforderungen. Anders als in den akademischen und den Handwerksberufen gibt es kein anerkanntes Berufsbild des Verwalters mit einer abschließenden Eignungsprüfung und keine Verpflichtung zum Nachweis von Mindestqualifikationen.

Zertifizierung

Das Gesetz verlangt NICHT, das ein Verwalter zertifiziert (siehe › S. 301) sein muss. Es gibt den Wohnungseigentümern NUR einen Anspruch, einen zertifizierten Verwalter zu verlangen. Die Wohnungseigentümer können sich für eine andere Person entscheiden. Die Zertifizierung ist daher keine Frage der Eignung.

Aus diesem Grunde müssen sich die Wohnungseigentümer einer Wohnungseigentumsanlage selbst Gedanken machen, wen sie für GEEIGNET halten. Überblick:

- Nahe liegt insoweit, danach zu fragen, ob eine ins Auge gefasste Person nach ihren natürlichen Anlagen und dem Erlernten FACHLICH QUALIFIZIERT ist. In der Regel sollten nur Personen zum Verwalter bestellt werden, die über eine zum Verwalterberuf passende Ausbildung, einschlägige Berufserfahrung und einen guten Leumund verfügen.
- Weiterer Prüfstein ist die MENSCHLICHE EIGNUNG der Person eines Verwalters. Die Funktionsfähigkeit der Gemeinschaft der Wohnungs-

eigentümer hängt entscheidend davon ab, ob der Verwalter seine ihm zugewiesenen Aufgaben professionell, vertrauenswürdig und mit der erforderlichen Sensibilität für die oft widerstreitenden Interessen der Wohnungseigentümer erfüllt.

- Eine dritte Frage ist, ob die in Aussicht genommene Person über die für eine Verwaltung notwendigen FINANZIELLEN MITTEL verfügt und ausreichende Sicherheiten stellen kann. Eine Person, deren vermögensrechtliche Ausstattung schlecht ist, bietet häufig keine hinreichende Gewähr dafür, dass sie auf Dauer einen ordnungsgemäßen Geschäftsbetrieb aufrechterhalten und ihrer Aufgabe als Verwalter gerecht werden, insbesondere die ihr anvertrauten Gelder getreu verwalten wird.

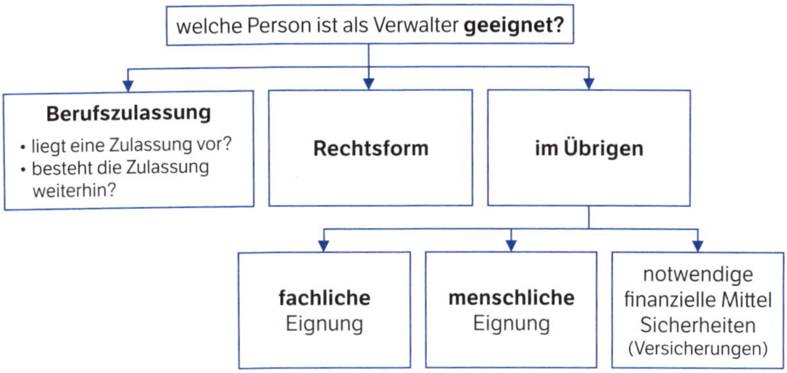

Eignung der Verwalterperson I

2. Gewerberechtliche Zulassung

Wer Wohnungseigentum verwalten will, bedarf allerdings einer GEWERBERECHTLICHEN Zulassung. Voraussetzung für die Erteilung einer Erlaubnis, als Verwalter tätig zu sein, ist, dass die Person

- zuverlässig ist (unzuverlässig ist, wer nach dem Gesamteindruck seines Verhaltens keine Gewähr dafür bietet, dass er sein Gewerbe in Zukunft ordnungsgemäß, das heißt im Einklang mit den gesetzlichen Vorschriften und unter Beachtung der guten Sitten, ausüben wird),
- in geordneten Vermögensverhältnissen lebt (dies ist in der Regel nicht der Fall, wenn über das Vermögen des Antragstellers das Insolvenzverfahren eröffnet worden oder er in das vom Vollstreckungsgericht zu führende Verzeichnis – § 26 Absatz 2 Insolvenzordnung, § 882b ZPO – eingetragen ist) und
- eine Berufshaftpflichtversicherung nachweist (die Einführung einer Berufshaftpflichtversicherung soll sicherstellen, dass für etwaige,

durch eine Pflichtverletzung entstandene Schäden eine ausreichende Deckungssumme zur Verfügung steht).

Eine Person, die als Verwalter tätig ist, muss ferner regelmäßige WEITERBILDUNGEN nachweisen, und zwar 20 Stunden innerhalb von 3 Jahren. Die Fortbildungspflicht gilt auch für unmittelbar bei der erlaubnispflichtigen Tätigkeit mitwirkende beschäftigte Personen.

Makler- und Bauträgerverordnung
Die Einzelheiten sind in der Makler- und Bauträgerverordnung geregelt. Überblick:

- BERUFSHAFTPFLICHT- BZW. VERMÖGENSSCHADENHAFTPFLICHTVERSICHERUNG. Verwalter benötigen nach der Makler- und Bauträgerverordnung eine Berufshaftpflicht- bzw. Vermögensschadenhaftpflichtversicherung. Diese muss bei einem im Inland zum Geschäftsbetrieb zugelassenen Versicherungsunternehmen abgeschlossen werden. Die Mindestversicherungssumme beträgt 500.000 Euro für jeden Versicherungsfall und 1.000.000 Euro für alle Versicherungsfälle eines Jahres. Der Versicherungsvertrag muss Deckung für die sich aus der gewerblichen Tätigkeit als Verwalter ergebenden Haftpflichtgefahren für Vermögensschäden gewähren. Die Versicherung muss auch derartige Schäden abdecken, die durch die Erfüllungs- bzw. Verrichtungsgehilfen des Verwalters, also seine Mitarbeiter, verursacht werden. Ist der Verwalter in einer oder mehreren Personenhandelsgesellschaften als geschäftsführender Gesellschafter tätig, so muss für die jeweilige Personenhandelsgesellschaft jeweils ein Versicherungsvertrag abgeschlossen werden.
- WEITERBILDUNG. Hinsichtlich der konkreten Verwaltung sieht der Fortbildungskatalog der Makler- und Bauträgerverordnung mehr oder weniger das gesamte Wohnungseigentumsrecht vor, etwa:
  - Begründung von Wohnungseigentum,
  - Rechte und Pflichten der Wohnungseigentümer,
  - Durchführung von Versammlungen,
  - Beschlussfassung sowie Umsetzung der Beschlüsse,
  - Konflikt-, Beschwerde- und Sozialmanagement oder
  - Beantragung von Fördermitteln.

3. Überlegungen zur Eignung und der Auswahl
Für die Frage, welche konkrete Person für eine konkrete Wohnungseigentumsanlage geeignet ist, sollte man unterscheiden:

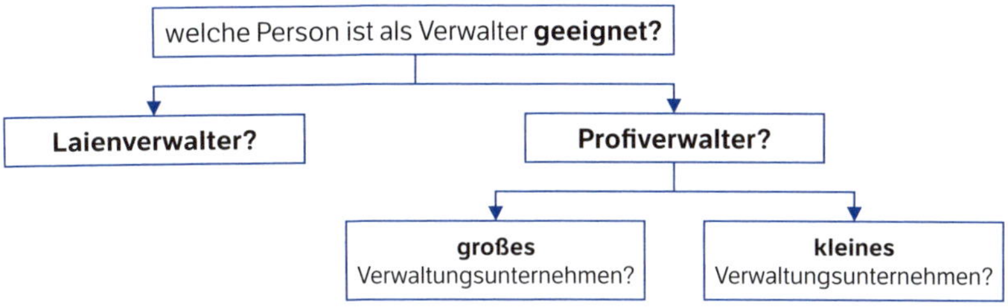

Eignung der Verwalterperson II

Jedenfalls bei Wohnungseigentumsanlagen mit mehr als 20 Wohnungseigentumsrechten sollte man in der Regel ein als GmbH oder AG organisiertes GRÖSSERES ODER GROSSES VERWALTUNGSUNTERNEHMEN mit vielen qualifizierten Mitarbeitern wählen. Ein solches Verwaltungsunternehmen kann sich zwar im Alltag als „unpersönlicher" herausstellen, ist aber grundsätzlich den besonderen Anforderungen großer Wohnungseigentumsanlagen besser gewachsen.

In kleinen Wohnungseigentumsanlagen („Daumenregel": maximal 20 Wohnungseigentumsrechte), vor allem in solchen, in denen die Eigentümer selbst wohnen, kann es sich hingegen anbieten, eine NATÜRLICHE PERSON ODER EIN KLEINES VERWALTUNGSUNTERNEHMEN auszusuchen. Diese sind häufig aufgrund der Größe ihres Unternehmens eher bereit und in der Lage, den besonderen Wünschen und Erwartungen der Wohnungseigentümer kleiner Wohnungseigentumsanlagen nach einer persönlichen Betreuung gerecht zu werden.

Profiverwalter

Unabhängig davon, um welche Wohnungseigentumsanlage es sich handelt, sollte die zu bestellende Person ein „Profiverwalter" sein. Das sind Verwalter, die aufgrund ihrer Ausbildung zur Verwaltung geeignet sind und deren Gewerbe die Hausverwaltung ist.

Steht in einer Wohnungseigentumsanlage eine Verwalterbestellung an, sollten vor allem die Mitglieder des Verwaltungsbeirats MEHRERE miteinander VERGLEICHBARE Angebote von verschiedenen Personen, die bereit sind, das Verwalteramt zu übernehmen, einholen (zu den Einzelheiten siehe 17. Kapitel Verwaltungsbeirat › S. 397 ff.). Wird auf diese Chance, sich zu informieren und Personen miteinander zu vergleichen, verzichtet, entspricht die Verwalterwahl KEINER ordnungsmäßigen Verwaltung.

Nach herrschender Ansicht gilt zwar etwas anderes, wenn der BISHERIGE Verwalter wiederbestellt wird. Indessen sollten auch dann, wenn der bisherige Verwalter zur Wiederwahl steht und sich bewährt hat, alternative Angebote eingeholt werden. Denn auch wenn man mit dem bisherigen Verwalter gute Erfahrungen gemacht hat, kann es nicht schaden, sich mit dem Angebot eines Konkurrenten vertraut zu machen. Vielleicht stellt sich dieses Angebot als besser heraus. Jedenfalls ist vorstellbar, dass der bisherige Verwalter seine Konditionen angesichts der Konkurrenz verbessert.

Suchmaschinen im Internet
Einige der bundesweit tätigten Berufsverbände der Immobilienverwalter bieten durch spezielle Suchmaschinen im Internet bei der Vorauswahl geeigneter Person eine Hilfestellung.

Checkliste: Auswahl Verwalter
Ist die Eignung eines Verwalters zu prüfen, stellen sich unter anderem die folgenden Fragen:

- ☐ Berufszulassung
  - Besitzt die Person eine Berufszulassung nach der Gewerbeordnung?
  - Besteht die Berufszulassung noch?
- ☐ Person des Verwalters
  - Handelt es sich bei der Person um einen professionell und gewerblich Tätigen oder um einen so genannten „Amateurverwalter"?
  - Natürliche Person oder Verwaltungsunternehmen?
  - Über welche Ausbildung verfügt der Bewerber? Bilden sich der Bewerber selbst bzw. seine Mitarbeiter regelmäßig fort?
- ☐ Wirtschaftliche Situation des Verwalters?
  - finanzielle Mittel?
  - Sicherheiten?
- ☐ Versicherungen
  - Berufshaftpflichtversicherung?
  - Betriebshaftpflichtversicherung?
  - Vermögensschadenversicherung?
  - Vertrauensschadenversicherung?
- ☐ Unternehmen des Verwalters
  - Anzahl der Mitarbeiter? Ausbildung? Weiterbildung?
  - Anzahl der verwalteten Wohnungseigentumsanlagen?
  - Verwendete Software?
  - Ist das Verwalterunternehmen zertifiziert?
  - Liegt das Büro in der Nähe der Wohnungseigentumsanlage?

- ☐ Verwaltervertrag
  - Welche Inhalte hat der Verwaltervertrag, den die in Aussicht genommene Person ihrer Geschäftsbesorgung zu Grunde legen will?
  - Höhe der Grundvergütung?
  - Für welche Bereiche wird in welcher Höhe eine Sondervergütung verlangt?
- ☐ Weiteres
  - Wie wird der Verwalter erreichbar sein?
  - Wer vertritt den Verwalter im Falle des Urlaubs?
  - Ist etwas darüber bekannt, wie der Verwalter andere Wohnungseigentumsanlagen verwaltet (Referenzen)? Kann man von dort Abrechnungen und Wirtschaftspläne als Beispiel einsehen? Wird dort das Gemeinschaftsvermögen auf einem Konto der Gemeinschaft der Wohnungseigentümer gesammelt? Werden dort die Pflichten angemessen wahrgenommen?
  - Hat der Bewerber die Wohnungseigentumsanlage vor Abgabe seines Angebots besucht?
  - Ist der Bewerber Mitglied einer anerkannten Berufsvereinigung, am besten einer, die vom Verwalter bestimmte Leistungen verlangt, unter anderem eine regelmäßige Fortbildung?
  - Besonders empfehlenswert sind Verwalter, die sich als Mitglied eines Verbandes dessen strengen Anforderungen unterwerfen, etwa denen des Bundesfachverbandes der Immobilienverwalter e. V. – BVI (bvi-verwalter.de), des Verbandes der Immobilienverwalter Deutschland e. V. – VDIV (immobilienverwalter.de) oder des Immobilienverbandes Deutschland IVD Bundesverband der Immobilienberater, Makler, Verwalter und Sachverständigen e. V. (ivd.net/).

VI. Bestellung

1. Bestellungsbeschluss

Soll eine Person Verwalter werden, muss sie bestellt werden. Dies geschieht durch einen Beschluss.

WEG § 26 Absatz 1 WEG
Über die Bestellung und Abberufung des Verwalters beschließen die Wohnungseigentümer.

Die Bestellung ist eine Mehrheitswahl nach dem geltenden Stimmrechtsprinzip (15. Kapitel Versammlung › S. 288). Gewählt ist die Person, für die sich die Mehrheit der Wohnungseigentümer ausspricht. Die Person ist aber erst bestellt, wenn sie die Wahl auch ANNIMMT.

Mehrere Kandidaten

Treten mehrere Kandidaten zur Wahl an, reicht es nicht, dass einer der Bewerber MEHR Ja-Stimmen auf sich vereinigt als die anderen Bewerber. Vielmehr muss die MEHRHEIT der Wohnungseigentümer für einen Bewerber stimmen. Bei 10 Stimmen für Kandidat A, 9 Stimmen für Kandidat B, keiner Stimme für Kandidat C und 2 Enthaltungen ist mithin Kandidat A gewählt. Denn für A haben 10 Wohnungseigentümer gestimmt und gegen ihn – im Ergebnis – nur 9.

Etwas anderes gilt bei 10 Stimmen für A, 6 Stimmen für B, 5 Stimmen für C und keiner Enthaltung. Denn in diesem Falle haben nur 10 für A und – im Ergebnis – 11 gegen ihn gestimmt. Für A hat sich beim zweiten Beispiel also keine Mehrheit der Wohnungseigentümer ausgesprochen.

EINZELWAHL
Es stellt sich zunächst nur Kandidat A zur Wahl. Stimmt die Mehrheit der Wohnungseigentümer für ihn, ist A gewählt – und, wenn er die Wahl annimmt, bestellt. Ein solches Verfahren ist nicht rechtsmissbräuchlich, obwohl es dazu führen kann, dass sich andere Bewerber nicht mehr zur Wahl stellen können.

Schwierigkeiten bei einer Abstimmung über mehrere Bewerber können VERMIEDEN werden, indem zunächst nur über die Wahl des aussichtsreichsten Kandidaten beschlossen wird.

2. Dauer

Die Wohnungseigentümer können den Verwalter für HÖCHSTENS 5 Jahre bestellen. Im Fall der ersten Bestellung nach der Begründung von Wohnungseigentum ist eine Bestellung sogar nur für 3 Jahre zulässig. Die Wohnungseigentümer können den Verwalter wiederbestellen. Dann müssen sie wieder beschließen. Dieser Beschluss kann frühestens 1 Jahr vor Ablauf der Bestellungszeit gefasst werden kann.

BESTELLUNG DES VERWALTERS
Die ___ – GmbH wird nach Maßgabe ihres Entwurfs für einen Verwaltervertrag, wie er allen Wohnungseigentümern im Entwurf mit Schreiben vom ___ (Datum) übersandt wurde und wie er der Niederschrift als Anlage ___ (Nummer) beigefügt ist, vom ___ bis zum ___ zur Verwalterin der Wohnungseigentumsanlage bestellt.

2 Jahre

Aus Sicht der Wohnungseigentümer reicht es in der Regel, den Verwalter für 2 Jahre zu bestellen.

VII. Abberufung

1. Jederzeitige Möglichkeit

Die Wohnungseigentümer können den Verwalter jederzeit abberufen. Sie bedürfen für die Entscheidung keines wichtigen Grundes. Etwas anderes kann NICHT vereinbart werden. Berufen die Wohnungseigentümer den Verwalter ab, liegt hierin KEINE Kündigung des Verwaltervertrags (diese Frage ist streitig und wird auch anders beantwortet). Aus Sicht der Wohnungseigentümer ist es jedenfalls immer besser, die Kündigung des Verwaltervertrags ausdrücklich zu erklären und sich bewusst zu sein, dass Bestellung und Anstellung im Einzelfall nicht zugleich enden.

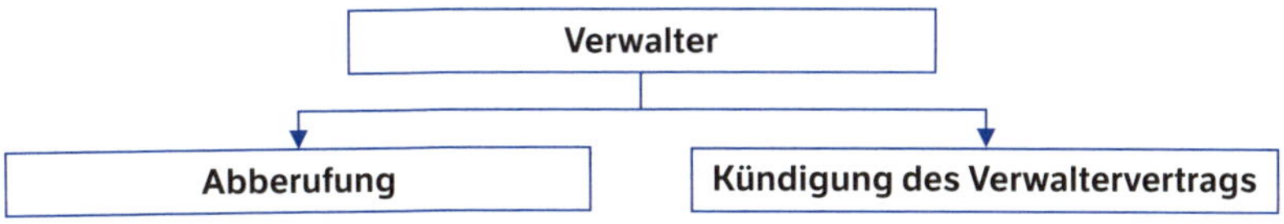

Abberufung und Kündigung

2. Beschluss

Über die Abberufung beschließen die Wohnungseigentümer mit Stimmenmehrheit. Ein „schlüssiger" Abberufungsbeschluss liegt darin, dass Wohnungseigentümer eine ANDERE Person zum Verwalter bestellen.

Der Abberufungsbeschluss muss ordnungsmäßiger Verwaltung entsprechen. Die Willensbildung der Wohnungseigentümer und ihre Ermessensentscheidung, ob der Amtsträger abberufen werden soll, müssen also fehlerfrei zustande kommen. Dazu sollten folgende Fragen beantwortet werden:

- EIGNUNG: Ist der Verwalter fachlich und/oder menschlich ungeeignet, ist er mithin unfähig zu einer ordnungsmäßigen Amtsführung?
- BERUFSZULASSUNG: Ist die Berufszulassung des Verwalters nicht vorhanden gewesen oder entfallen?
- PFLICHTVERLETZUNG: Hat der Verwalter seine gesetzlichen oder von den Wohnungseigentümern bestimmten oder seine vertraglichen Pflichten verletzt?
- WECHSEL DES UNTERNEHMENSTRÄGERS EINER VERWALTERGESELLSCHAFT ODER IHRES GESCHÄFTSFÜHRERS: Ist es beim Verwalterunternehmen zu einem Wechsel der Geschäftsführung oder der Gesellschafter oder zu einer Umstrukturierung gekommen?

- VERMÖGEN: Wurde über das Vermögen des Amtsträgers das Insolvenzverfahren eröffnet oder ist der Amtsträger im Übrigen in Vermögensverfall geraten?

Übersicht für Abberufungsgründe
Knüpft man vor allem an die Eignung und an die Amtspflichten an, kann man wichtige Abberufungsgründe wie folgt „sichtbar" machen – wobei im Einzelfall die SCHWERE der Pflichtverletzung zu betrachten ist. Überblick:

- Verletzung allgemeiner Amtspflichten:
  - Vermögensverfall oder Insolvenz;
  - nachhaltige Zerstörung des Vertrauensverhältnisses, zum Beispiel durch Beleidigungen oder das Verschweigen von Provisionen im Zusammenhang mit der Verwaltung des gemeinschaftlichen Eigentums oder des Gemeinschaftsvermögens;
  - Nichtzusammenarbeit mit oder nachhaltig gestörtes Verhältnis zu den Verwaltungsbeiräten;
  - Missachtung von Weisungen oder des sonstigen Willens der Wohnungseigentümer;
  - Nichtumsetzung gerichtlicher Entscheidungen;
  - pflichtwidriger Umgang mit anvertrautem Vermögen;
  - Lügen oder Verschweigen unerlaubter Handlungen oder nicht getilgter Vorstrafen;
  - unberechtigte Verweigerung einer Auskunft zur Verwaltung oder unberechtigte Verweigerung der Einsichtnahme in Verwaltungsunterlagen;
  - unerlaubte Handlungen wie Beleidigungen, Unterschlagungen, Veruntreuungen, Tätlichkeiten, die sich nicht gegen die Wohnungseigentümer oder die Gemeinschaft der Wohnungseigentümer richten müssen;
  - Verletzung von Aufklärungs- und Beratungspflichten, zum Beispiel wegen mangelnder Liquidität;
  - unzulässige Übertragung der Amtspflichten;
  - „menschliche" Mängel, zum Beispiel die grundlose Stellung von Strafanzeigen gegen einen Wohnungseigentümer;
  - Verstöße gegen die Neutralitätspflicht.
- Amtspflichtverletzungen im Zusammenhang mit der Versammlung der Eigentümer:
  - unterbliebene Einberufung;
  - Missachtung eines berechtigten Einberufungsverlangens;
  - Missachtung von Anträgen zur Tagesordnung;
  - Vorlage unbestimmter Beschlussanträge;

- schuldhafte Nichtladung von Wohnungseigentümern;
- pflichtwidrige Leitung der Versammlung, zum Beispiel Unterbindung berechtigter Redebeiträge oder unberechtigter Ausschluss von Personen;
- Erstellung falscher, unvollständiger oder verfälschter Niederschriften und/oder deren verspätete Vorlage;
- Durchführung der Versammlung an unzumutbaren Orten und/ oder zu unangebrachten Zeiten;
- Nichtverkündung von nicht nichtigen Beschlüssen.

– Amtspflichtverletzungen im Zusammenhang mit der Geschäftsführung:
  - Nichtdurchführung von Beschlüssen;
  - keine Trennung eingenommener Gelder;
  - eigenmächtige Entnahme von Geldern aus der Erhaltungsrücklage;
  - unzureichendes Hausgeldinkasso;
  - unzureichende Informationen;
  - eigenmächtige Vertragsabschlüsse.

– Amtspflichtverletzungen im Zusammenhang mit Wirtschaftsplan und Jahresabrechnung:
  - Gebrauch falscher Umlageschlüssel;
  - verspätete Vorlage des Wirtschaftsplans und/oder der Jahresabrechnung;
  - falsche Jahresabrechnung;
  - Nichtvorlage der Jahresabrechnung und/oder von Wirtschaftsplänen.

3. Hinweise zum praktischen Vorgehen

Will ein Wohnungseigentümer DURCHSETZEN, dass der Verwalter abberufen – und der Verwaltervertrag gekündigt wird – müssen zunächst die anderen Wohnungseigentümer mit der Frage befasst werden (Grundsatz der Vorbefassung).

Versammlung

Es bedarf also eines entsprechenden Gegenstandes auf einer Tagesordnung einer ordentlichen, gegebenenfalls aber auch außerordentlichen Versammlung, wenn die gegen einen Verwalter sprechenden Gründe kein Warten mehr zulassen. Der Wohnungseigentümer, der Abberufung und Kündigung betreibt, sollte daher den Verwalter zunächst bitten, als Gegenstände dieser Versammlung die Tagesordnungspunkte „Abberufung des Verwalters“ und „Kündigung des Verwaltervertrags“ sowie – am besten – „Bestellung eines Verwalters“ aufzunehmen. Weigert sich der Verwalter, eine Versammlung mit jedenfalls diesen Punkten einzuberufen, ist der Vorsitzende des Verwaltungsbeirats befugt, einzuberufen (15. Kapitel Versammlung › S. 270).

Ob der Verwalter abzuberufen und sein Vertrag zu kündigen ist, ist dann von den Wohnungseigentümern in der Versammlung zu diskutieren. Anschließend ist abzustimmen. Finden sich für die Beschlussanträge einfache Mehrheiten, ist das Ziel erreicht. Um eine verwalterlose Zeit zu vermeiden, sollte dann zugleich ein neuer Verwalter bestellt werden. Über diesen sollte man sich daher vor einer Abberufung Gedanken machen.

Anfechtung
Möglich ist, dass ein Wohnungseigentümer gegen die Abberufung vorgeht. Diese Klage hat Erfolg, wenn es nicht ordnungsmäßiger Verwaltung entsprach, den Verwalter abzuberufen.

Finden sich keine Mehrheiten, etwa weil ein Wohnungseigentümer die anderen „majorisiert" (siehe 22. Kapitel Minderheitenschutz › S. 455), kann auf ABBERUFUNG und KÜNDIGUNG geklagt werden. Diese Beschlussersetzungsklage hat Erfolg, wenn sich das Ermessen der Wohnungseigentümer über eine Abberufung des Verwalters und die Kündigung seines Verwaltervertrags ausnahmsweise auf null reduziert hat. Dies ist der Fall, wenn sich keine andere Entscheidung als ordnungsmäßig erweist.

Entscheidung des Gerichts
Bei der Entscheidung des Gerichts über den Verwalter ist die Entscheidung der Mehrheit in vertretbarem Rahmen zu respektieren, aber auch der Minderheit Schutz zu bieten. Dem Anliegen der Mehrheit und dem Selbstorganisationsrecht der Wohnungseigentümer kann das Gericht nur Rechnung tragen, wenn den Wohnungseigentümern ein Beurteilungsspielraum zugebilligt wird. Die Mehrheit der Wohnungseigentümer kann nachvollziehbare Motive dafür haben, von einer Abberufung Abstand zu nehmen. Das kann beispielsweise der Fall sein, wenn sie einen solchen Schritt im Hinblick auf die bisherigen Leistungen des Verwalters nicht für notwendig hält und nach einer Erörterung der Mängel mit dem Verwalter auf eine Besserung in der Zukunft vertraut.

Ist dieser Beurteilungsspielraum allerdings ÜBERSCHRITTEN, weil die Ablehnung der Abberufung aus objektiver Sicht nicht vertretbar erscheint, muss das Gericht im Interesse der Minderheit die Abberufung vornehmen. Das kann erforderlich sein, wenn die Mehrheit aus der Sicht eines vernünftigen Dritten gegen ihre eigenen Interessen handelt, weil sie – etwa aus Bequemlichkeit – massive Pflichtverletzungen tolerieren will; auch eine Majorisierung durch einen Mehrheitseigentümer kann Anlass für eine kritische Würdigung der Beweggründe sein. Ob die Voraussetzungen für einen solchen Anspruch bestehen, hat der Richter in umfassender Würdigung aller Umstände festzustellen.

VIII. Verwaltervertrag (Anstellung)

1. Allgemeines

Von der Bestellung ist der Verwaltervertrag zu unterscheiden. Das eine hat mit dem anderen nichts zu tun (der Bundesgerichtshof meint zurzeit allerdings, jeder Verwalter müssen einen Vertrag schließen). Der Abschluss eines Verwaltervertrags ist für die Gemeinschaft der Wohnungseigentümer jedenfalls SEHR SINNVOLL. Der Verwaltervertrag ist der Ort,

- die gesetzlichen Rechte und Pflichten des Verwalters näher auszugestalten,
- Rechte und Pflichten gegenüber der Gemeinschaft der Wohnungseigentümer und den Wohnungseigentümern zu begründen und
- die Vergütung des Verwalters zu regeln.

Bestellung und Eckpunkte des abzuschließenden Verwaltervertrags
Die Bestellung wird wesentlich von den wirtschaftlichen Eckpunkten und dem Abschluss des Verwaltervertrags bestimmt. Die Bestellung entspricht daher nur dann ordnungsmäßiger Verwaltung, wenn in DERSELBEN Versammlung, in der die Bestellung erfolgt, auch die ECKPUNKTE des abzuschließenden Verwaltervertrags (Laufzeit und Vergütung) in wesentlichen Umrissen geregelt werden; hiervon kann nur unter besonderen Umständen übergangsweise abgewichen werden.

2. Vergütung

Die Gemeinschaft der Wohnungseigentümer und der Verwalter können Art und Höhe der Vergütung frei aushandeln. In der Regel werden neben einer monatlich anfallenden pauschalen Grundvergütung „Sondervergütungen" vereinbart. Auf Seiten der Gemeinschaft der Wohnungseigentümer ist der Grundsatz der Ordnungsmäßigkeit zu beachten. Den Grundsätzen ordnungsmäßiger Verwaltung entspricht die Verwaltervergütung nach Höhe und Ausgestaltung, wenn sie dem GEBOT DER WIRTSCHAFTLICHKEIT genügt. Dieses Gebot ist nicht schon verletzt, wenn die vorgesehene Verwaltervergütung ÜBER den üblichen Sätzen liegt.

Eine deutliche Überschreitung der üblichen Verwaltervergütung wird den Grundsätzen ordnungsmäßiger Verwaltung regelmäßig indessen nur dann entsprechen, wenn sie auf Sachgründen beruht, deren Gewicht den Umfang der Überschreitung rechtfertigt. Eine angemessene Höhe kann daher je nach Alter, Art, Größe und Ausstattung des zu verwaltenden gemeinschaftlichen Eigentums sehr unterschiedlich sein. Stets kommt es auf die konkreten Umstände, insbesondere die Größe und den baulichen Zustand der Wohnungseigentumsanlage, die Anzahl der Wohnungs- und Teileigentumsrechte, die gesetzlichen und besonderen Verwalterpflichten an.

Grundvergütung neben Sondervergütungen
Gewährt die Gemeinschaft der Wohnungseigentümer dem Verwalter für genau bestimmte abstrakte Leistungen einen pauschalen (Grund-) Vergütungsanteil und für andere tatsächlich anfallende Leistungen einen konkret benannten Vergütungsanteil, entspricht dies keiner ordnungsmäßigen Verwaltung, wenn die mit dem konkret benannten Vergütungsanteil abzugeltenden Leistungen bereits Gegenstand des pauschalen (Grund-)Vergütungsanteils sind.

Ferner ist vorstellbar, dass die versprochene Vergütung (gegebenenfalls teilweise) nach einer INHALTSKONTROLLE unwirksam ist. Etwa eine Klausel, dass der Verwalter einseitig die Vergütung nach bestimmten Prüfsteinen erhöhen darf, ist in der Regel überraschend. Eine Klausel, wonach Verwaltergebühren der allgemeinen Verwaltungskostenentwicklung angepasst werden können, ist auch ungültig – haben die Wohnungseigentümer nicht eine entsprechende Klausel unter sich vereinbart. Ferner ist die Vereinbarung einer Wertsicherungsklausel unzulässig. Zulässig sind hingegen grundsätzlich

- Staffelvereinbarungen,
- Spannungs- und Leistungsvorbehaltsklauseln oder
- die Abrede, dass die Parteien des Verwaltervertrags bei Eintritt bestimmter Bedingungen über eine Vergütungsanpassung in „Gespräche“ eintreten.

Der Verwaltungsaufwand des Verwalters hängt in der Regel NICHT von Wert oder Größe eines Wohnungs- oder Teileigentums ab. Aus diesem Grund wird die Vergütung häufig nach der ANZAHL der verwalteten Wohnungseigentumsrechte („Einheiten“) – zum Teil gestaffelt nach Wohn- und Teileigentum und gegebenenfalls einzelnen Räumen – und nicht nach Wohn- und Nutzflächen oder nach Miteigentumsanteilen berechnet. Im Innenverhältnis der Wohnungseigentümer gilt als Umlageschlüssel aber auch dann allerdings die Größe der Miteigentumsanteile. Die Wohnungseigentümer können etwas anderes bestimmen.

Weitere Vergütungen/Erhöhung der Vergütung

Soll der Verwalter eine (weitere) Vergütung erhalten, die ihm die Gemeinschaft der Wohnungseigentümer noch nicht im Verwaltervertrag versprochen und mit ihm vereinbart hat, bedarf es mehrerer Schritte:

- BESCHLUSS. Die Wohnungseigentümer müssen zunächst eine Vertragsänderung beschließen.
- EINVERSTÄNDNIS. Dann muss sich der Verwalter mit der Änderung einverstanden erklären.
- VERTRAGSÄNDERUNG. Im Anschluss muss die Vertragsänderung ausdrücklich oder „schlüssig" durchgeführt werden. Die Gemeinschaft der Wohnungseigentümer wird bei dieser Vertragsänderung durch den Vorsitzenden des Verwaltungsbeirats, einen ermächtigten Wohnungseigentümer oder von sämtlichen Wohnungseigentümern als Gesamtvertretern vertreten.

3. Inhaltskontrolle (AGB – Kontrolle)

Ist der Verwalter ein UNTERNEHMER, gelten seine für eine Vielzahl von Verträgen vorformulierten Vertragsbedingungen (Allgemeine Geschäftsbedingungen – AGB) als von ihm GESTELLT, es sei denn, dass sie durch die Gemeinschaft der Wohnungseigentümer in den Verwaltervertrag eingeführt wurden.

Unternehmer

Ein Unternehmer ist eine natürliche oder juristische Person oder eine rechtsfähige Personengesellschaft, die bei Abschluss eines Rechtsgeschäftes in Ausübung ihrer gewerblichen oder selbständigen beruflichen Tätigkeit handelt. Wenn im Einzelfall ein Wohnungseigentümer einmalig die Verwaltung der Wohnungseigentumsanlage übernimmt, in der er Wohnungseigentümer ist, ist er kein Unternehmer.

Die von einem Unternehmer gestellten Vertragsbedingungen sind nach § 307 BGB UNWIRKSAM, wenn sie die Gemeinschaft der Wohnungseigentümer oder die Wohnungseigentümer entgegen den Geboten von Treu und Glauben unangemessen benachteiligen (AGB – Kontrolle).

§ 307 BGB Inhaltskontrolle.
(1) Bestimmungen in Allgemeinen Geschäftsbedingungen sind unwirksam, wenn sie den Vertragspartner des Verwenders entgegen den Geboten von Treu und Glauben unangemessen benachteiligen. Eine unangemessene Benachteiligung kann sich auch daraus ergeben, dass die Bestimmung nicht klar und verständlich ist.
(2) Eine unangemessene Benachteiligung ist im Zweifel anzunehmen, wenn eine Bestimmung
1. mit wesentlichen Grundgedanken der gesetzlichen Regelung, von der abgewichen wird, nicht zu vereinbaren ist oder
2. wesentliche Rechte oder Pflichten, die sich aus der Natur des Vertrags ergeben, so einschränkt, dass die Erreichung des Vertragszwecks gefährdet ist.
...

Die in der Praxis von „Profiverwaltern" angebotenen Verträge – auch wenn der Verwalter sich eines Formulars bedient, das ein Verband anbietet – enthalten zum Teil eine GANZE REIHE unwirksamer Bestimmungen. Die Unwirksamkeit kann unmittelbar aus § 307 BGB folgen oder aus einem Verstoß gegen §§ 308 und 309 BGB (diese Vorschriften enthalten jeweils einen langen Katalog von unwirksamen Bestimmungen).

Beispiele

- Klauseln, die gegen Vereinbarungen der Wohnungseigentümer oder gegen das Gesetz verstoßen, sind nach § 307 Absatz 2 Nr. 1 BGB unwirksam, etwa die Klausel, dass der Verwalter zwingend die Versammlung leitet (Verstoß gegen § 24 Absatz 5 WEG).
- Klauseln, die Verwaltungskompetenzen der Wohnungseigentümer ganz oder teilweise auf den Verwalter übertragen, sind nach § 307 Absatz 2 Nr. 1 BGB grundsätzlich nichtig. Etwa die Klausel, „der Verwalter ist berechtigt, im Namen aller Wohnungseigentümer und mit Wirkung für und gegen sie im Rahmen seiner Verwaltungsaufgaben Verträge abzuschließen bzw. zu kündigen und Rechtsgeschäfte vorzunehmen". Entsprechendes gilt für die Klausel „der Verwalter ist insbesondere berechtigt und verpflichtet: ... die Instandhaltungs- und die Instandsetzungsarbeiten zu veranlassen". Die Wohnungseigentümer können das aber beschließen.
- Die Möglichkeit, umfassend Untervollmacht erteilen zu können, ist gemäß § 307 Absatz 1, Absatz 2 Nr. 2 BGB nichtig.
- Entlastungsklauseln müssen § 307 Absatz 1 Satz 2 BGB beachten, also klar und verständlich sein.

- Eine Klausel zur beliebigen einseitigen Erhöhung der Verwaltervergütung („Der Verwalter ist berechtigt, die Verwaltergebühren jährlich höchstens einmal der Verwaltungskostenentwicklung anzupassen“) ist gemäß § 307 Absatz 1 Satz 1 BGB unwirksam.
- Haftungsausschlüsse müssen § 309 Nr. 7 BGB beachten. Wird also nicht zwischen der Haftung für Personenschäden, die man nicht einschränken kann, sowie den Fällen des groben Verschuldens einerseits und der eher einschränkbaren Haftung für Vermögensschäden andererseits unterschieden, ist im Regelfall die gesamte Klausel unwirksam. Ferner soll darauf zu achten sein, dass eine Haftungsklausel nicht die „Kardinalpflichten“ des Verwalters erfasst.
- Verjährungsklauseln müssen §§ 309 Nr. 7, 202 Absatz 1 BGB beachten. Die Klausel „gegenseitige Ansprüche aus diesem Vertrag verjähren nach 3 Jahren von dem Zeitpunkt an, in dem sie entstanden sind, spätestens jedoch 3 Jahre nach Beendigung des Vertrags“ ist danach zum Beispiel unwirksam.
- Kommt es aus Gründen, die der Verwalter zu vertreten hat, zu einer weiteren Versammlung der Eigentümer, kann der Verwalter für deren Organisation und Abhaltung keine Vergütung beanspruchen. Eine entsprechende Vertragsklausel muss daher eine entsprechende Einschränkung der Zusatzvergütungspflicht für den Fall schuldhaften Verwalterhandelns vorsehen; fehlt es daran, ist die Klausel nichtig. Etwa die Klausel „für die alljährlich vorgeschriebene Versammlung erhält der Verwalter keine gesonderte Vergütung. Für jede weitere Versammlung des laufenden Jahres erhält der Verwalter eine Vergütung von 300 Euro zuzüglich MWSt. in gesetzlicher Höhe“ ist danach unwirksam (der Fall, dass eine Zweitversammlung vom Verwalter selbst veranlasst ist, ist nicht ausgenommen).

Klauseln im Verhältnis der Wohnungseigentümer untereinander (etwa: Ladungsfiktionen [= die unwiderlegliche Vermutung, dass ein Wohnungseigentümer geladen wurde], Kompetenzverlagerungen und Instandsetzungsklauseln) unterliegen keiner Inhaltskontrolle, sind aber dennoch UNWIRKSAM, da die Wohnungseigentümer KEINE Partei des Verwaltervertrags sind und ihnen dort daher weder Pflichten auferlegt noch Rechte genommen werden können.

Beispiele

- Die Klausel „die Ladung ist wirksam, wenn sie an die letzte dem Verwalter bekannte Adresse des Eigentümers gerichtet ist", ist danach unwirksam.
- Auch die Klausel „ein Wohnungseigentümer kann sich, wenn die Teilungserklärung keine andere Regelung enthält, nur durch einen Familienangehörigen, einen anderen Wohnungseigentümer der Gemeinschaft oder den Verwalter auf Grund schriftlicher Vollmacht vertreten lassen. Diese Vollmacht ist der Niederschrift anzuheften" ist danach unwirksam.
- Ferner ist die folgende Klausel unwirksam: „Steht ein Wohnungseigentum einer Mehrheit von Eigentümern zu, so haben diese Eigentümer, soweit die Teilungserklärung keine andere Regelung enthält, zur Wahrnehmung ihrer Rechte einen gemeinsamen Bevollmächtigten zu stellen und dem Verwalter bekannt zu geben. Der Benannte ist auch zustellungsbevollmächtigt. Dies gilt nicht für Ehegatten; diese gelten als gegenseitig bevollmächtigt".

GENEHMIGUNG VERWALTERVERTRAG
Die Wohnungseigentümer genehmigen den Verwaltervertrag, wie er allen Wohnungseigentümern im Entwurf mit Schreiben vom ___ (Datum) übersandt wurde und wie er der Niederschrift als Anlage ___ (Nummer) beigefügt ist.

4. Schutzwirkung für die Wohnungseigentümer

Ob der Verwaltervertrag ein Vertrag mit Schutzwirkung für die Wohnungseigentümer ist, ist zurzeit STREITIG. Nur wenn man die Frage bejaht, könnte ein Wohnungseigentümer vom Verwalter für einen Schaden, den er im Sonder- und/oder Alleineigentum hat, etwa die Mietminderung seines Mieters, Ersatz verlangen. Zwar wäre es auch möglich, den Pflichten des Verwalters Schutzwirkung für die Wohnungseigentümer zuzuerkennen. Das ist aber noch völlig unüblich.

Vereinbarung

Um dieser Unsicherheit zu BEGEGNEN, kann der Verwaltervertrag ausdrücklich als Vertrag mit Schutzwirkung für die Wohnungseigentümer (dann haben sie Schadenersatzansprüche) oder sogar zu Gunsten der Wohnungseigentümer (dann können sie Leistung verlangen) geschlossen werden.

BEISPIELE
Berufen die Wohnungseigentümer den Verwalter zum 31.12 ab, endet der Verwaltervertrag jedenfalls am 30.6. Er endet vorher, wenn das vereinbart ist oder wenn es einen wichtigen Kündigungsgrund gab oder es dieses Grundes nicht bedarf.

5. Kündigung

Die Gemeinschaft der Wohnungseigentümer kann den Verwaltervertrag jederzeit kündigen. Etwas anderes gilt, wenn etwas anderes vereinbart wird. Hierzu gibt es aus Sicht der Wohnungseigentümer keinen Grund. Der Verwaltervertrag endet im Übrigen automatisch spätestens 6 Monate nach der Abberufung des Verwalters. Die Kündigung muss für die Gemeinschaft der Wohnungseigentümer der Vorsitzende des Verwaltungsbeirats, ein dazu ermächtigter Wohnungseigentümer oder alle Wohnungseigentümer gemeinsam erklären.

Abmahnung und Kündigungsfrist

Die Gemeinschaft der Wohnungseigentümer muss den Verwalter vor einer Kündigung des Verwaltervertrags aus wichtigem Grund wohl nicht abmahnen. Reicht bereits eine Abmahnung aus, um den Missstand zu beheben, liegt schon kein wichtiger Grund vor. Eine fristlose Kündigung aus wichtigem Grund muss allerdings binnen ANGEMESSENER Frist ausgesprochen werden. Für die Frage der „angemessen kurzen" Frist ist maßgebend, wie schnell eine Beschlussfassung nach den konkreten Umständen zu erreichen ist und wie anschließend die Kündigung erklärt werden kann.

Läge ein wichtiger Grund für eine ABBERUFUNG vor, dann berechtigte dieser auch zur fristlosen Kündigung des Verwaltervertrags aus wichtigem Grund.

6. Muster: Verwaltervertrag aus Sicht der Wohnungseigentümer

Es finden sich bundesweit Entwürfe für Verwalterverträge aus Sicht der Verwalter. Der nachfolgend dargestellte versucht den Entwurf eines Verwaltervertrags aus SICHT DER WOHNUNGSEIGENTÜMER. Er sieht daher unter anderem von Klauseln ab, die die Haftung des Verwalters einschränken, die Verjährung begrenzen wollen oder den Verwaltervertrag automatisch verlängern.

Der Verwalter hat grundsätzlich die WAHL, ob er einen Vertrag mit einer Pauschalvergütung anbietet oder einen Vertrag mit einer in Teilentgelte aufgespaltenen Vergütung. Unter dem Gesichtspunkt der ordnungsmäßigen Verwaltung erfordert eine aufgespaltene Vergütung eine klare und transparente Abgrenzung derjenigen Aufgaben, die von einer vorgesehenen Grundvergütung erfasst sein sollen, von denen, die gesondert zu vergüten sind. Ferner muss bei den Aufgaben, die in jeder Gemeinschaft der Wohnungseigentümer laufend anfallen, der tatsächliche Gesamtumfang der Vergütung erkennbar sein.

Vor diesem Hintergrund werden unter § 4 alternativ 2 Fassungen vorgeschlagen:

- Die erste ist eine sehr transparente, aber noch sehr UNÜBLICHE. Sie wird vor dem Hintergrund vorgeschlagen, dass viele Verwalter – auch aus der Not, mit „Billiganbietern" konkurrieren zu müssen – ihre Vergütung häufig in den Sondervergütungen „verstecken". Von diesen

sieht die erste Fassung ab. Hier wird man daher dem Verwalter eine hohe Pauschale gewähren müssen. Es steht dann aber von vornherein fest, was gilt.
- Die zweite Fassung ist die in der PRAXIS VERWANDTE, für Wohnungseigentümer hier aber veränderte.

Der Entwurf sollte den Bedürfnissen einer konkreten Wohnungseigentumsanlage ANGEPASST werden. Ein Verwaltervertrag ist in der Regel durch klarstellende Ermächtigungen, die zu beschließen sind und kein Teil des Vertrags sein können, zu ergänzen (siehe dazu unter dem Punkt „Willensbildung" › S. 303 ff.)

Klauselkontrolle
Stellt die Gemeinschaft der Wohnungseigentümer den Verwaltervertrag und lässt sich der Verwalter auf diesen ein, unterliegt der Vertrag keiner Klauselkontrolle.

Muster: Verwaltervertrag

§ 1 VERTRAGSPARTEIEN
(1) Vertragsparteien des Verwaltervertrags sind die Gemeinschaft der Wohnungseigentümer ____ (Auftraggeber) und ____ (Auftragnehmer).

(2) Der Vertrag ist Vertrag mit Schutzwirkung für die Wohnungseigentümer und soll einen Wohnungseigentümer berechtigen, einen Schaden, den nur er erlitten hat, allein gegen den Verwalter zu verfolgen.

§ 2 VERTRAGSDAUER
(1) Der Verwaltervertrag beginnt am ____. Er gilt für den Zeitraum der Bestellung des Auftragnehmers zum Verwalter, längstens aber für ___ Jahre. Er endet automatisch, wenn der Auftragnehmer abberufen wird oder sein Amt niederlegt.

(2) Die Pflichten des Auftragnehmers enden, wenn die Wohnungseigentümer einen neuen Verwalter bestellt haben, spätestens aber nach Ablauf eines Jahres.

(3) Der Verwaltervertrag kann vom Auftraggeber jederzeit ohne Angabe von Gründen gekündigt werden. Der Auftragnehmer kann nur aus wichtigem Grund kündigen.

§ 3 PFLICHTEN DES AUFTRAGNEHMERS

(1) Der Auftragnehmer hat die Pflichten zu erfüllen, die ihm das Wohnungseigentumsgesetz in seiner jeweiligen Fassung, andere Gesetze, Vereinbarungen der Wohnungseigentümer oder Beschlüsse der Wohnungseigentümer auferlegen.

(2) Neben den Pflichten gemäß Absatz 1 hat der Auftragnehmer folgende Pflichten:

a) Wenigstens alle 3 Monate die Wohnungseigentumsanlage zu begehen. Zusätzlich ist die Wohnungseigentumsanlage aus besonderem Anlass zu begehen. Die Pflicht gemäß Satz 1 bleibt von diesen Begehungen unberührt.
b) Sämtliche Verwaltungsunterlagen dauerhaft aufzubewahren.
c) Versammlung:
(aa) Die reguläre jährliche Versammlung grundsätzlich an einem Donnerstag im Monat Mai um 18.00 Uhr einzuberufen. Abweichungen sind nur erlaubt, wenn Belange des Auftraggebers es erfordern. Diese Belange muss der Auftragnehmer in der Versammlung darlegen und glaubhaft machen.
(bb) Die Niederschrift über eine Versammlung spätestens 1 Woche nach der Versammlung an sämtliche Wohnungs- und Teileigentümer zu versenden.
(cc) Die Beschluss-Sammlung elektronisch zu führen.
d) Jedem Wohnungseigentümer angemessen Auskunft zu erteilen.
e) Verwaltungsbeirat:
(aa) Auf Verlangen eines Mitglieds des Verwaltungsbeirats zweimal jährlich an den Versammlungen des Verwaltungsbeirats teilzunehmen.
(bb) Den Mitgliedern des Verwaltungsbeirats den Wirtschaftsplan und die Jahresabrechnung über den Wirtschaftsplan nebst den Rechnungsunterlagen spätestens 6 Wochen vor der Versammlung vorzulegen. Monatliche schriftliche Information der Mitglieder des Verwaltungsbeirats über den Stand des Gemeinschaftsvermögens.
f) Sämtliche geldwerten Vorteile, die er im Rahmen seiner Tätigkeit für den Auftraggeber erlangt, unverzüglich und unaufgefordert herauszugeben.

§ 4 VERGÜTUNG

Der Verwalter erhält für jedes verwaltete Wohnungs- oder Teileigentum monatlich ____ EUR zuzüglich der gesetzlichen Mehrwertsteuer und je Garage/Tiefgarage Einstellplatz/Außeneinstellplatz monatlich ____ EUR zuzüglich der gesetzlichen Mehrwertsteuer.

[§ 4 VERGÜTUNG ALTERNATIVER VORSCHLAG

(1) Die Grundvergütung für die Pflichten gemäß § 3 des Auftragnehmers beträgt je Wohnungs-/Teileigentum monatlich ____ EUR zuzüglich der gesetzlichen Mehrwertsteuer und je Garage/Tiefgarage Einstellplatz/Außeneinstellplatz monatlich ____ EUR zuzüglich der gesetzlichen Mehrwertsteuer.

(2) Die Vertragsparteien vereinbaren Sondervergütungen für folgende Aufgaben:

a) Nichtteilnahme eines Wohnungs- und/oder Teileigentümers am SEPA-Lastschriftverfahren.
b) Fertigung von Kopien.
c) Veräußerungszustimmung.
d) Mahnungen.
e) Hausgeldverfahren.
f) Für jede weitere Versammlung ____ EUR zuzüglich der gesetzlichen Mehrwertsteuer. Ist eine weitere Versammlung erforderlich aus Gründen, die der Verwalter zu vertreten hat, hat er keinen Anspruch auf die Sondervergütung. Dies gilt auch bei einer im Jahr der Verwaltungsübernahme erforderlichen zweiten Versammlung.
g) Für die Bescheinigung haushaltsnaher Dienstleistungen ____ EUR je Wohnungs-/Teileigentum zuzüglich der gesetzlichen Mehrwertsteuer.
h) Für die Wahrnehmung der Verkehrssicherungspflichten für die Gemeinschaft der Wohnungseigentümer und die Wohnungseigentümer ____ EUR je Wohnungs-/Teileigentum zuzüglich der gesetzlichen Mehrwertsteuer.
i) Der Auftragnehmer ist berechtigt, fällige Vergütungen nach Absatz 1 und 3 dem Gemeinschaftsvermögen zu entnehmen.
j) Wenn sich während der Laufzeit des Verwaltervertrags die Pflichten des Auftragnehmers nach § 3 ändern, nehmen die Vertragsparteien in Aussicht, die Grundvergütung angemessen zu erhöhen; Entsprechendes gilt bei einer Änderung der Tariflöhne der Wohnungswirtschaft. Der Auftragnehmer ist berechtigt, binnen 2 Wochen nach erfolglosem Abschluss der Verhandlungen auf Erhöhung der Grundvergütung den Verwaltervertrag außerordentlich zu kündigen, sofern dem Auftraggeber dadurch kein Schaden droht. Die Pflichten des Auftragnehmers enden dann, wenn die Wohnungseigentümer einen neuen Verwalter bestellt haben, spätestens aber nach Ablauf eines Jahres.]

§ 5 VERSICHERUNGEN
(1) Der Auftragnehmer ist verpflichtet, auf eigene Kosten eine Vermögensschadenhaftpflichtversicherung und eine Vertrauensschadenhaftpflichtversicherung abzuschließen. Ferner ist auf eigene Kosten eine Berufshaftpflichtversicherung im Sinne von § 34c Absatz 2 Nr. 2 der Gewerbeordnung in der Fassung vom 1. August 2018 nachzuweisen.

(2) Der Auftragnehmer hat den Mitgliedern des Verwaltungsbeirats die jeweiligen Versicherungspolicen jährlich unaufgefordert vorlegen. Änderungen hat der Auftragnehmer unverzüglich den Mitgliedern des Verwaltungsbeirats anzuzeigen.

(3) Die Mindestversicherungssumme muss jeweils 1.000.000,00 EUR für jeden Versicherungsfall und 5.000.000,00 EUR für alle Versicherungsfälle eines Jahres betragen.

§ 6 VERKEHRSSICHERUNGSPFLICHT
Der Verwalter ist verpflichtet, die Verkehrssicherungspflicht für den Auftraggeber wahrzunehmen.

IX. Aufgaben und Pflichten des Verwalters

1. Überblick

Den Verwalter trifft eine Vielzahl gesetzlicher Aufgaben und Pflichten. Diese bestehen vor allem, aber nicht nur, im Zusammenhang mit Vorbereitung, Durchführung und Nachbereitung der Versammlung der Wohnungseigentümer, mit der Erhaltung des gemeinschaftlichen Eigentums und mit dem „Wirtschaftswesen“ einer Wohnungseigentumsanlage. Ferner muss der Verwalter von Gesetzes wegen dafür Sorge tragen, dass die Gemeinschaft der Wohnungseigentümer rechtmäßig handelt und die gesetzlichen Pflichten, die sich an das gemeinschaftliche Eigentum knüpfen, erfüllt (Legalitätspflicht und Legalitätskontrolle), sein Amt mit Sorgfalt und neutral ausüben sowie die Interessen sämtlicher Wohnungseigentümer und die der Gemeinschaft der Wohnungseigentümer wahren. Schließlich schuldet der Verwalter der Gemeinschaft der Wohnungseigentümer und den Wohnungseigentümern umfassende Informationen (12. Kapitel Informations-, Einsichts- und Kontrollrechte › S. 216 ff.).

Der Verwalter und die Gemeinschaft der Wohnungseigentümer können im VERWALTERVERTRAG weitere Pflichten festlegen, etwa im Zusammenhang mit der Erfüllung der Verkehrssicherungspflichten, mit der Anstellung und Überwachung eines Hausmeisters oder mit Verträgen der Gemeinschaft der Wohnungseigentümer mit Dritten.

Schließlich sind die Wohnungseigentümer in der Lage, Pflichten des jeweiligen Verwalters bei der Verwaltung des gemeinschaftlichen Eigentums durch VEREINBARUNG, aber auch durch BESCHLUSS zu bestimmen. Es kann zum Beispiel vereinbart sein, dass der Verwalter anstelle der Wohnungseigentümer oder zusätzlich zu ihnen einer Veräußerung, einer Vermietung, einem bestimmten Gebrauch oder einer baulichen Veränderung zustimmen muss.

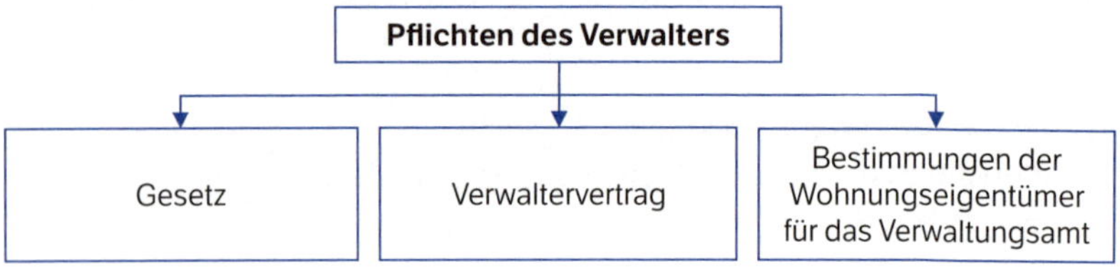

Pflichten des Verwalters

2. Gesetzliche Pflichten

In einem groben Überblick stellen sich die Aufgaben, die ein Verwalter von Gesetzes wegen hat, wie folgt dar:

- ABGABE VON ERKLÄRUNGEN: Der Verwalter muss für die Gemeinschaft der Wohnungseigentümer Erklärungen abgeben, soweit eine Vertretungsmacht besteht.
- ANSPRECHPARTNER: Der Verwalter ist Ansprechpartner für alle Dritten, die Verträge in Bezug auf die Wohnungseigentumsanlage geschlossen haben oder abschließen wollen. Ferner ist er Ansprechpartner für Behörden und Nachbarn.
- BANK: Der Verwalter kann im Namen der Gemeinschaft der Wohnungseigentümer einen Girovertrag schließen. Auch der Verkehr mit der entsprechenden Bank gehört zu seinen Aufgaben.
- BESCHLÜSSE: Der Verwalter muss, liegen die Mittel vor, sämtliche Beschlüsse unverzüglich durchführen.
- ERHALTUNG: Der Verwalter muss ein „Erhaltungsmanagement“ für das gemeinschaftliche Eigentum und die Außenanlagen durchführen (Feststellung von Mängeln, Information der Wohnungseigentümer, Einholung von Angeboten). Ferner muss er die laufende Erhaltung organisieren und bei Gefahr im Verzug handeln.

- EMPFANGSVERTRETER: Der Verwalter ist Empfangsvertreter für die Gemeinschaft der Wohnungseigentümer.
- GEMEINSCHAFT DER WOHNUNGSEIGENTÜMER: Der Verwalter muss die Gemeinschaft der Wohnungseigentümer vertreten und ihre Geschäfte führen.
- HAUSGELDINKASSO: Der Verwalter schuldet ein außergerichtliches Hausgeldinkasso – bis hin zur Zwangsversteigerung.
- INFORMATION: Der Verwalter schuldet eine sachgerechte Information der Wohnungseigentümer über die Wohnungseigentumsanlage, über aktuelle höchstrichterliche Rechtsprechung und die Gesetzgebung. Ferner schuldet er die Information über Prozesse im Zusammenhang mit der Wohnungseigentumsanlage und über Zustellungen.
- NOTGESCHÄFTSFÜHRUNG: Der Verwalter schuldet eine Erhaltung der Wohnungseigentumsanlage bei Gefahr im Verzug. Ferner schuldet er die Durchführung aller Notmaßnahmen, soweit Fristversäumnis droht.
- TECHNIK: Der Verwalter muss die Haustechnik und Eichfristen kontrollieren.
- VERSAMMLUNG. In Bezug auf die Versammlung schuldet der Verwalter folgende Punkte:
  - Entwurf einer Tagesordnung;
  - Bestimmung eines Versammlungsortes, einer Versammlungsstätte und einer Versammlungszeit;
  - Ladung zur Versammlung;
  - Prüfung des Zuganges und Prüfung von Vollmachten;
  - Leitung der Versammlung durch die Abhandlung der Tagesordnung. Dazu gehören unter anderem:
    - Eröffnung der Versammlung,
    - Bestimmung der Reihenfolge der Gegenstände der Tagesordnung und der Abstimmungen;
    - Festlegung, ob es eine Einzel- oder „Generaldebatte" gibt.
    - Ordnungsmaßnahmen, etwa die Beschränkungen des Rederechts und Saalverweise.
    - Bestimmung der Förmlichkeiten der Wortmeldungen und die Einzelheiten der Abstimmung, namentlich:
      - deren Durchführung (ob);
      - Art (etwa das Additions- oder das Substraktionsverfahren) und Form (Stimmkarte, Handzeichen etc.);
  - Feststellung und Verkündung von Beschlussergebnissen;
  - Schließung der Versammlung (Vertagung, Unterbrechung);
  - Fertigung der Versammlungs-Niederschrift;
  - Fertigung der Beschluss-Sammlung.

- WIRTSCHAFTSWESEN: Der Verwalter schuldet einen Wirtschaftsplan nebst Einzelwirtschaftsplänen, die Jahresabrechnung nebst Einzelabrechnungen und gegebenenfalls den Vorschlag einer Sonderumlage, eines Darlehens oder einer Liquiditätsrücklage. Ferner schuldet er, wie bereits erwähnt, hier aber nochmals herausgestrichen, das Hausgeldinkasso nebst Mahnwesen und Hausgeldklagen. Ferner muss er Zahlungen bewirken.
- ZAHLUNGSVERKEHR MIT DRITTEN: Der Verwalter muss berechtigte Forderungen Dritter erfüllen. Geht es um Wohnungseigentümer, bedarf er gegebenenfalls eines Beschlusses.

3. Gewillkürte Pflichten
Neben den gesetzlichen Pflichten können die Gemeinschaft der Wohnungseigentümer und der Verwalter weitere Aufgaben vereinbaren und dem Verwalter weitere Rechte einräumen, oder die Wohnungseigentümer bestimmen diese Angelegenheiten.

X. Insolvenz des Verwalters

Wird über das Vermögen des Verwalters das Insolvenzverfahren eröffnet, ändert dies nichts daran, dass er und nicht etwa der Insolvenzverwalter weiterhin der bestellte WEG-Verwalter ist. Dies gilt unabhängig davon, ob eine natürliche oder juristische Person das Verwalteramt innehat oder eine Gesellschaft ohne Rechtspersönlichkeit (offene Handelsgesellschaft, Kommanditgesellschaft).

Die Wohnungseigentümer werden allerdings dazu als berechtigt angesehen, den Verwalter AUS ANLASS der Eröffnung des Insolvenzverfahrens abzuberufen und den Verwaltervertrag namens der Gemeinschaft der Wohnungseigentümer aus wichtigem Grund zu kündigen. Diese Erklärungen liegen nahe, da jedenfalls für eine etwaige Organhaftung des WEG-Verwalters keine Sicherung mehr besteht.

Wahlrecht des Insolvenzverwalters
Der Insolvenzverwalter kann anstelle des Insolvenzschuldners den Verwaltervertrag erfüllen und die vereinbarte Vergütung verlangen. Der Insolvenzverwalter hat insoweit ein Wahlrecht. Fordert die Gemeinschaft der Wohnungseigentümer den Insolvenzverwalter zur Ausübung seines Wahlrechts auf, hat dieser unverzüglich zu erklären, ob er die Erfüllung des Verwaltervertrags verlangen will. Lehnt der Insolvenzverwalter die

Erfüllung des Verwaltervertrags ab, kann die Gemeinschaft der Wohnungseigentümer etwaige Forderungen aus dem Verwaltervertrag wegen Nichterfüllung nur als Insolvenzgläubigerin geltend machen.

XI. Schadenersatzansprüche gegen einen Verwalter

1. Überblick

Verletzt der Verwalter SCHULDHAFT eine ihm obliegende Pflicht, schuldet er Schadenersatz. Pflichtverletzungen, die einen solchen Anspruch auslösen können, sind unter anderem die folgenden:

- Pflichtverletzungen im Zusammenhang mit einer Zustimmung nach § 12 WEG:
  - Verweigerung zu Unrecht oder verzögerte Zustimmung;
  - Zustimmung, obwohl erkennbar ein wichtiger Grund für die Verweigerung der Zustimmung vorliegt;
  - Zustimmung ohne Nachweis der Verwaltereigenschaft in Form des § 29 GBO.
- Pflichtverletzungen im Zusammenhang mit der Versammlung der Eigentümer:
  - keine Ladung;
  - falscher Versammlungsort;
  - Veranlassung formeller Beschlussmängel;
  - Fehler bei der Verkündung;
  - ehrverletzende Äußerungen in der Niederschrift.
- Pflichtverletzungen im Zusammenhang mit der Geschäftsführung und Vertretung:
  - keine unverzügliche Durchführung von Beschlüssen;
  - Verletzung von Prüfungs-, Kontroll-, Überwachungs- und Hinweispflichten; fehlende Information der Wohnungseigentümer oder fehlerhafte Auskünfte;
  - Überschreitung der Kompetenzen;
  - kein ordnungsmäßiges Hausgeldinkasso oder Fehler im Zusammenhang mit der Zwangsvollstreckung;
  - Erfüllung von Ansprüchen, die mangelbehaftet sind oder denen Gegenrechte entgegenstehen;
  - unterlassenes Einholen von Vergleichsangeboten;
  - unberechtigte Herausgabe von Geldern;
  - Vertragsschlüsse ohne Ermächtigung.

- Pflichtverletzungen im Zusammenhang mit Jahresabrechnung und Wirtschaftsplan:
  - keine Jahresabrechnung oder kein Wirtschaftsplan;
  - inhaltlich fehlerhafte oder zu spät vorgelegte Jahresabrechnung;
  - keine Rechnungslegung.

Ferner schuldet der Verwalter Schadenersatz, wenn er eine Straftat begeht und dabei die Gemeinschaft der Wohnungseigentümer oder die Wohnungseigentümer schädigt. Dies kommt etwa in Betracht, wenn der Verwalter Gemeinschaftsvermögen unterschlägt oder im Namen der Gemeinschaft der Wohnungseigentümer Verträge schließt und sich dabei Vorteile verschafft, auf die er keinen Anspruch hat, oder wenn er zu Lasten der Gemeinschaft der Wohnungseigentümer handelt.

Abberufung und Kündigung
Verletzt der Verwalter Pflichten, ist vorstellbar, von ihm nicht nur Schadenersatz zu verlangen, sondern ihn aus diesem Grunde auch abzubestellen und den Verwaltervertrag aus wichtigem Grund zu kündigen. Ob es so liegt, hängt von der Art der verletzten Pflicht und dem Maß der Verletzung sowie dem Verschulden des Verwalters ab.

Ob die Wohnungseigentümer die Pflichtverletzung eines Verwalters zum Anlass nehmen, etwas zu unternehmen, steht in ihrem Ermessen und ist zu beschließen. Die Wohnungseigentümer haben insoweit auch ein „Verzeihungsermessen". Was gilt, ist eine Frage des Einzelfalls, bei dem man Augenmaß walten lassen sollte. Dem Anspruch auf Schadenersatz kann im Einzelfall eine dem Verwalter erteilte Entlastung (17. Kapitel Finanzwesen › S. 354) entgegenstehen.

2. Berechtigter
Geschädigt und also berechtigt, Schadenersatz zu verlangen, sind in der Regel die Gemeinschaft der Wohnungseigentümer als Vertragspartnerin sowie die Wohnungseigentümer als Eigentümer des gemeinschaftlichen Eigentums. Der einzelne Wohnungseigentümer als im Regelfall allenfalls „Mitgeschädigter" kann diese Ansprüche nur dann durchsetzen, wenn er von den anderen Wohnungseigentümern ermächtigt wird, namens der Gemeinschaft der Wohnungseigentümer aufzutreten.

ERMÄCHTIGUNGSBESCHLUSS
Wohnungseigentümer ___ (Name) ist ermächtigt, namens und in Vollmacht der Gemeinschaft der Wohnungseigentümer ___ (Name) wegen ___ (Beschreibung der Pflichtverletzung) außergerichtlich und gerichtlich vom Verwalter Schadenersatz zu verlangen.

Etwas anderes gilt nach bislang herrschender Meinung, wenn der Verwalter eine Pflicht verletzt, die ihm gerade im Interesse eines Wohnungseigentümers auferlegt ist, oder wenn nur ein Wohnungseigentümer von einer Pflichtverletzung betroffen ist, also sich ein Mangel nur in seinem Sondereigentum „niederschlägt".

Beispiele

- VERZÖGERUNG EINER ERHALTUNGSMASSNAHME. Haben die Wohnungseigentümer beschlossen, das gemeinschaftliche Eigentum im Bereich eines Sondereigentums instandzusetzen, etwa eine schadhafte Fassade, muss der Verwalter, soweit er ermächtigt ist und ihm die entsprechenden Mittel zur Verfügung stehen, diesen Beschluss durchführen und die entsprechenden Verträge unverzüglich schließen. Verzögert der Verwalter diesen Vertragsschluss, kann es sein, dass der Mieter eines Wohnungseigentums länger als nötig die Miete wegen dieses Mangels mindert. Diesen Schaden muss der Verwalter ersetzen.
- VERZÖGERUNG EINER KLAGE. Ähnlich liegt es, wenn der Verwalter gegen eine Störung vorgehen muss und kann, die entsprechenden Maßnahmen aber verzögert, nach einer Weisung zum Beispiel nicht gegen die von einer Prostitution ausgehenden Störungen vorgeht.

Etwas anderes gilt ferner, wenn einen Wohnungseigentümer und den Verwalter ein BESONDERER Vertrag verbindet. Haben ein Wohnungseigentümer und der Verwalter etwa einen Vertrag zur Verwaltung des Sondereigentums geschlossen (Sondereigentumsverwalter bzw. Sondereigentumsverwaltung), kann natürlich nur der geschädigte Wohnungseigentümer vom Verwalter als dessen Vertragspartner Schadenersatz verlangen.

XII. Wohnungseigentümer als Verwalter

Betrachtet man die in diesem Kapitel dargestellten Aufgaben und Pflichten eines Verwalters, sollte sich ein Wohnungseigentümer gut überlegen, ob er SELBST das Verwalteramt übernimmt („Wohnungseigentümer-Verwalter"). Die Pflicht, das gemeinschaftliche Eigentum namens der Gemeinschaft der Wohnungseigentümer zu verwalten und diese zu vertreten, ist derart VIELSCHICHTIG, anspruchsvoll und schwierig, dass sich eine Eigenverwaltung selbst in kleinen Wohnungseigentumsanlagen in aller Regel NICHT anbietet.

Checkliste: Wohnungseigentümer als Verwalter

Ein Wohnungseigentümer als Verwalter muss UNTER ANDEREM auf folgenden Gebieten Kenntnisse haben:

- ☐ Grundlagen der Immobilienwirtschaft
  - Lebenszyklus der Immobilie
  - Gebäudepläne, Bauzeichnungen und Baubeschreibungen
  - Relevante Versicherungsarten im Immobilienbereich
  - Umwelt- und Energiethemen im Immobilienbereich
- ☐ Rechtliche Grundlagen
  - Bürgerliches Gesetzbuch
  - Allgemeines Vertragsrecht
  - Mietrecht
  - Werkvertragsrecht
  - Grundstücksrecht
  - Grundbuchrecht
  - Wohnungseigentumsgesetz
  - Zweckentfremdungsrecht
  - Makler- und Bauträgerverordnung
  - Betriebskostenverordnung
  - Heizkostenverordnung
  - Trinkwasserverordnung
  - Wohnflächenverordnung
  - Grundzüge des Mietprozess- und Zwangsvollstreckungsrechts
  - Informationspflichten des Verwalters
  - Dienstleistungs-Informationspflichten-Verordnung
  - Telemediengesetz
  - Preisangabenverordnung
  - Gebäudeenergiegesetz
- ☐ Kaufmännische Grundlagen
  - Allgemeine kaufmännische Grundlagen
  - Grundzüge ordnungsgemäßer Buchführung
  - Externes und internes Rechnungswesen
  - Spezielle kaufmännische Grundlagen des WEG-Verwalters
  - Sonderumlagen/Erhaltungsrücklage
  - Erstellung der Jahresabrechnung und des Wirtschaftsplans
  - Hausgeld, Mahnwesen
  - Rechnungswesen
  - Verwaltung von Konten
  - Bewirtschaftung
- ☐ Verwaltung von Wohnungseigentumsobjekten
  - Begründung von Wohnungs- und Teileigentum

- Teilungserklärung und Gemeinschaftsordnung
- Rechte und Pflichten der Wohnungseigentümer
- Pflichten des WEG-Verwalters
- Durchführung von Versammlungen
- Beschlussfassung
- Umsetzung von Beschlüssen der Versammlung
- Sonstige Aufgaben des WEG-Verwalters
- Verwalterbestellung, Verwaltervertrag
- Verwaltungsbeirat

- ☐ Konflikt-, Beschwerde- und Sozialmanagement
- ☐ Baustoffe und Baustofftechnologie
- ☐ Haustechnik
- ☐ Erkennen von Mängeln
- ☐ Verkehrssicherungspflichten
- ☐ Instandhaltungs- und Instandsetzungsplanung
- ☐ Energetische Gebäudesanierung und Modernisierung
- ☐ Altersgerechte und barrierefreie Umbauten
- ☐ Fördermitteleinsatz; Beantragung von Fördermitteln
- ☐ Dokumentation
- ☐ Datenschutz

Gute Fremdverwalter sind zwar nicht ganz billig. Diese Investition zahlt sich aber IMMER aus – wenn man den „richtigen“ Verwalter ausgewählt hat. Soweit etwas anderes zu lesen ist und eine Selbstverwaltung empfohlen wird, sind solche Beiträge schlicht falsch oder wenigstens irreführend.

Umfang der Haftung

Es ist streitig, ob die Wohnungseigentümer das Maß, nach dem ein Wohnungseigentümer-Verwalter Schadenersatz schuldet, durch Beschluss senken, zum Beispiel die Haftung für einfache Fahrlässigkeit ausschließen können. Da jedenfalls nahe liegt, dass es hierfür keine Beschlusskompetenz gibt, sollte sich jeder Wohnungseigentümer bewusst sein, dass er wie ein „Profi“ Schadenersatz schuldet.

XIII. Verfahrensrechte

- Will ein Wohnungseigentümer ab dem 1. Dezember 2022 einen (zertifizierten) Verwalter erzwingen, muss er nach einer Vorbefassung der anderen Wohnungseigentümer gegen die Gemeinschaft der Wohnungseigentümer eine Beschlussersetzungsklage erheben.
- Will ein Wohnungseigentümer eine Abberufung des Verwalters und/oder Kündigung des Verwaltervertrags erzwingen, muss er nach einer Vorbefassung der anderen Wohnungseigentümer gegen die Gemeinschaft der Wohnungseigentümer eine Beschlussersetzungsklage erheben.
- Will ein Wohnungseigentümer eine Beschlussdurchführung erzwingen, muss er gegen die Gemeinschaft der Wohnungseigentümer auf Leistung klagen.
- Erleiden die Wohnungseigentümer durch eine Pflichtverletzung des Verwalters einen Schaden im gemeinschaftlichen Eigentum, muss die Gemeinschaft der Wohnungseigentümer, vertreten durch den Verwaltungsbeiratsvorsitzenden, gegen den Verwalter auf Schadenersatz klagen.
- Erleidet ein Wohnungseigentümer durch eine Pflichtverletzung des Verwalters einen Schaden im Sondereigentum, muss er gegen die Gemeinschaft der Wohnungseigentümer auf Schadenersatz klagen. Sieht man den Verwaltervertrag als Vertrag mit Schutzwirkung für die Wohnungseigentümer an, kann der Wohnungseigentümer auch oder nur den Verwalter verklagen.

Zusammenfassung
- Jeder Wohnungseigentümer hat ein Recht auf einen Verwalter.
- Über die Bestellung und Abberufung ist zu beschließen.
- In der Regel schließt die Gemeinschaft der Wohnungseigentümer mit dem Verwalter einen Vertrag. Dieser ist von der Bestellung zu unterscheiden.

17

Finanzwesen

Die Gemeinschaft der Wohnungseigentümer braucht Geld, um das gemeinschaftliche Eigentum für die Wohnungseigentümer zu verwalten. Das Kapitel stellt dar, wie diese Mittel aufgebracht werden. Ferner werden Begriffe und Rechte rund um das Finanzwesen dargestellt.

17. Finanzwesen

I. Kosten der Gemeinschaft der Wohnungseigentümer

Die Gemeinschaft der Wohnungseigentümer verwaltet das gemeinschaftliche Eigentum. Für diese Aufgabe benötigt sie Geld. Überblick:

- Kosten des BETRIEBS des gemeinschaftlichen Eigentums, etwa Kosten für den Strom der Außenbeleuchtung, der Heizung, der Tiefgarage oder des Treppenhauses. Ferner die Kosten eines Gärtners, des Hausmeisters oder der Müllabfuhr.
- Kosten der ERHALTUNG des gemeinschaftlichen Eigentums, zum Beispiel eine Reparatur des Daches, der Fassade, eines Fensters oder der Haustür.
- Kosten der VERWALTUNG, beispielsweise das Honorar des Verwalters oder Mietkosten für die Versammlung.
- LASTEN des gemeinschaftlichen Eigentums, etwa Abgaben für die Wasserentsorgung.

Kosten und Lasten des Sondereigentums
Die Kosten und Lasten des Sondereigentums hat jeder Wohnungseigentümer allein zu tragen. Hat die Gemeinschaft der Wohnungseigentümer versehentlich Geld für das Sondereigentum ausgegeben, hat der Verwalter beispielsweise versehentlich eine Reparatur des Sondereigentums bezahlt, ist diese Ausgabe auf ALLE Wohnungseigentümer umzulegen. Die Gemeinschaft der Wohnungseigentümer hat dann allerdings einen Regressanspruch. Wird dieser erfüllt, ist die Einnahme wieder auf alle Wohnungseigentümer umzulegen.

II. Vorschüsse (Hausgeld)

1. Überblick

Um die Gemeinschaft der Wohnungseigentümer mit Geld auszustatten, müssen die Wohnungseigentümer ihr nach einem BESCHLUSS Hausgeld zahlen. Das Gesetz nennt das Hausgeld Vorschüsse.

WEG § 28 Absatz 1

Die Wohnungseigentümer beschließen über die Vorschüsse zur Kostentragung und zu den nach § 19 Absatz 2 Nummer 4 WEG oder durch Beschluss vorgesehenen Rücklagen. Zu diesem Zweck hat der Verwalter jeweils für ein Kalenderjahr einen Wirtschaftsplan aufzustellen, der darüber hinaus die voraussichtlichen Einnahmen und Ausgaben enthält.

Muster: Vorschüsse

Die Wohnungseigentümer beschließen folgende monatliche Vorschüsse in EUR, die am ___ fällig sind:

Wohnungs-eigentum Nr.	Kosten-tragung	Erhaltungs-rücklage	Liquiditäts-rücklage	ins-ge-samt
###	300	60	40	400
###	320	62	42	424
###	280	50	30	360
...	...	...	...	...

Der Begriff „Vorschuss" beruht darauf, dass immer erst am ENDE eines Wirtschaftsjahres feststeht, in welcher Höhe sich ein Wohnungseigentümer genau an den Kosten der Gemeinschaft der Wohnungseigentümer beteiligen muss. Die Vorschüsse dienen 2 Zwecken:

- Die Wohnungseigentümer müssen zum einen Vorschüsse auf SÄMTLICHE DENKBAREN KOSTEN der Gemeinschaft der Wohnungseigentümer leisten. Dabei ist unerheblich, ob diese Kosten zu Recht anfallen. In einer Wohnungseigentumsanlage sind ausnahmslos alle Kosten auf die Wohnungseigentümer umzulegen.
- Zum anderen haben die Wohnungseigentümer Vorschüsse zu RÜCKLAGEN zu zahlen, soweit die Wohnungseigentümer Rücklagen ansammeln.

RÜCKLAGEN
Die üblichste Rücklage ist die Rücklage für künftige Reparaturen des gemeinschaftlichen Eigentums – die Erhaltungsrücklage. Es sind aber auch Rücklagen für andere Zwecke vorstellbar, etwa:
- künftige etwaige Liquiditätsengpässe;
- geplante Modernisierungen des gemeinschaftlichen Eigentums;
- etwaige Prozesse der Gemeinschaft der Wohnungseigentümer.

Damit die Vorschüsse AUSGERECHNET werden können, muss der Verwalter für die Gemeinschaft der Wohnungseigentümer jeweils für ein Kalenderjahr für jedes Wohnungseigentum einen Einzelwirtschaftsplan aufstellen.

Die Einzelwirtschaftspläne sind ist aus einem Gesamtwirtschaftsplan heraus zu entwickeln. Im Gesamtwirtschaftsplan stellt der Verwalter aufgrund seiner Schätzungen und seiner Erfahrungen aus den Vorjahren sowie auf Grundlage der ihm bekannten Verbrauchsmengen, Tarife und Gebühren zusammen, welcher GESAMTBETRAG zur Lasten- und Kostenbestreitung in einem Wirtschaftsjahr sowie zur Bedienung der Rücklagen voraussichtlich benötigt wird und von den Wohnungseigentümern aufzubringen ist.

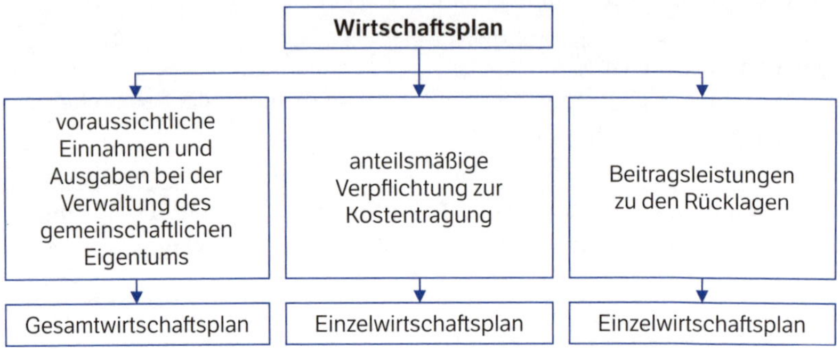

Überblick Wirtschaftsplan

Rechte der Wohnungseigentümer

Jeder Wohnungseigentümer hat gegen die Gemeinschaft der Wohnungseigentümer einen ANSPRUCH auf Vorlage eines Gesamt- und Einzelwirtschaftsplans. Ferner hat jeder Wohnungseigentümer einen Anspruch darauf, dass VORSCHÜSSE BESCHLOSSEN WERDEN.

Auf diesen Beschluss sollte jeder Wohnungseigentümer unbedingt achten. Wie im 2. Kapitel Gemeinschaft der Wohnungseigentümer › S. 66 ausgeführt, haftet jeder Wohnungseigentümer Gläubigern der Gemeinschaft der Wohnungseigentümer für deren Schulden. Zu einer Inanspruchnahme wird es vor allem kommen, wenn die Gemeinschaft der Wohnungseigentümer zu wenig oder kein Geld hat.

Kommt ein Beschluss nicht zustande, beispielsweise in einer Zweiergemeinschaft, ist eine Beschlussersetzungsklage gegen die Gemeinschaft der Wohnungseigentümer zu erheben.

Wie im 6. Kapitel Umlageschlüssel dargestellt, sind die Kosten der Gemeinschaft der Wohnungseigentümer nach der Größe der Miteigentumsanteile umzulegen, wenn die Wohnungseigentümer keinen anderen Umlageschlüssel bestimmen.

Anfechtungsklage

Hält ein Wohnungseigentümer die Vorschüsse für zu hoch, etwa weil der Verwalter von den falschen Umlageschlüsseln ausgeht, oder für zu niedrig, etwa weil Ausgaben vergessen wurden, kann er gegen den Beschluss, mit dem die Vorschüsse bestimmt werden, eine Anfechtungsklage erheben. Gegen den Wirtschaftsplan selbst kann ein Wohnungseigentümer nicht klagen.

2. Prüfung
Bevor die Wohnungseigentümer die Vorschüsse beschließen, soll der Verwaltungsbeirat den Wirtschaftsplan prüfen und dazu Stellung nehmen (dazu 18. Kapitel Verwaltungsbeirat › S. 385). Diese Prüfung sollte abgewartet und ihre Ergebnisse ernst genommen werden.

3. Fälligkeit und Erfüllung
Wann das Hausgeld fällig und wie es zu erfüllen ist, können die Wohnungseigentümer beschließen.

WEG § 28 Absatz 3
Die Wohnungseigentümer können beschließen, wann Forderungen fällig werden und wie sie zu erfüllen sind.

Üblich, aber nicht zwingend sind monatliche Zahlungen. Ferner sind die sofortige Fälligkeit und ein Lastschriftverfahren angemessen. Häufig wird im Übrigen eine Verfallklausel beschlossen.

Muster: Verfallklausel
(1) Die Vorschüsse werden sofort und in voller Höhe für das gesamte Wirtschaftsjahr __ (Datum) fällig.

(2) Den Wohnungseigentümern werden die Vorschüsse unter der Bedingung gestundet, dass sie bis zum dritten Werktag eines jeden Monats im Voraus ein Zwölftel der Jahressumme auf das Konto ___ (Daten) der Gemeinschaft der Wohnungseigentümer ___ (Name) zahlen.

(3) Für die Rechtzeitigkeit der Zahlung kommt es auf die Gutschrift auf dem Konto ___ (Daten) der Gemeinschaft der Wohnungseigentümer ___ (Name) an. Liegt eine Einzugsermächtigung vor, wird der Verwalter zum Fälligkeitstermin von ihr Gebrauch machen.

(4) Kommt ein Wohnungseigentümer mit zwei Raten oder einem Betrag, der die Höhe von zwei Raten erreicht, in Verzug, so ist der jeweils noch offene Betrag des restlichen Jahreshausgeldes sofort zur Zahlung fällig.

(5) Wechselt während des Wirtschaftsjahres das Eigentum an einem Wohnungseigentum, lebt die monatliche Zahlungsverpflichtung für den

Sondernachfolger wieder auf; der Rechtsvorgänger ist für diesen Fall verpflichtet, die Vorschüsse bis zum Monat seines Ausscheidens zu zahlen. Die monatliche Zahlungspflicht lebt auch dann wieder auf, wenn während des Wirtschaftsjahres das Zwangsverwaltungs- oder das Insolvenzverfahren eröffnet wird.

III. Sonderumlagen

Reicht im Laufe eines Wirtschaftsjahres das Hausgeld nicht aus, muss der Verwalter die Wohnungseigentümer bitten, als WEITEREN VORSCHUSS eine Sonderumlage zu zahlen. Eine Sonderumlage ist eine Ergänzung des Wirtschaftsplans, gleichsam ein Nachtragshaushalt, für Betriebs- und/oder Verwaltungskosten, mit denen nicht zu rechnen war. Ferner kann eine Sonderumlage dazu dienen, kurzfristig Mittel aufzubringen, etwa für eine energetische Maßnahme oder eine Erhaltungsmaßnahme.

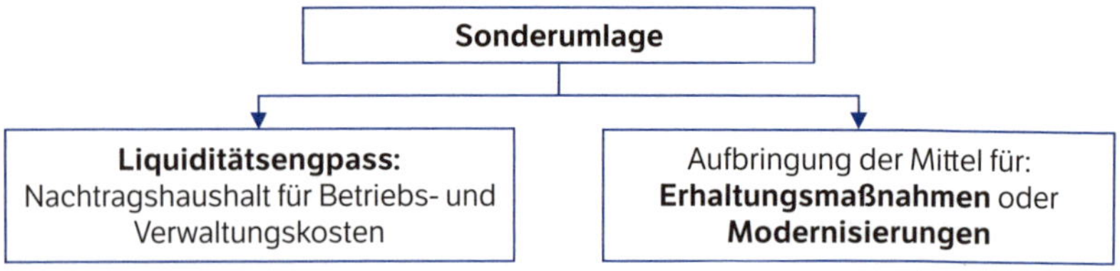

Überblick: Sonderumlage

Muster: Sonderumlage

(1) Zum Ausgleich für den Ausfall von Hausgeldzahlungen in Höhe von ___ EUR wird als weiterer Vorschuss ___ eine Sonderumlage in Höhe von insgesamt ___ EUR bestimmt.

(2) Die auf die einzelnen Wohnungseigentümer entfallenden Teilbeträge sind nach Miteigentumsanteilen zu berechnen. Die jeweilige Höhe ergibt sich wie folgt: (Tabelle mit den Spalten: Nummer des Wohnungseigentums gemäß Aufteilungsplan, Name des Eigentümers und Anteil pro Wohnungseigentum).

(3) Die Sonderumlage ist mit dem Tag der Beschlussfassung ____ (Datum) fällig und von den Wohnungseigentümern spätestens bis zum ___ (Datum) auf das Gemeinschaftskonto Nr. ________ bei der ____ - Bank einzuzahlen. Etwas anderes gilt, sofern dem Verwalter eine Einzugsermächtigung erteilt ist.

IV. Nachschüsse

1. Überblick
Nach Ablauf des Wirtschaftsjahres hat der Verwalter für die Gemeinschaft der Wohnungseigentümer das vergangene Wirtschaftsjahr abzurechnen.

WEG § 28 Absatz 2
Nach Ablauf des Kalenderjahres beschließen die Wohnungseigentümer über die Einforderung von Nachschüssen oder die Anpassung der beschlossenen Vorschüsse. Zu diesem Zweck hat der Verwalter eine Abrechnung über den Wirtschaftsplan (Jahresabrechnung) aufzustellen, die darüber hinaus die Einnahmen und Ausgaben enthält.

Aus der Jahresabrechnung und der dazugehörigen Einzeljahresabrechnung ergibt sich, welche WEITERE Zahlung ein Wohnungseigentümer der Gemeinschaft der Wohnungseigentümer schuldet. Das Gesetz spricht von einem „Nachschuss".

Muster: Nachschüsse
Die Wohnungseigentümer beschließen folgende Nachschüsse in EUR, die am ___ fällig sind:

Wohnungseigentum Nr.	Kostentragung	Erhaltungsrücklage	Liquiditätsrücklage	insgesamt
###	30	3	7	40
###	32	6	4	42
###	28	5	3	36
...	...	...	...	...

NACHSCHUSS
Wohnungseigentümer Harald R. hat für das Jahr 2021 insgesamt 4.800 EUR Vorschüsse gezahlt. Nach seiner Einzeljahresabrechnung sind auf R. 5.000 EUR umzulegen. Als Nachschuss ist daher zu beschließen, dass R. der Gemeinschaft der Wohnungseigentümer weitere 200 EUR schuldet. Dies gilt auch dann, wenn R. kein Hausgeld oder nur 4.600 EUR gezahlt hat. Die Nachschüsse werden immer nach SOLL-ZAHLUNGEN berechnet.

Hat ein Wohnungseigentümer MEHR Vorschüsse gezahlt, als Kosten auf ihn für das Jahr umzulegen sind, sind seine VORSCHÜSSE ANZUPASSEN. Gegebenenfalls steht ihm dann ein Guthaben zu.

Anpassung der Vorschüsse

Wohnungseigentümer Harald R. hat für das Jahr 2021 insgesamt 4.800 EUR Vorschüsse gezahlt. Nach seiner Einzeljahresabrechnung sind auf R. 4.600 EUR umzulegen. Seine Vorschüsse sind in diesem Falle nachträglich auf 4.600 EUR anzupassen. Dies hat zur Folge, dass R. von der Gemeinschaft der Wohnungseigentümer ein Guthaben von 200 EUR verlangen kann. Dies gilt nicht, wenn R. kein Hausgeld oder nur 4.600 EUR gezahlt hat. Die Jahresabrechnung begrenzt in diesem Falle zwar die Vorschüsse. Es gibt aber kein Guthaben.

Rechte der Wohnungseigentümer

Jeder Wohnungseigentümer hat gegen die Gemeinschaft der Wohnungseigentümer einen ANSPRUCH auf Vorlage der Jahresabrechnung und der Einzelabrechnungen. Ferner hat jeder Wohnungseigentümer einen Anspruch darauf, dass Nachschüsse beschlossen werden. Auf diesen Beschluss sollte jeder Wohnungseigentümer UNBEDINGT ACHTEN. Wie im 2. Kapitel Gemeinschaft der Wohnungseigentümer › S. 56 ausgeführt, haftet er Gläubigern der Gemeinschaft der Wohnungseigentümer für deren Schulden. Zu einer Inanspruchnahme wird es vor allem kommen, wenn die Gemeinschaft der Wohnungseigentümer zu wenig oder kein Geld hat.

Kommt ein Beschluss nicht zustande, beispielsweise in einer Zweiergemeinschaft, ist eine Beschlussersetzungsklage gegen die Gemeinschaft der Wohnungseigentümer zu erheben.

Wie im 6. Kapitel Umlageschlüssel › S. 66 dargestellt, sind die Kosten der Gemeinschaft der Wohnungseigentümer nach der Größe der Miteigentumsanteile umzulegen, wenn die Wohnungseigentümer keinen anderen Umlageschlüssel bestimmen.

Anfechtungsklage

Hält ein Wohnungseigentümer die Nachschüsse für zu hoch, etwa weil der Verwalter von den falschen Umlageschlüsseln ausgeht, oder für zu niedrig, etwa weil Ausgaben vergessen wurden, kann er gegen den Beschluss, mit dem die Nachschüsse oder die Anpassung der Vorschüsse bestimmt werden, eine Anfechtungsklage erheben. Gegen die Jahresabrechnung selbst kann ein Wohnungseigentümer hingegen nicht klagen.

2. Prüfung

Bevor die Wohnungseigentümer die Nachschüsse und die Anpassung der Vorschüsse beschließen, soll der Verwaltungsbeirat die Jahresabrechnung prüfen und dazu Stellung nehmen (dazu 18. Kapitel Verwaltungsbeirat › S. 388). Diese Prüfung sollte abgewartet und ihre Ergebnisse ernst genommen werden.

3. Fälligkeit und Erfüllung
Wann die Nachschüsse fällig und wie sie zu erfüllen sind, können die Wohnungseigentümer beschließen. Üblich sind die sofortige Fälligkeit und ein Lastschriftverfahren.

V. Kontrollen

1. Verwaltungsunterlagen
Zur Kontrolle der Jahresabrechnung und zu seiner Information kann jeder Wohnungseigentümer jederzeit die Verwaltungsunterlagen einsehen. Hierauf hat er gegen die Gemeinschaft der Wohnungseigentümer einen Anspruch (12. Kapitel Informations-, Einsichts- und Kontrollrechte).

Einsichtnahme in Verwaltungsunterlagen
In Betracht kommen etwa:

- Buchungsunterlagen des Verwalters;
- Belege, insbesondere
  - Rechnungen,
  - Angebote,
  - Verträge;
- Gutachten;
- Stellungnahmen in juristischen Angelegenheiten;
- Verträge.

2. Vermögensbericht
Der Verwalter hat für die Gemeinschaft der Wohnungseigentümer nach Ablauf eines Kalenderjahres zur Kontrolle einen Vermögensbericht zu erstellen. Dieser muss den Stand der Rücklagen und eine Aufstellung des wesentlichen Gemeinschaftsvermögens enthalten. Der Vermögensbericht ist jedem Wohnungseigentümer zur Verfügung zu stellen.

Vermögensbericht

Stand und Entwicklung der Rücklagen

wesentliches Gemeinschaftsvermögen
- sämtliche Forderungen der Gemeinschaft der Wohnungseigentümer gegen einzelne Wohnungseigentümer;
- sämtliche Forderungen der Gemeinschaft der Wohnungseigentümer gegen Dritte;
- sämtliche Verbindlichkeiten (vor allem Bankdarlehnen);
- sonstige Vermögensgegenstände, beispielsweise Brennstoffvorräte

Inhalte des Vermögensberichtes

3. Untreue Verwalter

Weder eine Einsichtnahme in die Verwaltungsunterlagen noch der Vermögensbericht werden im Einzelfall eine Waffe gegen einen untreuen Verwalter sein. Um dessen „Griff in die Kasse" wenigstens zu erschweren, sollten die Wohnungseigentümer Folgendes bedenken bzw. organisieren:

- Enger Kontakt zum Verwalter.
- Regelmäßige Überprüfung der Buchhaltung.
- Regelmäßige Überprüfung der Verträge der Gemeinschaft der Wohnungseigentümer
    - Wer sind die Vertragsparteien der Gemeinschaft der Wohnungseigentümer?
    - Was waren die Gründe, sich für diese Vertragspartei zu entscheiden?
    - Gab es vergleichbare Angebote?
    - Gab es Innenprovisionen?
    - Ist das Gebot der Wirtschaftlichkeit beachtet worden?
    - Ist der Verwalter mit der Vertragspartei wirtschaftlich verflochten?
- Sorgfältige Kontrolle der Jahresabrechnung.
- Regelmäßige Kontrolle der Konten der Gemeinschaft der Wohnungseigentümer.
- Abberufung des Verwalters, sofern dieser aus nicht plausiblen Gründen Kontrollen vereitelt und/oder erschwert.
- Beschränkung der Möglichkeit des Verwalters, über das Gemeinschaftsvermögen beliebig namens der Gemeinschaft der Wohnungseigentümer zu verfügen.

VERFÜGUNGSZUSTIMMUNG
Eine Verfügung über das Gemeinschaftsvermögen, die den Betrag von ___ überschreitet, ist nur mit Zustimmung von ___ (Name des Wohnungseigentümers) erlaubt.

VI. Darlehensvertrag

Die Gemeinschaft der Wohnungseigentümer ist berechtigt, einen Darlehensvertrag (Verbraucherdarlehensvertrag) zu schließen. Selbst dann, wenn der Darlehensgeber verpflichtet ist, einen hohen Geldbetrag zur Verfügung zu stellen, kann dies ordnungsmäßiger Verwaltung entsprechen. Ob es so oder so liegt, ist anhand der konkreten Umstände unter Abwägung der allseitigen Interessen zu bestimmen. Wichtige Prüfsteine sind die folgenden:

- Die Mittel müssen am Ende der Laufzeit zurückgezahlt sein.
- Eine längere Laufzeit als 10 Jahre entspricht nur in Ausnahmefällen ordnungsmäßiger Verwaltung.
- Der Zweck des Darlehens ist zu prüfen. Bei Erhaltungs- bzw. Modernisierungsmaßnahmen ist zu klären, wie dringlich eine Maßnahme ist: Je dringlicher/notwendiger sie ist, desto eher treten Nachteile einer Finanzierung durch einen Verbraucherdarlehensvertrag zurück.
- Ferner muss gefragt werden, ob die notwendigen Mittel durch Rückgriff auf die Erhaltungsrücklage und/oder durch Erhebung einer Sonderumlage aufgebracht werden können.
- Im Übrigen spielen die folgenden Punkte eine Rolle:
  - die Höhe der Mittel im Verhältnis zur Anzahl der Wohnungseigentümer;
  - die Frage, ob die Gemeinschaft der Wohnungseigentümer für die Maßnahme staatliche Fördermittel erhält;
  - die Frage, ob angesichts des Alters und des Zustandes der Wohnungseigentumsanlage mit weiteren finanziellen Belastungen zu rechnen ist;
  - die Höhe der Zinsen und der sonstigen Zusatzkosten;
  - die Laufzeit des Darlehensvertrages und die Rückzahlungsbedingungen.
- Wenn Umstände darauf hinweisen, dass einzelne Wohnungseigentümer „überproportional" an Tilgung und Zins beteiligt sein werden (= dies ist der Fall, wenn nicht alle Wohnungseigentümer das Hausgeld zahlen können), entspricht der Kreditbeschluss keiner ordnungsmäßigen Verwaltung. Etwas anderes gilt, wenn der Darlehensvertrag der Durchführung einer keinen Aufschub duldenden Instandsetzungsmaßnahme dient, die nicht anders finanziert werden kann.

Beschlussfassung
Vor einem Kreditbeschluss muss erörtert werden, dass im Innenverhältnis bei Hausgeldausfällen eine Nachschusspflicht besteht. Die Erörterung ist in der Niederschrift zu dokumentieren.

Der Kreditbeschluss muss ferner – wie jeder Beschluss – „bestimmt" gefasst werden. Dazu müssen im Beschluss selbst oder durch eine konkrete Verweisung die wesentlichen Rahmenbedingungen (Angaben über die zu finanzierende Maßnahme, die Höhe des Darlehens, dessen Laufzeit, die Höhe des Zinssatzes bzw. des nicht zu überschreitenden Zinssatzes) benannt sein. Ferner muss erkennbar sein, ob die Tilgungsraten so angelegt sind, dass das Darlehen am Ende der Laufzeit getilgt ist.

Es muss keine Option für Wohnungseigentümer beschlossen werden, die den rechnerisch auf sie entfallenden Kreditanteil als Sonderumlage zur Reduzierung des Darlehensbetrags einzahlen könnten; dies ist aber möglich.

VII. Liquiditätsengpass

1. Liquiditätsrücklage

Die Wohnungseigentümer können für den Fall, dass es bei den Mitteln für die Betriebs- und/oder Verwaltungskosten zu einem nicht vorhersehbaren Liquiditätsengpass kommt, eine Liquiditätsrücklage bilden. Ferner können sie den Verwalter ermächtigen, auf diese nach von den Wohnungseigentümern anzuordnenden Maßgaben zuzugreifen (dazu 16. Kapitel Verwalter › S. 307).

LIQUIDITÄTSRÜCKLAGE
Es wird eine nicht auf Mieter umlagefähige Liquiditätsrücklage angesammelt. Die angestrebte Höhe beträgt ___ EUR. Jährlich werden ___ EUR angesammelt. (Solange die Liquiditätsrücklage angesammelt wird, werden keine Mittel für die Erhaltungsrücklage angesammelt.) Umlageschlüssel sind die „Miteigentumsanteile".

2. Erhaltungsrücklage

Besteht ein Liquiditätsengpass, darf sich der Verwalter nicht der Mittel der Erhaltungsrücklage bedienen. Diese Mittel sind zweckgebunden für die Instandhaltung und Instandsetzung der Wohnungseigentumsanlage. Etwas anderes gilt nur dann, wenn die Wohnungseigentümer einen Ausgleich von Engpässen mit Mitteln der Erhaltungsrücklage erlaubt haben.

Muster: Entnahme von Mitteln der Erhaltungsrücklage
Der Verwalter wird für den Fall, dass das Gemeinschaftsvermögen nicht ausreicht, die Verbindlichkeiten der Gemeinschaft der Wohnungseigentümer ___ [Name] zu bedienen, ermächtigt, einmalig [alternativ: zwei-

malig] Teile der Erhaltungsrücklage in Höhe von 3/12 der für das Jahr ___ [Angabe des Jahres] insgesamt geplanten Zuführung zu Mitteln zur Bedienung von Betriebs- und Verwaltungskosten umzuwidmen. Der Vorsitzende des Verwaltungsbeirats ist unverzüglich schriftlich über den konkreten Anlass und die Höhe der umgewidmeten Mittel zu informieren. Ist absehbar, dass die umgewidmeten Mittel nicht ausreichen, ist eine Versammlung einzuberufen; deren Gegenstand ist die Information über die Vermögenslage und über die Möglichkeiten, einer Illiquidität entgegenzutreten. Ferner ist zu klären, wie die Erhaltungsrücklage wieder aufgefüllt wird.

VIII. Entlastung

1. Übersicht

Die Wohnungseigentümer können den Verwalter und/oder die Verwaltungsbeiräte namens der Gemeinschaft der Wohnungseigentümer entlasten. Die Entlastung ist erstens die Billigung einer Amtsführung für einen bestimmten Zeitraum als dem Gesetz, der Gemeinschaftsordnung und etwaigen vertraglichen Pflichten entsprechend und als zweckmäßig. Zweitens wird durch die Entlastung dem jeweiligen Amtsträger für die künftige Verwalter- bzw. Beiratstätigkeit Vertrauen ausgesprochen. Mit der Entlastung eines Verwalters ist drittens die Folge eines negativen Schuldanerkenntnisses verbunden.

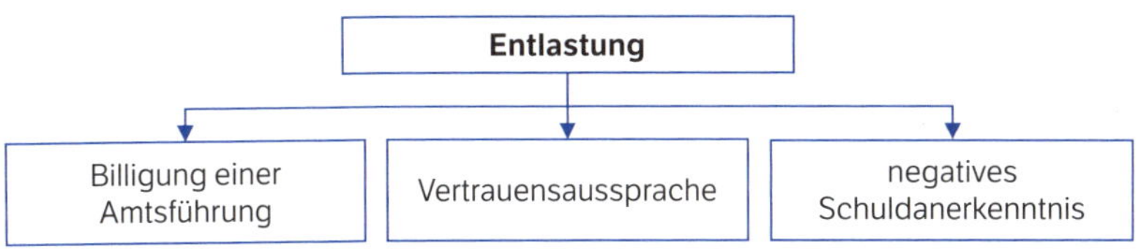

Wirkungen einer Entlastung

Umfang des negativen Schuldanerkenntnisses

Das negative Schuldanerkenntnis, also die Aussage, gegenüber Verwalter und/oder Verwaltungsbeiräten keine Forderungen zu haben, erfasst vor allem etwaige – nicht aus einer Straftat herrührende – Ersatzansprüche, soweit sie den Wohnungseigentümern bekannt oder für sie bei sorgfältiger Prüfung erkennbar waren.

ENTLASTUNG
Die Wohnungseigentümer erteilen dem Verwalter für das Wirtschaftsjahr ___ namens der Gemeinschaft der Wohnungseigentümer in Bezug auf die gesamte Verwaltung des gemeinschaftlichen Eigentums Entlastung. Die Entlastung ist nicht auf das Verwalterhandeln beschränkt, das in der Jahresabrechnung seinen Niederschlag gefunden hat.

2. Entlastungsbeschluss

Dem Verwalter und den Verwaltungsbeiräten wird durch einen Beschluss Entlastung erteilt, der auf diese Wirkung zielt. Eine besondere Mehrheit ist nicht erforderlich, auch dann nicht, wenn aus guten Gründen auf Ansprüche verzichtet wird. Der Verwalter darf (nicht muss) den Beschlussgegenstand „Entlastung des Verwalters" bzw. „Entlastung der Verwaltungsbeiräte" in seinen Entwurf der Tagesordnung aufnehmen.

Ein Entlastungsbeschluss entspricht ordnungsmäßiger Verwaltung, wenn keine Schadenersatzansprüche absehbar sind. Er widerspricht ordnungsmäßiger Verwaltung, wenn Schadenersatzansprüche in Betracht kommen und kein Grund ersichtlich ist, auf diese zu verzichten.

Ansprüche der Gemeinschaft der Wohnungseigentümer

Entlastung wird für die Ansprüche der Gemeinschaft der Wohnungseigentümer erteilt. Eine Beschlusskompetenz, im Namen eines Wohnungseigentümers eine Entlastung zu erteilen und ihm damit individuelle Ersatzansprüche zu nehmen, besteht nicht.

Der zu Entlastende ist vom STIMMRECHT AUSGESCHLOSSEN und kann auch keinen Wohnungseigentümer bei der Entlastung vertreten. Der Stimmrechtsausschluss umfasst also auch die Ausübung von Stimmrechtsvollmachten, die dem Verwalter von anderen Wohnungseigentümern erteilt worden sind.

Der Verwalter respektive die Verwaltungsbeiräte haben keinen Anspruch auf einen Entlastungsbeschluss. Aus Sicht der Wohnungseigentümer gibt es nach Abwägung aller Momente auch keinen gewichtigen Anlass, eine Entlastung zu erteilen. Denn die Vorteile einer Entlastung wiegen die Nachteile in der Regel nicht auf.

Anspruch auf Entlastung

Ein Anspruch auf Entlastung besteht, wenn eine Entlastung mit dem Verwalter oder den Verwaltungsbeiräten vereinbart ist. Für eine solche Vereinbarung gibt es keinen Anlass. Sie sollte allenfalls mit den Verwaltungsbeiräten geschlossen werden. Im Einzelfall kann es nämlich sein, dass man keine Person findet, die sich zum Verwaltungsbeirat bestellen lässt, wenn die Person keine Aussicht auf Entlastung hat.

IX. Gebot der Wirtschaftlichkeit

Schließt die Gemeinschaft der Wohnungseigentümer bei der Verwaltung des gemeinschaftlichen Eigentums einen Vertrag, müssen die Wohnungseigentümer das Gebot der Wirtschaftlichkeit beachten. Nach diesem müssen die Wohnungseigentümer vor allem fragen, welches mehrerer inhaltlich vergleichbarer Angebote wirtschaftlich vertretbar ist (siehe auch 8. Kapitel Verwaltung › S. 177).

Der Entscheidungsspielraum der Wohnungseigentümer ist dabei noch nicht überschritten, wenn sie nicht die wirtschaftlich vorteilhafteste Versorgungsvariante wählen. Der Entscheidungsspielraum ist hingegen überschritten und die Entscheidung somit nicht ordnungsmäßig, wenn die Maßnahme nicht erforderlich, sinnlos oder völlig überteuert ist. Jedoch ist die Entscheidung ordnungsmäßig, wenn alle Wohnungseigentümer zustimmen, denn dann bedarf niemand eines Schutzes.

BEISPIELE
- Die Wohnungseigentümer dürfen sich nicht auf unangemessene, marktunübliche, überhöhte Entgelte einlassen.
- Die Gemeinschaft der Wohnungseigentümer darf keine Wartungsverträge über Einrichtungen und Anlagen schließen, die keinem regelmäßigen Verschleiß unterliegen und von denen auch keine Gefahr ausgeht.
- Die Gemeinschaft der Wohnungseigentümer muss gegen überhöhte Gebühren und Steuern mit Rechtsbehelfen vorgehen.

Bei Baumaßnahmen dient das Wirtschaftlichkeitsgebot einem doppelten Zweck. Zum einen wird es eingesetzt, um zu fragen und zu beantworten, ob Baumaßnahmen ordnungsmäßig sind. Zum anderen wird das Wirtschaftlichkeitsgebot aber auch in seinem „ursprünglichen" Sinne genutzt und gefragt, ob ein auf die Baumaßnahme bezogener Werkvertrag ordnungsmäßiger Verwaltung entspricht.

Maßnahmen der Erhaltung

Bei Maßnahmen der Erhaltung, die Kosten auslösen, muss die Maßnahme nach Maßgabe einer an den konkreten Bedürfnissen und Möglichkeiten ausgerichteten Kosten-Nutzen-Analyse als vertretbar erscheinen. Dabei sind mehrere Fälle anhand der konkreten Gegebenheiten zu unterscheiden: Es kann im Einzelfall ordnungsmäßiger Verwaltung entsprechen, aus wirtschaftlichen Gründen gar keine Erhaltungsmaßnahme zu ergreifen, beispielsweise bei einer Heizungsanlage keinen Zwischenzähler zur Ermittlung des Betriebsstroms einzubauen, oder diese Erhaltungsmaßnahme wenigstens zunächst zurückzustellen. Das ist ein möglicher, aber eher höchst seltener Fall.

Andererseits ist es möglich, dass trotz hoher finanzieller Belastung das Verschieben von Erhaltungsmaßnahmen angesichts einer fortschreitenden Verschlechterung des Bauzustandes nicht mehr in Frage kommt. Ein Anspruch sogar auf sofortige Durchführung irgendeiner

Maßnahme besteht dann, wenn allein dieses Vorgehen ordnungsmäßiger Verwaltung entspricht; auch dies ist ein eher seltener Ausnahmefall, bei dem das Interesse an einer Erhaltung sich gegenüber Wirtschaftlichkeitsüberlegungen durchsetzt.

Bei Maßnahmen der modernisierenden Erhaltung hat das Wirtschaftlichkeitsgebot eine zusätzliche Rolle. Bei diesen Maßnahmen ist nämlich zunächst die Frage zu klären, ob eine technisch bessere und modernere Lösung einer bloßen Reparatur (= Instandsetzung) vorzuziehen ist. Dies ist auch dann der Fall, wenn die modernisierende Instandsetzung letztlich wirtschaftlich sinnvoller als eine bloße Erhaltung ist.

X. Buchführung

Die Gemeinschaft der Wohnungseigentümer ist den Wohnungseigentümern zu einer ordnungsmäßigen Buchführung verpflichtet. Es muss JEDERZEIT Klarheit unter anderem

- über die Höhe des Gemeinschaftsvermögens,
- die Höhe der Rücklagen,
- die Verpflichtungen Dritter und der Wohnungseigentümer und
- die Forderungen Dritter gegenüber der Gemeinschaft der Wohnungseigentümer und
- damit über die aktuelle wirtschaftliche Situation bestehen.

Aus der Buchführung müssen sich jederzeit der Wirtschaftsplan und die Jahresabrechnung über den Wirtschaftsplan entwickeln lassen. Ferner muss der Verwalter jederzeit über die Forderungen gegen die Gemeinschaft der Wohnungseigentümer berichten können.

Formelle und materielle Grundsätze
Die Gemeinschaft der Wohnungseigentümer muss die formellen und materiellen Grundsätze der ordnungsmäßigen Buchführung einhalten. Die Eintragungen in Büchern und die sonst erforderlichen Aufzeichnungen müssen daher vollständig, richtig, zeitgerecht und geordnet vorgenommen werden. Die Buchführung muss von jedem Wohnungseigentümer ohne besondere buchhalterische Kenntnisse nachgeprüft werden können.

Die Buchführung muss dem Dokumentations- und Belegprinzip genügen. Jeder Buchung muss ein schriftlicher Beleg als Nachweis des Geschäftsvorfalls zugrunde liegen. Die Anforderungen an den Inhalt der Belege sind nach dem Einzelfall zu bemessen. Der Beleg muss aber seine Funktion als dokumentarisches Bindeglied zwischen dem Geschäftsvorfall und der Buchung erfüllen können. Folglich muss der Beleg in der Regel insbesondere den konkreten Geschäftsvorfall, den Bezug zu der betroffenen Wohnungseigentumsanlage sowie die Höhe der jeweiligen Forderung, einschließlich der zu ihrer Nachvollziehbarkeit erforderlichen Angaben, enthalten

Buchhaltungskonten
Zur ordnungsmäßigen Buchführung gehört es, Buchhaltungskonten nach einem Kontenplan zu führen. Für jede Kostenart und jedes Wohnungseigentum ist ein Konto einzurichten. Die Hausgeldkonten können im Vermögensbericht dargestellt werden. Dies ist aber nicht zwingend.

XI. Hausgeldinkasso

1. Vorgehen der Gemeinschaft der Wohnungseigentümer

Zahlt ein Wohnungseigentümer sein Hausgeld nicht freiwillig, wird der Verwalter gegen ihn außergerichtlich (Mahnung), aber notfalls auch gerichtlich vorgehen und ihn namens der Gemeinschaft der Wohnungseigentümer im MAHNVERFAHREN oder in einer ORDENTLICHEN KLAGE auf Zahlung in Anspruch nehmen.

Vorgehen der Gemeinschaft der Wohnungseigentümer

Hat die Gemeinschaft der Wohnungseigentümer einen Vollstreckungsbescheid oder ein Urteil erstritten und zahlt ein Wohnungseigentümer immer noch nicht freiwillig, wird die Gemeinschaft der Wohnungseigentümer gegen ihn ZWANGSVOLLSTRECKEN. Die Gemeinschaft der Wohnungseigentümer hat insoweit 3 Möglichkeiten:

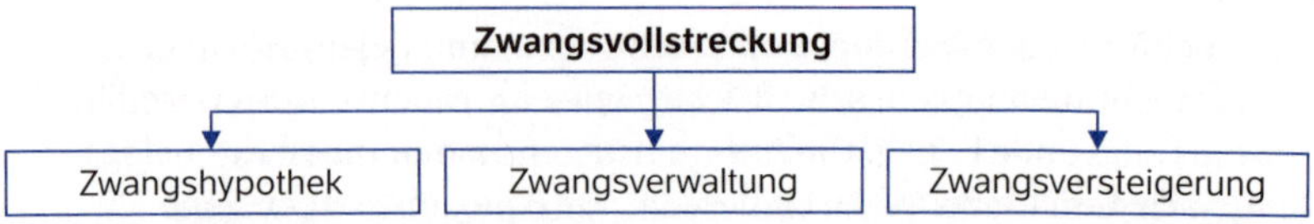

Zwangsvollstreckung

Betreibt ein Dritter die Zwangsversteigerung in ein Wohnungseigentum, ist der Verwalter im Übrigen verpflichtet, die nach dem Zwangsvollstreckungsgesetz bevorrechtigten Hausgeldansprüche der Gemeinschaft der Wohnungseigentümer in diesem Verfahren anzumelden. Sinn und Zweck ist es, die Vermögensinteressen der anderen Wohnungseigentümer zu schützen. Verletzt der Verwalter diese Pflicht, schuldet er Schadenersatz.

Gemeinschaft der Wohnungseigentümer

Etwas anderes gilt nach bislang herrschender Meinung, wenn die Gemeinschaft der Wohnungseigentümer selbst das Zwangsversteigerungsverfahren betreiben will. Denn der Verwalter darf ohne Ermächtigung auf die Einleitung eines Zwangsversteigerungsverfahrens bezogene Anträge nicht stellen. In diesem Fall ist der Verwalter jedoch regelmäßig verpflichtet, die Wohnungseigentümer über diese Möglichkeit zu informieren und eine Beschlussfassung über das weitere Vorgehen bzw. über das Einholen von Rechtsrat herbeizuführen.

2. Gegenrechte

Wird ein Wohnungseigentümer auf Zahlung von Hausgeld in Anspruch genommen, stehen ihm im Einzelfall Gegenrechte zu. Es ist etwa vorstellbar, dass ein Wohnungseigentümer für die Gemeinschaft der Wohnungseigentümer Aufwendungen getätigt, beispielsweise die Forderung eines Trägers der Daseinsvorsorge (etwa die Müllabfuhr) ausgeglichen hat (siehe auch 3. Kapitel Gemeinschaft der Wohnungseigentümer › S. 66 ff.). Ferner ist vorstellbar, dass ein Wohnungseigentümer Rechte geltend machen kann, welche die Gemeinschaft der Wohnungseigentümer noch nicht erfüllt hat, etwa die Auszahlung eines Guthabens.

Gegenrechte eines Wohnungseigentümers

Hat die Gemeinschaft der Wohnungseigentümer gegen einen Wohnungseigentümer einen Anspruch, beispielsweise einen auf Ausgleich offenen Hausgeldes, hat ein Wohnungseigentümer seinerseits aber eine Forderung gegen die Gemeinschaft der Wohnungseigentümer, ist über eine „Aufrechnung" nachzudenken (Aufrechnung meint, dass der Aufrechnende eine fällige Forderung nicht bedient und zugleich auf die Durchsetzung einer eigenen Forderung im Wege der Verrechnung „verzichtet"). Eine solche Aufrechnung ist im Wohnungseigentumsrecht allerdings nur sehr eingeschränkt zulässig.

Überwiegend wird sie NUR ZUGELASSEN, wenn die Forderung, mit welcher der Wohnungseigentümer aufrechnen will:

- von einem Gericht rechtskräftig festgestellt ist oder
- unstreitig ist oder
- von der Gemeinschaft der Wohnungseigentümer anerkannt ist.
- Ein weiterer Fall soll dann anzunehmen sein, wenn ein Wohnungseigentümer im Wege der Notgeschäftsführung (8. Kapitel Verwaltung › S. 179 ff.) Aufwendungen hatte, die letztlich nicht er allein, sondern sämtliche Wohnungseigentümer zu tragen haben, zum Beispiel die Notreparaturen eines Daches, das Auspumpen des Kellers, aber auch die Bedienung der Forderung eines Trägers der Daseinsvorsorge.

Für das Recht eines Wohnungseigentümers, von ihm geschuldete Leistungen, vor allem das Hausgeld, zurückzuhalten, gilt das zur Aufrechnung Gesagte entsprechend. Auch ein ZURÜCKBEHALTUNGSRECHT ist allenfalls unter den zur Aufrechnung ausgeführten Einschränkungen möglich, im Übrigen aber unzulässig.

Zum Teil wird ein Wohnungseigentümer, der auf Ausgleich – vor allen Dingen von Hausgeld – in Anspruch genommen wird, geltend machen, dass die Berechnung des Hausgeldes unter aus seiner Sicht UNGERECHTEN UMLAGESCHLÜSSELN leidet. Er wird also geltend machen, dass das Hausgeld bei anderen Umlageschlüsseln ein anderes wäre und dass er nur bereit ist, ein nach einem „gerechten" Umlageschlüssel berechnetes Hausgeld zu bedienen. Dieser Einwand ist allerdings nicht möglich.

XII. Checkliste für die Prüfung eines Wirtschaftsplans

1. Allgemeines

	Ja	Nein
Ist der Ersteller der Planung angegeben?		
Ist das Wirtschaftsjahr angegeben?		
Sind das Wirtschafts- und das Kalenderjahr identisch?		
Betrifft der Wirtschaftsplan die richtige Wohnungseigentumsanlage?		
Gibt es einen Gesamtwirtschaftsplan und Einzelwirtschaftspläne für jeden Wohnungseigentümer?		
Werden die in der Wohnungseigentumsanlage geltenden Umlageschlüssel genutzt?		
Werden besondere Umlageschlüssel erläutert?		
Liegt zum Abgleich die Jahresabrechnung für das Vorjahr vor?		
Sind sämtliche Angaben der Planung klar, verständlich und ohne weiteres nachvollziehbar?		

2. Gesamtwirtschaftsplan

	Ja	Nein
Aufbau		
Ist der Gesamtwirtschaftsplan gegliedert in: – Einnahmen, – Ausgaben und – Zuführung zu den Rücklagen?		
Beachtet der Verwalter eventuelle Vorgaben der Wohnungseigentümer (Prüfpunkt entfällt in der Regel)?		
Einnahmen		

	Ja	Nein
Sind alle voraussichtlichen Einnahmen erfasst, vor allem: – rückständiges Hausgeld früherer Jahre, – Zahlungen auf Sonderumlagen, – Versicherungsleistungen, – Darlehensvaluta, – Früchte im Sinne von § 16 Absatz 1 WEG in Verbindung mit § 99 Absatz 3 BGB (etwa Mieten).		
Kann der Verwalter angeben, wie er die Einnahmen errechnet hat (Vorjahre, Statistiken, Vergleichswerte, Kostenangebote, Erfahrungswerte)?		
Sind die Schätzungen nachvollziehbar und rechnerisch richtig?		
Erscheinen die Planungen als realistisch?		
Ausgaben		
Sind die voraussichtlichen Ausgaben erfasst, vor allem: – die Betriebskosten im Sinne von § 1 Absatz 1 Satz 1, 2 Betriebskostenverordnung, – die Verwaltungskosten im Sinne von § 2 Nummer 1 Betriebskostenverordnung (Verwalter, Versammlung, Bank), – die Ausgaben für die geplanten Erhaltungsmaßnahmen, – die Ausgaben für die geplanten baulichen Veränderungen, – die Ausgaben für die geplanten Modernisierungen, – die Bedienung der Forderungen Dritter, die im Laufe des Jahres voraussichtlich anfallen werden (zum Beispiel eines Werkunternehmers oder eines Sachverständigen), – Steuern, Abgaben, Gebühren, – Darlehenszinsen.		
Sind die Ausgaben nach Positionen gegliedert (zum Beispiel nach der Betriebskostenverordnung)?		
Kann der Verwalter angeben, wie er die Ausgaben errechnet hat (Vorjahre, Statistiken, Vergleichswerte, Kostenangebote, Erfahrungswerte)?		
Sind die Schätzungen nachvollziehbar und rechnerisch richtig?		
Erscheinen die Planungen als realistisch?		

	Ja	Nein
Rücklagen		
Sind Beiträge für die Rücklagen vorgesehen?		
Kann der Verwalter angeben, wie er die Gesamthöhen errechnet hat, und entsprechen diese den Bestimmungen der Wohnungseigentümer?		

3. Einzelwirtschaftspläne

	Ja	Nein
Ist berücksichtigt, dass bei Wohnungseigentümern mit einem Hausgeldausfall zu rechnen ist (Prüfpunkt nur bei Wohnungseigentumsanlagen, bei denen dieses als realistisch erscheint)?		
Werden für die jeweiligen Wohnungseigentumsrechte die richtigen Umlageschlüssel für die Beteiligung an den Einnahmen und Ausgaben sowie für die Errechnung der Beiträge zu den Rücklagen genutzt?		

XIII. Checkliste für die Prüfung einer Jahresabrechnu

1. Allgemeines

	Ja	Nein
Ist der Ersteller der Jahresabrechnung angegeben?		
Ist das abgerechnete Wirtschaftsjahr angegeben?		
Sind das Wirtschafts- und das Kalenderjahr identisch?		
Betrifft die Jahresabrechnung die richtige Wohnungseigentumsanlage?		
Ist der gesamte Abrechnungszeitraum erfasst?		
Gibt es eine Gesamtabrechnung und Einzelabrechnungen für jedes Wohnungs- und Teileigentum?		
Werden besondere Umlageschlüssel erläutert?		
Liegen zum Abgleich der Wirtschaftsplan und die Jahresabrechnung für das Vorjahr vor?		

	Ja	Nein
Sind sämtliche Angaben der Jahresabrechnung klar, verständlich und ohne weiteres nachvollziehbar?		

2. Bestandteile

	Ja	Nein
Prüfung, ob der Jahresabrechnung vor allem folgende Punkte zu entnehmen sind: – sämtliche Einnahmen bei der Verwaltung des gemeinschaftlichen Eigentums (Gesamtabrechnung und Rechnungslegung des Verwalters): • das Hausgeld • auch das aus Vorjahren; • Mieten; • Pachteinnahmen; • Entgelte und sonstige Zahlungen, zum Beispiel einer Versicherung; • Zinseinnahmen. – sämtliche (gegebenenfalls unberechtigte) Ausgaben bei der Verwaltung des gemeinschaftlichen Eigentums: • Betriebs-, Verwaltungs- und Erhaltungskosten; • Schadenersatzleistungen; • Zahlungen aus Verträgen; • Lasten des gemeinschaftlichen Eigentums; • Zinsausgaben. – anteilmäßige Verpflichtung der Wohnungseigentümer zur Kostentragung (Einzelabrechnung), berechnet nach Soll-Zahlungen – Heizkosten • Ausgaben, zum Beispiel für Einkauf • Verteilung der Ausgaben auf die Wohnungseigentümer – Steuerangaben – Wirtschaftsbericht, zum Beispiel über das Hausgeldinkasso, Versicherungsfälle, Erhaltungsmaßnahmen (nicht zwingend)		
Beachtet der Verwalter eventuelle Vorgaben der Wohnungseigentümer (Prüfpunkt entfällt in der Regel)?		

3. Gesamtabrechnung

	Ja	Nein
Sind alle tatsächlichen Einnahmen erfasst?		
Sind alle tatsächlichen Ausgaben erfasst?		

4. Einzelabrechnung

	Ja	Nein
Sind alle tatsächlichen Einnahmen mit den richtigen Umlageschlüsseln umgelegt worden?		
Sind alle tatsächlichen Ausgaben mit den richtigen Umlageschlüsseln umgelegt worden?		
Enthält eine Einzelabrechnung – was unzulässig wäre – Schadenersatzansprüche gegen einen Wohnungseigentümer oder sonstige Ansprüche, die gesondert zu verfolgen wären?		
Werden die Nachschüsse als ein Betrag errechnet?		

5. Heizkosten

	Ja	Nein
Sind die Kosten in der Gesamtabrechnung benannt?		
Sind die verbrauchten Heizkosten nach den richtigen Umlageschlüsseln in den Einzelabrechnungen umgelegt worden?		
Sind die nicht verbrauchten Heizkosten nach den richtigen Umlageschlüsseln in den Einzelabrechnungen umgelegt worden?		

6. Steuerangaben

	Ja	Nein
Sind die Angaben für die Steuer richtig?		
Sind die Angaben für die Steuer vollständig?		

7. Summen, Salden und Abrechnungspositionen

	Ja	Nein
Stimmen die in Gesamt- und Einzelabrechnung angegebenen Summen und Salden der Höhe nach überein?		
Schließen die als Anfangsbestände angegebenen Summen und Salden an die Vorabrechnung an?		
Sind die ermittelten Summen und Salden rechnerisch schlüssig?		

XIV. Checkliste für die Prüfung eines Vermögensberichts

1. Allgemeines

	Ja	Nein
Ist der Ersteller des Vermögensberichts angegeben?		
Ist das dargestellte Wirtschaftsjahr angegeben?		
Sind das Wirtschafts- und das Kalenderjahr identisch?		
Betrifft der Vermögensbericht die richtige Wohnungseigentumsanlage?		
Ist der gesamte Abrechnungszeitraum erfasst?		

2. Rücklagen

	Ja	Nein
Sind im Vermögensbericht alle Rücklagen erfasst?		
Wird die Entwicklung der Rücklagen angegeben?		
Ist der Soll-Stand der Rücklagen erfasst?		

3. Gemeinschaftsvermögen

	Ja	Nein
Ist das wesentliche Gemeinschaftsvermögen erfasst: – Forderungen gegen Wohnungseigentümer auf Hausgeld? – Forderungen gegen Dritte, etwa Finanzamt, Verwalter (Schadenersatz), Sozialversicherungsträger oder Versicherung? – Werthaltige Güter, etwa Brennstoff?		
Sind die Verbindlichkeiten der Gemeinschaft der Wohnungseigentümer angegeben?		

XV. Verfahrensrechte

- Will ein Wohnungseigentümer einen Wirtschaftsplan oder eine Jahresabrechnung erzwingen, muss er gegen die Gemeinschaft der Wohnungseigentümer eine Leistungsklage erheben.
- Will ein Wohnungseigentümer Vorschüsse oder Nachschüsse erzwingen, muss er nach einer Vorbefassung der anderen Wohnungseigentümer gegen die Gemeinschaft der Wohnungseigentümer eine Beschlussersetzungsklage erheben.
- Will ein Wohnungseigentümer ein Guthaben ausbezahlt bekommen, muss er gegen die Gemeinschaft der Wohnungseigentümer nach einer Vorbefassung der anderen Wohnungseigentümer eine Beschlussersetzungsklage erheben. Gibt es bereits einen Beschluss nach § 28 Absatz 2 Satz 1 WEG, kann auf Leistung geklagt werden.
- Hat ein Wohnungseigentümer versehentlich zu viel Hausgeld gezahlt, muss er gegen die Gemeinschaft der Wohnungseigentümer auf Leistung klagen.
- Ist ein Beschluss nach § 28 Absatz 1 Satz 1 WEG oder § 28 Absatz 2 Satz 1 WEG rechtskräftig für ungültig erklärt worden, muss ein Wohnungseigentümer gegen die Gemeinschaft der Wohnungseigentümer nach einer Vorbefassung der anderen Wohnungseigentümer eine Beschlussersetzungsklage erheben.

Zusammenfassung

- Jeder Wohnungseigentümer hat einen Anspruch auf ein ordnungsmäßiges Finanzwesen.
- Dazu gehört es,
  - über Vor- und Nachschüsse zu beschließen und
  - das Gebot der Wirtschaftlichkeit zu beachten.
- Im Einzelfall bedarf es einer
  - Sonderumlage,
  - eines Darlehens oder
  - einer Rücklage.

18

Verwaltungsbeirat

Die Wohnungseigentümer haben die Möglichkeit, einen Verwaltungsbeirat einzurichten und Wohnungseigentümer zu Mitgliedern zu bestellen. Das Kapitel stellt unter anderem dar,

- was dazu zu unternehmen ist,
- welche Rechte und Pflichten die Verwaltungsbeiräte haben,
- wie sich die Verwaltungsbeiräte organisieren und
- wie die Verwaltungsbeiräte haften.

X. Versammlung

XI. Informationen

XII. Von den Wohnungseigentümern bestimmte Pflichten

XIII. Binnenorganisation des Verwaltungsbeirats

XIV. Aufwendungsersatz

XV. Haftungsfragen

XVI. Versicherung

XVII. Wissenszurechnung

XVIII. Beiratsordnung

XIX. Beiratsvertrag

XX. Verfahrensrechte

18. Verwaltungsbeirat

18. Verwaltungsbeirat

I. Einrichtung

Die Wohnungseigentümer können vereinbaren, aber auch beschließen, einen Verwaltungsbeirat einzurichten. Bestellen die Wohnungseigentümer einen Wohnungseigentümer zum Verwaltungsbeirat und nimmt dieser die Wahl an, liegt darin ZUGLEICH die Einrichtung eines Verwaltungsbeirats als Gremium (die Wohnungseigentümer müssen also nichts mehr unternehmen und nicht zusätzlich beschließen, einen Verwaltungsbeirat einzurichten).

Einrichtung eines Verwaltungsbeirats
Die Einrichtung eines Verwaltungsbeirats ist UNBEDINGT zu empfehlen. Es gibt keine guten Gründe, von diesem Gremium abzusehen. Etwas anderes mag nur dort gelten, wo das Wohnungseigentumsrecht nicht „gelebt" wird, etwa in Reihenhausanlagen, und vor allem, wenn ein Doppelhaus eine Wohnungseigentumsanlage bildet.

Die Verwaltungsbeiräte oder der Vorsitzende bzw. sein Stellvertreter haben folgende Aufgaben:

- Unterstützung und Überwachung des Verwalters;
- Prüfung des Wirtschaftsplans und Stellungnahme dazu;
- Prüfung der Jahresabrechnung und Stellungnahme dazu;
- Vertretung der Gemeinschaft der Wohnungseigentümer gegenüber dem Verwalter;
- Einberufung der Versammlung;
- Prüfung der Niederschrift und Unterschrift.

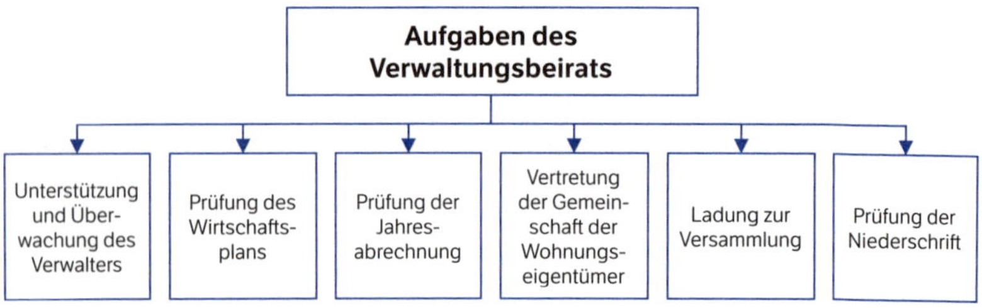

Aufgaben des Verwaltungsbeirats

Die Wohnungseigentümer können den Verwaltungsbeiräten mit deren Einverständnis weitere Pflichten auferlegen. In der Praxis geschieht dies BEISPIELSWEISE

- im Zusammenhang mit Verfügungen über das Gemeinschaftsvermögen,
- bei der Be- und Anstellung des Verwalters oder
- in Bezug auf die Versammlung.

Folgen
Die Pflichten der Verwaltungsbeiräte nehmen den anderen Wohnungseigentümern nicht das Recht, selbst den Verwalter zu prüfen.

II. Bestellung und Abberufung der Verwaltungsbeiräte

1. Eignung

Jeder Wohnungs- und Teileigentümer ist geeignet, zum Verwaltungsbeirat bestellt zu werden, selbst ein Minderjähriger oder eine Person, die unter Betreuung steht. Bei der Beurteilung, welche Person für diese Aufgabe am besten als geeignet erscheint, haben die Wohnungseigentümer Ermessen (dazu 8. Kapitel Verwaltung › S. 173 ff.).

Besondere Eignung
Besonders geeignet erscheinen in der Regel

- Architekten,
- Buchhalter,
- Ingenieure,
- Juristen,
- Steuerberater,
- Wirtschaftsprüfer oder
- Wohnungseigentümer mit Kenntnissen in diesen Berufen, zum Beispiel eine Steuerfachgehilfin oder der Mitarbeiter einer anderen Hausverwaltung.

Es spricht nichts dagegen, auch ANDERE Personen zum Verwaltungsbeirat zu machen. Wichtig ist nur das Interesse und das Engagement der Betreffenden und ihr Wille, sich mit dem Wohnungseigentumsrecht und vor allem mit der Verwaltung (dazu 8. Kapitel Verwaltung) und dem

Finanzwesen (dazu 17. Kapitel Finanzwesen) in einer Wohnungseigentumsanlage angemessen vertraut zu machen.

Ist eine juristische Person oder eine Personengesellschaft „Wohnungseigentümer“, kann nach herrschender Meinung auch diese Person oder Personengesellschaft zum Verwaltungsbeirat bestellt werden. Sie wird dann durch ihr Vertretungsorgan, etwa den Geschäftsführer einer GmbH, vertreten. Der gesetzliche Vertreter eines Wohnungseigentümers (Eltern, Betreuer, aber auch ein Zwangs- oder Insolvenzverwalter) und ebenso Nießbrauchs-, Wohnungs- oder Dauerwohnberechtigte an einem Wohnungseigentumsrecht können nach überwiegender Ansicht hingegen nicht bestellt werden.

Verwalter und andere Dritte

- Die Wahl des Verwalters zum Verwaltungsbeirat ist NICHT möglich, auch wenn er Wohnungseigentümer ist.
- Zum Verwaltungsbeirat kann auch nicht das Organ eines mit der Verwaltung betrauten Unternehmens bestellt werden.
- Schließlich ist auch ein Nichtwohnungseigentümer ungeeignet, wenn auch seine Bestellung anders als beim Verwalter nur anfechtbar und nicht nichtig sein soll.

2. Anzahl

Die Wohnungseigentümer sind frei, wie viele Wohnungseigentümer sie zu Verwaltungsbeiräten bestellen. In der Regel bietet es sich an, wenigstens 3 Verwaltungsbeiräte zu bestellen.

WEG § 29 Absatz 1 Satz 2
Hat der Verwaltungsbeirat mehrere Mitglieder, ist ein Vorsitzender und ein Stellvertreter zu bestimmen.

Stirbt ein Verwaltungsbeirat oder steht er aus anderen Gründen für die Aufgabe nicht mehr zur Verfügung, scheidet er aus dem Verwaltungsbeirat aus. Der Verwaltungsbeirat bleibt weiterhin funktionsfähig. Dies gilt auch, wenn alle Wohnungseigentümer bis auf einen aus dem Verwaltungsbeirat ausscheiden.

Die Wohnungseigentümer können ERSATZBEIRÄTE wählen, indem sie ihren entsprechenden Wahlbeschluss unter die aufschiebende Bedingung stellen, dass ein (bestimmter) Wohnungseigentümer als Verwaltungsbeirat weggefallen ist.

3. Bestellungsbeschluss

Über die Bestellung der Verwaltungsbeiräte beschließen die Wohnungseigentümer. Der Beschluss bedarf einer einfachen Mehrheit.

WEG § 29 Absatz 1 Satz 1
Wohnungseigentümer können durch Beschluss zum Mitglied des Verwaltungsbeirats bestellt werden.

Für die Fassung des Bestellungsbeschlusses sind 3 Wege vorstellbar:

- Der Weg der Praxis ist die BLOCKWAHL:
  - Der Begriff „Blockwahl" meint, dass sich Bewerber auf einer LISTE zur Wahl stellen und dann nicht über die einzelnen Bewerber, sondern über die Liste „en bloc" abgestimmt wird. Stimmen mehr Wohnungseigentümer für als gegen eine solche Liste, ist nicht die Liste, sondern sind die Listen-Bewerber gewählt. Nehmen die Bewerber die Wahl – jeder für sich – an, sind sie auch bestellt.
  - Da nicht einzelne Bewerber, sondern eine Liste gewählt wird (bei der man als Wähler nicht differenzieren, sondern nur ja oder nein sagen kann), wird eine Blockwahl zwar von manchen kritisch betrachtet. Ganz überwiegend wird sie aber als eine Möglichkeit grundsätzlich anerkannt. Eine Blockwahl ist allerdings NICHT möglich, wenn ein anwesender oder vertretener Eigentümer sich gegen dieses Wahlverfahren WENDET und die Bewerber EINZELN wählen will. In diesem Falle ist einzeln abzustimmen.
  - Gibt es MEHRERE Listen, reicht es nicht, dass auf eine Liste mehr Ja-Stimmen als auf jede einzelne der anderen Listen abgegeben werden. Gewählt ist eine Liste nur, wenn sie mehr Stimmen auf sich vereinigt als alle anderen Listen zusammen.

RECHENBEISPIEL
Bei 10 Stimmen für Liste A, 9 Stimmen für Liste B, keiner Stimme für Liste C und 2 Enthaltungen ist beispielsweise die Liste A gewählt, nicht jedoch bei 10 Stimmen für die Liste A, 6 Stimmen für die Liste B, 5 Stimmen für die Liste C und keiner Enthaltung. Denn dann haben 11 Eigentümer gegen und nur 10 Eigentümer für die Liste A gestimmt.

- Ferner ist es möglich, über jeden Bewerber EINZELN abzustimmen (Einzelwahl):
  - Gibt es etwa 3 Bewerber, ist diese Art der Wahl unproblematisch, wenn alle 3 Bewerber gewählt werden und die Bewerber die Wahl auch annehmen.
  - Probleme entstehen hingegen, wenn NICHT alle 3 Bewerber gewählt werden oder ein Gewählter die Wahl nicht annimmt. Denn dann wären nur 2 Bewerber bestellt. Die Einzelwahl muss daher unter der ausdrücklichen Bedingung stehen, dass 3 Personen zu Beiräten gewählt werden und alle Personen die Wahl auch annehmen.
  - Ein weiteres „Gerechtigkeitsdefizit" kann bei der Einzelwahl dann entstehen, wenn sich etwa 5 Bewerber zur Wahl stellen. Finden in

diesem Falle bereits die ersten 3 Bewerber eine Mehrheit, ist eigentlich nicht mehr weiter zu wählen, wenn es nur drei Verwaltungsbeiräte geben soll. Wollen die Eigentümer dennoch auch über die anderen Bewerber abstimmen (was man gegen den Willen der Mehrheit nicht erzwingen kann und was „Manipulationen" durch die Wahlreihenfolge als möglich erscheinen lässt), müssen die Eigentümer im Wege des „Zweitbeschlusses" zugleich einen bereits Bestellten wieder abbestellen. Diese Person muss klar bezeichnet werden (es bietet sich an, die Person abzubestellen, die bislang am wenigsten Stimmen auf sich vereinigt hatte). Etwas anderes gilt nur dann, wenn die Gewählten die Wahl noch nicht angenommen haben. In diesem Falle könnten nur die 3 Wohnungseigentümer die Wahl annehmen, welche die meisten Stimmen bekommen haben. Gut ist dieser „Trick" aber nur dann, wenn sich alle Wohnungseigentümer vereinbarungsgemäß verhalten, denn es ließe sich nicht verhindern, dass auch die Wohnungseigentümer die Wahl annehmen, die weniger Stimmen auf sich vereinigt hatten: denn auch sie waren gewählt worden.

- Schließlich kann in einem GEMEINSAMEN Wahlgang über die Bewerber abgestimmt werden:
  - Gewählt sind dann die Bewerber, die eine ausreichende Mehrheit auf sich vereinigen, etwa 11 der 18 möglichen Stimmen.
  - Dass ein Bewerber mehr Ja-Stimmen auf sich vereinigt als jeder Einzelne der anderen Bewerber, genügt nicht. Wie bereits für die Wahl mehrerer Listen ausgeführt, ist es notwendig, dass von den in einer Versammlung anwesenden oder vertretenen Wohnungseigentümern mehr mit „ja" als mit „nein" für einen Bewerber stimmen.

RECHENBEISPIEL
Bei 10 Stimmen für Kandidat A, 9 Stimmen für Kandidat B, keiner Stimme für Kandidat C und 2 Enthaltungen ist Kandidat A gewählt, nicht jedoch bei 10 Stimmen für A, 6 Stimmen für B, 5 Stimmen für C und keiner Enthaltung.

Bewertung der Wahlverfahren

Wägt man die Schwierigkeiten der Wahlverfahren miteinander ab, spricht vieles für eine BLOCKWAHL. Eine Blockwahl lässt es zwar nicht zu, dass man die auf der Liste stehenden Bewerber einzeln gewichtet. Die anderen, oben dargestellten Probleme lassen sich aber vermeiden. Ferner kann man durch eine Blockwahl sicherstellen, dass jeweils 3 Bewerber, die miteinander gut auskommen, den Verwaltungsbeirat bilden. Bei einer Einzelwahl ist es hingegen vorstellbar, dass sich die Beiräte wegen der unter ihnen bestehenden Animositäten gegenseitig „blockieren", ihr Amt niederlegen oder ihre Wahl gar nicht erst annehmen.

BESTELLUNG EINES VERWALTUNGSBEIRATS
Wohnungseigentümer ___ (Name) wird ab dem ___ (Datum Beginn) bis zum ___ (Datum Ende) zum Verwaltungsbeirat bestellt. Seine Abberufung ist ohne Angabe von Gründen möglich. Die Bestellung steht unter der Bedingung, dass neben Wohnungseigentümer ___ (Name) in der heutigen Versammlung zwei weitere Wohnungseigentümer zu Verwaltungsbeiräten bestimmt werden.

Die Wohnungseigentümer sollten nach oder bei der Bestellung zugleich – unter einem eigenen Tagesordnungspunkt – den Vorsitzenden des Verwaltungsbeirats und seinen Stellvertreter bestimmen.

4. Stimmrecht
Beim Bestellungsbeschluss ist jeder Wohnungseigentümer stimmberechtigt. Ein Wohnungseigentümer ist also berechtigt, über seine eigene Bestellung zum Verwaltungsbeirat abzustimmen oder einen Vertreter zu bestimmen. Dies gilt auch dann, wenn mit ein und demselben Beschluss über die Bestellung und einen Beiratsvertrag abgestimmt wird.

III. Amtszeit

Die Amtszeit bestimmen die Wohnungseigentümer. Treffen sie keine Bestimmung, ist ein Verwaltungsbeirat auf unbestimmte Zeit bestellt. Die Wohnungseigentümer können einen Verwaltungsbeirat nach freiem Ermessen abberufen. Der Abberufungsbeschluss bewirkt die Abberufung aus dem Amt und beendet unmittelbar die Rechtsstellung einer Person als Verwaltungsbeirat.

Überblick zu den wichtigsten Beendigungsgründen:

- Das Amt einer Person als Verwaltungsbeirat ist beendet, wenn die Wohnungseigentümer eine Bestellungszeit vereinbart oder beschlossen haben oder der Bestellungsbeschluss durch rechtskräftiges Urteil für unwirksam erklärt wird.
- Das Amt einer Person als Verwaltungsbeirat ist nach Sinn und Zweck beendet, wenn die Person geschäftsunfähig wird. Ähnliches gilt noch nicht, wenn eine Betreuung angeordnet ist.
- Ein Verwaltungsbeirat ist befugt, sein Amt selbst zu beenden, indem er es durch Erklärung gegenüber den Wohnungseigentümern niederlegt. Die Amtsniederlegung darf allerdings nicht zur „Unzeit“ erklärt werden, etwa mitten in der Prüfung von Jahresabrechnung und Wirtschaftsplan.
- Mit dem freiwilligen oder unfreiwilligen endgültigen Ausscheiden eines Wohnungseigentümers aus der Gemeinschaft der Wohnungseigentümer endet auch sein Amt als Verwaltungsbeirat.

IV. Aufbau des Verwaltungsbeirats

1. Zusammensetzung
Der Verwaltungsbeirat besteht aus den Verwaltungsbeiräten: Ein Verwaltungsbeirat ist Vorsitzender des Verwaltungsbeirats, ein Verwaltungsbeirat ist Stellvertreter des Vorsitzenden des Verwaltungsbeirats, die weiteren Verwaltungsbeiräte sind einfache Mitglieder.

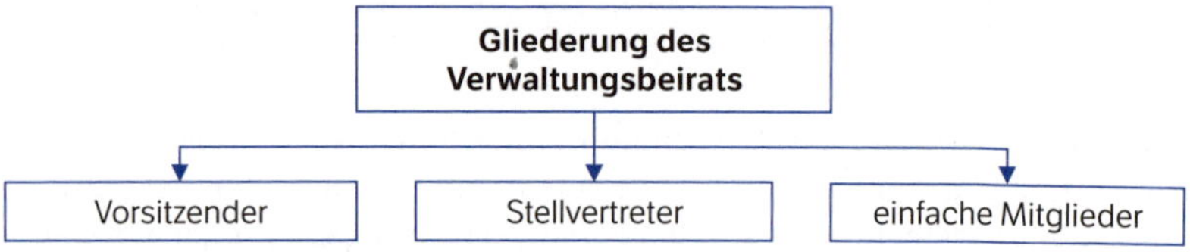

Gliederung des Verwaltungsbeirats

2. Vorsitzender und Stellvertreter
Welcher der Verwaltungsbeiräte Vorsitzender und welcher Stellvertreter ist, sollten die Wohnungseigentümer durch Beschluss bereits bei der Wahl der Verwaltungsbeiräte (oder später) bestimmen. Fehlt es hieran, kann der Verwaltungsbeirat selbst die Positionen bestimmen.

3. Aufgaben des Vorsitzenden für den Verwaltungsbeirat
Der Vorsitzende des Verwaltungsbeirats hat vor allem die Sitzungen des Verwaltungsbeirats vorzubereiten. Er muss dazu unter Ankündigung einer aussagekräftigen Tagesordnung laden.

WEG § 29 Absatz 1 Satz 3
Der Verwaltungsbeirat wird von dem Vorsitzenden nach Bedarf einberufen.

Ferner leitet der Vorsitzende die Sitzungen des Verwaltungsbeirats und vertritt den Verwaltungsbeirat nach außen.

V. Rechte im Verwaltungsbeirat

Welche Rechte ein Wohnungseigentümer als Verwaltungsbeirat hat, können die Wohnungseigentümer vereinbaren oder beschließen. Ist nichts bestimmt (das ist die Regel), muss man aus dem Sinn und Zweck der Einrichtung eines Verwaltungsbeirats ableiten, welche Rechte die Verwaltungsbeiräte haben.

Überblick zu den Rechten eines Verwaltungsbeirats

- Gliederung des Verwaltungsbeirats:
  - Haben die Wohnungseigentümer nichts bestimmt, besitzt jeder Verwaltungsbeirat das Recht, zum Vorsitzenden oder Stellvertreter des Vorsitzenden des Verwaltungsbeirats gewählt zu werden.
- Sitzungen des Verwaltungsbeirats:
  - Bei der Anberaumung einer Sitzung des Verwaltungsbeirats ist auf die Belange der jeweiligen Verwaltungsbeiräte und ihre zeitlichen Möglichkeiten angemessen Rücksicht zu nehmen. Im Einzelfall kann ein Verwaltungsbeirat die Verlegung einer Sitzung des Verwaltungsbeirats verlangen, an der er nicht teilnehmen könnte.
  - Jeder Verwaltungsbeirat hat das Recht, zu den Sitzungen des Verwaltungsbeirats geladen zu werden.
  - Jeder Verwaltungsbeirat darf an den Sitzungen des Verwaltungsbeirats teilnehmen, Anträge stellen, reden und über Beschlussanträge abstimmen.
  - Ein Verwaltungsbeirat kann sich nicht von einem Dritten für seine Funktionen vertreten lassen, es sei denn, die Wohnungseigentümer hätten etwas anderes bestimmt.
  - War ein Verwaltungsbeirat verhindert, an einer Sitzung teilzunehmen, so besitzt er – wird keine Niederschrift gefertigt – einen Anspruch gegen die anderen Verwaltungsbeiräte, darüber informiert zu werden, welche Punkte auf welche Weise bei der Sitzung behandelt wurden.
- Willensbildung des Verwaltungsbeirats:
  - Jeder Verwaltungsbeirat hat bei der Willensbildung des Verwaltungsbeirats das gleiche Stimmengewicht. Die Wohnungseigentümer können etwas anderes bestimmen.

  - Entscheidungen des Verwaltungsbeirats kommen zustande, wenn mehr Verwaltungsbeiräte für als gegen eine Entscheidung sind.
- Anfechtung der Willensbildung:
  - Ein Verwaltungsbeirat hat (ebenso wie die anderen Wohnungseigentümer) keine Möglichkeit, die Entscheidungen des Verwaltungsbeirats (= seine Beschlüsse) anzufechten.
  - Widersprechen die Entscheidungen einer ordnungsmäßigen Verwaltung, so sollen sie nach zurzeit herrschender Meinung unwirksam sein. Möglich ist es daher allein, auf Feststellung zu klagen, dass eine Entscheidung unwirksam ist.

VI. Verwaltungsbeirat und Verwalter

1. Unterstützung
Die Verwaltungsbeiräte haben den Verwalter zu unterstützen.

WEG § 29 Absatz 2 Satz 1
Der Verwaltungsbeirat unterstützt und überwacht den Verwalter bei der Durchführung seiner Aufgaben.

Ob und inwieweit der Verwalter die UNTERSTÜTZUNG bei der Durchführung seiner gesetzlichen und ihm von den Wohnungseigentümern anvertrauten Aufgaben nutzt, eine Hilfe sucht und diese auch ANNIMMT, bestimmen

- die Professionalität des Verwalters und der Verwaltungsbeiräte,
- die jeweiligen Temperamente,
- Vorerfahrungen,
- Berufe und
- viele andere Momente.

Es kommt in der Praxis vor, dass die Verwaltungsbeiräte weit über den Rahmen hinaus, den das Gesetz einer Zusammenarbeit setzt, mit dem Verwalter eng zusammenarbeiten und diesen in vielen Bereichen unterstützen. Zum Teil sind die Fronten zwischen dem Verwalter und den Verwaltungsbeiräten aber auch verhärtet, und eine Kommunikation und vertrauensvolle Zusammenarbeit gibt es nicht. Im schlimmsten Fall beleidigen sich die Verwaltungsbeiräte und der Verwalter, „schwärzen“ einander an und behindern sich gegenseitig.

Keine vertrauensvolle Zusammenarbeit
Ist eine vertrauensvolle Zusammenarbeit nicht (mehr) möglich, kann darin ein Anlass liegen, andere Verwaltungsbeiräte zu bestellen. In einem Misstrauen kann aber auch ein Grund für die Abberufung des Verwalters und die fristlose Kündigung des Verwaltervertrags liegen. Um zu prüfen, ob dem so ist, bedarf es einer Interessenabwägung.

Hat der Verwaltungsbeirat das Zerwürfnis in vorwerfbarer Weise herbeigeführt, liegt grundsätzlich kein Grund für die Abberufung des Verwalters und die Kündigung des Verwaltervertrags vor. Umgekehrt steht es dem Verwalter nicht zu, sich über die Arbeitsweise des Verwaltungsbeirats und seiner Mitglieder negativ zu äußern oder etwa dessen Abwahl zu betreiben. Eine Tätigkeit des Verwalters, die auf eine Kritik an den Verwaltungsbeiräten und ihre Abwahl gerichtet ist, stellt daher einen Grund für dessen Abberufung und die Kündigung des Verwaltervertrags dar.

2. Überwachung

Die Verwaltungsbeiräte haben den Verwalter zu überwachen.

WEG § 29 Absatz 2 Satz 1
Der Verwaltungsbeirat unterstützt und überwacht den Verwalter bei der Durchführung seiner Aufgaben.

Der Begriff „Überwachung“ meint, dass die Verwaltungsbeiräte

- stichprobenartig die BUCHFÜHRUNG des Verwalters SICHTEN müssen,
- die Verträge der Gemeinschaft der Wohnungseigentümer KENNEN und WISSEN müssen, warum diese vom Verwalter mit wem, wann und aus welchen Gründen – die transparent sein müssen – geschlossen wurden,
- überprüfen müssen, ob der Verwalter (noch) die Anforderungen für seine GEWERBERECHTLICHE ZULASSUNG erfüllt (16. Kapitel Verwalter › S. 309), also
  - ausreichend versichert ist,
  - sich weiterbildet und
  - zuverlässig ist,
- mit sämtlichen KONTEN der Gemeinschaft der Wohnungseigentümer vertraut sein und den Stand regelmäßig stichprobenartig prüfen müssen,
- wissen müssen, wann die Liquidität der Gemeinschaft der Wohnungseigentümer in Gefahr ist,
- die Jahresabrechnung prüfen müssen,

- den Wirtschaftsplan prüfen müssen,
- den Vermögensbericht prüfen müssen.

3. Weisungen

Die Verwaltungsbeiräte können dem Verwalter KEINE Weisungen erteilen und sind auch nicht befugt, seine Pflichten als Verwalter näher zu konkretisieren. Umgekehrt kann auch der Verwalter die Verwaltungsbeiräte weder zu einem Tun anweisen noch beauftragen oder gegen ihren Willen anderweitig in ihre Aufgabenerfüllung eingreifen. Die Wohnungseigentümer können etwas anders bestimmen.

4. Bereiche der Zusammenarbeit

Eine Zusammenarbeit zwischen Verwalter und den Verwaltungsbeiräten kommt nicht nur, aber vor allem in folgenden Bereichen in Betracht:

- Wohnungseigentumsanlage:
  - bei der Begehung der Wohnungseigentumsanlage;
  - bei der Sichtung, ob es in der Wohnungseigentumsanlage zu Erhaltungsmaßnahmen kommen muss;
  - bei der Überlegung, ob es in der Wohnungseigentumsanlage zu Modernisierungsmaßnahmen kommen muss.
- Versammlungen:
  - bei der Vorbereitung,
  - beim Ablauf und
  - bei der Nachbereitung.
- Kontrollen:
  - bei der Kontrolle von Baumaßnahmen in der Wohnungseigentumsanlage;
  - bei der Kontrolle von Dienstleistern, etwa
    - eines Gartenbauunternehmens,
    - des Hausmeisters oder
    - des Winterdienstes durch Drittunternehmen.
- Gespräche:
  - mit Behörden;
  - mit Vertragspartnern der Gemeinschaft der Wohnungseigentümer;
  - mit Wohnungseigentümern, etwa bei Hausgeldschulden.
- Finanzwesen:
  - bei Erstellung des Wirtschaftsplans und der Einzelwirtschaftspläne;
  - bei Erstellung der Jahresabrechnung und der Einzelabrechnungen;
  - bei Erstellung des Vermögensberichtes.
- Sichtung von Angeboten.

VII. Prüfung des Wirtschaftsplans

1. Überblick

Die Verwaltungsbeiräte sollen den Wirtschaftsplan prüfen.

WEG § 29 Absatz 2 Satz 2
Der Wirtschaftsplan und die Jahresabrechnung sollen, bevor die Beschlüsse nach § 28 Absatz 1 Satz 1 und Absatz 2 Satz 1 WEG gefasst werden, vom Verwaltungsbeirat geprüft und mit dessen Stellungnahme versehen werden.

Gegenstand der Prüfung

Gegenstand der Prüfung ist der Wirtschaftsplan selbst, aber auch

- die Belege der Gemeinschaft der Wohnungseigentümer (Rechnungen, Quittungen, Kontoauszüge, Heizkostenabrechnung, Buchungsbelege, Schriftverkehr) und
- die Buchhaltungsunterlagen der Gemeinschaft der Wohnungseigentümer (Buchungskonten, Buchungslisten, Saldenaufstellungen).

2. Formale Prüfung

Der Wirtschaftsplan muss 4 INHALTE haben:

- die voraussichtlichen Einnahmen und Ausgaben bei der Verwaltung des gemeinschaftlichen Eigentums (Gesamtwirtschaftsplan);
- die anteilmäßige Verpflichtung der Wohnungseigentümer zur Lasten- und Kostentragung (Einzelwirtschaftspläne);
- die Beitragsleistung der Wohnungseigentümer zu den Rücklagen;
- die von den Wohnungseigentümern geschuldeten Vorschüsse in einer Summe oder in Einzelsummen, damit diese beschlossen werden können (siehe das Muster 17. Kapitel Finanzwesen › S. 343).

Prüfung

Die Verwaltungsbeiräte haben in formaler Hinsicht zu prüfen, ob der Wirtschaftsplan diese Teile aufweist. Ferner ist in formaler Hinsicht zu prüfen, wer den Plan erstellt hat und wann er erstellt wurde.

3. Inhaltliche Prüfung

Im Hinblick auf den Inhalt des Wirtschaftsplans ist von den Verwaltungsbeiräten so gut wie möglich zu klären, ob die sich im Wirtschaftsplan spiegelnden Annahmen des Verwalters der Sache und der Höhe nach „wahr" sind und ob der Verwalter die in der Wohnungseigentumsanlage geltenden Umlageschlüssel angewandt hat.

Hinweise zur inhaltlichen Prüfung des Wirtschaftsplans

In Bezug auf den Wirtschaftsplan sind inhaltlich vor allem folgende Fragen zu prüfen:

- AUSGABEN: Es ist zu prüfen, ob der Verwalter alle prognostisch anfallenden Ausgaben und ihre voraussichtliche Höhe richtig erfasst hat. Voraussichtliche Ausgaben sind vor allem die Betriebskosten, die Verwaltungskosten (etwa die Gebühren der Bank, die Kosten der Versammlung, Kosten für Prozesse und die Vergütung des Verwalters), die Kosten für eine Maßnahme der Instandhaltung oder Instandsetzung, die Kosten für bauliche Veränderungen, die Kosten für eine Modernisierung, die Bedienung der Forderungen Dritter, die im Laufe des Jahres voraussichtlich anfallen werden, beispielsweise eines Werkunternehmers oder eines Sachverständigen, aber auch Abgaben. Zu den Ausgaben gehören ferner Darlehenszinsen.
- BEITRAGSLEISTUNG ZU DEN RÜCKLAGEN: Die Beitragsleistungen zu den Rücklagen stehen der laufenden Bewirtschaftung der Wohnungseigentumsanlage nicht zur Verfügung und sind daher im Rahmen des Gesamtwirtschaftsplans und in den Einzelwirtschaftsplänen gesondert darzustellen. Für die Einzelwirtschaftspläne meint das allerdings nur, dass der jeweilige Beitrag und der Umlageschlüssel zu nennen sind.
- EINNAHMEN: Es ist zu prüfen, ob der Verwalter alle prognostisch anfallenden Einnahmen und ihre voraussichtliche Höhe richtig erfasst hat. Einnahmen sind vor allem das rückständige Hausgeld früherer Jahre, Zahlungen auf eine Abrechnung, vor allem aktuelle oder rückständige Nachschüsse, Zahlungen auf Sonderumlagen, Versicherungsleistungen, Darlehensvaluta und Früchte, etwa Mieten, Schadenersatzleistungen und Zinsen.
- UMLAGESCHLÜSSEL: Der Verwalter hat dem Wirtschaftsplan die geltenden gesetzlichen oder die von den Wohnungseigentümern hiervon abweichend bestimmten Umlageschlüssel zu Grunde zu legen. Vor diesem Hintergrund ist von den Verwaltungsbeiräten zu fragen, ob der Verwalter in den Einzelwirtschaftsplänen bei der Verteilung der voraussichtlichen Kosten und Einnahmen die in der Wohnungseigentumsanlage geltenden Umlageschlüssel genutzt hat.

CHECKLISTE FÜR DIE PRÜFUNG DES WIRTSCHAFTSPLANS
Eine Checkliste für die Prüfung des Wirtschaftsplans findet sich im 17. Kapitel Finanzwesen › S. 360.

Eine Einnahme darf ebenso wie eine Ausgabe in einem Wirtschaftsplan nur dann angesetzt werden, wenn sie der Sache und der Höhe nach VORAUSSICHTLICH entstehen wird. Die Einnahmen und die Ausgaben müssen also feststehen oder im kommenden Wirtschaftsjahr zu erwarten sein. Von den Verwaltungsbeiräten sind daher 2 Fragen zu stellen:

- WORAUF stützt der Verwalter seine Annahmen für die kommenden Einnahmen und Ausgaben?
- sind die Annahmen aufgrund der Ergebnisse/Zahlen der Vorjahre, der aktuellen Abgaben, aufgrund der jeweiligen Wohnungseigentümer usw. PLAUSIBEL?

Aus einer Gegenüberstellung der erwarteten Einnahmen und Ausgaben ergibt sich, welcher Einnahmen die Gemeinschaft der Wohnungseigentümer für das beplante Wirtschaftsjahr bedarf.

Der errechnete Betrag ist grundsätzlich auf sämtliche Wohnungseigentümer als VORSCHUSS (Hausgeld) umzulegen. Vor diesem Hintergrund ist von den Verwaltungsbeiräten zu fragen, ob die Höhe der jeweiligen Hausgelder angemessen, also weder zu niedrig noch zu hoch bemessen ist.

Junge Wohnungseigentumsanlagen
Vor allem in „jungen" Wohnungseigentumsanlagen neigt der Bauträger als Mehrheitseigentümer dazu, das Hausgeld zu niedrig bemessen zu lassen, damit die Veräußerung der Wohnungseigentumsrechte gefördert wird; diesem „Treiben" sollten die Wohnungseigentümer, die bereits erworben haben, entgegentreten.

Hausgeld
Wohnungseigentümer beschließen in aller Regel, dass das Hausgeld in monatlichen Raten zu zahlen ist. Diese Zahlungsweise ist nicht zwingend. Möglich sind auch Einmalzahlungen oder eine quartalsweise Zahlung.

4. Stellungnahme

Bevor die Wohnungseigentümer die Vorschüsse beschließen, sollen die Verwaltungsbeiräte zum Wirtschaftsplan Stellung nehmen.

MUSTER FÜR EINE BEIRATSEMPFEHLUNG ZUM WIRTSCHAFTSPLAN
Der Verwaltungsbeirat hat den Wirtschaftsplan des Verwalters für ___ [Jahr] geprüft. Nicht geprüft wurde Folgendes: ___. Der Verwaltungsbeirat hält die Prognosen und Ansätze des Verwalters für zutreffend und rät, nach diesen Plänen die Vorschüsse ___ [Jahr] zu beschließen.
Datum
Unterschrift

VIII. Prüfung der Jahresabrechnung

1. Überblick

Die Verwaltungsbeiräte sollen die Jahresabrechnung prüfen.

WEG § 29 Absatz 2 Satz 2

Der Wirtschaftsplan und die Jahresabrechnung sollen, bevor die Beschlüsse nach § 28 Absatz 1 Satz 1 und Absatz 2 Satz 1 WEG gefasst werden, vom Verwaltungsbeirat geprüft und mit dessen Stellungnahme versehen werden.

Gegenstand der Prüfung

Gegenstand der Prüfung ist die Jahresabrechnung selbst, aber auch

- Belege der Gemeinschaft der Wohnungseigentümer (Rechnungen, Quittungen, Kontoauszüge, Heizkostenabrechnung, Buchungsbelege, Schriftverkehr) und
- die Buchhaltungsunterlagen der Gemeinschaft der Wohnungseigentümer (Buchungskonten, Buchungslisten, Saldenaufstellungen).

Die Jahresabrechnung besteht in der Regel aus den folgenden Teilen:
- „Kopf“;
- Angabe der Einnahmen und Ausgaben (Gesamtabrechnung = die Rechnungslegung des Verwalters);
- Angabe von nicht gedeckten Ausgaben oder von Guthaben unter Angabe der geltenden Umlageschlüssel und Umlage auf die Wohnungseigentümer (Einzelabrechnungen mit Nennung der Nachschüsse und eventuell einem Vorschlag für die Anpassung der Vorschüsse);
- Hinweise zu den Steuern.
- Gegebenenfalls sinnvoll, aber NICHT zwingend sind:
  - eine Übersicht über die Hausgeldschulden der Wohnungseigentümer;
  - eine Übersicht über die Nachschüsse aller Wohnungseigentümer;
  - ein Wirtschaftsbericht, beispielsweise über das Hausgeldinkasso, Versicherungsfälle oder Erhaltungsmaßnahmen.

2. Formale Prüfung
Wie beim Wirtschaftsplan müssen die Verwaltungsbeiräte FORMAL prüfen, ob die Jahresabrechnung alle notwendigen Teile aufweist, wer die Jahresabrechnung erstellt hat und wann sie erstellt wurde.

Hinweise zu den formalen Fragen
Die Jahresabrechnung muss darstellen:

- Formal:
  - Ersteller,
  - Erstellungsdatum,
  - Abrechnungszeitraum und
  - konkretes Bezugsobjekt.
- Die Jahresabrechnung muss 2 Hauptteile haben:
  - GESAMTABRECHNUNG: Die Gesamtabrechnung muss leicht verständlich, problemlos nachvollziehbar, geordnet und also „übersichtlich" sein. Die Gesamtabrechnung hat die Veränderungen des Gemeinschaftsvermögens auszuweisen, wie sie sich im Abrechnungszeitraum (Wirtschaftsjahr) ereignet haben. Die Veränderungen sind als schlichte Einnahmen- und Ausgabenrechnung darzustellen. In der Gesamtabrechnung dürfen nur tatsächlich erzielte Einnahmen und tatsächlich erfolgte Ausgaben gebucht werden. Ob Ausgaben zu Recht erfolgten, ist unerheblich. In der Gesamtabrechnung müssen die Kostenarten am besten stark aufgegliedert werden.
  - Abrechnungen FÜR JEDEN WOHNUNGSEIGENTÜMER (EINZELABRECHNUNGEN): Die Einzelabrechnungen müssen die jeweiligen Umlageschlüssel ausweisen und zeigen, ob auf einen Wohnungseigentümer ein Nachschuss oder ein Guthaben entfällt.

3. Inhaltliche Prüfung
Zu einer inhaltlichen Prüfung gehören im WESENTLICHEN 3 Fragen:

- Die erste ist, ob der Verwalter die geltenden gesetzlichen und/oder von den Wohnungseigentümern bestimmten Umlageschlüssel angewandt hat. Zur Prüfung der Umlageschlüssel sollten die Verwaltungsbeiräte prüfen, welche Umlageschlüssel vereinbart oder beschlossen sind und in welchen Fällen der subsidiäre gesetzliche Umlageschlüssel (Höhe der Miteigentumsanteile) anzuwenden ist.
- Die zweite ist, ob die vom Verwalter behaupteten Einnahmen und Ausgaben auch wirklich angefallen sind. Eine vollständige inhaltliche Prüfung der behaupteten Einnahmen und Ausgaben bestünde darin, dass sich die Verwaltungsbeiräte mit jeder Einnahme und Ausgabe

befassen, also jeden Beleg prüfen, und sämtlichen Kontoeingängen und Kontoausgängen nachgehen. Nach der Rechtsprechung ist das zwar möglich. Ausreichend ist aber auch, wenn die Verwaltungsbeiräte STICHPROBEN machen, beispielsweise, wenn sie sich willkürlich jede zehnte Ausgabe belegen lassen. Tauchen dann Auffälligkeiten auf, ist das Prüfungsnetz ENGMASCHIGER zu ziehen.
- Die dritte ist, ob der Verwalter bestimmte Verträge schließen oder Forderungen erfüllen durfte. Es sollten etwa angesehen werden die Sonderhonorare des Verwalters, die Kosten, die für (behauptete) Erhaltungsmaßnahmen, oder Rechnungen, die für Maßnahmen im Bereich des Sondereigentums angefallen sind.

Werden bei einer Frage Unregelmäßigkeiten entdeckt, sind Nachforschungen notwendig. Jedenfalls müssen die anderen Wohnungseigentümer von den Unstimmigkeiten erfahren.

Hinweise für eine inhaltliche Prüfung

- Vorjahr des abgeschlossenen Wirtschaftsjahres
  - Sind die nach der vorherigen Jahresabrechnung geschuldeten Fehlbeträge/Guthaben ausgezahlt/gutgeschrieben?
  - Welche Fehlbeträge gegenüber Wohnungseigentümern sind offen? Was wurde hier unternommen (Hausgeldinkasso)?
- Einnahmen/Ausgaben im abgeschlossenen Wirtschaftsjahr
  - Woher kommen Einnahmen (Hausgeld, Versicherungen, Zinsen, Waschmarken usw.)?
  - Wofür wurden Ausgaben getätigt (Daseinsvorsorge, Öl, Versicherungsprämien usw.)?
  - Hat der Verwalter Zinsen verbucht?
  - Betreffen die Einnahmen/Ausgaben das richtige Wirtschaftsjahr und die konkrete Wohnungseigentumsanlage?
  - Sind die Buchungen sachlich und rechnerisch richtig?
  - Hat der Verwalter die Ausgaben und Einnahmen der konkreten Wohnungseigentumsanlage belegen können?
  - Hat der Verwalter bei der Addition der Ausgaben und Einnahmen richtig gerechnet (zu prüfen sind vor allem die Darstellung der Erhaltungsrücklage sowie auffällige und mit besonderen Problemen behaftete Geschäftsvorfälle wie größere Erhaltungsmaßnahmen, Sonderumlagen, Versicherungsfälle, Prozesskosten).
- Hausgeldzahlungen der Wohnungseigentümer
  - Haben alle Wohnungseigentümer die Vorschüsse bezahlt?
  - Was ist gegenüber Wohnungseigentümern geschehen, die die Vorschüsse nicht bezahlt haben?

    - Welches Hausgeldinkasso ist auf welche Weise betrieben worden?
- Einzelabrechnungen der Wohnungseigentümer
    - Sind in den Einzelabrechnungen die richtigen Umlageschlüssel gewählt?
    - Werden in den Einzelabrechnungen Hausgeldzahlungen nach „Soll“ und „Ist“ aufgeführt?
    - Sind die Nachschüsse richtig berechnet?
- Nennung der Nachschüsse und der anzupassenden Vorschüsse sowie der daraus gegebenenfalls folgenden Guthaben.

CHECKLISTE FÜR DIE PRÜFUNG DER JAHRESABRECHNUNG
Eine Checkliste für die Prüfung der Jahresabrechnung findet sich 17. Kapitel Finanzwesen › S. 362.

4. Rechnerische Prüfung

Neben der formalen und inhaltlichen Prüfung sollten die Verwaltungsbeiräte eine rechnerische (buchhalterische) Prüfung der Jahresabrechnung leisten:

- Im ersten Schritt sollte der korrekte Anschluss der angegebenen Werte an die Beträge der Jahresabrechnung über den vorhergehenden Wirtschaftsplan geprüft werden.
- In einem zweiten Schritt sollten gesondert für jeden Abrechnungsteil (Gesamt- und Einzelabrechnungen, Darstellung der Erhaltungsrücklage, Kontendarstellung) zum angegebenen Anfangsbestand die Zugänge addiert und die Abgänge subtrahiert werden, was den jeweils ausgewiesenen Endbestand ergeben muss. Für die Gesamt- und Einzelabrechnung ist zu beachten, dass in beiden Teilen nur identische Kostenpositionen mit identischen Beträgen erscheinen dürfen.
- In einem dritten Schritt sollte geprüft werden, ob die in der Gesamt- und Einzelabrechnung enthaltenen Werte mit der Entwicklung der Rücklagen sowie der Kontendarstellung übereinstimmen.

FORMEL
Anfangsbestand auf dem Bankkonto
+ Einzahlungen auf das Bankkonto
– Auszahlungen vom Bankkonto
= Saldo auf dem Bankkonto zum Jahresende

Kommen die Verwaltungsbeiräte ihren Prüfaufgaben nicht nach, soll die Nichtprüfung unerheblich sein und keinen Anfechtungsgrund abgeben. Nur weil die Verwaltungsbeiräte den Wirtschaftsplan und/oder die Jahresabrechnung NICHT GEPRÜFT haben, können die Beschlüsse über die Vor- und Nachschüsse oder die Anpassung der Vorschüsse also nicht für ungültig erklärt werden.

5. Stellungnahmen

Bevor die Wohnungseigentümer über die Nachschüsse und die Anpassung der Vorschüsse beschließen, sollen die Verwaltungsbeiräte aufgrund ihrer Prüfung zur Jahresabrechnung Stellung nehmen.

Muster für eine Beiratsempfehlung zum Jahresabrechnung
Der Verwaltungsbeirat hat die Jahresabrechnung sowie die Einzelabrechnungen ___ [Jahr] stichprobenweise geprüft. Nicht geprüft wurde Folgendes: ___. Der Verwaltungsbeirat hat keine Mängel erkannt und rät, die Nachschüsse und die Anpassung der Vorschüsse___ [Jahr] nach diesen Abrechnungen zu beschließen.

[Alternative: Der Verwaltungsbeirat hat die Jahresabrechnung sowie die Einzelabrechnungen ___ [Jahr] stichprobenweise geprüft. Nicht geprüft wurde Folgendes: ___. Der Verwaltungsbeirat hat folgende Mängel erkannt: ___. Er rät, nach diesen Maßgaben die Nachschüsse und die Anpassung der Vorschüsse___ [Jahr] zu beschließen.]

Datum

Unterschrift

IX. Vertretung der Gemeinschaft der Wohnungseigentümer

1. Überblick
Wenn die Gemeinschaft der Wohnungseigentümer

- mit dem Verwalter einen Vertrag schließen,
- sich gegenüber dem Verwalter erklären oder
- den Verwalter verklagen will,

SCHEIDET der Verwalter als Vertreter der Gemeinschaft der Wohnungseigentümer AUS, wenn die Wohnungseigentümer nichts anderes bestimmen. Das Gesetz bestimmt aus diesem Grunde den Vorsitzenden des Verwaltungsbeirats zum VERTRETER der Gemeinschaft der Wohnungseigentümer. Die Wohnungseigentümer können daneben einen Wohnungseigentümer ermächtigen.

WEG § 9b Absatz 2
Dem Verwalter gegenüber vertritt der Vorsitzende des Verwaltungsbeirats oder ein durch Beschluss dazu ermächtigter Wohnungseigentümer die Gemeinschaft der Wohnungseigentümer.

2. Umfang

Der Vorsitzende des Verwaltungsbeirats gibt für die Gemeinschaft der Wohnungseigentümer im Rechtsverkehr Erklärungen gegenüber dem Verwalter ab. Auch als Vertreter ist er aber nicht befugt, den WILLEN der Gemeinschaft der Wohnungseigentümer in Bezug auf den Verwalter zu bilden. Ob also beispielsweise

- ein Verwaltervertrag zu schließen ist und mit welchen Inhalten,
- der Verwaltervertrag zu kündigen ist,
- der Verwalter mit Hilfe eines Rechtsanwaltes zu verklagen ist, etwa auf Schadenersatz, oder
- dem Verwalter namens der Gemeinschaft der Wohnungseigentümer bei einer Beschlussklage der Streit zu verkünden ist,

müssen die Wohnungseigentümer BESCHLIESSEN. Anders ist es nur, wenn der Vorsitzende des Verwaltungsbeirats ein Notgeschäftsführungsrecht besitzt.

Rechtsstreitigkeiten
Um zu erkennen, ob dem Verwalter der Streit zu verkünden ist, sollte sich der Vorsitzende des Verwaltungsbeirats mit allen laufenden Rechtsstreitigkeiten befassen und engen Kontakt zum Rechtsanwalt der Gemeinschaft der Wohnungseigentümer halten.

Bestellung und Abberufung
Der Vorsitzende des Verwaltungsbeirats kann den Verwalter nicht bestellen oder abberufen. Es ist aber an ihm, dem Verwalter die Bestellung oder Abberufung mitzuteilen.

X. Versammlung

1. Überblick

Die Organisation der Versammlung ist eine Sache des Verwalters. Etwas anderes gilt, wenn ein Verwalter fehlt oder sich pflichtwidrig weigert, die Versammlung einzuberufen. Ferner ist der Verwaltungsbeirat von Gesetzes wegen zu einer Mitarbeit bei der Niederschrift aufgerufen. Im Übrigen können die Wohnungseigentümer den Mitgliedern des Verwaltungsbeirats Aufgaben im Zusammenhang mit der Versammlung übertragen.

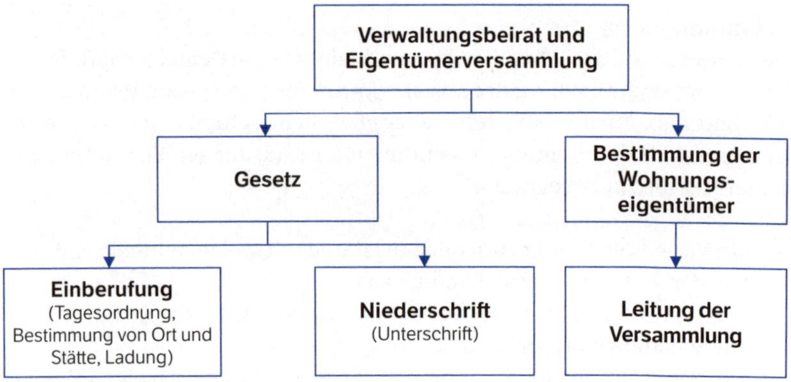

Überblick zum Beirat und der Versammlung

WEG § 24 Absatz 3
Fehlt ein Verwalter oder weigert er sich pflichtwidrig, die Versammlung der Wohnungseigentümer einzuberufen, so kann die Versammlung auch durch den Vorsitzenden des Verwaltungsbeirats, dessen Vertreter oder einen durch Beschluss ermächtigten Wohnungseigentümer einberufen werden.

2. Einberufung und Durchführung

Die Einberufung der Versammlung (Erstellung der Tagesordnung, Bestimmung von Versammlungsort und Versammlungsstätte, Ladung der Wohnungseigentümer mit Versendung wichtiger Unterlagen) ist Sache des Verwalters als Organ der Gemeinschaft der Wohnungseigentümer. Und auch die Leitung und Dokumentation der Versammlung (Niederschrift und Beschluss-Sammlung) sind Aufgaben des Verwalters als Organ der Gemeinschaft der Wohnungseigentümer.

Möglich, aber nicht zwingend ist, dass die Verwaltungsbeiräte und der Verwalter bestimmte Fragen miteinander abstimmen, beispielsweise:

- den Ort der Versammlung (und die konkrete Versammlungsstätte),
- den Tag der Versammlung,
- den Einberufungszeitpunkt und
- die Tagesordnung.

Mitgestaltung der Tagesordnung
Der Vorsitzende des Verwaltungsbeirats oder sein Vertreter kann die Tagesordnung zu einer Versammlung dann (mit-)gestalten, wenn der Verwalter zwar zu einer Versammlung lädt, sich aber pflichtwidrig weigert, einen von einem Wohnungseigentümer zu Recht verlangten

Tagesordnungspunkt (15. Kapitel Versammlung › S. 279) aufzunehmen. Die Weigerung des Verwalters ist pflichtwidrig, wenn eine ordnungsmäßige Verwaltung die Aufnahme erfordert; dies ist die Regel.

Etwas anderes gilt, wenn ein Verwalter fehlt oder sich der bestellte Verwalter pflichtwidrig weigert, die Versammlung einzuberufen. Dann kann der Vorsitzende des Verwaltungsbeirats laden. Siehe dazu im Einzelnen die Darstellung im 15. Kapitel Versammlung › S. 261 ff.

3. Niederschrift

Die Niederschrift ist unter anderem vom Vorsitzenden des Verwaltungsbeirats oder seinem Vertreter NACH EINER PRÜFUNG zu unterschreiben (es gilt das Sechs-Augen-Prinzip). Sinn und Zweck dieser Unterschrift bestehen darin, dass die Unterschreibenden die Verantwortung für die Richtigkeit der beurkundeten Tatsachen übernehmen und dies mit ihrer Unterschrift bestätigen. Die Unterschrift kann jederzeit geleistet werden. In der Regel sollte die Niederschrift aber unverzüglich unterschrieben werden.

Die Unterschrift ist allerdings nur zu leisten, wenn der Vorsitzende des Verwaltungsbeirats oder sein Vertreter bereit sind, für den Inhalt der Niederschrift EINZUSTEHEN. Besteht über den Inhalt der Niederschrift Streit, müssen der Verwalter und der Vorsitzende des Verwaltungsbeirats oder sein Vertreter versuchen, sich über den Inhalt zu verständigen. Sieht sich der Vorsitzende des Verwaltungsbeirats oder sein Vertreter nach seinem Gewissen nicht in der Lage, zu unterschreiben, ist dieses hinzunehmen. Eine Unterschrift kann nicht erzwungen werden.

Doppelte Unterschrift?

Nach noch herrschender Ansicht sind der Vorsitzende des Verwaltungsbeirats oder sein Vertreter berechtigt, als „Wohnungseigentümer“ und nochmals als „Verwaltungsbeirat“ zu unterschreiben. Sie sollen nur klarstellen müssen, in welcher „Funktion“ sie unterschreiben. Diese Ansicht überzeugt nicht. Ein Verwaltungsbeirat sollte die Niederschrift immer nur einmal unterschreiben, entweder als Wohnungseigentümer oder als Verwaltungsbeirat.

4. Versammlungsleitung

Den Vorsitz in der Versammlung führt der Verwalter. Die Wohnungseigentümer können einen anderen Versammlungsleiter durch Beschluss bestimmen. Vorstellbar ist, dass ein Verwaltungsbeirat zum Versammlungsleiter bestimmt wird. Hierzu kommt es zum Beispiel, wenn es (noch) keinen Verwalter gibt.

Beschluss-Sammlung
Fehlt ein Verwalter, so ist der Vorsitzende der Versammlung verpflichtet, die Beschluss-Sammlung zu führen, sofern die Wohnungseigentümer durch Stimmenmehrheit keinen anderen für diese Aufgabe bestellt haben.

XI. Informationen

Die Verwaltungsbeiräte schulden der Gemeinschaft der Wohnungseigentümer und den Wohnungseigentümern Informationen. Auf Verlangen müssen die Verwaltungsbeiräte daher Auskunft erteilen und nach der Ausführung des Auftrags RECHENSCHAFT ABLEGEN. Der Verwaltungsbeirat kann ferner über Unterlagen verfügen, zum Beispiel Checklisten über die Jahresabrechnung. Diese Unterlagen sind Verwaltungsunterlagen und können von allen Wohnungseigentümern eingesehen werden.

Aktuelle Rechtsprechung
Die Verwaltungsbeiräte können, müssen sich aber nicht über die aktuelle Rechtsprechung zum Wohnungseigentumsrecht auf dem Laufenden halten. Tun sie es nicht, verletzen sie keine Pflichten.

XII. Von den Wohnungseigentümern bestimmte Pflichten

1. Überblick

Die Wohnungseigentümer können die Rechte und Pflichten der Verwaltungsbeiräte vereinbaren oder im Beiratsvertrag (› S. 410) regeln. Auch Beschlüsse sind möglich:

- In der GEMEINSCHAFTSORDNUNG kann etwa vorgesehen sein, dass die jeweiligen Verwaltungsbeiräte berechtigt und damit auch – wenn die Voraussetzungen dafür vorliegen – verpflichtet sind, der Veräußerung eines Wohnungseigentums zuzustimmen.
- Die Gemeinschaft der Wohnungseigentümer und die Verwaltungsbeiräte können im BEIRATSVERTRAG bestimmen, was die Verwaltungsbeiräte zu tun haben, zum Beispiel, wie viele Stichproben bei der Prüfung der Jahresabrechnung zu machen sind oder ob die Verwaltungsbeiräte eine Vergütung erhalten.

- Die Wohnungseigentümer können den Verwaltungsbeiräten ferner durch einen BESCHLUSS nach § 27 Absatz 2 WEG Rechte des Verwalters einräumen.

WEG § 27 Absatz 2
Die Wohnungseigentümer können die Rechte und Pflichten nach Absatz 1 durch Beschluss einschränken oder erweitern.

So ist es unter anderem vorstellbar,

- Aufgaben des Verwalters auf die Verwaltungsbeiräte zu übertragen,
- die Ausübung der Pflichten des Verwalters an ein Votum der Verwaltungsbeiräte zu knüpfen,
- anzuordnen, dass der Verwalter Verfügungen ab einer bestimmten Summe nur nach einer Billigung der Verwaltungsbeiräte treffen darf (siehe 16. Kapitel Verwalter › S. 307),
- anzuordnen, dass der Verwalter die Verwaltungsbeiräte bei bestimmten Angelegenheiten informieren muss.

Organ der Gemeinschaft der Wohnungseigentümer
Werden den Verwaltungsbeiräten Aufgaben des Verwalters übertragen, sind sie insoweit Organ der Gemeinschaft der Wohnungseigentümer.

2. Auswahl des Verwalters

Die Verwaltungsbeiräte nehmen in aller Regel die ZENTRALE Rolle bei der Auswahl des Verwalters ein. Denn es entspricht ordnungsmäßiger Verwaltung, wenn der gesamte Verwaltungsbeirat – oder ein Verwaltungsbeirat – im Vorfeld einer Versammlung, in der eine Person zum Verwalter bestellt oder der bisherige Verwalter wiederbestellt werden soll, ANGEBOTE von Personen einholt und dazu Stellung nimmt, welche Person GEEIGNET ist. Zu den Einzelheiten der Eignung siehe das 16. Kapitel Verwalter › S. 308 ff. Die Verwaltungsbeiräte sollten als Ergebnis ihrer Arbeit WENIGSTENS 3 der von ihnen eingeholten und für vertretbar gehaltenen Angebote zusammen mit ihrer Stellungnahme präsentieren.

Eine Möglichkeit, die von den Wohnungseigentümern als am besten geeignet angesehene Person zu bestellen, haben die Verwaltungsbeiräte NICHT. Diese Kompetenz kann auch nicht vereinbart werden. Über die Bestellung müssen die Wohnungseigentümer beschließen.

Bestellung und Eckpunkte des abzuschließenden Verwaltervertrags
Die Auswahl und Bestimmung einer Person zum Verwalter (Bestellung) wird in der Regel wesentlich von den wirtschaftlichen Eckpunkten und

dem Abschluss des Verwaltervertrags (Anstellung) bestimmt. Die Bestellung des Verwalters entspricht daher nur dann ordnungsmäßiger Verwaltung, wenn in derselben Versammlung, in der die Bestellung erfolgt, auch die Eckpunkte des abzuschließenden Verwaltervertrags (Laufzeit und Vergütung) in wesentlichen Umrissen geregelt werden (= die Anstellung). Von dieser Regel kann nur unter besonderen Umständen und nur übergangsweise abgewichen werden.

In Bezug auf den VERWALTERVERTRAG sind 2 Bereiche zu betrachten, nämlich die VERTRETUNG der Gemeinschaft der Wohnungseigentümer beim Abschluss des Vertrags und das AUSHANDELN der Inhalte des Verwaltervertrags.

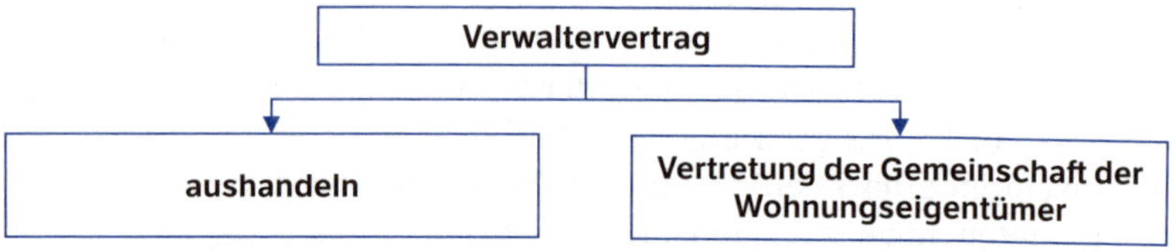

Überblick Verwaltervertrag

Die Verwaltungsbeiräte können von den Wohnungseigentümern gebeten werden, gemeinsam mit dem Verwalter die Inhalte des Verwaltervertrags AUSZUHANDELN. Das Ergebnis dieses Prozesses ist den Wohnungseigentümern auf einer Versammlung zu präsentieren und der Verwaltervertrag ist als „Paket" durch Beschluss zu genehmigen. Dann kann der Vorsitzende des Verwaltungsbeirats den Vertrag für die Gemeinschaft der Wohnungseigentümer unterschreiben.

3. Zustimmungen

VERFÜGUNGSZUSTIMMUNG
Eine Verfügung über das Gemeinschaftsvermögen, die den Betrag von ___ überschreitet, ist nur mit Zustimmung von ___ (Name des Wohnungseigentümers) erlaubt.

Zum Teil ist unter den Wohnungseigentümern vereinbart oder es wird beschlossen, dass eine Maßnahme der Zustimmung des Verwaltungsbeirats bedarf. Vor allem können nach einer Vereinbarung, aber auch durch einen Beschluss VERFÜGUNGEN des Verwalters über das Gemeinschaftsvermögen von der Zustimmung eines Verwaltungsbeirats oder des gesamten Verwaltungsbeirats (oder eines anderen Wohnungseigentümers) abhängig gemacht werden.

Es ist in der Regel nicht ratsam, den GESAMTEN Verwaltungsbeirat als Zustimmenden zu bestimmen: Denn dann müssen die Verwaltungsbeiräte sehr eng und sehr häufig zusammenarbeiten und sich ständig miteinander „koordinieren". Soll es dennoch so sein, bedarf es für eine wirksame Zustimmung entweder eines Beschlusses des Verwaltungsbeirats oder der Zustimmung sämtlicher Verwaltungsbeiräte.

Sukzessive Zustimmung
Eine Zustimmung der Verwaltungsbeiräte kann – ist nichts anderes bestimmt – sukzessive erteilt werden. Ferner kann sie als Genehmigung nachträglich erteilt werden. Eine Einzelzustimmung eines Verwaltungsbeirats ist wohl solange frei widerruflich, bis der gesamte Verwaltungsbeirat zugestimmt hat. Das ist aber nicht sicher.

Im Falle einer Verfügungszustimmung muss der Verwalter vor Erteilung der Zustimmung Auskunft darüber geben,

- welche genaue Verbindlichkeit der Gemeinschaft der Wohnungseigentümer er
- mit welchen Mitteln erfüllen will.

Herausgabe
Die konkrete Rechnung, die die Verbindlichkeit der Gemeinschaft der Wohnungseigentümer ausweist, muss der Verwalter dem Verwaltungsbeirat allerdings nicht herausgeben – auch wenn sich das empfiehlt (siehe zur Herausgabe von Kopien 12. Kapitel Informations-, Einsichts- und Kontrollrechte).

Der Verwaltungsbeirat hat auch in diesem Falle das Recht, die entsprechende Rechnung (oder einen Vertrag oder ähnliches) vor seiner Zustimmung in den Verwaltungsräumen zu den üblichen Zeiten einzusehen (siehe dazu 12. Kapitel Informations-, Einsichts- und Kontrollrechte).

Vertragliche Klärung
Die Gemeinschaft der Wohnungseigentümer sollte mit dem Verwalter am besten vertraglich regeln, dass er die notwendigen Belege per Post oder per E-Mail oder in einem geschützten Bereich im Internet gegen angemessenen Aufwendungsersatz (wenigstens die Kopierkosten) zur Verfügung stellt. Eine entsprechende Weisung durch Beschluss wäre nicht möglich.

Ferner kann man vereinbaren oder beschließen, dass der Verwalter VERTRÄGE nur mit Zustimmung des Verwaltungsbeirats schließen darf oder dass der Verwalter namens der Gemeinschaft der Wohnungseigentümer KLAGEN nur nach Rücksprache mit dem Verwaltungsbeirat führen soll.

Benehmen
In der Praxis sind Beschlüsse sehr verbreitet, dass sich der Verwalter zu einem Gegenstand mit dem Verwaltungsbeirat „ins Benehmen" setzen soll. So sollte aber nicht vorgegangen werden, da nicht klar ist, wer dann das Sagen hat, und ferner nicht klar ist, was „Verwaltungsbeirat" meint (alle? Mehrheit?).

XIII. Binnenorganisation des Verwaltungsbeirats

1. Überblick

Das Gesetz bestimmt zur inneren Organisation des Verwaltungsbeirats nur, dass dessen Sitzungen vom Vorsitzenden einberufen werden. Bei dieser Regelung kann es bleiben. Dann muss der Verwaltungsbeirat durch Beschluss von Fall zu Fall entscheiden, was für seine Binnenorganisation gelten soll. Die Wohnungseigentümer können allerdings auch Regelungen für die Binnenorganisation des Verwaltungsbeirats vereinbaren oder dazu einen Beschluss fassen.

2. Ladung zur Versammlung

Wann ein „Bedarf" für eine EINBERUFUNG besteht, ist eine Frage des Einzelfalls. Ein Bedarf besteht jedenfalls mindestens einmal im Wirtschaftsjahr, um nämlich den Wirtschaftsplan und in derselben Sitzung die Jahresabrechnung zu prüfen. Ein Bedarf besteht aber auch beispielsweise,

- um Kostenangebote zu prüfen oder
- zu beraten, ob eine Versammlung einzuberufen ist.

Weigert sich der Vorsitzende oder ist er verhindert und ist nichts bestimmt, ist sein Stellvertreter, aber auch jeder andere Verwaltungsbeirat berechtigt, den Verwaltungsbeirat einzuberufen. Die anderen Wohnungseigentümer oder der Verwalter sind hingegen nicht berechtigt, den Verwaltungsbeirat einzuberufen.

Zur Versammlung der Verwaltungsbeiräte kann in jeder erdenklichen FORM geladen werden, sofern sichergestellt ist, dass die LADUNG die Verwaltungsbeiräte erreicht. Möglich sind

- schriftliche Ladungen,
- aber auch eine mündliche, etwa in einem Telefonat,
- oder eine E-Mail.

Ist nichts bestimmt, ist die Ladungsfrist angemessen und unter Berücksichtigung der Interessen der anderen Verwaltungsbeiräte zu wählen. Die FRIST darf nicht willkürlich kurz gewählt werden.

Den ORT, an dem der Verwaltungsbeirat zusammenkommt, bestimmt in der Regel der Vorsitzende oder sein Stellvertreter. Der Ort sollte nahe der Wohnungseigentumsanlage liegen. Als Versammlungsstätte kommt jede in Betracht, zum Beispiel die Wohnung des Vorsitzenden. Die Versammlungsstätte sollte „nichtöffentlich" sein, also gewährleisten, dass die Angelegenheiten der Wohnungseigentümer nicht allgemeine Verbreitung finden. Das DATUM, an dem der Verwaltungsbeirat zusammenkommt, sollte gesetzlich geschützte Feiertage, Schulferien oder beispielsweise Tage mit besonderen Veranstaltungen meiden.

Daumenregel
Ist nichts bestimmt, sollte die Sitzung eines Verwaltungsbeirats nicht vor 18.00 Uhr an einem Wochentag einberufen werden.

Das Gesetz bestimmt nicht, wann der Verwaltungsbeirat ENTSCHEIDUNGSFÄHIG ist. Diese Frage kann daher im Rahmen einer Geschäftsordnung geregelt werden. Ist nichts Besonderes bestimmt, ist der Verwaltungsbeirat entscheidungsfähig, wenn mehr als die Hälfte seiner Mitglieder anwesend ist.

Ist nichts bestimmt, LEITET der Vorsitzende oder sein Stellvertreter die Zusammenkünfte des Verwaltungsbeirats. Besteht keine Geschäftsordnung und beschließen die Verwaltungsbeiräte auch nichts, bestimmt der Vorsitzende des Verwaltungsbeirats oder sein Stellvertreter unter anderem über den Abstimmungsmodus innerhalb des Verwaltungsbeirats und die Führung von Niederschriften über die Sitzungen.

3. Versammlungen

Das Gesetz trifft zur Versammlung der Verwaltungsbeiräte die Bestimmung, dass diese „nach Bedarf" vom Vorsitzenden einberufen wird; weitere Regelungen fehlen. Die Wohnungseigentümer können daher vereinbaren oder beschließen, was für den Verwaltungsbeirat gelten soll. Fehlt es hieran – wie meist –, können die Verwaltungsbeiräte selbst die Fragen zu ihren Versammlungen regeln.

Checkliste: Geschäftsordnung Verwaltungsbeirat
Als zu regelnde Fragen kommen unter anderem die folgenden in Betracht:

- der Rhythmus, in dem der Verwaltungsbeirat regelmäßig zusammenkommt;
- die Form der Einladung zu den Versammlungen des Verwaltungsbeirats;
- eine Ladungsfrist;
- der Ort der Versammlung(en);
- die Versammlungsstätte;
- das Datum der Versammlung(en);
- die Uhrzeit der Versammlung(en);
- wann der Verwaltungsbeirat beschlussfähig ist;
- wer die Zusammenkünfte des Verwaltungsbeirats leitet;
- wie innerhalb des Verwaltungsbeirats Beschlüsse zustande kommen;
- der Abstimmungsmodus innerhalb des Verwaltungsbeirats;
- welches Stimmrechtsprinzip innerhalb des Verwaltungsbeirats gilt;
- ob sich ein Mitglied des Verwaltungsbeirats vertreten lassen kann;
- die Führung von Niederschriften über die Sitzungen;
- das Teilnahmerecht Dritter;
- die Möglichkeit schriftlicher und/oder mündlicher Beschlussfassung außerhalb einer Versammlung.

Online-Versammlung
Die Verwaltungsbeiräte müssen sich nicht persönlich treffen. Es spricht nichts dagegen, sich im Wege ELEKTRONISCHER KOMMUNIKATION zu versammeln. Die Einzelheiten können die Wohnungseigentümer oder die Verwaltungsbeiräte bestimmen.

4. Beschlussfassung

Da der Verwaltungsbeirat ein Kollegialorgan ist, kann er über seine Willensbildung Beschlüsse fassen. Das Gesetz bestimmt weder, welches Stimmprinzip für die BESCHLUSSFASSUNG gilt, noch bestimmt es, welches Quorum erreicht werden muss oder ob eine Beschlussfassung eine Versammlung erfordert.

Beschlussfassung des Verwaltungsbeirats
Bestimmt eine Geschäftsordnung nichts zur Beschlussfassung des Verwaltungsbeirats, gilt Folgendes:

- Es gilt das KOPFSTIMMRECHT. Das Kopfstimmrecht gilt auch dann, wenn für Versammlungen der Wohnungseigentümer ein anderes

Stimmrechtsprinzip vereinbart ist. Eine solche Vereinbarung soll einem Mehrheitseigentümer in der Versammlung ein besonderes Gewicht verleihen. Für die Abstimmungen des Beirats wäre dieses nicht angemessen.

- Jeder Beschluss in einer Versammlung bedarf einer EINFACHEN MEHRHEIT der Stimmen. Eine Enthaltung gilt nicht als Nein-Stimme. Bei Stimmengleichheit ist anzunehmen, dass ein Beschlussantrag abgelehnt ist.
- Bei einem Beschluss außerhalb der Versammlung müssen ALLE Verwaltungsbeiräte mit „Ja" stimmen.
- Es kann durch Zuruf, mit Handzeichen, mit Karten, geheim ODER AUF ANDERE WEISE abgestimmt werden.
- Bei den Abstimmungen des Verwaltungsbeirats hat JEDER VERWALTUNGSBEIRAT ein Stimmrecht. Bei Abstimmungen, von denen ein Mitglied des Verwaltungsbeirats persönlich betroffen ist, sollte sein Stimmrecht ruhen. Ein Verwaltungsbeirat ist etwa vom Stimmrecht ausgeschlossen, wenn darüber abgestimmt wird, ob der Verwaltungsbeirat die nach einer Vereinbarung erforderliche Zustimmung zur Veräußerung des einem Beiratsmitglied gehörenden Wohnungseigentums erteilen soll.

Jeder Beschluss des Verwaltungsbeirats muss ordnungsmäßig sein. Verstößt ein Beschluss gegen eine gesetzliche Vorschrift, eine Vereinbarung oder einen Beschluss der Wohnungseigentümer oder ist er auf andere Weise nicht ordnungsmäßig, ist er NICHTIG. Die Nichtigkeit kann jederzeit in einer WEG-Streitigkeit geltend gemacht werden.

Anfechtung
Beschlüsse des Verwaltungsbeirats sind nicht anfechtbar. Die Beschlüsse unterliegen allerdings im Wege der Feststellungsklage einer gerichtlichen Nachprüfung ohne zeitliche Befristung, sofern dafür ein Rechtsschutzbedürfnis besteht.

5. Niederschriften
Der Verwaltungsbeirat muss über seine Sitzungen keine Niederschriften führen. Werden dennoch Niederschriften geführt, gehören diese zu den Verwaltungsunterlagen und stehen eigentumsrechtlich der Gemeinschaft der Wohnungseigentümer zu. Jeder Wohnungseigentümer hat das Recht, die Niederschriften der Sitzungen des Verwaltungsbeirats einzusehen.

Aufbewahrung der Unterlagen
Die Unterlagen des Verwaltungsbeirats können bei den Mitgliedern des Verwaltungsbeirats oder beim Verwalter aufbewahrt werden. Werden sie vom Verwalter aufbewahrt, muss er eine Einsichtnahme gewähren.

Wie der Aufsichtsrat einer Aktiengesellschaft, so ist auch der Verwaltungsbeirat berechtigt, AUSSCHÜSSE zu bilden, etwa einen Bauausschuss oder einen Rechnungsprüfungsausschuss. Die Bestimmung der Mitgliederzahl muss lediglich den Grundsätzen einer ordnungsgemäßen Verwaltung entsprechen.

XIV. Aufwendungsersatz

Jeder Verwaltungsbeirat hat für seine Tätigkeit im Verwaltungsbeirat einen Anspruch auf Aufwendungsersatz. Schuldner dieses Anspruchs ist die Gemeinschaft der Wohnungseigentümer.

Zu ersetzen sind Aufwendungen, die ein Verwaltungsbeirat den Umständen nach für erforderlich halten durfte. Erforderlich sind Aufwendungen, die der Verwaltungsbeirat nach verständigem Ermessen bei Berücksichtigung aller Umstände als NOTWENDIG erachten darf. Aufwendungen müssen ferner ANGEMESSEN sein und in einem vernünftigen Verhältnis zu der Bedeutung des Geschäftes stehen.

Zu beachten ist etwa, ob die Aufgaben des Verwaltungsbeirats gegenüber den gesetzlichen Aufgaben erweitert sind, ob die Haftung für leichte Fahrlässigkeit ausgeschlossen ist, wie groß die Gemeinschaft ist und in welchem Ausmaß Mittel über das Hausgeld aufgebracht werden.

Erforderlich können etwa Aufwendungen sein für:

- den Besuch eines Seminars;
- Bücher;
- Kopien;
- Fahrten;
- eine Vermögensschadenhaftpflichtversicherung.

Pauschale
Der Aufwendungsersatzanspruch kann aus Zweckmäßigkeitsgründen durch eine Pauschale abgegolten werden, etwa 250 EUR je Beirat und

Jahr. Kann ein Verwaltungsbeirat im Einzelnen höhere Aufwendungen nachweisen, sind ihm diese trotz der Pauschale zu ersetzen.

Durch eine Pauschale kann ein Verwaltungsbeirat sein Haftungsprivileg gefährden.

XV. Haftungsfragen

1. Überblick
Ein Verwaltungsbeirat kann den Wohnungseigentümern, der Gemeinschaft der Wohnungseigentümer oder Dritten für eine Pflichtwidrigkeit auf Schadenersatz haften.

Haftungsfälle
Die Haftung eines Verwaltungsbeirats ist etwa vorstellbar für:

- die fehlerhafte Prüfung des Wirtschaftsplans;
- die fehlerhafte Prüfung der Jahresabrechnung;
- die fehlerhafte Prüfung von Angeboten;
- die Überschreitung der Kompetenzen, zum Beispiel eine Ladung zur Versammlung, obwohl die Voraussetzungen des § 24 Absatz 3 WEG nicht vorlagen;
- die Missachtung von Weisungen der Wohnungseigentümer;
- Fehler beim Abschluss des Verwaltervertrags.

2. Haftungsmaßstab
Ein Verwaltungsbeirat muss für Vorsatz und jede Form der Fahrlässigkeit einstehen. Die Wohnungseigentümer können etwas anderes vereinbaren oder beschließen. Sind die Verwaltungsbeiräte UNENTGELTLICH tätig, haben sie nur Vorsatz und grobe Fahrlässigkeit zu vertreten.

WEG § 29 Absatz 3
Sind Mitglieder des Verwaltungsbeirats unentgeltlich tätig, haben sie nur Vorsatz und grobe Fahrlässigkeit zu vertreten.

Jeder Verwaltungsbeirat muss für EIGENES Verschulden einstehen. Sind innerhalb des Verwaltungsbeirats Aufgaben verteilt, trifft die „abgebenden“ Verwaltungsbeiräte allerdings eine Aufsichtspflicht. Sind mehrere Verwaltungsbeiräte für einen Schaden verantwortlich, sind sie Gesamtschuldner.

SONDERWISSEN
Im Rahmen der Prüfung, ob ein Verschulden vorliegt, kann Sonderwissen eines Verwaltungsbeirats eine Rolle spielen. Haben die Wohnungseigentümer bewusst einen Buchprüfer, Steuerberater, Wirtschaftsprüfer, Rechtsanwalt oder Notar zum Verwaltungsbeirat bestellt, müssen sich diese ihre besonderen Kenntnisse bei der Frage, ob ein Verschulden vorliegt – wozu auch Erkennbarkeit gehört – vorhalten lassen.

ENTLASTUNG
Die Wohnungseigentümer erteilen den Verwaltungsbeiräten für das Wirtschaftsjahr ___ namens der Gemeinschaft der Wohnungseigentümer in Bezug auf die gesamte Verwaltung des gemeinschaftlichen Eigentums Entlastung.

3. Entlastung
Die Gemeinschaft der Wohnungseigentümer kann die Verwaltungsbeiräte entlasten. Entlastung ist die Erklärung, dass der Gemeinschaft der Wohnungseigentümer gegen die Verwaltungsbeiräte keine Ansprüche zustehen. Zu den Einzelheiten siehe 17. Kapitel Finanzwesen › S. 353 ff.

4. Haftung der Gemeinschaft der Wohnungseigentümer
Handeln die Verwaltungsbeiräte für die Gemeinschaft der Wohnungseigentümer, muss diese für ein Verschulden der Verwaltungsbeiräte einstehen, beispielsweise bei einem Vertragsschluss.

XVI. Versicherung

1. Vermögensschadenhaftpflichtversicherung
Die Verwaltungsbeiräte sollten eine Vermögensschadenhaftpflichtversicherung gegen die Folgen fahrlässig begangener Sorgfaltspflichtverletzungen abschließen.

Alle Aufgaben
Beim Abschluss ist darauf zu achten, dass sich die Vermögensschadenhaftpflichtversicherung nicht nur auf die gesetzlichen Pflichten des Verwaltungsbeirats bezieht, sondern auch auf die ZUSÄTZLICH übertragenen Aufgaben.

Durch eine Vermögensschadenhaftpflichtversicherung besteht Versicherungsschutz für eine Haftung, die daraus resultiert, dass VERMÖGEN beschädigt wurde. Vermögensschäden sind solche Schäden,

- die weder Personenschäden (Tötung, Verletzung des Körpers oder Schädigung der Gesundheit von Menschen) noch
- Sachschäden (Beschädigung, Verderben, Vernichtung oder Abhandenkommen von Sachen) sind,
- noch sich aus solchen Schäden HERLEITEN.
- Als Sachen gelten insbesondere auch Geld und geldwerte Zeichen.

Aufgabe der Vermögensschadenhaftpflichtversicherung ist es, vor Schadenersatzansprüchen zu schützen. In diesem Zusammenhang werden berechtigte Haftpflichtansprüche befriedigt, und es wird geprüft, ob und in welcher Höhe eine Verpflichtung zum Schadenersatz besteht, es werden unbegründete Schadenersatzansprüche abgewehrt und es wird damit auch Rechtsschutz bei unberechtigten Haftungsansprüchen geboten.

Selbstbehalt

Bei Abschluss einer Vermögensschadenhaftpflichtversicherung sollte darauf geachtet werden, dass die Versicherung auf einen teilweisen Eigenbehalt verzichtet, der Miteigentumsanteil der versicherten Beiräte also nicht auf eine Versicherungsleistung angerechnet wird. Ferner sollte auf eine unbegrenzte Nachhaftung geachtet werden, Verstöße aus der Vertragslaufzeit sollten also auch nach deren Ende versichert sein.

2. Kosten

Die Verwaltungsbeiräte können sich selbst auf eigene KOSTEN versichern. Kosten für eine Vermögensschadenhaftpflichtversicherung gehören jedoch zu den Aufwendungen, die die Gemeinschaft der Wohnungseigentümer dem Beiratsmitglied zu ersetzen hat.

Ein anderer Weg besteht darin, dass die Wohnungseigentümer eine Versicherung der Verwaltungsbeiräte durch die Gemeinschaft der Wohnungseigentümer und auf Kosten der Gemeinschaft der Wohnungseigentümer beschließen. Eine solche Versicherung entspricht in der Regel ordnungsmäßiger Verwaltung.

Selbstbehalt

Streitig ist, ob ein Beschluss über den Abschluss einer Versicherung für den Verwaltungsbeirat nur dann ordnungsmäßiger Verwaltung entspricht, wenn darin ein angemessener Selbstbehalt für die jeweiligen Verwaltungsbeiräte vereinbart wird – jedenfalls dann, wenn diese für ihre Tätigkeit eine Aufwandsentschädigung erhalten.

3. Vermögensschadenhaftpflichtversicherungen für Hausverwalter

In Vermögensschadenhaftpflichtversicherungen für Hausverwalter ist manchmal eine Versicherung für Verwaltungsbeiräte enthalten. Die Verwaltungsbeiräte sind etwa bei der Übernahme einer Verwaltung zunächst mitversichert, in der Regel bis zur nächsten Versammlung, im Einzelfall aber auch dauerhaft.

In der Regel ist der Umfang der Absicherung in den Fällen der Mitversicherung in der Vermögensschadenhaftpflichtversicherung des Verwalters allerdings BESCHRÄNKT; des Weiteren muss bei einer Einbeziehung in den Versicherungsvertrag des Verwalters beachtet werden, dass der Versicherungsschutz mit der Beendigung des Verwalteramtes endet.

XVII. Wissenszurechnung

Sind die Verwaltungsbeiräte jeder für sich als Organ der Gemeinschaft der Wohnungseigentümer anzusehen, muss sich diese das Wissen der Verwaltungsbeiräte zurechnen lassen.

BGB § 166 Absatz 1
Soweit die rechtlichen Folgen einer Willenserklärung durch Willensmängel oder durch die Kenntnis oder das Kennenmüssen gewisser Umstände beeinflusst werden, kommt nicht die Person des Vertretenen, sondern die des Vertreters in Betracht.

Verjährung von Schadenersatzansprüchen
Etwa für die Verjährung von Schadenersatzansprüchen gegen den Verwalter oder einen Wohnungseigentümer ist nicht auf die Kenntnis oder grob fahrlässige Unkenntnis der Verwaltungsbeiräte abzustellen. Werden den Verwaltungsbeiräten hingegen Pflichten der Wohnungseigentümer übertragen und werden die Wohnungseigentümer in diesem Pflichtenkreis vertreten, gilt natürlich anderes.

Die Wohnungseigentümer müssen sich hingegen im Rahmen der gesetzlichen Rechte und Pflichten der Verwaltungsbeiräte eine Kenntnis/ein Kennenmüssen der Verwaltungsbeiräte nicht entsprechend §§ 278, 166 BGB zurechnen lassen. Diese Frage ist allerdings streitig.

XVIII. Beiratsordnung

1. Muster

§ 1 ZUSAMMENKOMMEN
Der Verwaltungsbeirat ist mindestens einmal im Quartal vom Vorsitzenden oder seinem Vertreter einzuberufen. Jeder Verwaltungsbeirat kann die Einberufung weiterer Versammlungen verlangen. Das Verlangen bedarf keiner besonderen Form. Die Verwaltungsbeiräte können jederzeit unter Verzicht auf weitere Förmlichkeiten zu einer Versammlung zusammenkommen oder gemeinsam laden.

§ 2 LADUNG
Die Einberufung des Verwaltungsbeirats ist in jeder Form möglich. Die Ladungsfrist soll, sofern nicht ein Fall besonderer Dringlichkeit vorliegt, mindestens eine Woche betragen. Der Ladung ist eine Tagesordnung beizufügen, bei der die Beschlussgegenstände entsprechend § 23 Absatz 2 WEG in der Fassung vom 1. Dezember 2020 bezeichnet sind.

§ 3 VERSAMMLUNGSORT, VERSAMMLUNGSSTÄTTE UND VERSAMMLUNGSZEIT
Der Versammlungsort ist der Ort der Wohnungseigentumsanlage. Der Vorsitzende bestimmt die Versammlungsstätte. Die Versammlungsstätte muss gewährleisten, dass die Beratungen des Verwaltungsbeirats nichtöffentlich sind. Die Versammlungen sollen an einem Wochentag außerhalb der Schulferien nicht vor 18.00 Uhr stattfinden. Auf Feiertage und die Wünsche der Verwaltungsbeiräte ist angemessen Rücksicht zu nehmen.

§ 4 VERSAMMLUNG
Der Verwaltungsbeirat ist beschlussfähig, wenn zwei Verwaltungsbeiräte erschienen sind. Etwas anderes gilt, wenn der Verwaltungsbeirat nur aus einer Person besteht. Die Versammlung wird vom Vorsitzenden des Verwaltungsbeirats geleitet. Die Teilnahme eines (gegebenenfalls werdenden) Wohnungseigentümers oder des Vertreters eines (gegebenenfalls werdenden) Wohnungseigentümers an den Versammlungen ist zulässig, sofern kein Verwaltungsbeirat widerspricht. Die Teilnahme Dritter an den Versammlungen ist nicht zulässig. Die Anhörung Dritter ist hiervon nicht betroffen. Der Vorsitzende hat über die Versammlungen Protokolle zu führen. Das Protokoll hat mindestens zu enthalten: Teilnehmer (einschließlich anderer Personen als der Verwaltungsbeiräte), Ort und Zeit (Beginn und Ende) der Versammlung, Beratungsgegenstände sowie Benennung der Gegenstände, über die abgestimmt wurde einschließlich der (anonymisierten) Abstimmungsergebnisse. Das Protokoll ist vom Vorsitzenden zu unterschreiben und beim Verwalter aufzubewahren. Jeder Wohnungseigentümer kann in das Protokoll Einsicht nehmen.

§ 5 BESCHLÜSSE
Jeder Verwaltungsbeirat hat eine Stimme. Eine Vertretung ist nicht möglich. Beschlüsse bedürfen einer einfachen Mehrheit und können auch außerhalb einer Versammlung, auch fernmündlich, gefasst werden. Eine Enthaltung gilt nicht als Neinstimme. Für das Stimmrecht, auch außerhalb einer Versammlung, gilt § 25 Absatz 4 WEG in der Fassung vom 1. Dezember 2020 entsprechend.

§ 6 VORSITZENDER
Haben die Wohnungseigentümer keinen Vorsitzenden gewählt, haben die Verwaltungsbeiräte aus ihrem Kreis einen Vorsitzenden zu bestimmen.

2. Anmerkungen
Eine Beiratsordnung kann von den Wohnungseigentümern vereinbart oder beschlossen werden. Ferner kann sich der Verwaltungsbeirat selbst eine Ordnung geben – sofern Bestimmungen der Wohnungseigentümer nicht entgegenstehen. Haben die Wohnungseigentümer die Beiratsordnung vereinbart oder beschlossen, können die Verwaltungsbeiräte diese nicht ändern.

Das hier abgedruckte Muster ist nur EINE Möglichkeit von vielen und den Bedürfnissen der konkreten Wohnungseigentumsanlage anzupassen. Es ist etwa die Häufigkeit der Versammlungen – wenn solche überhaupt stattfinden sollen – zu überprüfen. Nicht zu regeln ist ein Aufwendungsersatz, Pflichten der Wohnungseigentümer oder das Verhältnis zu Dritten, etwa dem Bauträger.

XIX. Beiratsvertrag

Die Gemeinschaft der Wohnungseigentümer und die Verwaltungsbeiräte sind befugt, einen Beiratsvertrag zu schließen. Ist dort ein Entgelt für die Verwaltungsbeiräte vereinbart, wird er als Geschäftsbesorgungsvertrag angesehen.

Haftung
In diesem Falle haften die Verwaltungsbeiräte auch für EINFACHE Fahrlässigkeit.

Vertragsparteien des Beiratsvertrags sind die Gemeinschaft der Wohnungseigentümer und die Verwaltungsbeiräte. Über den Abschluss eines Beiratsvertrags müssen die Wohnungseigentümer – ist nichts vereinbart – beschließen. Ein Wohnungseigentümer ist bei der Abstimmung über den Abschluss eines Beiratsvertrags mit sich selbst vom Stimmrecht ausgeschlossen und kann einem Dritten auch keine Vollmacht erteilen, ihn zu vertreten. Etwas anderes gilt, wenn die Bestellung zum Verwaltungsbeirat und der Beiratsvertrag Gegenstand eines einzigen Beschlusses sind.

Der Beiratsvertrag kann jederzeit von der Gemeinschaft der Wohnungseigentümer oder dem Verwaltungsbeirat gekündigt werden. Wird ein Verwaltungsbeirat abbestellt, liegt darin gegebenenfalls eine schlüssige, indes noch auszuführende Kündigung des Beiratsvertrags. Eine Kündigung zur Unzeit kann zum Schadenersatz verpflichten. Etwas anderes kann vereinbart werden.

Inhalte des Beiratsvertrags
Im Beiratsvertrag wird den Verwaltungsbeiräten in der Regel über die ihnen sowieso zustehenden Aufwendungsersatzansprüche hinaus eine Vergütung zugesagt (ist die Höhe der Vergütung nicht bestimmt, ist die übliche Vergütung als vereinbart anzusehen). Ferner können die gesetzlichen Pflichten und Rechte des Verwaltungsbeirats näher konkretisiert oder Pflichten auf die Mitglieder des Verwaltungsbeirats übertragen werden.

XX. Verfahrensrechte

Eine Möglichkeit, gegen die Gemeinschaft der Wohnungseigentümer und/oder die Wohnungseigentümer auf einen Verwaltungsbeirat zu klagen besteht nicht.

Zusammenfassung
Die Wohnungseigentümer können einen Verwaltungsbeirat bestellen. Er hat folgende Aufgaben:
- Unterstützung des Verwalters;
- Überwachung des Verwalters;
- Prüfung des Wirtschaftsplans;
- Prüfung der Jahresabrechnung;
- Vertretung der Gemeinschaft der Wohnungseigentümer gegenüber dem Verwalter;
- Einberufung der Versammlung, wenn ein Verwalter fehlt oder sich pflichtwidrig weigert;
- Prüfung der Versammlungsniederschriften und Unterschrift;
- solche, die die Wohnungseigentümer bestimmen.

19

Wohnungs-erbbaurecht

Neben dem Wohnungseigentum und den Dauerwohnrechten und Dauernutzungsrechten trifft das Wohnungseigentumsgesetz eine Bestimmung zum Wohnungserbbaurecht. Diese wird hier dargestellt und eingeordnet.

19. Wohnungserbbaurecht

I. Begriff

Ein Grundstück kann in der Weise belastet werden, dass demjenigen, zu dessen Gunsten die Belastung erfolgt (dem Berechtigten), das Recht zusteht, auf oder unter der Oberfläche des Grundstücks ein Bauwerk zu haben (Erbbaurecht).

Steht ein Erbbaurecht MEHREREN GEMEINSCHAFTLICH NACH BRUCHTEILEN zu, etwa einem Ehepaar und seinen Kindern, können die Anteile in der Weise BESCHRÄNKT werden, dass jedem der Mitberechtigten ein Wohnungserbbaurecht (dieses entspricht einem Wohnungseigentum) oder ein Teilerbbaurecht (dieses entspricht einem Teileigentum) eingeräumt wird.

WEG § 30 Absatz 1

(1) Steht ein Erbbaurecht mehreren gemeinschaftlich nach Bruchteilen zu, so können die Anteile in der Weise beschränkt werden, dass jedem der Mitberechtigten das Sondereigentum an einer bestimmten Wohnung oder an nicht zu Wohnzwecken dienenden bestimmten Räumen in einem auf Grund des Erbbaurechts errichteten oder zu errichtenden Gebäude eingeräumt wird (Wohnungserbbaurecht, Teilerbbaurecht).

II. Unterschied zum Wohnungseigentum

Der Unterschied der Wohnungserbbaurechte zu einem Wohnungs- und Teileigentum besteht ALLEIN darin, dass die Berechtigten nur Miteigentümer des Gebäudes, nicht aber Miteigentümer des Grundstücks sind (das Grundstück steht ausschließlich im Eigentum des Grundstückseigentümers). Für das Wohnungserbbaurecht gelten die Vorschriften über das Wohnungseigentum entsprechend, für das Teilerbbaurecht gelten die für das Teileigentum entsprechend.

WEG § 30 Absatz 3 Satz 2

Im Übrigen gelten für das Wohnungserbbaurecht (Teilerbbaurecht) die Vorschriften über das Wohnungseigentum (Teileigentum) entsprechend.

III. Rechte und Pflichten der Wohnungserbbauberechtigten

Welche Rechte und Pflichten die Wohnungserbbauberechtigten untereinander haben, richtet sich nach den Bestimmungen des Wohnungseigentumsgesetzes. Im VERHÄLTNIS ZUM GRUNDSTÜCKSEIGENTÜMER gelten hingegen das Erbbaurechtsgesetz sowie die Vereinbarungen der Erbbauberechtigten mit dem Grundstückseigentümer. Ein Erbbaurecht kann mit Zustimmung des Grundstückseigentümers aufgehoben werden.

IV. Umwandlung der Wohnungserbbaurechte

Für eine Umwandlung der Wohnungserbbaurechte in Wohnungseigentum ist ein Vertrag der Miteigentümer über die Aufteilung des Grundstücks in Wohnungseigentum erforderlich. Eleganter wäre es, wenn die Wohnungserbbaugemeinschaft das Grundstück erwerben könnte und den Wohnungseigentümern den Erbbauzins erließe. Ob das geht, ist streitig. Das Grundstück kann jedenfalls den Wohnungserbbaurechten nicht als Bestandteil zugeschrieben werden.

V. Verfahrensrechte

Für die Verfahrensrechte gelten keine Besonderheiten. Es gilt daher das 20. Kapitel. Setzen sich die Wohnungserbbauberechtigten mit dem Grundstückseigentümer auseinander, handelt es sich um eine WEG-Streitigkeit.

Zusammenfassung

- Für das Wohnungserbbaurecht gelten die Vorschriften über das Wohnungseigentum entsprechend, für das Teilerbbaurecht gelten die für das Teileigentum entsprechend.
- Die Wohnungserbbauberechtigten haben kein Eigentum am Grundstück.

20

WEG-Streitigkeiten

Jeder Wohnungseigentümer ist berechtigt, in einer WEG-Streitigkeit seine
- Miteigentümer,
- die Gemeinschaft der Wohnungseigentümer oder
- den Verwalter zu verklagen.
- Ferner sind Beschlussklagen möglich.

Das Kapitel stellt diese Klagen vor.

20. WEG-Streitigkeiten

I. Allgemeines

Das Wohnungseigentumsgesetz kennt 4 WEG-Streitigkeiten. Für 3 von diesen gibt es gegenüber anderen Rechtsstreitigkeiten KEINE Besonderheiten. Das Wohnungseigentumsgesetz bestimmt für diese Rechtsstreitigkeiten nur, welche Gerichte zuständig sind. Etwas anderes gilt für die Beschlussklagen. Hier sind Besonderheiten zu beachten.

WEG-Streitigkeiten

II. Streitigkeiten der Wohnungseigentümer untereinander

Das Amtsgericht, in dessen Bezirk das Grundstück liegt, ist AUSSCHLIESSLICH ZUSTÄNDIG für die Streitigkeiten über die Rechte und Pflichten der WOHNUNGSEIGENTÜMER UNTEREINANDER. Ist sich ein Wohnungseigentümer nicht sicher, welches Gericht das ist, kann er beim Amtsgericht anrufen und fragen, ob es für seinen Fall zuständig wäre. Ferner finden sich im Internet Hilfen. Ein leicht zu bedienendes Tool findet man zum Beispiel unter: http://www.zustaendiges-gericht.de.

Gegenstand einer solchen Klage der Wohnungseigentümer untereinander kann sein:

- die Klage gegen einen Wohnungseigentümer auf Unterlassung einer Störung des Sondereigentums,
- die Klage auf Beseitigung und Rückbau einer baulichen Veränderung, soweit das Sondereigentum gestört wird,

- der Streit um die Rechte und Pflichten, die aus einer Vereinbarung folgen, etwa einer Sondernutzungsrechtsvereinbarung, soweit es um das Sondereigentum geht,
- die Klage auf eine Vereinbarung oder ihre Änderung (das ist streitig) oder
- der Streit um die Grenzen des gemeinschaftlichen Eigentums.

BEISPIEL FÜR EINEN ANTRAG AUF STÖRUNGSABWEHR
- Der Beklagte hat es zu unterlassen, ___ [genaue Nennung].
- Der Beklagte wird verurteilt, ___ [genaue Nennung] vollständig zu entfernen.

Ein Wohnungseigentümer kann sich vor dem Amtsgericht SELBST vertreten. Diese Idee sollten nur RECHTLICH ERFAHRENE Wohnungseigentümer verwirklichen. Es gelten scharfe Ausschlussfristen und Anforderungen, die der normale Wohnungseigentümer in der Regel nicht ohne weiteres erfüllen kann.

Ist ein Wohnungseigentümer mit einem Urteil des Amtsgerichts nicht zufrieden, kann er dagegen häufig in die Berufung gehen, soweit er mit mehr als 600 EUR unterliegt oder das Amtsgericht die Berufung zulässt. Im Berufungsverfahren bedarf der Wohnungseigentümer eines Rechtsanwaltes, da er die Berufung nicht selbst erheben darf.

Die Berufung ist an ein SPEZIELLES Landgericht zu richten. Dort muss sich der Wohnungseigentümer durch einen Rechtsanwalt vertreten lassen.

GVG § 72 Absatz 2 Satz 1 und Satz 2
In Streitigkeiten nach § 43 Absatz 2 des Wohnungseigentumsgesetzes ist das für den Sitz des Oberlandesgerichts zuständige Landgericht gemeinsames Berufungs- und Beschwerdegericht für den Bezirk des Oberlandesgerichts, in dem das Amtsgericht seinen Sitz hat. Die Landesregierungen werden ermächtigt, durch Rechtsverordnung anstelle dieses Gerichts ein anderes Landgericht im Bezirk des Oberlandesgerichts zu bestimmen.

Bei der Abwägung eines Wohnungseigentümers, ob er klagen soll, ist zu beachten, dass in einigen Ländern vor Erhebung der Klage gegebenenfalls versucht werden muss, die Streitigkeit einvernehmlich beizulegen. So kann es etwa in Bayern, Brandenburg, Hessen, Mecklenburg-Vorpommern, Niedersachsen, Nordrhein-Westfalen, Rheinland-Pfalz, Saarland, Sachsen-Anhalt und Schleswig-Holstein liegen, wenn ein Wohnungseigentümer gegen einen anderen Wohnungseigentümer wegen

- Fernseh- oder Musikgeräuschen,
- Türknallen,
- Möbelverrücken,

- Stöckelschuhen oder
- gegen Geräusche vorgehen will, die durch das Herablassen von Rollläden verursacht werden.

Diese Frage ist aber streitig.

Keine Schlichtungsgesetze
Keine Schlichtungsgesetze gibt es zurzeit in Baden-Württemberg, Berlin, Bremen, Hamburg, Sachsen und Thüringen.

III. Streitigkeiten mit der Gemeinschaft der Wohnungseigentümer

Das Amtsgericht, in dessen Bezirk das Grundstück liegt, ist AUSSCHLIESSLICH ZUSTÄNDIG für die Streitigkeiten über die Rechte und Pflichten ZWISCHEN DER GEMEINSCHAFT DER WOHNUNGSEIGENTÜMER UND WOHNUNGSEIGENTÜMERN.

Gegenstand einer solchen Klage kann sein:

- die Klage der Gemeinschaft der Wohnungseigentümer gegen einen Wohnungseigentümer auf Unterlassung einer Störung des gemeinschaftlichen Eigentums,
- die Klage der Gemeinschaft der Wohnungseigentümer gegen einen Wohnungseigentümer auf Einhaltung des Rechts,
- die Klage der Gemeinschaft der Wohnungseigentümer gegen einen Wohnungseigentümer auf Beseitigung und Rückbau einer baulichen Veränderung, soweit das gemeinschaftliche Eigentum gestört wird,
- die Klage eines Wohnungseigentümers auf Leistung gegen die Gemeinschaft der Wohnungseigentümer, etwa auf
  - Aufwendungsersatz,
  - Auszahlung eines Guthabens,
  - Durchführung eines Beschlusses,
  - Einberufung der Versammlung,
  - Einsichtnahme in die Verwaltungsunterlagen,
  - Informationen,
  - Schadensatz,
  - Vorlage eines Wirtschaftsplans oder einer Jahresabrechnung.
- die Hausgeldklage der Gemeinschaft der Wohnungseigentümer.

Berufung und Verfahren
Für die Berufung und im Übrigen gelten die Hinweise zu den Streitigkeiten der Wohnungseigentümer untereinander.

Gegen die Gemeinschaft der Wohnungseigentümer richten sich ferner die Beschlussklagen (dazu näher S. 427).

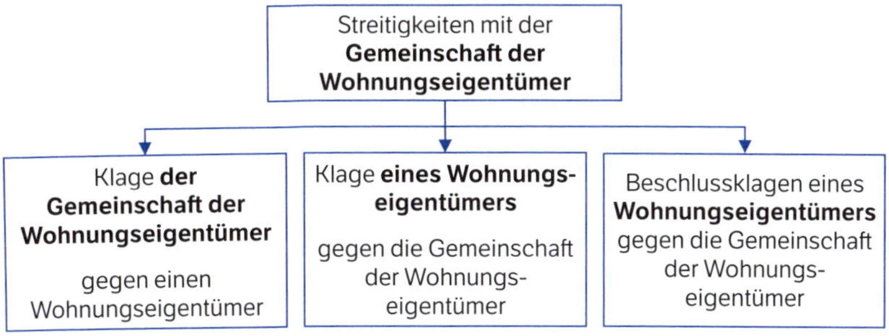

Streitigkeiten mit der Gemeinschaft der Wohnungseigentümer

IV. Streitigkeiten mit dem Verwalter

Das Amtsgericht, in dessen Bezirk das Grundstück liegt, ist AUSSCHLIESSLICH ZUSTÄNDIG für die Streitigkeiten über die Rechte und Pflichten des VERWALTERS einschließlich solcher über Ansprüche eines Wohnungseigentümers gegen den Verwalter.

Gegenstand einer solchen Klage kann sein:

- die Klage der Gemeinschaft der Wohnungseigentümer gegen den Verwalter auf Schadenersatz der Gemeinschaft der Wohnungseigentümer,
- die Klage eines Wohnungseigentümers gegen den Verwalter auf Schadenersatz, etwa aus einer Sachbeschädigung,
- die Klage des Verwalters auf Vergütung.

Berufung und Verfahren
Für die Berufung und im Übrigen gelten die Hinweise zu den Streitigkeiten der Wohnungseigentümer untereinander.

Im Vordergrund stehen Klagen auf Schadenersatz. Der Anspruch auf Schadenersatz steht grundsätzlich der Gemeinschaft der Wohnungseigentümer zu und ist von dieser zu verfolgen.

Ob ein Wohnungseigentümer ausnahmsweise in Bezug auf das SONDEREIGENTUM eigene Schadenersatzansprüche hat, ist unsicher. Die Antwort auf diese Frage ist danach zu suchen, ob der Verwalter nach dem Gesetz und/oder seinem Vertrag auch Pflichten gegenüber den Wohnungseigentümern hat (siehe dazu 16. Kapitel Verwalter › S. 334).

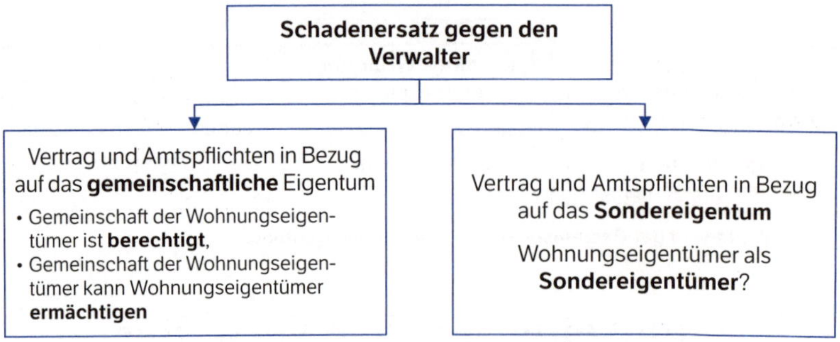

Übersicht zu Schadenersatzansprüchen gegen den Verwalter

Neben Klagen auf Schadenersatz kommen unter anderem solche auf

- Auskunft,
- Einsichtnahme in Verwaltungsunterlagen oder
- ein Handeln des Verwalters in Frage.

Auch diese Klagen muss in aller Regel die Gemeinschaft der Wohnungseigentümer erheben.

Entlastung
Einem Anspruch auf Schadenersatz kann im Einzelfall entgegenstehen, dass die Wohnungseigentümer dem Verwalter namens der Gemeinschaft der Wohnungseigentümer eine Entlastung erteilt haben (17. Kapitel Finanzwesen › S. 353 ff.).

V. Beschlussklagen

1. Begriff

Das Amtsgericht, in dessen Bezirk das Grundstück liegt, ist AUSSCHLIESSLICH ZUSTÄNDIG für die BESCHLUSSKLAGEN. Überblick:

- Das Gericht kann auf Klage eines Wohnungseigentümers einen Beschluss für ungültig erklären (Anfechtungsklage).
- Das Gericht kann auf Klage eines Wohnungseigentümers die Nichtigkeit eines Beschlusses feststellen (Nichtigkeitsklage).
- Unterbleibt eine notwendige Beschlussfassung, kann das Gericht auf Klage eines Wohnungseigentümers den Beschluss fassen (Beschlussersetzungsklage).

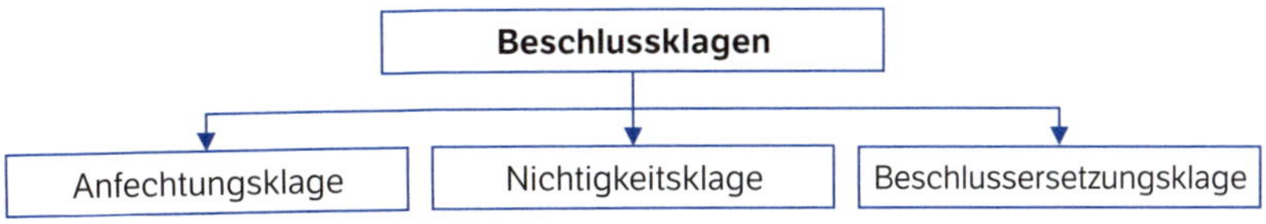

Die Beschlussklagen

Information der Gemeinschaft der Wohnungseigentümer

Der Verwalter hat die Wohnungseigentümer namens der Gemeinschaft der Wohnungseigentümer unverzüglich von der Erhebung einer Beschlussklage zu informieren. Diese Information verfolgt 2 Zwecke:

- Ein Wohnungseigentümer erfährt auf diese Weise sehr früh von einer Beschlussklage und kann sich entscheiden, der Gemeinschaft der Wohnungseigentümer oder dem Kläger als STREITHELFER beizutreten. Die durch einen Beitritt auf der Seite der Gemeinschaft der Wohnungseigentümer verursachten Kosten bekommt ein Wohnungseigentümer allerdings nur erstattet, wenn er andere Interessen als die Gemeinschaft der Wohnungseigentümer vertritt. Dies ist eine Ausnahme.
- Das Urteil wirkt für und gegen alle Wohnungseigentümer, auch wenn sie nicht Partei sind. Sie müssen daher von dem Rechtsstreit Kenntnis haben.

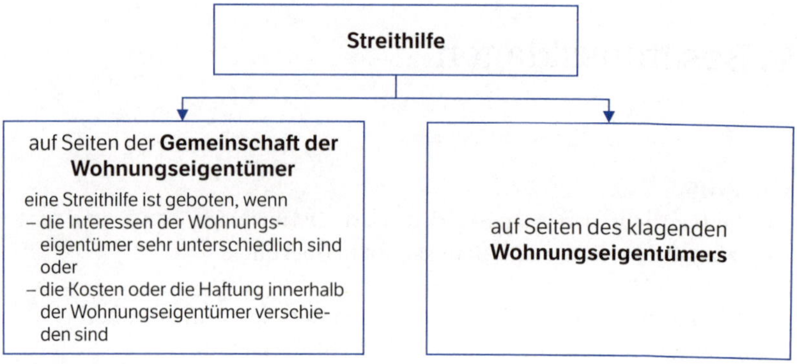

Streithilfe

2. Kläger und Beklagte

Die Beschlussklagen sind gegen die Gemeinschaft der Wohnungseigentümer zu richten. Klagen kann nur ein Wohnungseigentümer.

3. Anfechtungsklage (Beschlussmängelklage)

Ist ein Wohnungseigentümer der Ansicht, ein in der Versammlung gefasster Beschluss (siehe dazu auch 1. Kapitel Grundbegriffe › S. 25 ff.) oder ein Beschluss, der außerhalb der Versammlung gefasst wurde (dazu 1. Kapitel Grundbegriffe › S. 30), sei nicht ordnungsmäßig, kann er diesen Beschluss ANFECHTEN und vom Gericht auf seine Rechtmäßigkeit hin überprüfen lassen.

Als Gegenstand einer Anfechtungsklage kommt jeder Beschluss in Betracht, beispielsweise:

- zur Benutzung (etwa: ist grillen erlaubt?);
- zu den Nutzungen des gemeinschaftlichen Eigentums (etwa: soll die Hausmeisterwohnung vermietet werden?);
- zur Verwaltung des gemeinschaftlichen Eigentums (etwa: ist es richtig, einen Baum zu fällen?);
- zum Verwalter (etwa: die Genehmigung des Verwaltervertrags).

Bei einer Anfechtungsklage muss ein Wohnungseigentümer – oder sein Rechtsanwalt – eine Reihe von Besonderheiten beachten.

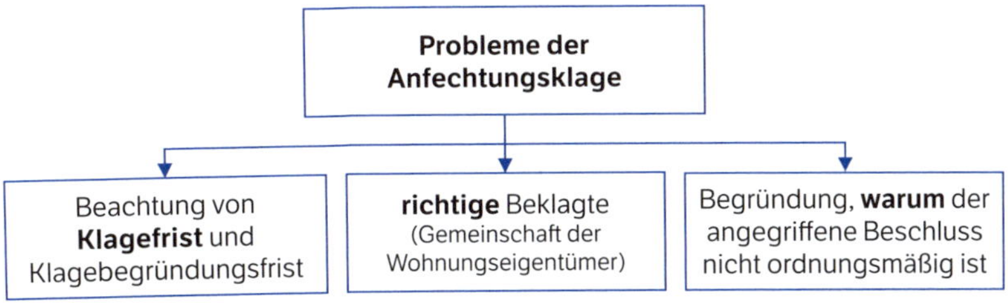

Überblick zur Anfechtungsklage

Bei der Anfechtungsklage sind erstens BESONDERE FRISTEN zu beachten.

- Die eine ist die KLAGEFRIST. Sie läuft einen Monat lang nach Fassung des Beschlusses. Die Fertigung der Niederschrift oder die Aufnahme eines Beschlusses in die Beschluss-Sammlung haben keinen Einfluss auf die Klagefrist oder eine andere Frist. Im Einzelfall kann ein Wohnungseigentümer aber Wiedereinsetzung in den vorigen Stand verlangen, wenn beispielsweise ein Beschluss nicht in die Beschluss-Sammlung aufgenommen worden ist.
- Die andere Frist ist die KLAGEBEGRÜNDUNGSFRIST. Der Anfechtungskläger kann die Anfechtungsklage zwar sofort begründen und die Mängel benennen, die seiner Ansicht nach dem Beschluss anhaften. Der Wohnungseigentümer kann mit einer Begründung aber auch zuwarten. Er muss die Anfechtungsklage dann spätestens bis zum Ablauf des zweiten Monats nach Beschlussfassung begründen.

BERECHNUNGSBEISPIEL
Ist ein Beschluss am 1.3 gefasst, muss die Klage bei Gericht bis zum 1.4. eingehen. Ist der Beschluss hingegen am 1.4. gefasst, muss die Klage am 2.5. eingehen (da der 1.5. ein Feiertag ist).

Die Anfechtungsklage ist zweitens gegen die GEMEINSCHAFT DER WOHNUNGSEIGENTÜMER zu richten, obwohl die Wohnungseigentümer den Beschluss gefasst haben. In der Klageschrift ist daher der Verwalter als Vertreter der Gemeinschaft der Wohnungseigentümer zu bezeichnen. Die namentliche Bezeichnung der anderen Wohnungseigentümer ist nicht nötig.

Verwalter fehlt
Fehlt ein Verwalter, sind allerdings die anderen Wohnungseigentümer zu nennen. Noch ungeklärt ist, ob diese die Gemeinschaft der Wohnungseigentümer vertreten können oder ob für die verwalterlose Gemeinschaft der Wohnungseigentümer ein Prozesspfleger zu bestellen ist.

In der Klagebegründung muss der Wohnungseigentümer ausführen, WARUM der angegriffene Beschluss mangelhaft ist. Der Wohnungseigentümer muss dazu sämtliche ernsthaft in Betracht kommenden formellen und materiellen Beschlussmängel ihrem Kern nach selbst und nicht unter

Verweisung auf Anlagen, etwa die Niederschrift zur Versammlung, auf- und ausführen.

Eine Begründung ist NOCH NICHT darin zu sehen, dass ein Antrag formuliert und Anlagen eingereicht werden. Nicht ausreichend ist auch der Vortrag, ein Beschluss sei „nicht ordnungsmäßig" oder der Beschluss sei „rechtswidrig". Die Mitteilung dieser Ansichten ersetzt nicht den notwendigen Vortrag. Der Kläger muss vielmehr mit einer auf seinen Fall zugeschnittenen Begründung erläutern, was seiner Ansicht nach falsch ist.

Nachschieben
Nach Ablauf der Begründungsfrist ist ein Nachschieben weiterer Anfechtungsgründe, die auch geeignet sind, den angefochtenen Beschluss zu Fall zu bringen, nicht möglich.

Muster einer Anfechtungsklage
An das Amtsgericht ___ [Adresse]

– Abteilung für Wohnungseigentumssachen –

Datum

KLAGE
des Wohnungseigentümers A., ___ [Adresse],

– Kläger –

gegen

die Gemeinschaft der Wohnungseigentümer, vertreten durch ___ [Name] ___ [Adresse], den Verwalter der Wohnungseigentumsanlage,

– Beklagte –

wegen Ungültigkeit eines Beschlusses

Vorläufiger Streitwert: ___

Ich erhebe Klage und beantrage:

Den Beschluss der Versammlung vom ___ zu Tagesordnungspunkt ___ mit folgendem Inhalt ____ für ungültig zu erklären.

Für den Fall, dass das Gericht ein schriftliches Vorverfahren anordnet und die Beklagte ihre Verteidigungsbereitschaft nicht rechtzeitig anzeigt, den Erlass eines Versäumnisurteils.

BEGRÜNDUNG
___ [Darstellung, warum der angegriffene Beschluss mangelhaft ist; zu nennen sind sämtliche Gründe, die dem klagenden Wohnungseigentümer einfallen.]
Unterschrift

Als Mängel eines Beschlusses kommen vor allem formelle und materielle in Betracht. Als FORMELLE Beschlussmängel werden solche Mängel verstanden, die bei der Entstehung eines Beschlusses vorgekommen sind.

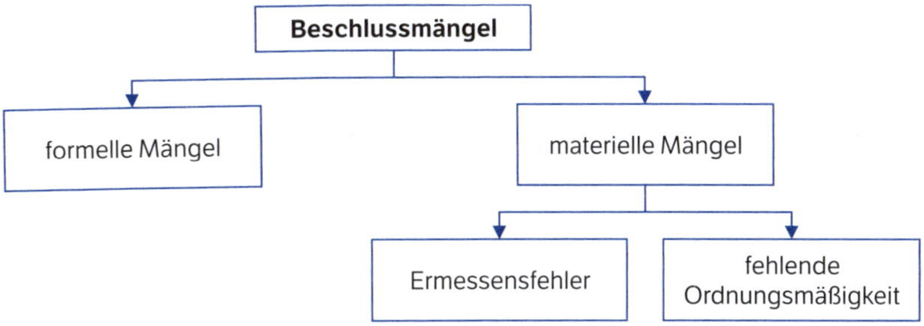

Übersicht zu den Beschlussmängeln

Übersicht: Formelle Beschlussmängel

- Ein Beschlussgegenstand wird in einer Ladung nicht oder nur unzureichend bezeichnet.
- Ein Beschlussgegenstand wird erst in der Versammlung benannt.
- Der Einladende ist nicht mehr befugt einzuladen.
- Der Einladende hält bei dem Ladungsschreiben nicht die Textform ein.
- Der Einladende verstößt gegen die Ladungsfrist von 3 Wochen oder die Ladungsfrist ist jedenfalls in einer konkreten Wohnungseigentumsanlage in einer bestimmten Situation zu kurz.
- Der Einladende lädt Stimmberechtigte versehentlich nicht.
- Die Versammlungszeit ist unangemessen, etwa zu früh.
- Der Versammlungstag ist nicht angemessen, etwa ein Sonntag, ein Ferientag oder ein Feiertag.
- Die Versammlung findet an einem ungenügenden Versammlungsort oder an einer ungenügenden Versammlungsstätte statt.
- Ein wichtiger Beschluss wird unter dem Punkt „Verschiedenes/Sonstiges“ gefasst.
- Die Versammlung findet in Gegenwart eines nicht teilnahmeberechtigten Dritten statt.
- Bei der Beschlussfassung sind Stimmberechtigte nicht beteiligt worden.
- Bei der Beschlussfassung haben Nicht-Stimmberechtigte gestimmt.

- Ein Beschluss ist nicht bestimmt genug, aber noch nicht völlig unbestimmt.
- Das Rederecht ist unzulässig beschränkt worden.
- Die Versammlungsleitung hat zu Unrecht Wohnungseigentümer aus der Versammlung verwiesen.

Auswirkungen eines formellen Beschlussmangels

Wegen eines formellen Beschlussmangels bleibt eine Anfechtungsklage erfolglos, wenn feststeht, dass sich der Beschlussmangel auf das Abstimmungsergebnis NICHT AUSGEWIRKT hat; anders verhält es sich jedoch bei schwerwiegenden Eingriffen in den Kernbereich elementarer Mitgliedschaftsrechte, die dazu führen, dass das Teilnahme- und Mitwirkungsrecht eines Wohnungseigentümers in gravierender Weise ausgehebelt wird.

Ein MATERIELLER Beschlussmangel liegt vor, wenn ein Beschluss nicht ordnungsmäßig (8. Kapitel Verwaltung › S. 178) ist. Dies ist anzunehmen, WENN der Beschluss

- einer ordnungsmäßigen Benutzung oder einer ordnungsmäßigen Verwaltung widerspricht;
- gegen die deutsche öffentliche Ordnung („ordre public“) verstößt,
- gegen ein Gesetz verstößt;
- gegen eine Vereinbarung verstößt.
- Ferner liegt ein materieller Mangel vor, wenn der Beschlussinhalt mangelhaft ist, etwa weil
  - er gegen den Grundsatz der Gleichbehandlung verstößt (22. Kapitel Minderheitenschutz › S. 456) oder
  - wenn die Vor- oder Nachschüsse rechnerisch falsch sind.
- Ein materieller Beschlussmangel liegt außerdem vor, wenn der Beschluss unter einem ERMESSENSFEHLER (8. Kapitel Verwaltung › S. 175) leidet.

Wohnungseigentümer und Verwalter sind an einen Beschluss bereits dann GEBUNDEN, wenn er GEFASST ist. Dass dieser Beschluss nicht ordnungsmäßig ist und/oder von einem Wohnungseigentümer ANGEFOCHTEN wurde und Gegenstand einer gerichtlichen Überprüfung und eines ggf. langjährigen gerichtlichen Verfahrens ist, ändert nichts. Die Bindungswirkung endet erst in dem Moment, in dem das Gericht den Beschluss RECHTSKRÄFTIG FÜR UNGÜLTIG erklärt hat.

Antrag auf Erlass einer einstweiligen Verfügung

Wenn ein Wohnungseigentümer diese (zunächst vorläufige) Bindungswirkung BEKÄMPFEN will, muss er daher neben seiner Anfechtungsklage beim Gericht zugleich oder später einen ANTRAG AUF ERLASS EINER EINSTWEILIGEN VERFÜGUNG stellen. Es ist zu beantragen, dass der angefochtene Beschluss für die Dauer der Anfechtungsklage bis hin zu ihrem rechtskräftigen Abschluss vom Verwalter nicht durchgeführt werden darf. Der Antrag hat Erfolg, wenn das Warten auf den Ausgang des Anfechtungsprozesses beispielsweise wegen drohender irreparabler Schäden oder offenkundiger Rechtswidrigkeit des angefochtenen Beschlusses UNZUMUTBAR ist.

Das renovierte Treppenhaus

Wird ein Eilantrag versäumt, kann es dazu kommen, dass der Verwalter einen Beschluss durchführt und den anfechtenden Wohnungseigentümer vor vollendete Tatsachen stellt. Vorstellbar ist etwa, dass der Verwalter die Durchführung einer Baumaßnahme veranlasst und diese Renovierung während des Anfechtungsverfahrens bereits beendet wird. Hat der Wohnungseigentümer in diesem Fall mit seiner Anfechtungsklage Erfolg und setzt sich gegen den Beschluss durch, ist das Treppenhaus gleichwohl renoviert worden.

In einem solchen Falle billigt die Rechtsprechung einem Wohnungseigentümer zwar einen Folgenbeseitigungsanspruch zu, der den Inhalt hat, dass auch eine bauliche Maßnahme zurückgebaut wird. Diesem Anspruch kann aber das die Wohnungseigentümer verbindende Gemeinschaftsverhältnis entgegenstehen (siehe 22. Kapitel Minderheitenschutz › S. 460 ff.).

4. Nichtigkeitsklage

Ist ein Wohnungseigentümer der Ansicht, ein in der Versammlung gefasster Beschluss oder ein Beschluss, der außerhalb der Versammlung gefasst wurde, sei NICHTIG, kann er auf diese Feststellung durch das Gericht klagen.

Ein Beschluss ist nichtig, WENN

- er gegen Vorschriften des Wohnungseigentumsgesetzes, auf deren Einhaltung nicht verzichtet werden kann, verstößt,
- er seinem Inhalt nach gegen andere zwingende Vorschriften, gegen die guten Sitten oder das Gesetz verstößt,
- eine Vereinbarung dauerhaft ändern will,
- in den Kernbereich des Wohnungseigentums eingreift (22. Kapitel Minderheitenschutz › S. 453),

- gegen unverletzliche Strukturprinzipien verstößt,
- zu unbestimmt ist oder
- die Grenzen der Beschlusskompetenz (dazu 1. Kapitel Grundbegriffe › S. 25) überschreitet.

Klagefrist oder eine Klagebegründungsfrist
Eine Klagefrist oder eine Klagebegründungsfrist bestehen nicht. Allerdings kann es treuwidrig sein, die Klage lange hinauszuzögern.

5. Beschlussersetzungsklage
Unterbleibt eine notwendige Beschlussfassung, kann das Gericht auf Klage eines Wohnungseigentümers gegen die Gemeinschaft der Wohnungseigentümer den Beschluss fassen (Beschlussersetzungsklage).

Vorbefassung
Bevor ein Wohnungseigentümer eine Beschlussersetzungsklage erhebt, muss er versucht haben, eine Entscheidung der Wohnungseigentümer herbeizuführen.

Der Kläger muss dem Gericht eine AUSREICHENDE TATSÄCHLICHE SCHÄTZGRUNDLAGE verschaffen, sofern er nicht Anspruch auf einen konkreten Beschluss hat.

Beispiele:

- Geht es um einen Anspruch auf BAULICHE VERÄNDERUNG, die ein Wohnungseigentümer verlangen kann (14. Kapitel Anspruch auf bauliche Veränderung), muss er in der Regel im Einzelnen darlegen, wie sich das gemeinschaftliche Eigentum konkret verändern soll.
- Richtet sich die Klage auf ÄNDERUNG DES GELTENDEN UMLAGESCHLÜSSELS, muss der Wohnungseigentümer die Kostenpositionen benennen, um die es geht, und anführen, welche Umlageschlüssel in Frage kommen.
- Ist das Ziel der richterlichen Gestaltung ein VERTRAGSSCHLUSS, muss der klagende Wohnungseigentümer eine ausreichende Anzahl vergleichbarer Angebote darlegen und den Willen der Anbieter, mit der Gemeinschaft der Wohnungseigentümer zu kontrahieren. Ferner muss er sich dazu äußern, wo die Mittel herkommen sollen.
- Geht es um die VERWALTERBESTELLUNG, müssen Personen vorgeschlagen und muss dargelegt werden, dass diese bereit sind, sich bestellen zu lassen. Ferner sind dem Gericht nach herrschender Meinung die jeweiligen Konditionen des Verwaltervertrags vorzustellen.

Bei der FORMULIERUNG DES KLAGEANTRAGS ist zu beachten, dass das Beschlussersetzungsurteil nicht die zur Annahme eines Beschlussantrags fehlenden Stimmen ergänzt, SONDERN SELBST REGELT, was gilt. Er ist daher darauf zu richten, dass das Gericht im Wege der Gestaltung anstelle der Wohnungseigentümer einen Beschluss fasst. Es genügt die Angabe eines Rechtsschutzziels, also die Schilderung des groben Beschlussinhaltes, auf den die Beschlussersetzungsklage zielt.

Klageantrag
Der Kläger kann den angestrebten Beschluss allerdings auch beispielhaft nennen und ausformulieren. Er sollte dabei aber klarstellen, dass die Ausformulierung exemplarisch ist.

VERWALTER
- Das Gericht soll für die Gemeinschaft der Wohnungseigentümer (genaue Nennung) eine Person ab dem (Nennung des Datums) zum Verwalter bestellen.
- Das Gericht soll folgenden Beschluss ersetzen: ___ [genaue Nennung].

Das Gericht gibt einer zulässigen Beschlussersetzungsklage statt, wenn der Kläger einen ANSPRUCH AUF DEN BESCHLUSS hat. Dies ist der Fall, wenn sein Gegenstand noch nicht durch Gesetz, Vereinbarung oder Beschluss geregelt ist, seine Fassung aber ordnungsmäßiger Verwaltung entspricht und er zum Zeitpunkt der mündlichen Verhandlung zwingend ansteht. Entsprechendes gilt, wenn es um andere Maßnahmen geht, die in der Verantwortung der Gemeinschaft der Wohnungseigentümer liegen, beispielsweise die Durchsetzung von Schadenersatzansprüchen. Überblick:

- Ein Anspruch auf einen Beschluss ist in seltenen Fällen vorstellbar, wenn es ermessensfehlerhaft wäre, ihn nicht zu fassen.
- Ein Anspruch auf einen Beschluss ist weiter vorstellbar, wenn die Wohnungseigentümer für einen Beschluss zwar ein Ermessen haben, sich ihr Entschließungs- und auch ihr Auswahlermessen aber ausnahmsweise bereits auf einen konkreten Beschlussinhalt verengt haben.
- Ein Anspruch auf einen Beschluss ist vor allem aber dann vorstellbar, wenn sich das Entschließungsermessen der Wohnungseigentümer, eine Entscheidung zu treffen, bereits auf ein Tun verengt hat und die Wohnungseigentümer nur noch ein Auswahlermessen hinsichtlich der konkreten Vorgehensweise haben. Dieser Fall ist in Praxis und Theorie der häufigste.

VI. Klage auf eine Vereinbarung

Jeder Wohnungseigentümer kann auf eine Vereinbarung (1. Kapitel Grundbegriffe › S. 32) klagen. Die Klage auf eine Vereinbarung hat Erfolg, soweit ein Festhalten an der geltenden Regelung aus schwerwiegenden Gründen unter Berücksichtigung aller Umstände des Einzelfalls, insbesondere der Rechte und Interessen der anderen Wohnungseigentümer, UNBILLIG erscheint.

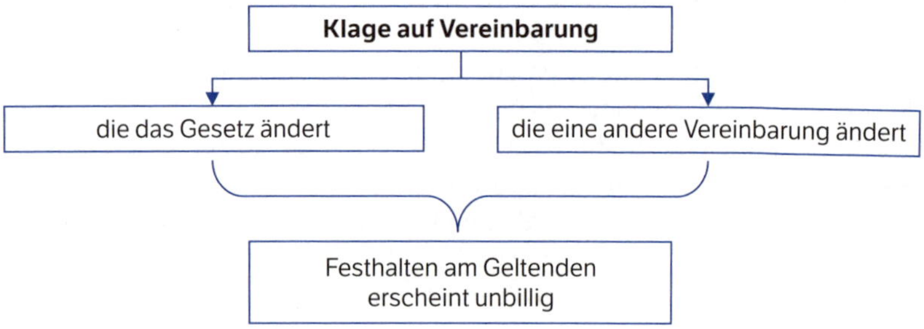

Klage auf eine Vereinbarung

Beklagter

Ob die anderen Wohnungseigentümer oder die Gemeinschaft der Wohnungseigentümer zu verklagen sind, ist nicht geklärt. Ein Wohnungseigentümer sollte zurzeit die anderen Wohnungseigentümer verklagen und das Gericht um einen Hinweis bitten, wenn dieses die Gemeinschaft der Wohnungseigentümer als richtige Beklagte ansieht.

Wann „schwerwiegende Gründe" vorliegen und wann das Geltende „unbillig" ist, ist eine Frage des Einzelfalls, für dessen Lösung man sämtliche Rechte und Interessen abwägen muss. Klagen, die sich auf diesen Anspruch stützen, misslingen in der Praxis erstaunlich häufig.

Maßgeblich für die notwendige Abwägung sind unter anderem:

- der Grundsatz der Gleichbehandlung (22. Kapitel Minderheitenschutz › S. 456);
- die Sachgerechtigkeit der verlangten und der geltenden Regelung;
- eine Veränderung der der geltenden Regelung zugrundeliegenden maßgeblichen tatsächlichen oder rechtlichen Verhältnisse und deren Vorhersehbarkeit;

BEISPIEL
- „Die Beklagten werden verurteilt, einer Vereinbarung mit folgendem Inhalt zuzustimmen: ___ [genaue Nennung].

- die Risikoverteilung bei unerwarteten Entwicklungen;
- die Art des Gebrauchs eines Sondereigentums;
- das Vertrauen in den Bestand der Vereinbarung.

VII. Mahnverfahren

Im Einzelfall ist es vorstellbar, dass ein Wohnungseigentümer zur Durchsetzung seiner Ansprüche ein Mahnverfahren betreibt. Entscheidet sich ein Wohnungseigentümer dafür, ist es am leichtesten, das Notwendige ONLINE zu erledigen. Die entsprechende bundesweite Seite findet man unter: https://www.online-mahnantrag.de. Mit der dortigen „Hilfe" findet man sich leicht zurecht und kommt schnell zu einem brauchbaren Ergebnis.

VERGLEICH MAHNVERFAHREN UND KLAGE		
	MAHNVERFAHREN	KLAGE
Kosten	1/2 Gerichtsgebühr	3 Gerichtsgebühren, in der Regel 2 Anwaltsgebühren
Verhalten des Säumigen	Widerspruch/ Einspruch?	Anerkenntnis? Versäumnisurteil?
Schnelligkeit	Titel ohne Widerspruch und Einspruch nach ca. 8 Wochen	Titel abhängig vom Verhalten des Säumigen: ergeht ein Versäumnisurteil ca. 8 Wochen, ansonsten ca. ½ Jahr ggf. § 15a EGZPO (Güteverfahren)
Klageort	Belegenheit der Wohnungseigentumsanlage	Belegenheit der Wohnungseigentumsanlage
Vollstreckbarkeit des Titels	30 Jahre	30 Jahre
Anwaltszwang	Nein	Erste Instanz: Nein, Zweite Instanz: Ja
Lästigkeit	gering	bei selbst wahrgenommenem Termin hoch

Zusammenfassung

- Das Wohnungseigentumsgesetz hat wenige Sondervorschriften für die Klagen der Wohnungseigentümer geschaffen.
- Im Kern bestimmt das Wohnungseigentumsgesetz nur, welches Gericht zuständig ist.
- Besonderheiten sind bei den Beschlussklagen zu beachten.

21

Aufopferungs- und Schadenersatzansprüche

Hat ein Wohnungseigentümer eine Einwirkung auf sein Eigentum zu dulden, kann er unter Umständen einen angemessenen Ausgleich in Geld verlangen. Ferner ist es vorstellbar, dass ein Wohnungseigentümer gegen die Gemeinschaft der Wohnungseigentümer einen Schadenersatzanspruch in Bezug auf die Verwaltung des gemeinschaftlichen Eigentums hat. Dieses Kapitel stellt diese Ansprüche und den so genannten nachbarrechtlichen Ausgleichsanspruch in ihren Grundsätzen vor.

21. Aufopferungs- und Schadenersatzansprüche

I. Aufopferungsansprüche

1. Überblick
Hat der Wohnungseigentümer eine EINWIRKUNG auf das Sondereigentum nach den Gesetzen oder Bestimmungen der Wohnungseigentümer zu dulden, die über das zumutbare Maß hinausgeht, kann er einen angemessenen Ausgleich in Geld verlangen.

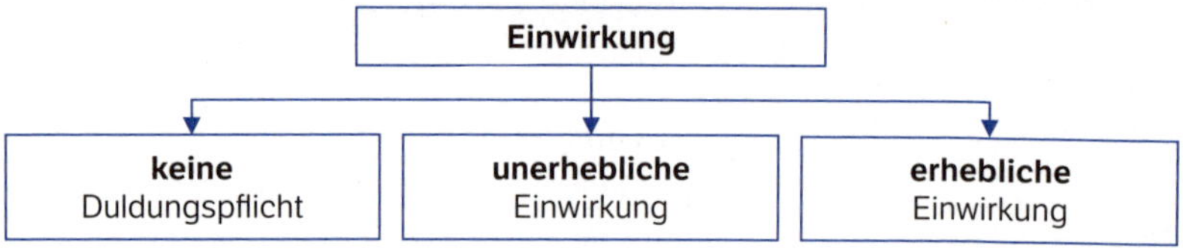

Mögliche Einwirkungen

2. Einwirkung
Mit dem Begriff „Einwirkung" sind vor allem das Betreten des Sondereigentums oder Schäden am Sondereigentum gemeint. Diese Einwirkungen sind notwendig, wenn die Gemeinschaft der Wohnungseigentümer das gemeinschaftliche Eigentum im Bereich des Sondereigentums erhalten muss, beispielsweise dann, wenn ein Abflussrohr gebrochen oder die Decke schadhaft ist.

Als eine Einwirkung kann aber auch angesehen werden:

- Die Zuführung von
  - Gas,
  - Dampf,
  - einem Geruch,
  - Rauch,
  - Ruß,
  - Wärme oder
  - einem Geräusch.
- Erschütterungen.
- Die Durchführung einer Baumaßnahme, beispielsweise dann, wenn durch ein Baugerüst eine Mietminderung zu beklagen ist. Dies gilt im Einzelfall auch bei Nichtdurchführung einer Baumaßnahme, also bei zeitlich verzögerten oder vollständig unterbliebenen Maßnahmen im Bereich des gemeinschaftlichen Eigentums.

3. Unzumutbarkeit (Sonderopfer)
Eine Einwirkung ist unzumutbar, wenn ein Wohnungseigentümer ein Sonderopfer erbringt.

- Ein Sonderopfer liegt nicht vor, wenn Einwirkungen die in Gesetzen oder Rechtsverordnungen festgelegten Grenz- oder Richtwerte nicht überschreiten.
- Ein Sonderopfer kann vorliegen, wenn nur ein Wohnungseigentümer (oder eine kleine Gruppe von Wohnungseigentümern) durch eine erlaubte Benutzung, beispielsweise durch Geräusche und Gerüche aus einem Restaurant, in einem Sondereigentum einen unvermeidbaren Nachteil erfährt.

Beschädigung und Zerstörung
Wird eine Sache zerstört oder beschädigt, die im Eigentum des Wohnungseigentümers steht oder für deren Erhaltungskosten der Wohnungseigentümer einstehen muss, liegt ein Sonderopfer immer vor.

4. Rechtsfolge
Muss ein Wohnungseigentümer eine Einwirkung dulden, hat er einen Anspruch auf angemessenen Ausgleich in Geld.

WEG § 14 Absatz 3
Hat der Wohnungseigentümer eine Einwirkung zu dulden, die über das zumutbare Maß hinausgeht, kann er einen angemessenen Ausgleich in Geld verlangen.

Der Anspruch auf Ausgleich umfasst Substanzschäden, aber auch sämtliche adäquat kausal im Zusammenhang mit der Maßnahme stehenden Schäden. Schaden in diesem Sinne ist eine Zerstörung, aber auch eine bloße Verschlechterung. Zu erstatten sind etwa:

- ein entgangener Gewinn,
- Umzugs-, Transport- und Lagerkosten,
- Kosten für Ersatzwohnraum,
- Säuberungskosten,
- ein Verdienstausfall und
- gegebenenfalls ein Schaden durch fehlenden Eigengebrauch.

Verpflichteter

- Geht die Einwirkung vom gemeinschaftlichen Eigentum aus, ist die Gemeinschaft der Wohnungseigentümer verpflichtet, den Schaden zu erstatten oder einen Ausgleich zu leisten.
- Geht die Einwirkung von einem Sondereigentum aus, ist sein Eigentümer oder ein Drittnutzer verpflichtet, den Schaden zu erstatten oder einen Ausgleich zu leisten.

Vermietung
Im Falle der Vermietung steht der Aufopferungsanspruch dem jeweiligen Mieter zu, soweit er geschädigt ist.

II. Schadenersatzansprüche

1. Verspätete Erhaltungsmaßnahme

Ist der Gemeinschaft der Wohnungseigentümer ein Mangel des gemeinschaftlichen Eigentums bekannt und ist eine Erhaltungsmaßnahme dringend, unterbleibt sie aber, kann ein Wohnungseigentümer, der durch die Verzögerung einen Schaden erleidet, etwa einen Mietausfall, von der Gemeinschaft der Wohnungseigentümer Schadenersatz verlangen.

Denn das gemeinschaftliche Eigentum MUSS in einem solchen baulichen Zustand sein, dass das Sondereigentum zu dem in der Gemeinschaftsordnung vorgesehenen Zweck genutzt werden kann. Das gilt auch dann, wenn es sich um einen Mangel handelt, den der Bauträger verursacht hat.

Beispiel für eine dringende Erhaltungsmaßnahme
Das gemeinschaftliche Eigentum ist beispielsweise zu reparieren, wenn Außen- und Innenwände massiv durchfeuchtet sind und der zweckentsprechende Gebrauch der Räume hierdurch erheblich beeinträchtigt wird:

- Dienen Räume zu Wohnzwecken, müssen derartige Durchfeuchtungen schon wegen der erheblichen nachteiligen Auswirkungen auf Wohnkomfort und Gesundheit sowie auf den optischen Eindruck beseitigt werden.
- Nichts anderes gilt bei Räumen, die als Büro oder Laden dienen. Diese müssen ebenso wie Wohnungen grundsätzlich dazu geeignet sein, als Aufenthaltsraum für Menschen zu dienen.

- Dies gilt auch dann, wenn gesundheitsschädlicher Schimmel (noch) nicht aufgetreten ist.

Wenn für eine notwendige Erhaltungsmaßnahme keine Mittel vorhanden sind, muss eine Sonderumlage erhoben werden. Ein Wohnungseigentümer kann dagegen nicht einwenden, sie sei zu hoch bemessen oder er habe von der Erhaltungsmaßnahme wegen seines hohen Lebensalters nichts mehr.

Untergang des Schadenersatzanspruches
Zögert die Gemeinschaft der Wohnungseigentümer eine Erhaltung ungebührlich hinaus, holt die Gemeinschaft der Wohnungseigentümer etwa ohne Not ein weiteres Gutachten ein, muss ein geschädigter Wohnungseigentümer gegen diesen Beschluss im Wege der Anfechtung vorgehen. Ein Anspruch auf Schadenersatz wegen verzögerter Beschlussfassung über notwendige Erhaltungsmaßnahmen scheidet nämlich in der Regel aus, wenn der Wohnungseigentümer Beschlüsse über die Zurückstellung der Reparatur nicht angefochten hat.

2. Pflichtverletzungen des Verwalters

Die Gemeinschaft der Wohnungseigentümer schuldet ferner Schadenersatz für Pflichtverletzungen des Verwalters, sofern ein Wohnungseigentümer dadurch einen Schaden am Sondereigentum oder Alleineigentum erleidet.

BEISPIELE FÜR PFLICHTVERLETZUNGEN DES VERWALTERS
- Verzögerte Durchführung eines Beschlusses.
- Nichtdurchführung eines Beschlusses.
- Nichtdurchführung einer Versammlung.
- Verweigerte Einsichtnahme in die Verwaltungsunterlagen

Schadenersatzansprüche gegen den Verwalter
Neben einem Anspruch gegen die Gemeinschaft der Wohnungseigentümer steht gegebenenfalls ein direkter Anspruch gegen den Verwalter (dazu 16. Kapitel Verwalter › S. 334).

3. Regress der Gemeinschaft der Wohnungseigentümer

Muss die Gemeinschaft der Wohnungseigentümer einem Wohnungseigentümer oder einem Dritten Schadenersatz leisten, kann sie von dem Organ, das seine Pflichten schuldhaft verletzt hat, einen Regress verlangen.

- Verpflichtet können die Wohnungseigentümer sein, die bei einer notwendigen Beschlussfassung
  - schuldhaft entweder untätig geblieben sind (also trotz entsprechender Informationen nicht zur Versammlung erschienen sind und sich auch nicht haben vertreten lassen) oder
  - nicht für die erforderliche Maßnahme gestimmt oder sich enthalten haben.

- Verpflichtet können die Verwaltungsbeiräte sein.
- Verpflichtet kann der Verwalter sein.

Aufgabe des Vorsitzenden des Verwaltungsbeirats
Der Vorsitzende des Verwaltungsbeirats muss den außergerichtlichen oder gerichtlichen Regress gegen den Verwalter ORGANISIEREN. Bleibt er untätig, kann er seinerseits als Organ der Gemeinschaft der Wohnungseigentümer Schadenersatz schulden.

III. Nachbarrechtlicher Ausgleichsanspruch

1. Sondereigentum
Ein Wohnungseigentümer kann die Zuführung von Gasen, Dämpfen, Gerüchen, Rauch, Ruß, Wärme, Geräuschen, Erschütterungen und ähnliche von einem NACHBARGRUNDSTÜCK ausgehende Einwirkungen – etwa Wasser – insoweit nicht verbieten, als die Einwirkung die Benutzung seines Sondereigentums nicht oder nur unwesentlich beeinträchtigt. Eine unwesentliche Beeinträchtigung liegt in der Regel auch hier vor, wenn die Einwirkungen die in Gesetzen oder Rechtsverordnungen festgelegten Grenz- oder Richtwerte nicht überschreiten. Das Gleiche gilt insoweit, als eine wesentliche Beeinträchtigung durch eine ortsübliche Benutzung des Nachbargrundstücks herbeigeführt wird und nicht durch Maßnahmen verhindert werden kann, die Benutzern wirtschaftlich zumutbar sind.

Hat ein Wohnungseigentümer eine der genannten Einwirkungen zu dulden, kann er von dem Benutzer des Nachbargrundstücks einen angemessenen Ausgleich in Geld verlangen, wenn die Einwirkung eine ortsübliche Benutzung seines Grundstücks oder dessen Ertrag über das zumutbare Maß hinaus beeinträchtigt.

2. Gemeinschaftliches Eigentum
Wird das gemeinschaftliche Eigentum beeinträchtigt, steht der nachbarrechtliche Ausgleichsanspruch den Wohnungseigentümern zu. Der Anspruch kann nur von der Gemeinschaft der Wohnungseigentümer geltend gemacht werden.

Umlage auf die Wohnungseigentümer
Werden Gelder erlangt, sind diese den Wohnungseigentümern über die Jahresabrechnung nach der Höhe ihres Miteigentumsanteils zuzuteilen.

Zusammenfassung

- Ein Wohnungseigentümer kann gegen die Gemeinschaft der Wohnungseigentümer Ansprüche aus Aufopferung und/oder auf Schadenersatz haben.
- Ein Wohnungseigentümer kann gegen einen Miteigentümer einen Anspruch aus Aufopferung haben.
- Ein Wohnungseigentümer kann gegen den Grundstücksnachbarn einen nachbarrechtlichen Ausgleichsanspruch haben.

22

Minderheiten-schutz

In jeder Wohnungseigentumsanlage ist es vorstellbar, dass sich ein Wohnungseigentümer durch seine Miteigentümer in die Enge gedrängt fühlt.

- Zum einen ist es möglich, dass eine Vereinbarung einen Wohnungseigentümer benachteiligt und er deshalb Schutz sucht. Dies kann beispielsweise der Fall sein, wenn ein vereinbarter Umlageschlüssel unbillig oder eine Gebrauchsregelung nicht akzeptabel ist.
- Zum anderen ist vorstellbar, dass eine Mehrheit von Wohnungseigentümern eine Minderheit in der Versammlung durch ihr Stimmenübergewicht bei der Beschlussfassung beherrscht.
  - Eine Beherrschung kommt vor allem in einer Zweiergemeinschaft und in kleinen Wohnungseigentumsanlagen durch eine „Lagerbildung“ vor.
  - Eine Beherrschung ist aber auch in größeren Wohnungseigentumsanlagen denkbar, etwa dann, wenn dem Bauträger noch mehrheitlich die Wohnungseigentumsrechte gehören.

Das Kapitel stellt vor, welchen Minderheitenschutz es in diesen Fällen gibt.

22. Minderheitenschutz

I. Überblick

Das Wohnungseigentumsgesetz kennt keinen ausdrücklichen Minderheitenschutz. Viele der im Folgenden vorgestellten Rechte und Möglichkeiten schützen im Regelfall aber eine Minderheit – und die Mehrheit, soweit diese in angemessener Weise handelt.

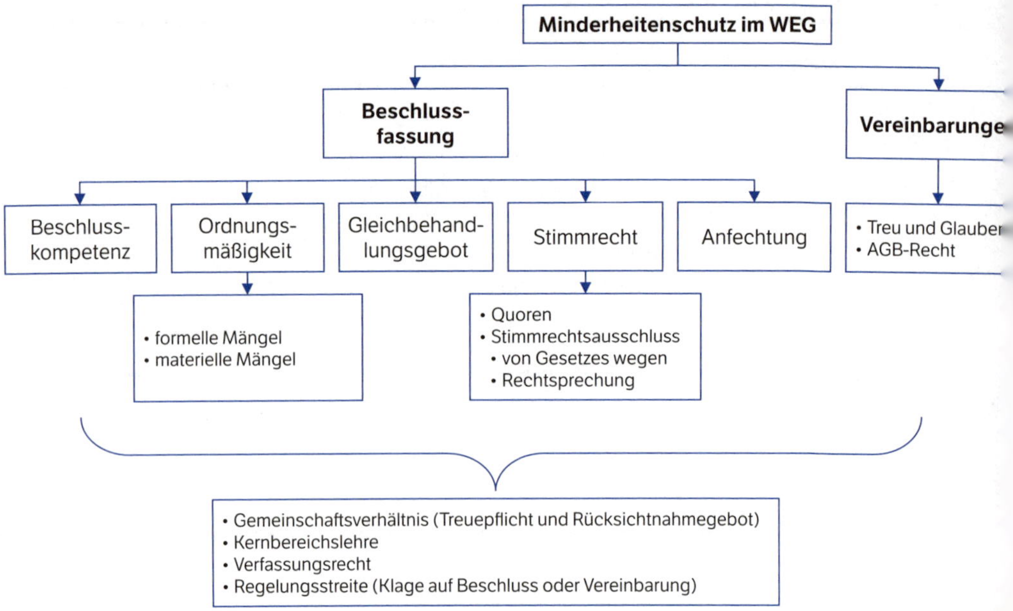

Minderheitenschutz im Wohnungseigentumsrecht

Beschlüsse außerhalb der Versammlung

Bei Beschlüssen außerhalb der Versammlung ist ein Minderheitenschutz unnötig, da diesen alle Wohnungseigentümer in Textform zustimmen müssen. Etwas anderes kann gelten, wenn

- die Wohnungseigentümer von ihrer Kompetenz Gebrauch machen, für einen Gegenstand eine einfache Mehrheit ausreichen zu lassen (1. Kapitel Grundbegriffe › S. 30), oder
- vereinbart ist, dass eine Stimmenmehrheit ausreicht.

II. Beschlüsse

1. Beschlussschranken

Bei einer Beschlussfassung sind zum Schutz der Minderheit bestimmte fundamentale inhaltliche Schranken zu beachten. Die Frage, ob ein Beschluss den Grundsätzen einer ordnungsmäßigen Verwaltung entspricht, stellt sich nicht, wenn diese Schranken eingehalten sind.

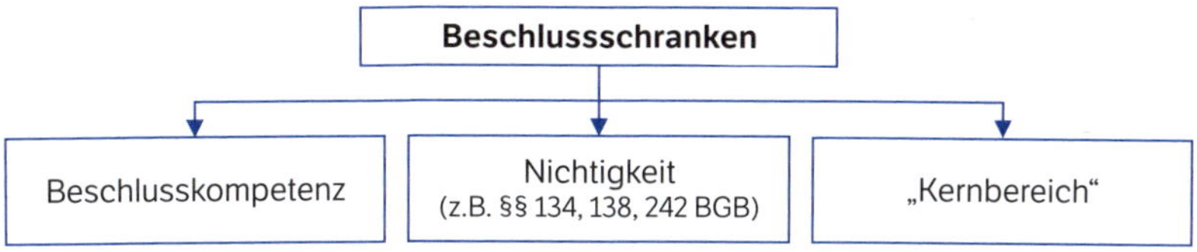

Beschlussschranken

In der Versammlung bilden die Wohnungseigentümer ihren Willen durch Beschluss. Insoweit erfährt jeder Wohnungseigentümer einen Schutz durch den Katalog, in welchen Bereichen von Gesetzes wegen überhaupt eine Beschlussfassung möglich ist, also eine BESCHLUSSKOMPETENZ besteht (1. Kapitel Grundbegriffe › S. 25).

Öffnungsklausel
Die Wohnungseigentümer können die Gegenstände, die beschlossen werden dürfen, im Wege der Vereinbarung erweitern (Öffnungsklausel). Liegt es so, muss man für die Frage der Beschlusskompetenz auch die Öffnungsklausel untersuchen. Die Gestaltung der Öffnungsklausel kann nämlich gegen den Minderheitenschutz verstoßen. Dieses Problem ist bei der Frage zu untersuchen, ob eine Vereinbarung unwirksam ist (› S. 459).

Nach überwiegender Ansicht folgt eine weitere Beschluss-, aber auch Vereinbarungsschranke (› S. 459) aus den zum KERNBEREICH DES WOHNUNGSEIGENTUMSRECHTS zu zählenden Vorschriften.

Es soll Rechte und Pflichten geben, in welche die Wohnungseigentümer nicht ohne Zustimmung des Beeinträchtigten eingreifen können („Kernbereich“). Verletzen die Wohnungseigentümer durch einen Beschluss oder eine Vereinbarung diesen Kernbereich, soll die entsprechende Regelung unwirksam (nichtig) sein.

- Ein beeinträchtigter Wohnungseigentümer soll jedenfalls Eingriffe in den sachenrechtlich geschützten Bereich nur mit seiner Zustimmung hinnehmen müssen.
- Daneben sind die Strukturprinzipien des Wohnungseigentumsrechts geschützt und
- sind Eingriffe in die unmittelbar aus dem Eigentum fließenden zentralen Verwaltungs- und Mitbestimmungsrechte (mitgliedschaftlicher Kernbereich) zustimmungspflichtig.
- Schließlich wird ein Individualrechtsschutzbereich bejaht.

Beispiele

- RUHEN DES STIMMRECHTS. Die Bestimmung, dass ein Wohnungseigentümer, der mit der Zahlung von Hausgeld länger als einen Monat in Verzug ist, von der Teilnahme an der Versammlung ausgeschlossen werden kann, soll nach der Kernbereichslehre unwirksam sein.
- PARABOLANTENNE. Die Vereinbarung, dass ein Wohnungseigentümer eine Parabolantenne nicht gebrauchen darf, soll nach der Kernbereichslehre unwirksam sein können.
- BELASTUNGSVERBOT. Auch eine Öffnungsklausel schafft keine Beschlusskompetenz, einem Wohnungseigentümer die Erhaltungspflicht/-last für das gemeinschaftliche Eigentum zu übertragen.

Nichtigkeit
Ein weiterer Schutz ist die Beschlussnichtigkeit. Ein Beschluss ist nichtig, wenn er gegen Vorschriften verstößt, auf deren Einhaltung nicht verzichtet werden kann. Solche unabdingbaren Rechtsvorschriften ergeben sich aus zwingenden Bestimmungen und Grundsätzen des Wohnungseigentumsrechts oder aus Normen des übrigen Privat- oder öffentlichen Rechts (siehe im Einzelnen 20. Kapitel WEG-Streitigkeiten › S. 433).

2. Ordnungsmäßigkeit
Der allgemeine Schutz gegenüber einer Beherrschung eines Wohnungseigentümers durch die Willkür anderer Wohnungseigentümer besteht darin, dass alle Beschlüsse einer ORDNUNGSMÄSSIGEN Verwaltung entsprechen müssen.

WEG § 18 Absatz 2
Jeder Wohnungseigentümer kann von der Gemeinschaft der Wohnungseigentümer
1. eine Verwaltung des gemeinschaftlichen Eigentums sowie

2. eine Benutzung des gemeinschaftlichen Eigentums und des Sondereigentums
verlangen, die dem Interesse der Gesamtheit der Wohnungseigentümer nach billigem Ermessen (ordnungsmäßige Verwaltung und Benutzung) und, soweit solche bestehen, den gesetzlichen Regelungen, Vereinbarungen und Beschlüssen entsprechen.

Die gerichtliche Kontrolle, ob es so ist, findet im Wege der Anfechtungsklage (Beschlussmängelklage) statt (20. Kapitel WEG-Streitigkeiten › S. 428).

Majorisierung
Majorisierende Beschlüsse können insbesondere unter dem Blickwinkel der Willkür, des Rechtsmissbrauchs oder einer unbilligen Benachteiligung Einzelner ordnungsmäßiger Verwaltung widersprechen.

Für das, was als ordnungsmäßig anzusehen ist, haben die Wohnungseigentümer im Rahmen ihres Selbstorganisationsrechts ein Ermessen (8. Kapitel Verwaltung › S. 173 ff.). Die Minderheit muss es daher hinnehmen, wenn eine Entscheidung anders als von ihr erstrebt getroffen wird, wenn die getroffene Entscheidung vertretbar ist.

FARBENAUSWAHL
Muss das Treppenhaus neu gestrichen werden, haben die Wohnungseigentümer für die Auswahl im Rahmen der öffentlichen Bestimmungen (etwa des Denkmalschutzes) ein Ermessen. Die Klage gegen die Auswahl einer jedenfalls vertretbaren Farbauswahl hätte daher nie eine reelle Chance auf Erfolg.

Zur Ordnungsmäßigkeit gehört die BESTIMMTHEIT von Beschlüssen. Beschlüsse müssen so gefasst werden, dass für jedermann, vor allem für Sondernachfolger und für Wohnungseigentümer, die an der Versammlung nicht teilgenommen haben, OHNE WEITERES und aufgrund des Beschlusstextes und etwa in Bezug genommener Anlagen erkennbar ist, was beschlossen ist.

- Ein Beschluss ist „bestimmt“, wenn er aus sich heraus genau erkennen lässt, was gilt. Damit ein Beschluss „bestimmt“ ist, muss er so ausführlich wie möglich beschreiben, was gelten soll. Er muss – gegebenenfalls durch Verweisung – sein Regelungsproblem (den Anlass seiner Entstehung) vollständig lösen. Außerdem muss er so formuliert werden, dass er in sich nicht widersprüchlich ist.
- Einem Beschluss fehlt Bestimmtheit, wenn er keine sinnvolle, in sich geschlossene und verständliche Regelung enthält. Mangelt es an diesen Merkmalen, verfehlt der Beschluss sein Ziel, für Rechtsklarheit und -sicherheit zu sorgen.

Prüfsteine für eine ausreichende Bestimmtheit
Prüfsteine für eine ausreichende Bestimmtheit eines Beschlusses sind unter anderem:

- Ist der Beschluss so einfach, klar und so vollständig wie möglich formuliert?
- Kann der Beschlussunterworfene ohne fremde Hilfe erkennen, was gilt?
- Weiß jeder Dritte durch bloßes Lesen des Beschlusstextes sofort und unmissverständlich, was durch den Beschluss in welcher Weise im Einzelnen geregelt ist und wer was zu tun hat?
- Ist bei der Formulierung an die spätere Umsetzung gedacht worden?

Beispiele
Etwa die folgenden Beschlüsse sind zu unbestimmt:

- Ein Beschluss, der Singen und Musizieren nur in „nicht belästigender Weise und Lautstärke“ erlaubt.
- Ein Beschluss, nach dem „unnötige und störende Geräusch zu vermeiden und die Ruhe beeinträchtigende Tätigkeiten zu unterlassen sind“.
- Ein „Beschluss für Terrassenüberdachung“.
- Ein Beschluss, dass im Hinblick auf die Gartenanlage „einfache Pflegearbeiten wie Kehren, Unkrautjäten, Gießen etc. nicht von einer Fachfirma vorgenommen werden, sondern von den Hausbewohnern in Eigenregie unentgeltlich getätigt werden“ sollen.
- Ein Beschluss „Genehmigung der Gartenpflege“.
- Ein Beschluss, wenn er nicht erkennen lässt, welcher Anbieter auf der Grundlage welchen Angebots mit dem Einbau und der Wartung von Rauchwarnmeldern beauftragt werden soll, die Höhe der Kosten nicht erkennen lässt und keine Regelung darüber trifft, wie die Kosten aufgebracht werden sollen.

3. Grundsatz der Gleichbehandlung

Jeder Wohnungseigentümer kann verlangen, bei einer Beschlussfassung gleich behandelt zu werden. Dieser Grundsatz der Gleichbehandlung besagt, dass

- gleiche Sachverhalte
- auf gleiche Weise behandelt werden müssen.

Eine Ungleichbehandlung ist zulässig, wenn es für eine Differenzierung der gleich liegenden Fälle einen Sachgrund gibt. Fehlt es an diesem

Sachgrund, liegt ein BESCHLUSSMANGEL vor, der auf eine Anfechtung hin zur Ungültigkeitserklärung des Beschlusses führt.

Untervermietung
Mietet ein Wohnungseigentümer gemeinschaftliches Eigentum von der Gemeinschaft der Wohnungseigentümer an und will er es untervermieten, bedarf er einer Erlaubnis der Gemeinschaft der Wohnungseigentümer. Holt er diese nicht ein, kann er auf Unterlassung der Untervermietung in Anspruch genommen werden. Haben mehrere mietende Wohnungseigentümer ohne die Erlaubnis der Gemeinschaft der Wohnungseigentümer untervermietet, müssen alle auf Unterlassung in Anspruch genommen werden. Geschieht das nicht, kann sich ein untervermietender Wohnungseigentümer auf den Gleichbehandlungsgrundsatz berufen.

4. Stimmrecht

Ein positiver Beschluss ist vom Versammlungsleiter nur zu verkünden, wenn die auf einen Beschlussantrag abgegebenen Ja-Stimmen die Nein-Stimmen überwiegen.

Abweichende Vereinbarung
Die Wohnungseigentümer können vereinbaren, dass ein Beschluss eines Quorums bedarf. Der Nachteil einer solchen Regelung besteht darin, dass Beschlüsse gegebenenfalls nicht zustande kommen.

Ein Wohnungseigentümer kann zum Schutz der anderen Wohnungseigentümer vom Stimmrecht ausgeschlossen sein. Das ist der Fall, wenn

- die Beschlussfassung die Vornahme eines auf die Verwaltung des gemeinschaftlichen Eigentums bezüglichen Rechtsgeschäfts mit ihm oder
- die Einleitung oder Erledigung eines Rechtsstreits der anderen Wohnungseigentümer gegen ihn betrifft oder
- wenn er rechtskräftig verurteilt ist, sein Wohnungseigentum zu veräußern.

Vertretung
Ein Wohnungseigentümer, der vom Stimmrecht ausgeschlossen ist, darf sich keinen Vertreter nehmen und kann seinerseits nicht Vertreter sein.

Die Rechtsprechung hat die gesetzlich benannten Fälle durch den Fall ERGÄNZT, dass die Art und Weise einer Stimmrechtsausübung die übrigen Wohnungseigentümer SO OFFENKUNDIG UND OHNE JEDEN ZWEIFEL IN

TREUWIDRIGER WEISE BENACHTEILIGT, dass der Ausgang eines gerichtlichen Verfahrens nicht abgewartet werden kann. Liegt es ganz ausnahmsweise so, darf auch diese Stimme nicht gewertet werden.

Beispiele

- UNGEEIGNETE PERSON FÜR DAS VERWALTERAMT. Eine Stimmabgabe kann unwirksam sein, wenn ein Mehrheitseigentümer gegen die Stimmen der übrigen Wohnungseigentümer eine wegen gravierender Vermögensdelikte vorbestrafte Person aufgrund einer persönlichen Nähe zum Verwalter bestellt, oder wenn er die Person nur wählt, weil sie ihm eng „verbunden" ist, etwa seine Freundin, die zur Frage, wie man Wohnungseigentum verwaltet, aber keine Kenntnisse besitzt.
- UNANGEMESSENE VORTEILE. Entsprechendes gilt, wenn mit den Stimmen eines Mehrheitseigentümers ein Beschluss gefasst wird, der diesem offensichtlich unangemessene Vorteile verschafft.

5. Anfechtungsklage

Jeder Wohnungseigentümer kann jeden Beschluss im Wege der Anfechtungsklage angreifen und vom Gericht prüfen lassen, ob der Beschluss ganz oder teilweise einer ordnungsmäßigen Verwaltung widerspricht oder an anderen Mängeln leidet (20. Kapitel WEG-Streitigkeiten › S. 428 ff.).

Schutz sämtlicher Wohnungseigentümer

Diese Anfechtungsbefugnis dient nicht nur dem persönlichen Interesse des Wohnungseigentümers und dem Interesse sämtlicher Wohnungseigentümer an einer ordnungsmäßigen Verwaltung, sondern auch und gerade dem Minderheitenschutz.

6. Beschlussersetzungsklage

Soweit ein Wohnungseigentümer (bzw. eine festgefügte Gruppe von Wohnungseigentümern) – eine Blockadeposition hat, mit der er (sie) Beschlussfassungen verhindern kann, wird der Minderheitenschutz in erster Linie durch die Beschlussersetzungsklage gewährleistet (20. Kapitel WEG-Streitigkeiten › S. 434 ff.).

III. Vereinbarungen

1. Spätere Vereinbarungen
Im Hinblick auf später zu schließende Vereinbarungen bedarf es keines Schutzes der Minderheit, denn einer Vereinbarung müssen SÄMTLICHE Wohnungseigentümer zustimmen. Verweigert ein Wohnungseigentümer seine Zustimmung, gibt es keine Vereinbarung.

Klage auf Vereinbarung
Anders ist es, wenn eine Vereinbarung gegen den Willen einiger Wohnungseigentümer erstritten wurde (siehe 20. Kapitel WEG-Streitigkeiten › S. 436).

2. Ursprüngliche Vereinbarungen
Anders liegt es bei den ursprünglichen Vereinbarungen. Denn diese hat in der Regel der Bauträger vorgegeben. Im Einzelfall ist vorstellbar, dass eine dieser Vereinbarungen in einer nicht angemessenen Weise einen Wohnungseigentümer benachteiligt. Die Rechtsprechung versucht hier, in geeigneten Fällen nach dem Grundsatz von Treu und Glauben oder entsprechend den Regelungen des Rechts der allgemeinen Geschäftsbedingungen einen angemessenen Interessensausgleich zu schaffen.

Beispiele

- HUNDEVERBOT. Die Wohnungseigentümer können in der Gemeinschaftsordnung vereinbart haben, dass in der Wohnungseigentumsanlage keine Hunde gehalten werden dürfen. Auf diese Vereinbarung dürfen sie sich nicht berufen, wenn ein blinder Wohnungseigentümer eines Blindenhundes bedarf.
- VERTRETERKLAUSEL. Ähnlich liegt es, wenn durch eine Vereinbarung der Gemeinschaftsordnung der Kreis der möglichen Stellvertreter eines Wohnungseigentümers für die Versammlung eingeschränkt ist (Vertreterklausel), einem Wohnungseigentümer im Einzelfall aber keiner der möglichen Vertreter zumutbar ist (siehe 15. Kapitel Versammlung › S. 282).

Eine weitere Vereinbarungsgrenze soll aus der Kernbereichslehre folgen können (siehe dazu › S. 453 ff.).

IV. Gemeinschaftsverhältnis

1. Überblick

Die Wohnungseigentümer sind Miteigentümer des gemeinschaftlichen Eigentums. Soweit sie also Teilhaber des gemeinschaftlichen Eigentums sind, besteht zwischen ihnen ein „Gemeinschaftsverhältnis“. In diesem Gemeinschaftsverhältnis „wurzeln“ Rechte und Pflichten. Das Gemeinschaftsverhältnis ist im Verhältnis der Wohnungseigentümer untereinander allerdings nur anzuwenden, wenn die Wohnungseigentümer keine abweichenden Vereinbarungen oder Beschlüsse getroffen haben.

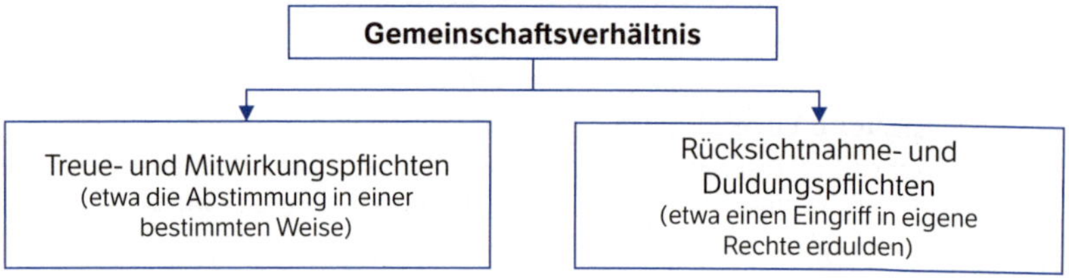

Gemeinschaftsverhältnis

2. Einzelheiten

Aus dem Gemeinschaftsverhältnis kann vor allem das Recht erwachsen, eine Zustimmung zur Änderung der SACHENRECHTLICHEN Grundlagen (das sind: die Größe der Miteigentumsanteile oder die Grenzen des gemeinschaftlichen Eigentums und des Sondereigentums) zu verlangen.

Voraussetzungen für ein Zustimmungsverlangen

Ein solches Zustimmungsverlangen hat Erfolg, wenn außergewöhnliche Umstände vorliegen, welche die Verweigerung der Zustimmung als grob unbillig und damit als Verstoß gegen den Grundsatz von Treu und Glauben erscheinen lassen. Solche Umstände liegen noch nicht vor, wenn eine Handlungsalternative bloß sinnvoller als eine andere erscheint.

Aus dem Gemeinschaftsverhältnis folgt ferner das Recht auf RÜCKSICHTNAHME, beispielsweise die Pflicht, in bestimmten Fällen Rechte nicht auszuüben, etwa sich einer Vereinbarung zu unterwerfen, oder die Verpflichtung, einen bestimmten unzulässigen Gebrauch zu dulden.

Ferner kommt als Ausfluss des Gemeinschaftsverhältnisses etwa Folgendes in Betracht:

- Behebung von Mängeln der Teilungserklärung und des Aufteilungsplans (1. Kapitel Grundbegriffe › S. 12), etwa wenn:
  - Gegenstand des Sondereigentums Räume sein sollen, die zwingend im gemeinschaftlichen Eigentum stehen müssen;
  - die Bauausführung vom Aufteilungsplan in einer Weise abweicht, die es unmöglich macht, die errichteten Räume einer im Aufteilungsplan ausgewiesenen Raumeinheit zuzuordnen;
  - eine erstmalige plangerechte Herstellung des gemeinschaftlichen Eigentums (10. Kapitel Erhaltungsmaßnahmen) den übrigen Wohnungseigentümern nach den Umständen des Einzelfalls nicht zuzumuten ist, beispielsweise wenn eine plangerechte Herstellung tiefgreifende Eingriffe in das Bauwerk erforderte oder Kosten verursachte, die auch unter Berücksichtigung der berechtigten Belange der von der abweichenden Bauausführung unmittelbar betroffenen Wohnungseigentümer unverhältnismäßig wären (die Interessen der hiervon nachteilig betroffenen Wohnungseigentümer werden dadurch gewahrt, dass sie jedenfalls gravierende Abweichungen zu Lasten ihres Sondereigentums unter Umständen nur gegen eine Ausgleichszahlung hinnehmen müssen).
- Schaffung der finanziellen Grundlagen der Gemeinschaft der Wohnungseigentümer durch zwingende Beschlussfassung über (siehe dazu auch 17. Kapitel Finanzwesen):
  - Vorschüsse;
  - Nachschüsse;
  - Sonderumlagen;
  - Bildung einer Liquiditätsrücklage;
  - Aufnahme eines Darlehens.
- Maßnahmen zur Erhaltung des gemeinschaftlichen Eigentums;
- Mitwirkung an einer ordnungsmäßigen Verwaltung des gemeinschaftlichen Eigentums:
  - etwa einen Beschluss (mit) zu fassen oder
  - eine Vereinbarung zu schließen.
- Schadenersatzansprüche, wenn etwa ein Wohnungseigentümer ein Schadensereignis vortäuscht oder über ein Schadensereignis falsche Auskunft gibt, beispielsweise über die Ursache eines Wasserschadens.

V. Grundrechte

Im Einzelfall kann sich ein Wohnungseigentümer auf seine Grundrechte berufen und etwas gegen den Willen der Mehrheit der Wohnungseigentümer durchsetzen. Ob und wieweit der Grundrechtsschutz einem Wohnungseigentümer zur Seite steht, ist eine Frage des Einzelfalls, der konkreten Wohnungseigentumsanlage und seiner Eigentümer.

Vorstellbar ist danach, dass

- die anderen Wohnungseigentümer einer baulichen Veränderung zustimmen müssen (dies ist bei einem Wohnungseigentümer vorstellbar, der einer Parabolantenne bedarf);
- ein störender Gebrauch in einer Abwägung mit den Grundrechten der anderen Wohnungseigentümer dennoch hinzunehmen ist (hierzu kann es zum Beispiel beim Rauchen kommen);
- ein Wohnungseigentümer sich in der Versammlung begleiten lassen darf.

Zusammenfassung
Der Minderheitenschutz wird gewährt durch
- die Beschlussschranken,
- den Begriff der Ordnungsmäßigkeit,
- den Grundsatz der Gleichbehandlung,
- das Stimmrecht,
- die Anfechtungsklage,
- die Beschlussersetzungsklage,
- die Möglichkeit der Klage auf eine Vereinbarung,
- das Gemeinschaftsverhältnis,
- die Grundrechte.

23

Mehrhaus-
anlagen

Das Wohnungseigentumsgesetz trifft für Mehrhausanlagen keine Bestimmungen. Solche können aber vereinbart werden. Das Kapitel stellt diese Vereinbarungen vor.

23. Mehrhausanlagen

I. Begriff

Von einer Mehrhausanlage spricht man, wenn mehrere selbständige Gebäude im gemeinschaftlichen Eigentum stehen. Die einzelnen Gebäude können freistehen, aber auch aneinandergrenzen, wie es etwa bei Reihen- oder Doppelhäusern oder bei Wohnblöcken der Fall ist. Es muss sich auch nicht um Wohngebäude handeln. Eines der Gebäude kann eine oberirdische Garage sein.

Lage der Gebäude
Die „Gebäude“ können sogar übereinander gebaut sein: zum Teil werden nämlich auch Wohnungseigentumsanlagen, in denen es ein Gebäude und eine Tiefgarage gibt, als Mehrhausanlage angesprochen.

Die Gebäude werden in der Regel solche mit mehreren Einheiten sein; auch das ist aber nicht zwingend (Reihenhaus). Die Gebäude können gleich groß sein, müssen es aber nicht. Ferner können die Gebäude gleich alt sein. Es finden sich aber auch Wohnungseigentumsanlagen mit einem Altbau und einem Neubau oder mehreren Neubauten (insbesondere hier gibt es Probleme bei der Erhaltung der Gebäudesubstanz: beim „Altbau“ wird in der Regel schneller das Bedürfnis bestehen, die Gebäudesubstanz zu erhalten).

Untergemeinschaft
Finden sich in den einzelnen Gebäuden mehrere Wohnungen, die im Sondereigentum stehen, werden sie manchmal als „Untergemeinschaft“ bezeichnet oder die Wohnungseigentümer der entsprechenden Gebäude verstehen sich als eine solche (das ist auch bei Garagen der Fall). Dazu im Einzelnen 1. Kapitel Grundbegriffe › S. 22.

II. Gesetz

1. Keine Sonderregelungen
Das Wohnungseigentumsgesetz trifft für Mehrhausanlagen keine Sonderregelungen. Sie sind so zu behandeln, als bestünden keine tatsächlichen oder rechtlichen Unterschiede gegenüber einem einzelnen Gebäude.

Beispiele
In einer Mehrhausanlage gibt es also nur

- eine Gemeinschaft der Wohnungseigentümer,
- ein Gemeinschaftsvermögen,
- eine Erhaltungsrücklage bzw. andere Rücklagen,
- eine Versammlung,
- einen Verwalter,
- einen Wirtschaftsplan,
- eine Jahresabrechnung und
- einen Verwaltungsbeirat.

Die Angelegenheiten einer Mehrhausanlage werden außerdem von sämtlichen Wohnungseigentümern bestimmt. Etwa ein Beschluss nur der Eigentümer eines von mehreren Mehrfamilienhäusern einer Wohnungseigentumsanlage ist ebenso nichtig wie eine Vereinbarung nur dieser Eigentümer.

2. Natur der Sache?
Von einigen Stimmen wird im Interesse der Wohnungseigentümer allerdings vertreten, aus der Natur der Sache könne sich wenigstens ein gegenständlich beschränktes Stimmrecht ergeben (auch: Blockstimmrecht genannt).

Danach soll aufgrund einer Gruppenbetroffenheit eine Teilversammlung in Betracht kommen, bei der sich nur die Wohnungseigentümer einer „Untergemeinschaft" versammeln und dort ein Stimmrecht haben.

Eine Gruppenbetroffenheit wird für solche Angelegenheiten erwogen, die sich ausschließlich auf einen eindeutig abgegrenzten oder abgrenzbaren Teil eines Hauses oder einer Mehrhausanlage beziehen, beispielsweise für den Einbau eines Treppenliftes, für eine Gebrauchsregelung für die nur von den Wohnungseigentümern eines Hauses in einer Mehrhausanlage zu nutzende Waschküche oder für Verwaltungsregelungen in Bezug auf eine Tiefgarage.

Warnung
Dem Gesetz ist eine Gruppenbetroffenheit fremd. Man kann daher nicht darauf vertrauen, dass die Gerichte eine Teilversammlung akzeptieren. Aus Gründen der Vorsicht sollte man daher von dieser Form der Verwaltung Abstand nehmen.

III. Vereinbarungen

1. Überblick

Die Wohnungseigentümer sind befugt, etwas von den gesetzlichen Bestimmungen Abweichendes zu vereinbaren. Üblich sind vor allem Vereinbarungen

- zur Versammlung,
- zum Stimmrecht,
- zu den Umlageschlüsseln,
- zum Wirtschaftsplan und den Vorschüssen und
- zur Jahresabrechnung und den Nachschüssen.

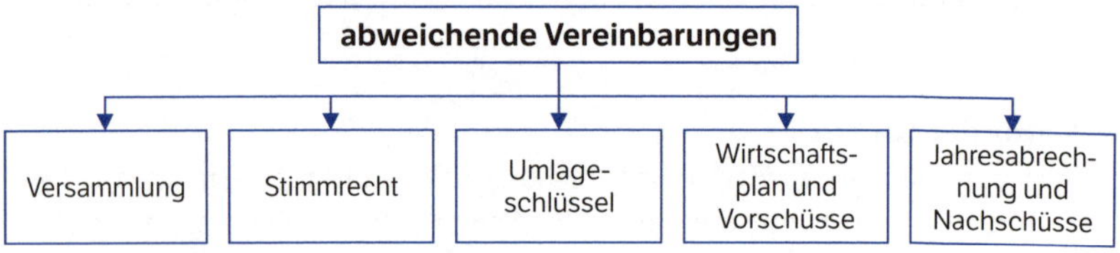

Abweichende Vereinbarungen in einer Mehrhausanlage

Präambel
Zum Teil findet sich in der Teilungserklärung/Gemeinschaftsordnung eine Präambel (Einleitung), wonach die Vereinbarungen so ausgelegt werden sollen, dass den Besonderheiten der Mehrhausanlage soweit wie möglich Rechnung getragen wird. So eine Präambel nimmt die Rechtsprechung ernst und versucht, sie bei der Auslegung der Vereinbarungen nutzbar zu machen.

2. Versammlung

Die Wohnungseigentümer können vereinbaren, dass sich nur ein TEIL von ihnen zu bestimmten Gegenständen versammeln soll (Teil- oder Gruppenversammlung). Ob die anderen Wohnungseigentümer ein Teilnahmerecht haben, ist umstritten. Die Wohnungseigentümer können vereinbaren, dass nur ein Teil von ihnen zu bestimmten Gegenständen ein STIMMRECHT haben soll.

Teilversammlung
Ist versäumt worden, korrespondierend mit dem eingeschränkten Stimmrecht zu vereinbaren, dass Teilversammlungen abgehalten

werden, ist bei der Gesamtversammlung angemessen auf die Stimmrechtsbeschränkung Rücksicht zu nehmen.

Es kann beispielsweise vereinbart werden, dass nur die Wohnungseigentümer, deren Sondereigentum in einem bestimmten Gebäude liegt, über die Erhaltungsmaßnahmen beschließen dürfen, die dieses Gebäude betreffen. In diesem Falle muss allerdings zugleich vereinbart werden, dass die durch diese Maßnahmen verursachten Kosten im Innenverhältnis allein von diesen Wohnungseigentümern zu tragen sind.

Außenhaftung
Ein aufgrund einer solchen Vereinbarung gefasster Beschluss ändert aber nichts daran, dass die Gemeinschaft der Wohnungseigentümer im Außenverhältnis gegenüber dem Werkunternehmer für die Kosten haftet (Außenhaftung).

Sollte ein Wohnungseigentümer in eine Außenhaftung kommen, soll er nach Ansicht des Bundesgerichtshofs bei den beschließenden Wohnungseigentümern im Übrigen „Regress" nehmen können. Richtig ist hingegen wohl, dass er einen Aufwendungsersatz von der Gemeinschaft der Wohnungseigentümer verlangen kann. Diese muss dann den Aufwendungsersatz nach den geltenden Umlageschlüsseln umlegen.

3. Kosten der Gemeinschaft der Wohnungseigentümer

Die Kosten der Gemeinschaft der Wohnungseigentümer, etwa

- Betriebs- und Verwaltungskosten (etwa Kosten für Wasser, Wärme, Strom oder Verwalter), die Kosten für Instandhaltungen und Instandsetzungen (Erhaltungsmaßnahmen wie eine Reparatur der Fassade) sowie
- die auf dem gemeinschaftlichen Eigentum ruhenden Lasten (etwa die Kehr- und Überprüfungsgebühren des Schornsteinfegers)

sind auf SÄMTLICHE Wohnungseigentümer umzulegen. Auch die Kosten, die nur auf eines von mehreren Häusern entfallen und nach einer entsprechenden Erfassung, Messung oder Zählung auf deren Wohnungseigentümer verteilt werden könnten, sind grundsätzlich von allen Wohnungseigentümern zu tragen.

Die Wohnungseigentümer sind berechtigt, von diesen Grundsätzen ABZUWEICHEN. Ist angeordnet, dass die jeweils an einem Haus allein zum Gebrauch berechtigten Wohnungseigentümer die auf sie entfallenden ausscheidbaren und tatsächlich messbaren Kosten allein zu tragen haben, so fallen darunter solche Kosten, die „absonderbar“ sind und ohne weiteres bestimmten Wohnungseigentümern allein zugeordnet werden können. Nicht darunter fallen also Kosten, welche die Wohnungseigentümer gemeinsam treffen.

Hierzu gehören in der Regel unter anderem:

- Gehwegreinigung (Winterdienst);
- öffentliche Lasten des Gesamtgrundstücks;
- Versicherungen;
- Verwaltungsgebühren.

4. Umlageschlüssel, Wirtschaftsplan, Jahresabrechnung
Auch in einer Mehrhausanlage muss der Verwalter einen einzigen Wirtschaftsplan und eine einzige Jahresabrechnung über den Wirtschaftsplan erstellen und werden Vorschüsse und Nachschüsse für alle Kosten beschlossen.

Etwas anderes gilt bei einer entsprechenden Vereinbarung. Vereinbarungen kommen unter anderem für folgende Punkte vor:

- für die anzuwendenden Umlageschlüssel;
- zur Buchführung des Verwalters, etwa zur Verbuchung mehrerer Erhaltungsrücklagen;
- für die Form der Jahresabrechnung;
- zu der Frage, ob es neben der Jahresabrechnung für die Gesamtanlage Jahresabrechnungen für die einzelnen Gebäude der Mehrhausanlage geben soll.

Gesamtpläne
Wirtschaftspläne für einzelne Häuser machen einen Gesamtwirtschaftsplan – auch in einer Addition – nicht entbehrlich. Dies gilt auch für die Abrechnung. Möglich ist es, dass der Verwalter in einer Mehrhausanlage die Jahresabrechnung nach einzelnen Häusern untergliedert; eine solche Darstellung kann, muss aber nicht vereinbart werden.

Eine Untergliederung bewirkt eine Information der Wohnungseigentümer über „ihr“ Haus, hat aber rechtlich – soweit nichts anders vereinbart ist – keine Bedeutung. Ebenso muss ungeachtet einer Kostentrennung natürlich immer auch eine Jahresabrechnung für die Gesamtanlage erstellt werden. Die Jahresabrechnungen der Unterhäuser sind in der Summe nicht die vom Gesetz geforderte Jahresabrechnung.

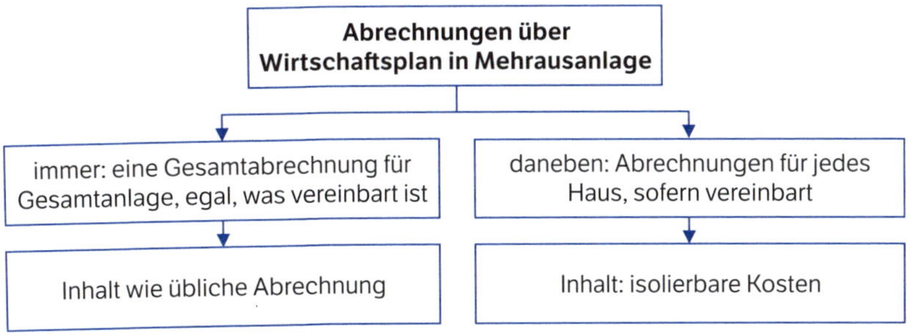

Abrechnung in Mehrhausanlage

Sind isolierte Jahresabrechnungen über den Wirtschaftsplan in einer Mehrhausanlage vereinbart („hausbezogene Jahresabrechnung"), sollte die Jahresabrechnung für ein Einzelhaus als Inhalt vor allem haben:

- eine Jahresgesamtabrechnung aller Lasten und Kosten;
- Einzelabrechnungen der isolierbaren Lasten und Kosten.

Mehrhausanlagen
- Für Mehrhausanlagen kennt das Wohnungseigentumsgesetz keine Besonderheiten.
- Die Wohnungseigentümer können etwas anderes vereinbaren.

24

Zweier-gemeinschaft

Das Wohnungseigentumsgesetz trifft für Zweiergemeinschaften keine Bestimmungen. Das Kapitel stellt die dadurch entstehenden Probleme dar.

24. Zweiergemeinschaft

I. Begriff

In manchen Wohnungseigentumsanlagen gibt es nur 2 Wohnungseigentümer („Zweiergemeinschaft"). Zum Beispiel gibt es Doppelhäuser, die – häufig wegen der Grundstücksgröße, wegen Leitungsrechten oder aus anderen Überlegungen heraus – als Wohnungseigentumsanlage (= ein Grundstück) konzipiert und errichtet und nicht real (wird ein Grundstück in 2 oder mehrere kleinere Grundstücke aufgeteilt, nennt man es Realteilung) geteilt werden.

Kleinstgemeinschaften
In Kleinstgemeinschaften mit mehr als 2 Wohnungseigentümern werden sich ähnliche Probleme wie bei den Zweiergemeinschaften stellen.

II. Wohnungseigentumsgesetz

1. Keine Besonderheiten
Das Wohnungseigentumsgesetz bestimmt für Zweiergemeinschaften keine Besonderheiten. Alle Regelungen sind so anzuwenden, als gebe es viele Wohnungseigentümer und alle Abläufe wären so, wie es das Wohnungseigentumsgesetz vorsieht oder der Sache nach anlegt.

BEISPIELE
In einer Zweiergemeinschaft gibt es also beispielsweise eine Gemeinschaft der Wohnungseigentümer, gibt es Gemeinschaftsvermögen und die Möglichkeit einer Versammlung. Die Angelegenheiten sind von sämtlichen Wohnungseigentümern durch Beschluss zu bestimmen.

2. Wohnungseigentümer handeln wie Alleineigentümer
Diese Rechtslage führt nicht zu Problemen, wenn die Wohnungseigentümer das Wohnungseigentumsrecht nicht anwenden und sich so behandeln, als seien sie Alleineigentümer.

Grenzen
Diese Sichtweise hat Erfolg, solange die Wohnungseigentümer oder ein Dritter, meistens eine Behörde, das Wohnungseigentumsrecht nicht „entdecken".

3. Wohnungseigentümer handeln wie Wohnungseigentümer
Eine Zweiergemeinschaft, in der Wohnungseigentumsrecht angewendet wird, hat gegenüber anderen Gemeinschaften hingegen gegebenenfalls Probleme.

- Dies gilt allerdings nicht, wenn es einen Verwalter gibt und das Finanzwesen ordnungsmäßig organisiert ist (dazu 17. Kapitel Finanzwesen).
- Es kann aber gelten, wenn das gesetzliche Kopfstimmrecht (15. Kapitel Versammlung › S. 288) anzuwenden ist. Es kann dann beispielsweise zu einem „Patt" bei Beschlussfassungen kommen. Dann gibt es gegebenenfalls weder Wirtschaftsplan noch Jahresabrechnung und damit weder Vor- noch Nachschüsse.
- Haben die Wohnungseigentümer hingegen ein vom Gesetz abweichendes Stimmprinzip vereinbart, wird häufig ein Wohnungseigentümer über den anderen „herrschen" – Majorisierung (22. Kapitel Minderheitenschutz › S. 455 ff.).

Verwalter oder Verkauf
Können sich die Wohnungseigentümer nicht einigen, sollte ein Verwalter gefunden oder erzwungen werden. Alternativ ist daran zu denken, das Wohnungseigentum zu veräußern.

III. Kosten der Gemeinschaft der Wohnungseigentümer

Ist kein Verwalter bestellt und kommen auch keine Beschlüsse zustande, ist es dennoch nicht möglich, dass ein Wohnungseigentümer die Verbindlichkeiten der Gemeinschaft der Wohnungseigentümer auf eigene Kosten bedient und anschließend vom anderen Wohnungseigentümer ohne Beschluss Erstattung des auf diesen entfallenden Anteils verlangt.

Checkliste: Kostenerstattung

- ☐ Beschluss über Vor- und/oder Nachschüsse in einer Versammlung.
- ☐ Beschluss, dass die Gemeinschaft der Wohnungseigentümer dem Wohnungseigentümer die Kosten erstattet.
- ☐ Kommen die Beschlüsse nicht zustande, muss in beiden Fällen eine Beschlussersetzungsklage gegen die Gemeinschaft der Wohnungseigentümer erhoben werden.

IV. Entziehung

Vor einer Entziehungsklage (dazu 7. Kapitel Entziehung) können – und müssen – die Wohnungseigentümer zunächst über das Verlangen beschließen, ob einer von ihnen sein Wohnungseigentum veräußern muss. Dieses gilt nach Ansicht des Bundesgerichtshofs aber nicht bei Zweiergemeinschaften. Eines Beschlusses bedürfe es dort nicht, weil die für einen solchen Beschluss erforderliche, nach Köpfen zu bestimmende absolute Mehrheit nicht erreicht werden könne. An die Stelle des Beschlusses trete unmittelbar die Klage der Gemeinschaft der Wohnungseigentümer gegen den Störer auf Veräußerung.

Vertretung der Gemeinschaft der Wohnungseigentümer
Fraglich ist, wer die Gemeinschaft der Wohnungseigentümer vertritt. Nahe liegt, dass der Wohnungseigentümer, der die Entziehung begehrt, die Gemeinschaft der Wohnungseigentümer allein vertreten kann. Diese Rechtslage ist aber nicht sicher. Gegebenenfalls muss für die Gemeinschaft der Wohnungseigentümer ein Prozesspfleger oder ein Vertreter bestellt werden.

V. Verfahrensrechte

- Will ein Wohnungseigentümer eine Ladung zur Versammlung, eine Versammlung oder die Aufnahme eines Tagesordnungspunktes erzwingen, muss er gegen die Gemeinschaft der Wohnungseigentümer auf Leistung klagen.
- Will ein Wohnungseigentümer einen Beschluss erzwingen, zum Beispiel dass ein Verwalter bestellt wird, ist nach einer Vorbefassung der anderen Wohnungseigentümer gegen die Gemeinschaft der Wohnungseigentümer eine Beschlussersetzungsklage zu erheben. Da der Gemeinschaft der Wohnungseigentümer ein Vertreter fehlt, ist unklar, ob der klagende Wohnungseigentümer die Gemeinschaft der Wohnungseigentümer vertreten kann oder ein Prozesspfleger oder ein Verwalter zu bestellen ist. Die Vorbefassung kann in einer Zweiergemeinschaft als „Förmelei“ entfallen, wenn klar ist, dass es keinen Beschluss geben wird.

Zusammenfassung

- Für Zweiergemeinschaften kennt das Wohnungseigentumsgesetz keine Besonderheiten.
- Die Wohnungseigentümer können etwas anderes vereinbaren.

25

Öffentliches Recht

Das Wohnungseigentumsrecht gehört zum Privatrecht. Dennoch hat es mit dem öffentlichen Recht viele Berührungspunkte. Das Kapitel stellt diese dar.

25. Öffentliches Recht

I. Überblick

PRIVATES UND ÖFFENTLICHES RECHT
Das Privatrecht regelt das Verhältnis von Bürger zu Bürger. Das öffentliche Recht regelt vor allem das Verhältnis zwischen Staat und Bürgern.

Das öffentliche Recht und das Wohnungseigentumsrecht sind nicht aufeinander abgestimmt.

Verwalter
Behörden verlangen dem Verwalter häufig Eingriffe in das gemeinschaftliche Eigentum und in das Sondereigentum ab, beispielsweise für den Brandschutz. Solche Eingriffe sind dem Verwalter häufig nicht (Sondereigentum) oder nur teilweise (gemeinschaftliches Eigentum) und nur nach Maßgabe der Wohnungseigentümer erlaubt. In solchen Fällen wird teilweise versucht, den Wohnungseigentümern eine „Duldung“ aufzuerlegen, statt – wie es richtig wäre – den Wohnungseigentümern das Tun zu gebieten und (geht es um das gemeinschaftliche Eigentum) die Gemeinschaft der Wohnungseigentümer zu verpflichten.

Ein Berührungspunkt liegt zum einen vor, wenn der Staat LEISTUNGEN ERBRINGT. Dies ist beispielsweise der Fall, wenn er

- die Straße reinigt,
- Gas, Strom oder Wasser liefert oder
- den Müll und Abwasser abtransportiert.

Zwar kann der Staat diese Leistungen im Wege des Verwaltungsprivatrechts organisieren, also Verwaltungsaufgaben in der Form des Privatrechts erfüllen und wie jeder Dritte mit der Gemeinschaft der Wohnungseigentümer VERTRÄGE schließen. Möglich ist aber auch, dass der Staat die genannten Leistungen zur Verfügung stellt und dafür ABGABEN (Beiträge, Gebühren, Steuern) verlangt.

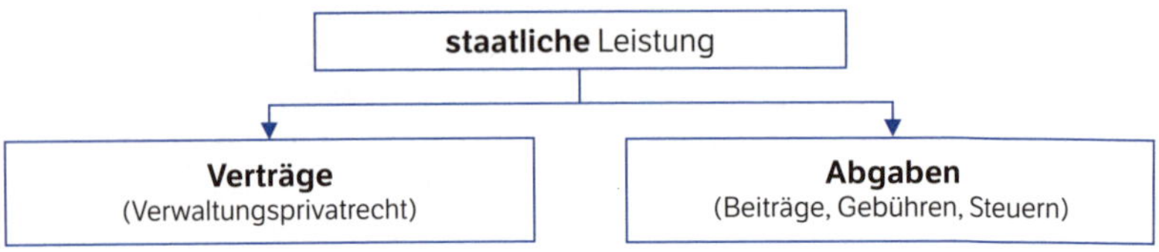

Staatliche Leistungen

Ein Berührungspunkt liegt zum anderen vor, wenn das öffentliche Recht

- ANFORDERUNGEN an die Wohnungseigentumsanlage richtet, etwa den Einbau einer Anlage verlangt, oder
- dem NACHBARN einer Wohnungseigentumsanlage genehmigt, sein Grundstück zu bebauen oder baulich zu verändern.

Will ein Wohnungseigentümer gegen diese Anforderungen oder Genehmigungen allein Rechtsschutz suchen, erlauben die Verwaltungsgerichte das in der Regel nur dann, wenn er einen Eingriff in sein Sondereigentum geltend macht und dieser Eingriff nicht in gleicher Weise auch das gemeinschaftliche Eigentum betrifft.

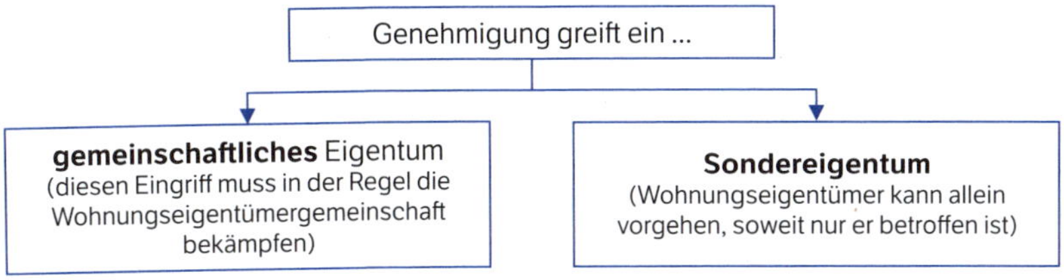

Genehmigung

II. Staatliche Leistungen

1. Überblick
Der Staat kann seine Aufgaben öffentlich-rechtlich erfüllen. In diesem Falle handelt er durch GESETZE, VERORDNUNGEN, SATZUNGEN usw. und ordnet an, was gilt.

Möglich ist aber auch, dass sich der Staat – soweit Normen nicht entgegenstehen – hinsichtlich der Organisationsform und Ausgestaltung des Rechtsverhältnisses des Privatrechts „bedient“ (= wie jeder Bürger handelt und handeln kann). Neben fiskalischem Handeln (etwa eine Auftragsvergabe oder eine erwerbswirtschaftliche Tätigkeit) kommt hier das so genannte „Verwaltungsprivatrecht“ in den Blick.

Die Antwort auf die Frage, welcher „Form“ sich der Staat bedient (dies ist zum Teil von Gemeinde zu Gemeinde verschieden), ist für die Wohnungseigentümer zentral, da davon abhängt,

- wer welche Leistung schuldet,
- wer haftet und
- wer wofür zuständig ist.

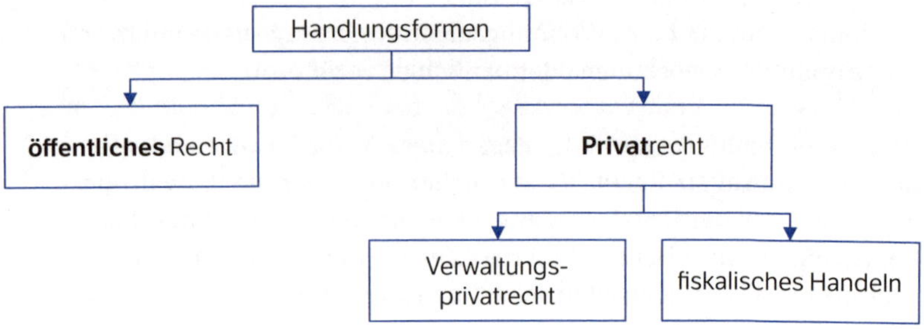

Überblick Handlungsformen

2. Verwaltungsprivatrecht

Bedient sich der Staat des Verwaltungsprivatrechts, schließt er beispielsweise für die Lieferung von Gas oder den Abtransport von Müll private Verträge, sind diese Verträge mit der Gemeinschaft der Wohnungseigentümer zu schließen. SCHULDNER der Gegenleistung wird damit nicht der einzelne Wohnungseigentümer, sondern die Gemeinschaft der Wohnungseigentümer.

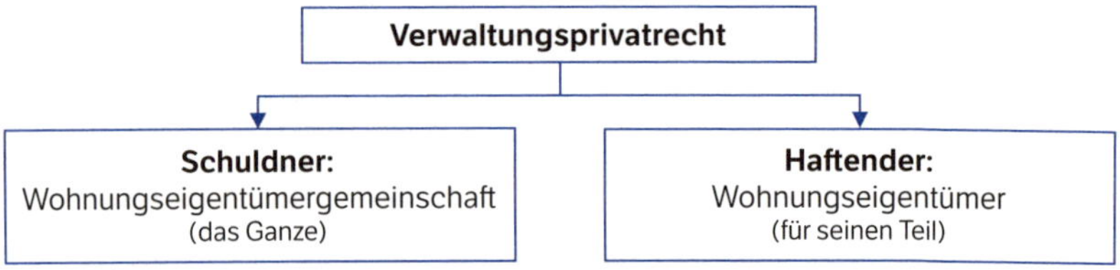

Verwaltungsprivatrecht: Schuld und Haftung

VERTRAG ÜBER MÜLLABFUHR
Der Staat hat mit der Gemeinschaft der Wohnungseigentümer einen Vertrag für die Abfuhr des Mülls geschlossen. Die Gemeinschaft der Wohnungseigentümer schuldet monatlich 100 EUR. Dann haftet ein Wohnungseigentümer, dessen Miteigentumsanteil 10/100 beträgt, dem Staat monatlich für die Müllabfuhr auf 10 EUR.

Aus einem Vertrag der Gemeinschaft der Wohnungseigentümer schuldet nur diese Erfüllung. Allerdings HAFTET jeder Wohnungseigentümer für die Verbindlichkeiten der Gemeinschaft der Wohnungseigentümer „wie ein Bürge". Der jeweilige Wohnungseigentümer haftet entsprechend der Größe seines Miteigentumsanteils (1. Kapitel Grundbegriffe › S. 66).

3. Abgaben

Handelt der Staat bei seiner Leistungserbringung im Wege des öffentlichen Rechts, wird er für die Leistungen, etwa die Straßenreinigung, eine ABGABE (= Beitrag, Gebühr, Steuer) verlangen. Diese Abgabe schulden – soweit sie auf das gemeinschaftliche Eigentum bezogen ist – in der Regel (was gilt, bestimmt das jeweilige Gesetz, also die in Frage kommende

Verordnung oder Satzung) die Eigentümer der Wohnungseigentumsanlage als Gesamtschuldner.

GESAMTSCHULDNER
Gesamtschuldner sind Personen, die eine Leistung in der Weise schulden, dass jeder die ganze Leistung zu bewirken verpflichtet, der Gläubiger aber die Leistung nur einmal zu fordern berechtigt ist.

Herstellung einer zentralen öffentlichen Schmutzwasseranlage

Stellt der Staat, beispielsweise ein Abwasser- und Wasserzweckverband, einer Wohnungseigentumsanlage erstmalig eine zentrale öffentliche Schmutzwasser- und Wasserversorgungsanlage zur Verfügung, kann er von JEDEM Wohnungseigentümer die Erstattung der GESAMTEN Herstellungskosten verlangen. Diesen Wohnungseigentümer sucht sich der Staat nach billigem Ermessen aus (ist Ermessen eingeräumt, hat der Entscheidungsträger gewisse Freiheiten bei seiner Entscheidungsfindung) – es kann also jeden Wohnungseigentümer treffen.

Die Begleichung einer Abgabenforderung ist indessen eine Pflicht aus dem gemeinschaftlichen Eigentum. Diese Einordnung hat für den einzelnen Wohnungseigentümer den großen VORTEIL, dass im Außenverhältnis, also gegenüber dem Staat, nicht nur er, sondern AUCH die Gemeinschaft der Wohnungseigentümer die Pflicht gegenüber dem Staat erfüllen muss.

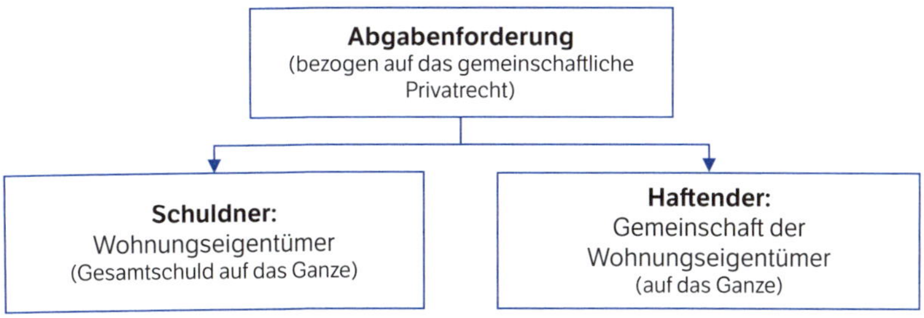

Abgabenforderungen: Schuld und Haftung

Der Staat muss bei der Frage, ob er einen Wohnungseigentümer, sämtliche Wohnungseigentümer oder die Gemeinschaft der Wohnungseigentümer in Anspruch nimmt, Ermessen ausüben. Diese Ermessensausübung sollte dazu führen, NUR die Gemeinschaft der Wohnungseigentümer in Anspruch zu nehmen.

Freistellung

Im Innenverhältnis ist die Gemeinschaft der Wohnungseigentümer in jedem Falle verpflichtet, den durch Leistungsbescheid in Anspruch genommenen Wohnungseigentümer von der Abgabenforderung freizustellen. Hierauf hat jeder Wohnungseigentümer einen Anspruch.

ABGABEN
Widerspruch und Anfechtung bei der Anforderung von öffentlichen Abgaben und Kosten haben keine aufschiebende Wirkung.

Einschaltung der Gemeinschaft der Wohnungseigentümer

Erlässt der Staat wegen einer auf das gemeinschaftliche Eigentum bezogenen Leistung einen Bescheid, sollte ein Wohnungseigentümer diesen unverzüglich dem Verwalter der Wohnungseigentumsanlage geben und diesen auffordern, die Abgabenforderung aus dem Gemeinschaftsvermögen zu erfüllen. Stehen dort keine ausreichenden Mittel zur Verfügung, ist unverzüglich eine Versammlung einzuberufen und gegebenenfalls eine Sonderumlage zu erheben oder ein Darlehen aufzunehmen.

Ferner muss überlegt werden, gegen den Bescheid vorzugehen, soweit dieser nicht rechtmäßig erscheint. Hier ist häufig Eile geboten, da eine ganze Reihe staatlicher Verfügungen SOFORT vollziehbar sind. Neben einem Widerspruch/einer Klage ist daher auch darüber nachzudenken, im Wege einstweiligen Rechtsschutzes die aufschiebende Wirkung von Widerspruch und Klage (wieder-)herzustellen.

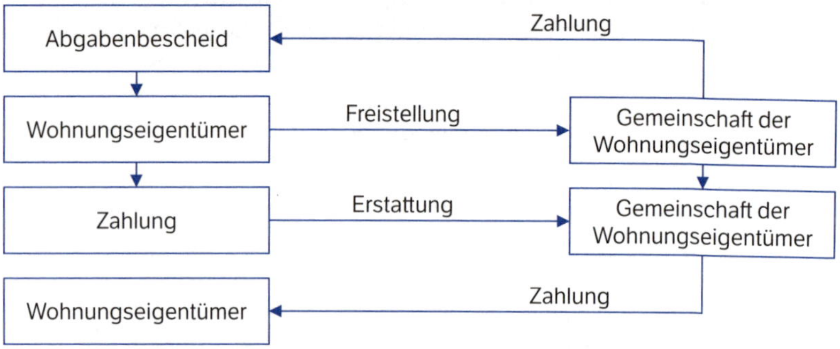

Abgabenbescheid an einen Wohnungseigentümer und Handlungsmöglichkeiten

Hat ein Wohnungseigentümer eine Abgabenforderung bereits aus EIGENEN Mitteln erfüllt, steht ihm gegen die Gemeinschaft der Wohnungseigentümer ein ERSTATTUNGSANSPRUCH zu. Dieser besteht gegebenenfalls sogar dann, wenn der Wohnungseigentümer die Forderung aus dem Leistungsbescheid begleicht, OHNE dies mit den anderen Wohnungseigentümern zuvor abzustimmen. Einwendungen gegen die Rechtmäßigkeit des Bescheids berechtigen die Gemeinschaft der Wohnungseigentümer grundsätzlich nicht zu einer Zahlungsverweigerung, wenn der Wohnungseigentümer die Möglichkeit OFFEN gehalten hat, die Rechtmäßigkeit des Bescheids verwaltungsgerichtlich überprüfen zu lassen.

III. Anforderungen an die Wohnungseigentumsanlage

1. Überblick

Eine Vielzahl öffentlich-rechtlicher Vorschriften richtet Anforderungen an eine Wohnungseigentumsanlage. Diese können dem gemeinschaftlichen Eigentum oder dem Sondereigentum gelten. Ferner ist möglich, dass das öffentliche Recht nicht zwischen gemeinschaftlichem Eigentum und Sondereigentum unterscheidet und allgemein verlangt, dass das in Wohnungseigentum aufgeteilte Gebäude („die Immobilie") bestimmten Vorschriften genügen muss.

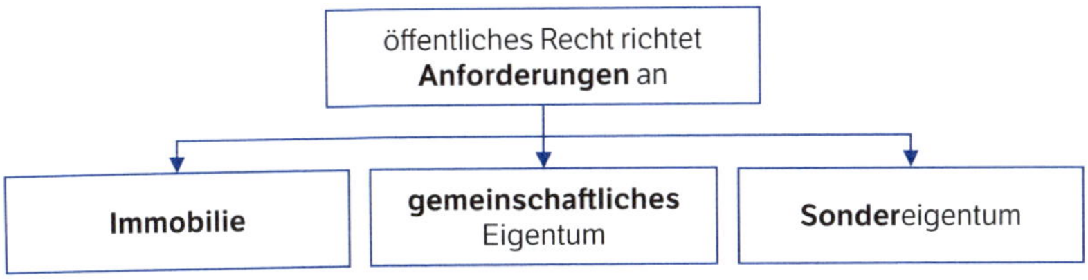

Anforderungen des öffentlichen Rechts

Überblick zu den wichtigsten öffentlich-rechtlichen Vorschriften:

- Anforderungen an den Datenschutz
  - Vorschriften in Bezug auf eine Videoüberwachung gelten in der Regel dem gemeinschaftlichen Eigentum (siehe auch 29. Kapitel Datenschutz).
- Anforderungen an ein Leitungsnetz (Gas-, Strom- oder Wassernetz)
  - Vorschriften mit Anforderungen an ein Leitungsnetz gelten in der Regel dem gemeinschaftlichen Eigentum und dem Sondereigentum.
  - Die Verordnung über die Qualität von Wasser für den menschlichen Gebrauch – Trinkwasserverordnung – verpflichtet Gebäudeeigentümer unter bestimmten Voraussetzungen, von ihnen betriebene Anlagen einmal jährlich auf einen möglichen Legionellenbefall untersuchen zu lassen. Öffentlich-rechtlich soll dabei zur Wasserversorgungsanlage (Trinkwasserinstallation) die Gesamtheit der Rohrleitungen, Armaturen und Apparate gehören, die sich zwischen dem Punkt des Übergangs von Trinkwasser aus einer öffentlichen Wasserversorgungsanlage an den Nutzer und dem Punkt der Entnahme von Trinkwasser befindet – auch wenn sich diese teilweise im Sondereigentum befindet.

Ordnungsverfügung an Gemeinschaft der Wohnungseigentümer
Nach der Rechtsprechung der Verwaltungsgerichte ist es zulässig, eine Ordnungsverfügung nach dem Infektionsschutzgesetz, mit der die Vorschriften der Trinkwasserverordnung in Bezug auf Legionellen in einer Wohnungseigentumsanlage durchgesetzt werden sollen, an die Gemeinschaft der Wohnungseigentümer zu richten. Dass einzelne Teile nicht im gemeinschaftlichen Eigentum stehen (Teile nach der ersten Absperrvorrichtung im jeweiligen Sondereigentum), ändere an der Gefahrenabwehrzuständigkeit der Gemeinschaft der Wohnungseigentümer jedenfalls solange nichts, als jenen Teilen mit Blick auf die Gesamtwasserversorgungsanlage untergeordnete Bedeutung zukomme und auf sie nicht weiter als über eine Probenahme eingewirkt werden müsse.

- Anforderungen an Messgeräte
  - Vorschriften nach dem Gesetz über das Inverkehrbringen und die Bereitstellung von Messgeräten auf dem Markt, ihre Verwendung und Eichung gelten in der Regel dem gemeinschaftlichen Eigentum oder dem Gemeinschaftsvermögen.
- Vorschriften des Bundes- und des Landesbaurechts (Bauplanungs- und Bauordnungsrecht).
  - Diese Vorschriften gelten in der Regel dem gemeinschaftlichen Eigentum, etwa Stell- oder Spielplätzen, können aber auch Anforderungen an das Sondereigentum richten.
  - Die Anordnung, Rauchwarnmelder einzubauen, gilt in der Regel Aufenthaltsräumen, in denen bestimmungsgemäß Personen schlafen, Kinderzimmern sowie Rettungswegen von solchen Räumen in derselben Nutzungseinheit, also dem Sondereigentum.
- Brandschutzvorschriften
  - In der Regel müssen bauliche Anlagen so beschaffen sein, dass der Entstehung eines Brandes und der Ausbreitung von Feuer und Rauch vorgebeugt wird und dass bei einem Brand wirksame Löscharbeiten möglich sind. Hierzu finden sich eine Reihe von Einzelvorschriften unter anderem zur Lage und Anordnung der Rettungswege im Gebäude und zur Brennbarkeit (bzw. Entflammbarkeit) der Baustoffe sowie zur Feuerwiderstandsdauer der Bauteile.
  - Die entsprechenden Vorschriften gelten in der Regel dem gemeinschaftlichen Eigentum und dem Sondereigentum. Das Sondereigentum kann zum Beispiel bei der Lagerung leicht entflammbarer Stoffe betroffen sein.
  - Aus Gründen des Brandschutzes kann eine Schließregelung notwendig sein, welche die Passierbarkeit des Fluchtwegs durch

die Haueingangstür nach draußen ständig gewährleistet. Der Einzelne muss sich grundsätzlich nicht darauf verweisen lassen, er besitze einen Schlüssel, mit dem er aufschließen könne. Häufig muss die Hauseingangstür unverschlossen oder mit einer Panikschließung ausgestattet sein oder es muss einen Schlüssel in einem leicht zugänglichen, notbeleuchteten und gekennzeichneten Notfallkasten im Hausflur neben der Haustür bereitgehalten werden.

  - Weist ein Wohnungseigentümer eine Behörde auf eine gesetzlich vorgeschriebene Brandschau hin und veranlasst er damit eine Brandschau, liegt hierin kein Grund, ihm die Kosten danach notwendiger Maßnahmen oder der Brandschau aufzuerlegen. Die Einhaltung der Brandschutzvorschriften entspricht ordnungsmäßiger Verwaltung (für die Herstellung von Rettungswegen können etwa Baumaßnahmen verlangt werden).
- Denkmalschutzgesetze der Länder
  - Diese Vorschriften gelten in der Regel dem gemeinschaftlichen Eigentum.
  - Ist die Aufteilung der Wohnung betroffen, ist aber auch das Sondereigentum Regelungsgegenstand.
- Einbaupflichten im Zusammenhang mit der Wohnungseigentumsanlage
  - Diese Vorschriften, etwa die Pflicht, bestimmte Heizkessel einzubauen oder nachzurüsten, gelten in der Regel dem gemeinschaftlichen Eigentum und dem Sondereigentum.
  - Zu Rauchwarnmeldern siehe den Punkt „Bauplanungs- und Bauordnungsrecht".
- Energetische Vorschriften im Zusammenhang mit der Wohnungseigentumsanlage.
  - Vorschriften zur energetischen Beschaffenheit der Wohnungseigentumsanlage gelten in der Regel dem gemeinschaftlichen Eigentum.
- Wartung wesentlicher Gebäudebestandteile
  - Vorschriften, die sich mit der Wartung wesentlicher Gebäudebestandteile beschäftigen, beispielsweise Vorschriften für Aufzugs- und Heizungsanlagen oder für Messgeräte, gelten in der Regel dem gemeinschaftlichen Eigentum oder dem Gemeinschaftsvermögen.

REINIGUNG UND SREUPFLICHT
Vorschriften, die sich mit der Reinigung von Wegen und dem Streuen beschäftigen, gelten in der Regel dem gemeinschaftlichen Eigentum.

Verstöße des Bauträgers

Mit dem Übergang der ausschließlichen Verfügungsmacht auf die Wohnungseigentümer sind regelmäßig diese für den bauordnungsrechtlichen Zustand ihrer Wohnungseigentumsanlage verantwortlich, soweit es das GEMEINSCHAFTLICHE Eigentum angeht. Hat der Bauträger etwa gegen seine Baugenehmigung verstoßen, fehlen beispielsweise Stellplätze, muss daher die Gemeinschaft der Wohnungseigentümer für diesen Verstoß öffentlich-rechtlich einstehen.

Es ist hingegen Sache des jeweiligen Wohnungseigentümers als Sondereigentümer, etwaige das SONDEREIGENTUM betreffende bauordnungsrechtliche Vorgaben, wie etwa den in einer Wohnung erforderlichen Einbau einer Toilette und einer Badewanne bzw. Dusche, auf eigene Kosten zu erfüllen.

2. Rauchwarnmelder

Nach den Landesbauordnungen müssen in Wohnungen wenigstens die Schlafräume, die Kinderzimmer sowie die Flure, über die Rettungswege von Aufenthaltsräumen führen, jeweils mindestens einen Rauchwarnmelder haben. In einigen Bundesländern (zurzeit Baden-Württemberg, Berlin, Brandenburg und Sachsen) müssen auch andere Räume einen Rauchwarnmelder haben. Unterschiedlich geregelt ist, wer (Eigentümer oder Fremdnutzer) zum Einbau und wer zur Sicherstellung der Betriebsbereitschaft (= Wartung) verpflichtet ist.

Nach bislang herrschender Meinung handelt es sich bei der Einbaupflicht und bei der Pflicht der Wartung um eine Pflicht, die die Gemeinschaft der Wohnungseigentümer wahrnehmen muss.

Teileigentum

Gibt es in der Wohnungseigentumsanlage selbständiges Teileigentum, soll etwas anderes gelten.

Zu beschließen ist aber, auf welche Art und Weise die Gemeinschaft der Wohnungseigentümer ihrer Pflicht genügen soll.

UNGEEICHTE MESSGERÄTE
Werden zur Erstellung einer Jahresabrechnung die Werte ungeeichter Messgeräte genutzt, verstößt dies gegen das Gesetz über das Inverkehrbringen und die Bereitstellung von Messgeräten auf dem Markt, ihre Verwendung und Eichung sowie über Fertigpackungen. Vorstellbar ist, dass die Werte von ungeeichten Messgeräten deshalb zur Errechnung der Nachschüsse nicht genutzt werden dürfen.

3. Folge eines Verstoßes

Verstoßen die Wohnungseigentümer gegen öffentliches Recht, ist das rechtswidrig.

Ferner kann ein Bußgeld verwirkt sein. Schließlich kann der Staat durch einen Verwaltungsakt anordnen, dass das öffentliche Recht befolgt wird, und Verwaltungszwang androhen oder ausüben.

Werden Verstöße gegen öffentlich-rechtliche Vorschriften festgestellt, hat der Staat die Möglichkeit, mit verschiedenen Verfügungen den rechtswidrigen Zustand zu beseitigen. Eine solche Verfügung richtet sich an den STÖRER. Störer im Sinne des Verwaltungs- bzw. Polizeirechts sind Personen, die für eine Beeinträchtigung der öffentlichen Sicherheit und Ordnung durch ein gefährliches Handeln (HANDLUNGSSTÖRER) oder für den gefahrbringenden Zustand einer Sache (ZUSTANDSSTÖRER) verantwortlich sind. An welchen Störer sich eine Verfügung richtet, ist eine Frage der ermessensfehlerfreien Störerauswahl.

Geht es um das gemeinschaftliche Eigentum, wäre es – außer in Notfällen – richtig, Verwaltungsakte nur an die Gemeinschaft der Wohnungseigentümer zu richten, da diese die Pflichten der Wohnungseigentümer in Bezug auf das gemeinschaftliche Eigentum erfüllen muss.

VERSORGUNGSSPERRE
Die Wohnungseigentümer können unter bestimmten Voraussetzungen beschließen, einen Wohnungseigentümer vom Bezug der Versorgungsleistungen auszuschließen. Nach Ansicht der Verwaltungsgerichte kann ein solcher Beschluss gegen öffentliches Recht verstoßen, so dass es rechtmäßig sein soll, der Gemeinschaft der Wohnungseigentümer ENTGEGEN dem BESTANDSKRÄFTIGEN Beschluss zu gebieten, die Versorgung des Wohnungseigentümers wiederherzustellen.

Sondereigentum
Der Gemeinschaft der Wohnungseigentümer können keine Pflichten für das SONDEREIGENTUM auferlegt werden. Da die öffentlich-rechtliche Verwaltung die verschiedenen Eigentumssphären nicht ausreichend unterscheidet, geschieht dies aber immer wieder.

Verstöße gegen öffentliches Recht
Noch nicht geklärt ist, was gilt, wenn ein Beschluss gegen öffentliches Recht verstößt. Dies ist zum Beispiel der Fall, wenn die Wohnungseigentümer einen Verwalter bestellen, der keine Gewerbeerlaubnis hat oder die zu versagen ist. Vorstellbar ist, dass dann der Beschluss nach § 134 BGB unwirksam (= nichtig) ist. In jedem Falle dürfte der Beschluss nicht ordnungsmäßig sein.

IV. Abwehr öffentlich-rechtlicher Entscheidungen

Ein Wohnungseigentümer ist als Sondereigentümer berechtigt, im Wege einer öffentlich-rechtlichen Nachbarklage solche Beeinträchtigungen abzuwehren, die ihre rechtliche Grundlage in einer Genehmigung haben, die einem AUSSERHALB der Gemeinschaft der Wohnungseigentümer stehenden Dritten erteilt wurde. Im Einzelnen ist aber zu unterscheiden:

- Beeinträchtigungen nur seines Sondereigentums kann der einzelne Wohnungseigentümer abwehren.
- Beeinträchtigungen nur des gemeinschaftlichen Eigentums kann nur die Gemeinschaft der Wohnungseigentümer abwehren.

- Ist neben dem gemeinschaftlichen Eigentum auch das Sondereigentum betroffen, gehen die Verwaltungsgerichte häufig davon aus, dass nur die Gemeinschaft der Wohnungseigentümer handeln kann.

In den Einzelheiten ist die verwaltungsrechtliche Rechtsprechung hier noch im „Fluss“ – weil es an einer grundsätzlichen Klärung der von ihr aufgeworfenen Frage fehlt, wann NUR das Sondereigentum betroffen ist und wann es MITbetroffen ist. Richtigerweise wäre die Frage angesichts des Eigentumsschutzes, den (auch) die im Sondereigentum stehenden Gebäudeteile erfahren, nicht zu stellen. Eine gegebenenfalls festzustellende Beeinträchtigung der im Sondereigentum stehenden Gebäudeteile wird nämlich nicht KLEINER, nur weil andere Eigentümer bzw. Eigentumsrechte in gleicher Weise beeinträchtigt sind. Sind die im Sondereigentum stehenden Gebäudeteile beeinträchtigt, müssten diese daher eigentlich stets einen eigenen, nicht abgeleiteten öffentlich-rechtlichen Schutz erfahren.

Beeinträchtigung nur des Sondereigentums
Eine Beeinträchtigung nur des Sondereigentums ist von den Verwaltungsgerichten angenommen worden, wenn

- Abstandsvorschriften verletzt wurden oder das bauplanungsrechtliche Rücksichtnahmegebot unmittelbar das Sondereigentum betrifft.
- Steht eine Verletzung des allgemeinen Gebietserhaltungsanspruchs im Raum, ist streitig, ob nur die Gemeinschaft der Wohnungseigentümer klagen kann.
- Wegen der Verletzung einer Baumschutzverordnung soll ein Wohnungseigentümer nicht klagen können.

Teilnehmer eines öffentlich-rechtlichen Verfahrens, etwa eines Flurbereinigungsverfahrens, ist für die Wohnungseigentümer die Gemeinschaft der Wohnungseigentümer.

V. Öffentliches Recht unter den Wohnungseigentüme[rn]

1. Grundsatz: Verdrängung
Die nachbarrechtlichen Vorschriften des öffentlichen Rechts werden durch die wohnungseigentumsrechtlichen Vorschriften verdrängt. Öffentlich-rechtliche Schutzansprüche sind zwischen den Wohnungseigentümern ausgeschlossen und eine öffentlich-rechtliche Nachbarklage

zwischen den Wohnungseigentümern derselben Wohnungseigentumsanlage unzulässig. Anders ist es wohl beim Schutz von Leib und Leben und dann, wenn die Wohnungseigentümer etwas anderes vereinbaren.

Beispiele

- BRANDSCHUTZ: Verlangt ein Wohnungseigentümer ein bauaufsichtliches Einschreiten einer Stadt aus Gründen des Brandschutzes, fehlt es ihm grundsätzlich nicht an einer Antragsbefugnis.
- GASTSTÄTTE: Macht ein Wohnungseigentümer geltend, eine Gaststätte sei aus planungsrechtlichen Gründen unzulässig, fehlt es grundsätzlich an einer Antragsbefugnis.
- UNTERBRINGUNG VON ASYLBEWERBERN. Verlangt ein Wohnungseigentümer ein baupolizeiliches Einschreiten mit dem Ziel einer Nutzungsuntersagung gegen einen Teileigentümer, der mit der Stadt einen gewerblichen Mietvertrag über eine Unterkunft für Asylbewerber geschlossen hat, weil die Räumlichkeiten in der Gemeinschaftsordnung als Büroräume bezeichnet und in der Vergangenheit auch so genutzt worden sind, fehlt es ihm an einer Antragsbefugnis.

2. Leitbildfunktion

Das Nachbarrecht wird indessen nach allgemeiner Ansicht im Verhältnis der Wohnungseigentümer untereinander in geeigneten Fällen auf Grund seiner LEITBILDFUNKTION in die Abwägung der gegenseitigen Interessen einbezogen, vor allem, aber nicht nur bei Immissionen.

Das „Eingangstor" für die Leitbildfunktion ist das Verlangen des Wohnungseigentumsgesetzes, dass jeder Wohnungseigentümer die im Sondereigentum stehenden Gebäudeteile sowie das gemeinschaftliche Eigentum nur in der Weise benutzen soll, dass dadurch keinem der anderen Wohnungseigentümer über das bei einem geordneten Zusammenleben unvermeidliche Maß hinaus ein NACHTEIL erwächst.

NACHTEIL
Nachteil ist jede nicht ganz unerhebliche, vermeidbare und zu vermeidende Beeinträchtigung. Nur konkrete und objektive Beeinträchtigungen können Nachteil sein. Entscheidend ist, ob sich nach der Verkehrsanschauung unter Beachtung der Grundrechte, der Wertungen des öffentlichen Rechts und technischer Grenz- und Richtwerte ein Wohnungseigentümer in der entsprechenden Lage verständlicherweise beeinträchtigt fühlen kann.

Bei der Lösung der Frage, wann eine Benutzung nachteilig ist, knüpft das Wohnungseigentumsrecht auch an solche Bestimmungen an, die vergleichbare Konflikte zwischen Menschen bereits regeln, unter anderem beim Bauen, bei Gestank, bei Lärm und unter Nachbarn (siehe bereits 2. Kapitel Sachenrecht › S. 88).

Beispiele

- GARTENHAUS. Errichtet ein Wohnungseigentümer auf der seinem Sondereigentum vorgelagerten Fläche, die seinem Sondernutzungsrecht unterliegt, ein Gartenhaus, sind bei der Lösung der Frage, ob das Gartenhaus für die anderen Wohnungseigentümer einen Nachteil bedeutet, die in den Landesbauordnungen angeordneten Abstandsflächen mittelbar von Bedeutung.

- GEFLÜCHTETE. Bringt ein Wohnungseigentümer zu viele Geflüchtete in seinem Wohnungseigentum unter – oder lässt er das zu –, sind die Wohnungsaufsichtsgesetze für die Frage einer Überbelegung mittelbar von Bedeutung.
- HECKE. Pflanzt ein Wohnungseigentümer auf einer Fläche, die seinem Gartensondernutzungsrecht unterliegt, eine Hecke, spielen bei der Frage, ob diese durch Höhe und Standort die anderen Wohnungseigentümer beeinträchtigt, die landesrechtlichen Bestimmungen des Nachbarrechts mittelbar eine Rolle.
- MEDIZINTOURISTEN: Für die Frage, ob ein Wohnungseigentümer sein Sondereigentum Medizintouristen zur Verfügung stellen darf, oder ob das den anderen Wohnungseigentümern nachteilig ist, spielen etwaige Zweckentfremdungssatzungen eine Rolle.
- VERMIETUNG: Für die Frage, ob ein Wohnungseigentümer sein Sondereigentum kurzfristig vermieten darf, oder ob das den anderen Wohnungseigentümern nachteilig ist, spielen etwaige Zweckentfremdungssatzungen eine Rolle.

3. Öffentlich-rechtliche Genehmigung

Erlaubt eine öffentlich-rechtliche Genehmigung einem Wohnungseigentümer eine bestimmte Benutzung seines Wohnungseigentumsrechts, vor allem seines Sondereigentums, ist der Gebrauch gleichwohl nur im Rahmen des zwischen den Wohnungseigentümern Vereinbarten/Beschlossenen möglich. Etwa eine behördliche Genehmigung zur „Umnutzung" eines Raums ist im Verhältnis der Wohnungseigentümer untereinander bedeutungslos.

Tagesmutter

Entsprechendes gilt für die Erlaubnis an eine Tagesmutter, in einem Wohnungseigentum Kinder zu betreuen. Auch diese Genehmigung ist im Verhältnis der Wohnungseigentümer untereinander unerheblich.

Zusammenfassung

Das öffentliche Recht richtet Anforderungen an das gemeinschaftliche Eigentum. Diese muss in der Regel die Gemeinschaft der Wohnungseigentümer erfüllen.

26

Verlust von Wohnungseigentümerrechten

In dem Kapitel wird dargestellt, wann ein Wohnungseigentümer seine Rechte als Wohnungseigentümer teilweise oder ganz nicht mehr wahrnehmen kann.

26. Verlust von Wohnungseigentümerrechten

I. Überblick

Ein Wohnungseigentümer kann Rechte, die er als „Wohnungseigentümer" genießt, verlieren. Der einfachste Weg ist, dass ein Wohnungseigentümer mit dem Verlust einverstanden ist und dem Verlust einfach zustimmt. Zu einem unfreiwilligen Verlust kommt es, wenn das Gesetz dies anordnet, wenn ein Wohnungseigentum zwangsverwaltet oder über das Vermögen eines Wohnungseigentümers das Insolvenzverfahren eröffnet wird.

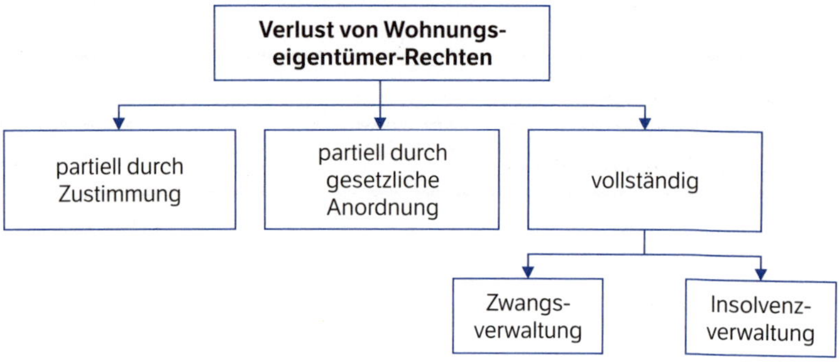

Verlust von Rechten

II. Zustimmung

Ein Wohnungseigentümer kann zustimmen, dass ihm bestimmte Rechte, nicht (mehr) zustehen sollen. Überwiegend wird beispielsweise vertreten, dass ein Wohnungseigentümer sich zwar nicht durch einen Beschluss, aber durch eine Vereinbarung binden kann, sein Sondereigentum nicht selbst zu gebrauchen, sondern dass er es vermieten muss (etwa in einer Ferien- oder Seniorenanlage).

Benutzungsvereinbarung
Umgekehrt kann eine Vereinbarung auch regeln, dass ein Wohnungseigentümer sein Sondereigentum gerade nicht durch Vermietung nutzen, sondern nur gebrauchen, es also nur selbst bewohnen darf.

III. Stimmrecht

Ein Wohnungseigentümer ist in der Versammlung nicht mehr stimmberechtigt, wenn er rechtskräftig verurteilt ist, sein Wohnungseigentum zu veräußern.

WEG § 25 Absatz 4
Ein Wohnungseigentümer ist nicht stimmberechtigt, wenn die Beschlussfassung die Vornahme eines auf die Verwaltung des gemeinschaftlichen Eigentums bezüglichen Rechtsgeschäfts mit ihm oder die Einleitung oder Erledigung eines Rechtsstreits gegen ihn betrifft oder wenn er nach § 17 rechtskräftig verurteilt ist.

IV. Zwangsverwaltung

Steht ein Wohnungseigentum unter Zwangsverwaltung, rückt der Zwangsverwalter in die Rechte des Wohnungseigentümers als Wohnungseigentümer ein. Der Zwangsverwalter hat also das Recht (und die Pflicht), alle Handlungen vorzunehmen, die erforderlich sind, um das Wohnungseigentum in seinem wirtschaftlichen Bestand zu erhalten und ordnungsmäßig zu benutzen.

ZVG § 152 Absatz 1
Der Verwalter hat das Recht und die Pflicht, alle Handlungen vorzunehmen, die erforderlich sind, um das Grundstück in seinem wirtschaftlichen Bestande zu erhalten und ordnungsmäßig zu benutzen; er hat die Ansprüche, auf welche sich die Beschlagnahme erstreckt, geltend zu machen und die für die Verwaltung entbehrlichen Nutzungen in Geld umzusetzen.

Der Zwangsverwalter hat die Ansprüche des Wohnungseigentümers, auf welche sich die Beschlagnahme erstreckt, geltend zu machen und die für die Verwaltung entbehrlichen Nutzungen in Geld umzusetzen.

Im Grundsatz kommt es durch eine Zwangsverwaltung zu einem TOTALEN RECHTSVERLUST des Wohnungseigentümers; anders ist es mit seinen Pflichten: die Pflichten bleiben im Prinzip alle bestehen, selbst die Pflicht, das Hausgeld zu zahlen.

Checkliste: Anordnung einer Zwangsverwaltung

Im Überblick stellt sich dieser Rechtsverlust eines Wohnungseigentümers durch die Anordnung einer Zwangsverwaltung vor allem wie folgt dar:

- ☐ BESCHLUSS UND VEREINBARUNG: Ein Zwangsverwalter trifft diese Entscheidungen in aller Regel anstelle des Wohnungseigentümers.
- ☐ GEBRAUCHSRECHTE: Ein Wohnungseigentümer kann sein Wohnungseigentum weiterhin selbst gebrauchen.
  - Die für seinen Hausstand unentbehrlichen Räume sind ihm trotz der Zwangsverwaltung zu belassen.
  - Stellplätze oder Sondernutzungsflächen außerhalb der Räume sind allerdings nicht unentbehrlich.
  - Bei Gefährdung des Wohnungseigentums oder der Verwaltung kann dem Hausgeldschuldner die Räumung des Wohnungseigentums aufgegeben werden.
- ☐ NUTZUNGSRECHTE: Ein Wohnungseigentümer darf sein Wohnungseigentum nicht mehr frei nutzen.
  - Der Zwangsverwalter tritt etwa in einen Mietvertrag ein und kann die Miete einziehen.
- ☐ VERWALTUNGSRECHTE: Die Verwaltungsrechte gehen grundsätzlich vollständig auf den Zwangsverwalter über. Der Wohnungseigentümer kann nur solche Rechte geltend machen, die nicht in einen Konflikt mit der Zwangsverwaltung kommen.
- ☐ VERSAMMLUNGSRECHTE: Der Zwangsverwalter hat in der Versammlung ein Teilnahme-, Rede- und Antragsrecht unabhängig von der Tagesordnung oder dem zu besprechenden Punkt.
  - Der Zwangsverwalter übt in allen Fällen das Stimmrecht des Wohnungseigentümers aus; sein Recht, anstelle des Wohnungseigentümers abzustimmen, ist zu vermuten.
  - Liegt ein Beschlussgegenstand außerhalb des Aufgabenbereichs des Zwangsverwalters und außerhalb des Zwecks der Zwangsverwaltung, ist allerdings der Wohnungseigentümer stimmberechtigt (diese Sichtweise ist streitig).
- ☐ VERFAHRENSRECHTE: Der Zwangsverwalter ist klagebefugt. Durch die Anordnung der Zwangsverwaltung gehen die aktive und die passive Prozessführungsbefugnis hinsichtlich aller zur Zwangsverwaltung gehörenden Rechte und Pflichten auf den Zwangsverwalter über.
  - Daneben kann aber auch der Wohnungseigentümer klagen, jedenfalls gegen einen Beschluss (diese Sichtweise ist streitig).
- ☐ SACHENRECHTLICHE RECHTE: Der Zwangsverwalter darf das Wohnungseigentum weder veräußern noch kann er es belasten.

V. Insolvenzverwaltung

Durch die Eröffnung eines Insolvenzverfahrens geht das Recht eines Wohnungseigentümers, sein Wohnungseigentum zu verwalten und darüber zu verfügen, auf den Insolvenzverwalter über. Der Wohnungseigentümer bleibt zwar Eigentümer.

InsO § 80 Absatz 1
Durch die Eröffnung des Insolvenzverfahrens geht das Recht des Schuldners, das zur Insolvenzmasse gehörende Vermögen zu verwalten und über es zu verfügen, auf den Insolvenzverwalter über.

Ansprechpartner der Gemeinschaft der Wohnungseigentümer, der Wohnungseigentümer und des Verwalters wird mit der Eröffnung des Insolvenzverfahrens grundsätzlich aber der Insolvenzverwalter. Wohnungseigentumsrechtlich wird mit Eröffnung des Insolvenzverfahrens der Insolvenzverwalter Wohnungseigentümer, wenn auch nur temporär.

Rechte des Wohnungseigentümers
Zu den Rechten eines Wohnungseigentümers gilt grundsätzlich das zum Zwangsverwalter Ausgeführte entsprechend. Anders als der Zwangsverwalter darf der Insolvenzverwalter das Wohnungseigentum allerdings veräußern.

Freigabe
Ein Insolvenzverwalter kann ein von ihm verwaltetes Wohnungseigentum freigeben (die Freigabe ist eine Willenserklärung gegenüber dem Wohnungseigentümer, das Wohnungseigentum aus dem Haftungsverband der Insolvenzmasse und damit aus dem Insolvenzbeschlag zu lösen). Eine Freigabe erfolgt, wenn sich aus der Verwertung des Wohnungseigentums keine Vermehrung der Aktivmasse erwarten lässt (das ist etwa der Fall, wenn das Wohnungseigentum über den Verkehrswert hinaus belastet ist und nicht vermietet werden kann). Mit einer Freigabe tritt der Wohnungseigentümer wieder in vollem Umfang in seine Rechte als Wohnungseigentümer ein.

Zusammenfassung

Ein Wohnungseigentümer kann ganz oder teilweise seine Rechte als Wohnungseigentümer verlieren. Der Verlust kann die Folge sein von:

- einer Zustimmung;
- einem Entziehungsurteil;
- einer Zwangsverwaltung;
- einer Insolvenzverwaltung.

27

Steuerrecht

Ein Wohnungseigentümer kann in Bezug auf sein Wohnungseigentumsrecht mit dem Steuerrecht in Berührung kommen. In den Blick kommen unter anderem die

- Einkommens-,
- die Erbschafts-,
- die Schenkungs-,
- die Gewerbe-,
- die Grunderwerb-,
- die Grund- sowie
- die Umsatzsteuer.

In diesem Kapitel wird erwähnt, inwieweit ein Wohnungseigentümer Rechte gegen die Gemeinschaft der Wohnungseigentümer oder die anderen Miteigentümer wegen individueller Steuern hat.

27. Steuerrecht

I. Steuerpflichtiger

Wer eine Steuer schuldet, ist im Sinne des Gesetzes ein Steuerpflichtiger. Der Verwalter ist verpflichtet, die steuerlichen Pflichten der Gemeinschaft der Wohnungseigentümer zu erfüllen. Für das Sondereigentum ist der Wohnungseigentümer steuerpflichtig.

Steuerpflichtiger
Steuerpflichtiger ist, wer für eine Steuer haftet, wer eine Steuer für Rechnung eines Dritten einzubehalten und abzuführen hat, wer eine Steuererklärung abzugeben, Sicherheit zu leisten, Bücher und Aufzeichnungen zu führen oder andere ihm durch die Steuergesetze auferlegte Verpflichtungen zu erfüllen hat

II. Umsatzsteuer

Die Gemeinschaft der Wohnungseigentümer erbringt den Wohnungseigentümern zahlreiche Leistungen. Neben nicht steuerbaren Gemeinschaftsleistungen stehen STEUERBARE Sonderleistungen, etwa für:
- Entwässerung;
- Feuer- und Haftpflichtversicherung;
- Flurbeleuchtung;
- Hausmeisterlohn;
- Instandhaltung und Instandsetzung des gemeinschaftlichen Eigentums;
- Lieferung von Wärme (Heizung) und Wasser;
- Müllabfuhr;
- Schornsteinreinigung;
- Straßenreinigung;
- Verwaltungsgebühren;
- Waschküchen- und Waschmaschinenbenutzung.

Diese Sonderleistungen sind von der Umsatzsteuer befreit. Die Gemeinschaft der Wohnungseigentümer kann aber durch einen Beschluss für einzelne oder alle steuerbaren Leistungen jedem Wohnungseigentümer gegenüber getrennt für eine Steuerpflicht OPTIEREN, sich also entscheiden, darauf Steuern zu entrichten.

Anspruch auf Option

In der Regel dürfte ein Wohnungseigentümer KEINEN Anspruch darauf haben, dass die Gemeinschaft der Wohnungseigentümer zur Steuerpflicht optiert. Die Option verursacht einen erheblichen Verwaltungsaufwand und damit Kosten. Etwas anderes kann gelten, wenn in einer Wohnungseigentumsanlage mehrheitlich vermietetes Teileigentum besteht. Hat neben der Gemeinschaft der Wohnungseigentümer auch der Wohnungseigentümer (in der Regel ein Teileigentümer) seinerseits zur Umsatzsteuer optiert, hat dieser einen Anspruch darauf, dass der Verwalter ihm die auf sein Wohnungseigentum entfallende Umsatzsteuer nennt. Die Umsatzsteuer ist dabei auf alle Kostenpositionen auszuweisen, auch auf solche, die vom Leistenden gegenüber der Gemeinschaft der Wohnungseigentümer nicht mit Umsatzsteuer berechnet wurden.

Verwalter

Der Verwalter kann sich für die Gemeinschaft der Wohnungseigentümer erklären, wenn die Wohnungseigentümer ihn zu Erklärungen gegenüber den Finanzbehörden ermächtigt haben.

III. Einkommensteuer

1. Haushaltsnahe Dienstleistungen und Handwerkerleistungen

Besteht ein Beschäftigungsverhältnis zur Gemeinschaft der Wohnungseigentümer (etwa bei Reinigung und Pflege von Gemeinschaftsräumen) oder ist eine Gemeinschaft der Wohnungseigentümer Auftraggeberin einer haushaltsnahen Dienstleistung bzw. einer handwerklichen Leistung, kann für den einzelnen Wohnungseigentümer eine STEUERERMÄSSIGUNG wegen der gegenüber der Gemeinschaft der Wohnungseigentümer erbrachten Leistungen in Betracht kommen. Dieses ist der Fall, wenn in der Abrechnung

- die im Kalenderjahr unbar gezahlten Beträge nach den begünstigten haushaltsnahen Beschäftigungsverhältnissen, Dienstleistungen und Handwerkerleistungen jeweils gesondert aufgeführt sind;
- der Anteil der steuerbegünstigten Kosten ausgewiesen ist;
- der Anteil des jeweiligen Wohnungseigentümers individuell errechnet wurde.

Ergeben sich die Angaben nicht aus der Abrechnung, ist der Nachweis durch eine ANDERWEITIGE Bescheinigung des Verwalters über den Anteil des jeweiligen Wohnungseigentümers zu führen.

Muster für eine Bescheinigung

....

(Name und Anschrift des Verwalters) (Name und Anschrift des Eigentümers)

Anlage zur Jahresabrechnung für das Wirtschaftsjahr ......

Datum der Beschlussfassung über die Jahresabrechnung: ......

In der Jahresabrechnung für das Objekt ... (Ort, Straße, Hausnummer und ggf. genaue Lagebezeichnung der Wohnung) sind Ausgaben im Sinne des § 35a Einkommensteuergesetz enthalten, die wie folgt zu verteilen sind:

<table>
<tr><td colspan="5">A) Aufwendungen für sozialversicherungspflichtige Beschäftigungen</td></tr>
<tr><td>Bezeichnung</td><td colspan="2">Gesamtbetrag (in Euro)</td><td colspan="2">Anteil des Miteigentümers</td></tr>
<tr><td colspan="5">B) Aufwendungen für die Inanspruchnahme haushaltsnaher Dienstleistungen</td></tr>
<tr><td>Bezeichnung</td><td>Gesamtbetrag (in Euro)</td><td>nicht zu berücksichtigende Materialkosten (in Euro)</td><td>Aufwendungen bzw. Arbeitskosten (in Euro)</td><td>Anteil des Miteigentümers</td></tr>
<tr><td colspan="5">C) Aufwendungen für die Inanspruchnahme von Handwerkerleistungen für Renovierungs-, Erhaltungs- und Modernisierungsmaßnahmen</td></tr>
<tr><td>Bezeichnung</td><td>Gesamtbetrag (in Euro)</td><td>nicht zu berücksichtigende Materialkosten (in Euro)</td><td>Aufwendungen bzw. Arbeitskosten (in Euro)</td><td>Anteil des Miteigentümers</td></tr>
<tr><td></td><td></td><td></td><td></td><td></td></tr>
</table>

....

(Ort und Datum) (Unterschrift des Verwalters)

Neben den Kosten für die Instandhaltung (Gartenpflege, Wartungsarbeiten – etwa am Aufzug –, Winterdienst) und Instandsetzung des gemeinschaftlichen Eigentums (sämtliche klassischen Reparaturen, aber auch das Abfallmanagement, eine Graffiti-Beseitigung, Erhaltungsmaßnahmen in Zusammenhang mit einer Legionellen -Kontamination, der Einkauf von Schmier-, Reinigungs- oder Spülmitteln, der Einkauf von Streugut, Kosten für die Taubenabwehr) kommt eine Steuerermäßigung unter anderem für folgende Kosten in Betracht:

- bauliche Veränderungen;
- Modernisierungen;
- modernisierende Erhaltungen.

„Zuschuss-Crasher"

Die Möglichkeit, eine Steuerermäßigung in Anspruch zu nehmen, kann mit der Möglichkeit, öffentliche Fördermittel zu beantragen, zusammenfallen. Im Einzelfall ist es dann sinnvoll, auf § 35a Einkommensteuergesetz zu verzichten. Dieses ist vor allem der Fall:

- wenn es viele Kapitalanleger in der Immobilie gibt;
- bei hohem Materialkostenanteil des Erhaltungsgewerkes;
- bei einer großen Erhaltungsmaßnahme über die Anrechnungsgrenze von 1.200 Euro hinaus;
- wenn der Effizienzhausstatus erreicht werden soll.

Checkliste: Haushaltsnahe Dienstleistungen

MASSNAHME	BEGÜNSTIGT	NICHT BEGÜNSTIGT	HAUSHALTSNAHE DIENSTLEISTUNG	HANDWERKERLEISTUNG
Abfallmanagement („Vorsortierung“)	innerhalb des Grundstücks	alle Maßnahmen außerhalb des Grundstücks	X	
Abflussrohrreinigung	innerhalb des Grundstücks	außerhalb des Grundstücks		X
Ablesedienste und Abrechnung bei Verbrauchszählern (Strom, Gas, Wasser, Heizung usw.)		X		
Abriss eines baufälligen Gebäudes mit anschließendem Neubau		X		
Abwasserentsorgung	Wartung und Reinigung innerhalb des Grundstücks	alle Maßnahmen außerhalb des Grundstücks		X
Anliegerbeitrag		X		

Arbeiten 1. am Dach, 2. an Bodenbelägen 3. an der Fassade 4. an Garagen 5. an Innen- und Außenwänden 6. an Zu- und Ableitungen	XXXX soweit innerhalb des Grundstücks	alle Maßnahmen außerhalb des Grundstücks		XXXXXX
Architektenleistung		X		
Asbestentfernung	X			X
Aufstellen eines Baugerüstes	Arbeitskosten	Miete, Material		X
Aufzugnotruf		X		
Außenanlagen, z.B. Errichtung von Wegen oder Zäune	Arbeitskosten für Maßnahmen auf privatem Grundstück	auf öffentlichem Grundstück oder im Rahmen einer Neubaumaßnahme Materialkosten		X
Austausch oder Modernisierung 1. der Einbauküche, 2. von Bodenbelägen (z.B. Teppichboden, Parkett, Fliesen) oder 3. von Fenstern und Türen	X XX			X XX

Bereitschaft der Erbringung einer ansonsten begünstigten Leistung im Bedarfsfall	als Nebenleistung einer ansonsten begünstigten Hauptleistung	nur Bereitschaft	Abgrenzung im Einzelfall	Abgrenzung im Einzelfall
Brandschadenreparaturen	soweit nicht Versicherungsleistung	soweit Versicherungsleistung		X
Breitbandkabelnetz	Installation, Wartung und Reparatur innerhalb des Grundstücks	alle Maßnahmen außerhalb des Grundstücks		X
Carport, Terrassenüberdachung	Arbeitskosten	Materialkosten sowie Errichtung im Rahmen einer Neubaumaßnahme		X
Chauffeur		X		
Dachgeschossausbau	Arbeitskosten	Materialkosten sowie Errichtung im Rahmen einer Neubaumaßnahme		X
Dachrinnenreinigung	X			X
Datenverbindungen	s. Hausanschlüsse	s. Hausanschlüsse		X
Deichabgaben		X		

Dichtigkeitsprüfung von Abwasseranlagen		X		
Elektroanlagen	Wartung und Reparatur			X
Energiepass		X		
Entsorgungsleistung	als Nebenleistung, (z. B. Bauschutt, Fliesenabfuhr bei Neuverfliesung eines Bades, Grünschnittabfuhr bei Gartenpflege)	als Hauptleistung	Abgrenzung im Einzelfall	Ab-grenzung im Einzelfall
Erhaltungsmaßnahmen	Arbeitskosten für Maßnahmen auf privatem Grundstück	Materialkosten sowie alle Maßnahmen außerhalb des Grundstücks	Abgrenzung im Einzelfall	Ab-grenzung im Einzelfall
Erstellung oder Hilfe bei der Erstellung der Steuererklärung		X		
Fäkalienabfuhr		X		
Fahrstuhlkosten	Wartung und Reparatur	Betriebskosten		X
Fertiggaragen	Arbeitskosten	Materialkosten sowie Er-richtung im Rahmen einer Neubaumaßnahme		X

Feuerlöscher	Wartung			X
Feuerstättenschau – s. auch Schornsteinfeger		X		
Fitnesstrainer		X		
Friseurleistungen	nur soweit sie zu den Pflege- und Betreuungsleistungen gehören, wenn sie im Leistungskatalog der Pflegeversicherung aufgeführt sind (und der Behinderten-Pauschbetrag nicht geltend gemacht wird)	alle anderen Friseurleistungen	X	
Fußbodenheizung	Wartung, Spülung, Reparatur, nachträglicher Einbau	Materialkosten		X
Gärtner	innerhalb des Grundstücks	alle Maßnahmen außerhalb des Grundstücks	Abgrenzung im Einzelfall	Abgrenzung im Einzelfall
Gartengestaltung	Arbeitskosten	Materialkosten sowie erstmalige Anlage im Rahmen einer Neubaumaßnahme		X

Gartenpflegearbeiten (zum Beispiel Rasen mähen, Hecken schneiden)	innerhalb des Grundstücks einschließlich Grünschnittentsorgung als Nebenleistung	alle Maßnahmen außerhalb des Grundstücks	X	
Gemeinschaftsmaschinen bei Mietern (z. B. Waschmaschine, Trockner)	Reparatur und Wartung	Miete		X
Gewerbeabfallentsorgung		X		
Graffitibeseitigung	X			X
Gutachtertätigkeiten		X		
Hand- und Fußpflege	nur soweit sie zu den Pflege- und Betreuungsleistungen gehören, wenn sie im Leistungskatalog der Pflegeversicherung aufgeführt sind (und der Behinderten-Pauschbetrag nicht geltend gemacht wird)	alle anderen	X	

Hausanschlüsse	z. B. für den Anschluss von Stromkabeln, für das Fernsehen, für Internet über Kabelfernsehen, Glasfaser oder per Satellitenempfangsanlagen sowie Weiterführung der Anschlüsse, jeweils innerhalb des Grundstücks	Materialkosten sowie erstmalige Anschlüsse im Rahmen einer Neubaumaßnahme und alle Maßnahmen außerhalb des Grundstücks		X
Hausarbeiten, wie reinigen, Fenster putzen, bügeln usw.	X		X	
Haushaltsauflösung		X		
Hauslehrer		X		
Hausmeister, Hauswart	X		X	
Hausreinigung	X		X	
Hausschwammbeseitigung	X			X
Hausverwalterkosten oder -gebühren		X		

Heizkosten: 1. Verbrauch 2. Gerätemiete für Zähler 3. Garantiewartungsgebühren 4. Heizungswartung und Reparatur 5. Austausch der Zähler nach dem Eichgesetz 6. Schornsteinfeger 7. Kosten des Ablesedienstes 8. Kosten der Abrechnung an sich	XXXs. Schornsteinfeger	XXX s. SchornsteinfegerXX		XXX
Hilfe im Haushalt – s. Hausarbeiten				
Insektenschutzgitter	Montage und Reparatur	Material		X
Kamin-Einbau	Arbeitskosten	Materialkosten sowie Errichtung im Rahmen einer Neubaumaßnahme		X
Kaminkehrer – s. Schornsteinfeger				

Kellerausbau	Arbeitskosten	Materialkosten sowie Errichtung im Rahmen einer Neubaumaßnahme		X
Kellerschachtabdeckungen	Montage und Reparatur	Material		X
Kfz. – siehe Reparatur		X		
Kinderbetreuungskosten	soweit sie nicht unter §10 Absatz 1 Nummer 5 EStG (§9c EStG alte Fassung) fallen und für eine Leistung im Haushalt des Steuerpflichtigen anfallen	im Sinne von §10 Absatz 1 Nummer 5 EStG (§9c EStG alte Fassung)	X	
Klavierstimmer	X			X
Kleidungs- und Wäschepflege und -reinigung	im Haushalt des Steuerpflichtigen		X	
Kontrollaufwendungen des TÜV, z. B. für den Personenaufzug oder den Treppenlift		X		

Kosmetikleistungen	nur soweit sie zu den Pflege- und Betreuungsleistungen gehören, wenn sie im Leistungskatalog der Pflegeversicherung aufgeführt sind (und der Behinderten-Pauschbetrag nicht geltend gemacht wird)	alle anderen	X	
Laubentfernung	auf privatem Grundstück	auf öffentlichem Grundstück	Abgrenzung im Einzelfall	Abgrenzung im Einzelfall
Legionellenprüfung		X		
Leibwächter		X		
Material und sonstige im Zusammenhang mit der Leistung gelieferte Waren einschließlich darauf entfallender Umsatzsteuer		Bsp.: Farbe, Fliesen, Pflastersteine, Mörtel, Sand, Tapeten, Teppichboden und andere Fußbodenbeläge, Waren, Stützstrümpfe usw.		
Mauerwerkreparatur	X			X

Miete von Verbrauchszählern (Strom, Gas, Wasser, Heizung usw.)		X		
Modernisierungsmaßnahmen (z. B. Badezimmer, Küche)	innerhalb des Grundstücks	alle Maßnahmen außerhalb des Grundstücks		X
Montageleistung, z. B. beim Erwerb neuer Möbel	X			X
Müllabfuhr		X		
Müllentsorgungsanlage (Müllschlucker)	Wartung und Reparatur			X
Müllschränke	Anlieferung und Aufstellen	Material		X
Nebenpflichten der Haushaltshilfe, wie kleine Botengänge oder Begleitung von Kindern, kranken, alten oder pflegebedürftigen Personen bei Einkäufen oder zum Arztbesuch	X		X	

Notbereitschaft/Notfalldienste	soweit es sich um eine nicht gesondert berechnete Nebenleistung, z. B. im Rahmen eines Wartungsvertrags, handelt	alle anderen reinen Bereitschaftsdienste	X	
Pflasterarbeiten	innerhalb des Grundstücks	Materialkosten sowie alle Maßnahmen außerhalb des Grundstücks		X
Pflegebett		X		
Pflege der Außenanlagen	innerhalb des Grundstücks	alle Maßnahmen außerhalb des Grundstücks	X	
Pilzbekämpfung	X			X
Prüfdienste/Prüfleistung (z. B. bei Aufzügen)		X		
Rechtsberatung		X		
Reinigung	der Wohnung, des Treppenhauses und der Zubehörräume		X	

Reparatur, Wartung und Pflege von 1. Bodenbelägen (z. B. Teppichboden, Parkett, Fliesen) 2. von Fenstern und Türen (innen und außen) 3. von Gegenständen im Haushalt des Steuerpflichtigen (z. B. Waschmaschine, Geschirrspüler, Herd, Fernseher, Personalcomputer und andere) 4. von Heizungsanlagen, Elektro-, Gas- und Wasserinstallationen 5. von Kraftfahrzeugen (einschließlich TÜV-Gebühren) 6. von Wandschränken	soweit es sich um Gegenstände handelt, die in der Hausratversicherung mitversichert werden können auf dem Grundstück des Steuerpflichtigen	Arbeiten außerhalb des Grundstücks des Steuerpflichtigen	Pflege im Haushalt bzw. auf dem Grundstück des Steuerpflichtigen	Reparatur und Wartung im Haushalt bzw. auf dem Grundstück des Steuerpflichtigen
Schadenfeststellung, Ursachenfeststellung (z. B. bei Wasserschaden, Rohrbruch usw.)		X		
Schadstoffentfernung	X			X

Schädlings- und Ungezieferbekämpfung	X		Abgrenzung im Einzelfall	Ab-grenzung im Einzelfall
Schornsteinfeger	Schornstein-Kehrarbeiten Reparatur- und Wartungsarbeiten	Mess- oder Überprüfungs-arbeiten Feuerstätten		XX
Sekretär; hierunter fallen auch Dienstleistungen in Form von Büroarbeiten (z. B. Ablage-organisation, Erledigung von Behördengängen, Stellen von Anträgen bei Versicherungen und Banken usw.)		X		
Sperrmüllabfuhr		X		
Statikerleistung		X		
Straßenreinigung	auf privatem Grundstück	auf öffentlichem Grundstück	X	
Tagesmutter bei Betreuung im Haushalt des Steuerpflichtigen	soweit es sich bei den Auf-wendungen nicht um Kinder-betreuungskosten handelt	Kinderbetreuungskosten	X	

Taubenabwehr	X		Abgrenzung im Einzelfall	Abgrenzung im Einzelfall
Technische Prüfdienste (z. B. bei Aufzügen)		X		
Terrassenüberdachung	Arbeitskosten	Materialkosten sowie Errichtung im Rahmen einer Neubaumaßnahme		X
Tierbetreuungs-, -pflege oder -arztkosten		X		
Trockeneisreinigung	X			X
Trockenlegung von Mauerwerk	Arbeiten mit Maschinen vor Ort	ausschließliche Maschinenanmietung		X
TÜV-Gebühren		X		
Überprüfung von Anlagen (z. B. Gebühr für den Schornsteinfeger oder für die Kontrolle von Blitzschutzanlagen)	s. Schornsteinfeger	TÜV-Gebühren; s. auch Schornsteinfeger		X

Umzäunung, Stützmauer o. Ä.	Arbeitskosten für Maßnahmen auf privatem Grundstück	Materialkosten sowie Maßnahmen auf öffentlichem Grundstück oder im Rahmen einer Neubaumaßnahme		X
Umzugsdienstleistungen	für Privatpersonen		Abgrenzung im Einzelfall	Abgrenzung im Einzelfall
Verarbeitung von Verbrauchsgütern im Haushalt des Steuerpflichtigen	X		X	
Verbrauchsmittel, wie z. B. Schmier-, Reinigungs- oder Spülmittel sowie Streugut	X		als Nebenleistung – Abgrenzung im Einzelfall	als Nebenleistung – Abgrenzung im Einzelfall
Verwaltergebühr		X		
Wachdienst	innerhalb des Grundstücks	außerhalb des Grundstücks	X	
Wärmedämmmaßnahmen	X			X

Wartung: 1. Aufzug 2. Heizung und Öltankanlagen (einschließlich Tankreinigung) 3. Feuerlöscher 4. CO^2-Warngeräte 5. Pumpen 6. Abwasser-Rückstau-Sicherungen	XXXX XX			XXXX XX
Wasserschadenreparatur	X	soweit Versicherungsleistung		X
Wasserversorgung	Wartung und Reparatur			X
Winterdienst	innerhalb des Grundstücks	alle Maßnahmen außerhalb des Grundstücks	X	
Zubereitung von Mahlzeiten im Haushalt des Steuerpflichtigen	X		X	

2. Erhaltungsrücklage
In der Regel muss ein Wohnungseigentümer jährlich Beiträge zur Ansammlung einer angemessenen Erhaltungsrücklage leisten (siehe dazu 10. Kapitel Erhaltungsmaßnahmen › S. 202).

Baudenkmale, Gebäude in Sanierungsgebieten oder Entwicklungsbereichen

Ein Wohnungseigentümer kann unter den in § 10f Einkommenssteuergesetz genannten Bedingungen einen ANSPRUCH AUF STEUERBEGÜNSTIGUNG haben, sofern

- er das Wohnungseigentum selbst nutzt und das
- Gebäude
  - ein Baudenkmal ist oder
  - es in einem Sanierungsgebiet oder
  - in einem städtebaulichen Entwicklungsbereich liegt.

Nach Auffassung der Finanzverwaltungen dürfen diese Beiträge zunächst nicht als Werbungskosten oder Betriebsausgaben geltend gemacht werden. Ein Abzug ist aber dann möglich, wenn Mittel der Erhaltungsrücklage ZWECKENTSPRECHEND EINGESETZT werden und tatsächlich einem Dritten, zum Beispiel einem Werkunternehmer für die Instandsetzung des Treppenhauses, zufließen.

Mitteilung des rechnerischen Anteils

Damit ein Wohnungseigentümer einen rechnerischen Anteil an den Abflüssen aus der Erhaltungsrücklage, bemessen nach der Höhe seines Miteigentumsanteils, als Werbungskosten geltend machen kann, muss ihm sein Anteil als Anlage zur Jahresabrechnung mitgeteilt werden. Hierauf hat jeder Wohnungseigentümer einen Anspruch.

3. Zinsen
Hat die Gemeinschaft der Wohnungseigentümer gegenüber einer Bank Anspruch auf Guthabenzinsen, wird das Konto führende Institut diese nicht vollständig gutschreiben. Das Institut wird vielmehr einen Teil der Zinsen als Kapitalertrag einbehalten und an das Finanzamt abführen. Jeder Wohnungseigentümer hat einen Anspruch darauf, dass ihm die von der Gemeinschaft der Wohnungseigentümer auf die Zinseinnahmen gezahlten Steuern mitgeteilt werden.

Auskehrung Guthabenzinsen

Guthabenzinsen sind an die Eigentümer auszukehren oder durch Beschluss der Erhaltungsrücklage zuzuweisen.

IV. Grundsteuer

Die Grundsteuer ist eine Gemeindesteuer, deren Höhe von Kommune zu Kommune variiert. Sie wird nach dem Grundsteuergesetz (GrStG) in Verbindung mit dem Bewertungsgesetz (BewG) nicht für das gesamte Haus, sondern bezogen auf das EINZELNE Wohnungseigentum erhoben. Um Grundsteuer zu sparen, kann ein Wohnungseigentümer im Einzelfall 2 Wohnungseigentumsrechte zu einem vereinigen (3. Kapitel Sachenrecht › S. 72).

Vermietung
Ist ein Sondereigentum vermietet (5. Kapitel Nutzung › S. 129 ff.), können die Parteien des Mietvertrags vereinbaren, dass der Mieter die Grundsteuer zu tragen hat. Der Vermieter kann dem Mieter in diesem Falle den Bescheid unmittelbar weiterleiten und muss die Kosten nicht anhand eines Umlageschlüssels umlegen.

V. Veräußerung eines Wohnungseigentums

Zu den Steuern, die bei Veräußerung eines Wohnungseigentums anfallen, siehe 3. Kapitel Sachenrecht › S. 83.

Zusammenfassung
Im Zusammenhang mit dem Wohnungseigentumsrecht sind vor allem folgende Steuern von Bedeutung:
- Umsatzsteuer;
- Einkommenssteuer;
- Grundsteuer.

28

Bauträger-
vertrag

Das Kapitel stellt den Bauträgervertrag vor. Eingegangen wird

- auf die Abnahme der Bauleistung und
- die Mängelrechte des Bestellers.

28. Bauträgervertrag

I. Kurzüberblick

Ein Bauträgervertrag ist vor allem ein Vertrag, der die Errichtung oder den Umbau eines Hauses zum Gegenstand hat und der zugleich die Verpflichtung des Bauträgers enthält, dem Besteller das Eigentum an einem Wohnungseigentum zu übertragen.

Anzuwendendes Recht
Hinsichtlich des Anspruchs auf Übertragung des Wohnungseigentums ist Kaufrecht anwendbar. Geht es um die Rechte und Pflichten in Bezug auf die Errichtung oder den Umbau des Wohnungseigentums, sind bestimmte Vorschriften des Werkvertragsrechts anwendbar.

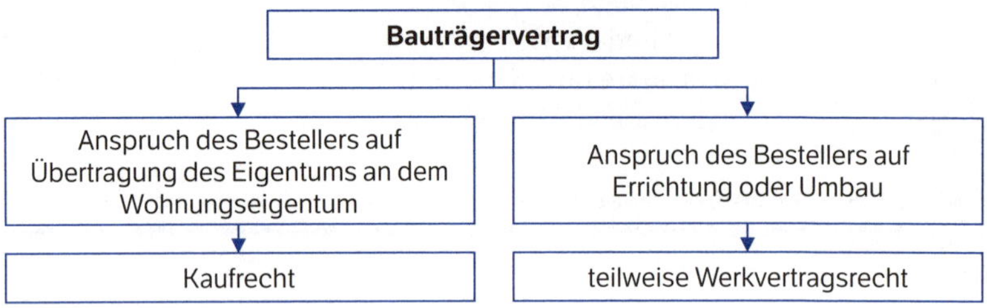

Überblick Bauträgervertrag

Durch einen Bauträgervertrag werden keine Rechte eines Wohnungseigentümers berührt. Es geht um Rechte des Bestellers (des späteren Wohnungseigentümers), die ihm aus seinem Bauträgervertrag mit dem Bauträger erwachsen. Dass der Bauträgervertrag hier dennoch zu erwähnen ist, liegt daran, dass es 3 Bereiche des Bauträgervertrags gibt, die dann doch einen engen Zusammenhang mit den Rechten eines Wohnungseigentümers haben.

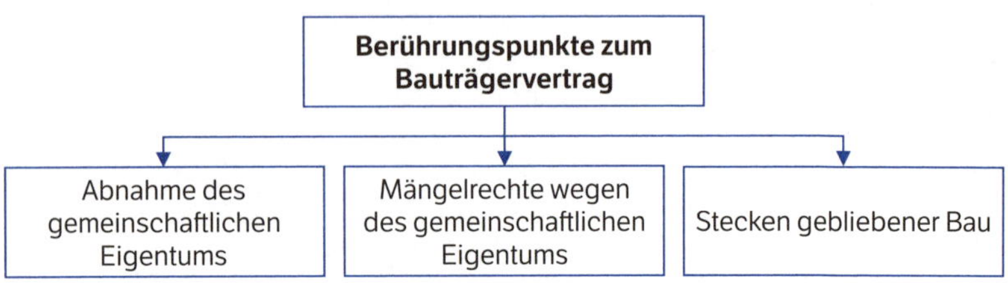

Berührungspunkte zum Bauträgervertrag

II. Abnahme der Werkleistung

Wer ein Wohnungseigentum vom Bauträger erwirbt, muss das Sonder- und das gemeinschaftliche Eigentum abnehmen. Diese Abnahme ist unter anderem eine rechtsgeschäftliche Erklärung des Erwerbers, dass die geschuldete Bauleistung im Wesentlichen mangelfrei ist.

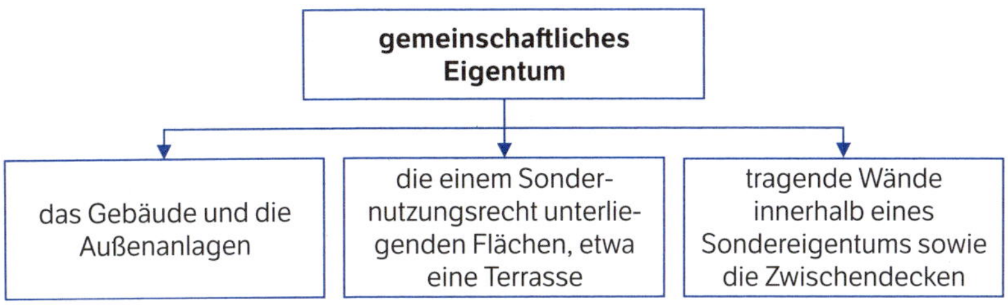

Flächen des gemeinschaftlichen Eigentums

Nach der aktuellen Rechtsprechung des Bundegerichtshofs ist es am besten, wenn JEDER BESTELLER FÜR SICH die Abnahme des gemeinschaftlichen Eigentums erklärt.

Gemeinsamer Sachverständiger

Individuelle Erklärungen können für einen einzelnen Wohnungseigentümer belastend sein. Häufig wird ein Einzelner nämlich nicht in der Lage sein, festzustellen, ob das gemeinschaftliche Eigentum frei von Rechts- und Sachmängeln ist. Es bedarf aus diesen Gründen häufig einer sachkundigen Beratung, zum Beispiel durch einen von der Industrie- und Handelskammer unabhängig benannten, neutralen Sachverständigen. Diesen Sachverständigen zu beauftragen und zu bezahlen, will häufig nicht jeder Wohnungseigentümer selbst auf sich nehmen. Es bietet sich stattdessen an, dass die Wohnungseigentümer sich dazu eines gemeinsamen Beraters bedienen.

Gemeinschaftliche Abnahme

Im Bauträgervertrag ist gegebenenfalls vereinbart, dass das gemeinschaftliche Eigentum nicht von den einzelnen Wohnungseigentümern, sondern von einem DRITTEN abgenommen wird. Soweit der Bauträger eine Person benennt, auf die er einen Einfluss hat, etwa einen Verwalter, den er mit der Mehrheit seiner Stimmen bestimmen kann, ist die entsprechende Regelung UNWIRKSAM. Im Übrigen muss immer klar sein, dass Wohnungseigentümer eine entsprechende Vollmacht für einen Dritten jederzeit frei widerrufen können.

III. Mängelrechte wegen des gemeinschaftlichen Eigentums

1. Überblick

Jedem Wohnungseigentümer können aus seinem Erwerbsvertrag verschiedene Mängelrechte in Bezug auf das gemeinschaftliche Eigentum zustehen. Bei diesen Rechten ist eine KOORDINIERUNG der Wohnungseigentümer notwendig. Zu unterscheiden ist nach heutigem Stand zwischen 3 verschiedenen Gruppen von Mängelrechten.

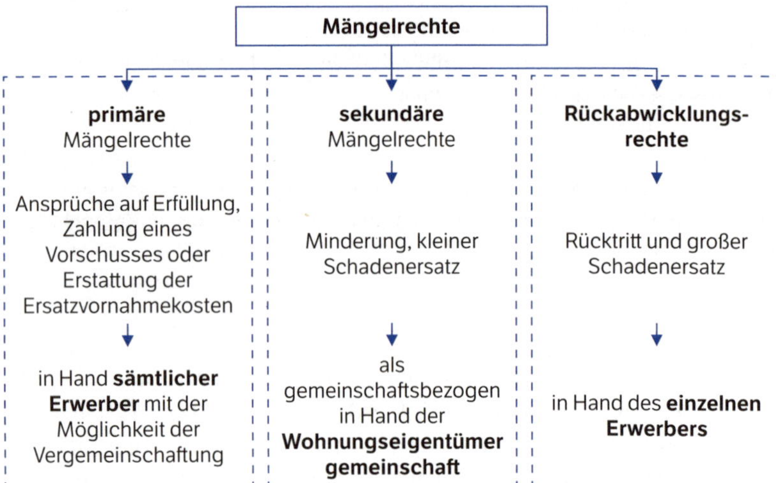

Überblick zu den Mängelrechten

2. Sekundäre Mängelrechte

Die Gemeinschaft der Wohnungseigentümer ist ausnahmslos für Geltendmachung und Durchsetzung solcher Rechte zuständig, die „ihrer Natur nach gemeinschaftsbezogen" sind und ein eigenständiges Vorgehen des einzelnen Wohnungseigentümers nicht zulassen. Gemeinschaftsbezogen in diesem Sinne sind nach allgemeiner Ansicht die MINDERUNG und der KLEINE Schadenersatz.

3. Primäre Mängelrechte

Ist ein Mängelrecht nicht gemeinschaftsbezogen, kann jeder Wohnungseigentümer dieses Mängelrecht zunächst INDIVIDUELL durchsetzen und selbständig verfolgen. Dieses gilt für folgende Rechte:

- den Mängelbeseitigungsanspruch = Nacherfüllung;
- den Anspruch auf Selbstvornahme;
- den Anspruch auf Ersatz der Aufwendungen;
- den Anspruch auf Vorschuss (der Vorschuss ist allerdings zu Händen der Gemeinschaft der Wohnungseigentümer zu verlangen).

Die Wohnungseigentümer besitzen die Kompetenz, die primären Mängelrechte der Gemeinschaft der Wohnungseigentümer als Aufgabe ZUZUWEISEN.

Vergemeinschaftung Mängelrechte

(1) Die Ausführung der Mängelansprüche der Wohnungseigentümer als Besteller gegen ___ (Bauträger) am gemeinschaftlichen Eigentum werden mit Ausnahme des großen Schadenersatzes und des Rücktritts der Gemeinschaft der Wohnungseigentümer ___ (Name) übertragen.

(2) Der Verwalter wird ermächtigt, im Namen der Wohnungseigentümer und im Namen der Gemeinschaft der Wohnungseigentümer ___(Name) die erforderlichen und zweckdienlichen Handlungen vorzunehmen sowie die notwendigen und zweckdienlichen Erklärungen abzugeben und entgegenzunehmen.

(3) Die Ermächtigung umfasst die gerichtliche und außergerichtliche Geltendmachung der Ansprüche. Der Verwalter ist befugt, mit Rechtsanwalt ___ (Name; Adresse) zur außergerichtlichen und gerichtlichen Durchsetzung der Ansprüche der Wohnungseigentümer als Erwerber im Namen der Gemeinschaft der Wohnungseigentümer ___ (Name) einen Vertrag zu schließen.

Für die Frage einer Vergemeinschaftung der Mängelrechte wegen des gemeinschaftlichen Eigentums besitzen die Wohnungseigentümer ein „Ermessen" (die Wohnungseigentümer dürfen also abwägen, ob sie eine Vergemeinschaftung wollen, ihren Umfang und was geschehen soll). Nach der überwiegend vertretenen Ansicht erfordert es eine ordnungsmäßige Verwaltung allerdings IN ALLER REGEL, einen gemeinschaftlichen Willen darüber zu bilden, wie die ordnungsgemäße Herstellung des gemeinschaftlichen Eigentums zu bewirken ist.

Die Wohnungseigentümer müssen sich daher in einer Versammlung jedenfalls mit der Frage einer Vergemeinschaftung BEFASSEN. Die Wohnungseigentümer können von einer gemeinschaftlichen Rechtsverfolgung dabei nur dann absehen, wenn BESONDERE GRÜNDE diese Entscheidung rechtfertigen. Nach einer Vergemeinschaftung ist allein die Gemeinschaft der Wohnungseigentümer für die Durchsetzung der auf die Beseitigung von Mängeln des gemeinschaftlichen Eigentums gerichteten gemeinschaftlichen Ansprüche und die Schaffung ihrer Voraussetzungen zuständig. Überblick:

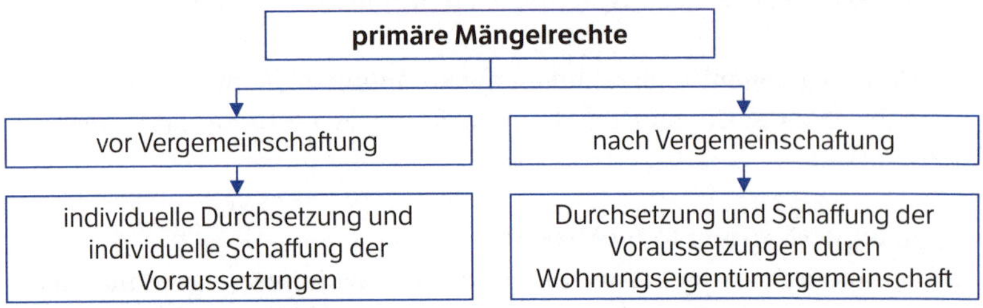

Folge einer Vergemeinschaftung

VERGLEICH
Hat sich die Gemeinschaft der Wohnungseigentümer für ein Mängelrecht entschieden oder sich mit dem Bauträger verglichen, dürfte ein Wohnungseigentümer daran GEHINDERT sein, dem Bauträger eine Frist zur Mängelbehebung zu setzen. Seine Rechte auf großen Schadenersatz oder sein Recht auf Rücktritt gehen faktisch also unter, wenn die Gemeinschaft der Wohnungseigentümer mit dem Bauträger eine Einigung erzielt.

4. Rückabwicklungsrechte

Ein Wohnungseigentümer als Erwerber kann die Rechte auf großen Schadenersatz (Schadenersatz statt der ganzen Leistung) oder sein Recht auf Rücktritt SELBSTÄNDIG geltend machen. Jeder Erwerber/Wohnungseigentümer kann auch die Voraussetzungen der Rückabwicklungsrechte grundsätzlich ohne Mitwirkung der anderen Wohnungseigentümer oder der Gemeinschaft der Wohnungseigentümer herbeiführen. Etwas anderes gilt, wenn die Schaffung der Voraussetzungen mit den Interessen der anderen Wohnungseigentümer und der Gemeinschaft der Wohnungseigentümer kollidiert.

IV. Steckengebliebener Bau

Es ist vorstellbar, dass ein Bauträger das Bauwerk nicht fertigstellt, sondern noch vor der Fertigstellung in die Insolvenz fällt. In einem solchen Falle spricht man von einem „stecken gebliebenen Bau“. Die späteren Wohnungseigentümer müssen sich in dieser Situation überlegen, ob sie das oder die zu errichtenden Gebäude – meist unter Führung der Bauträgerbank – selbst fertigstellen wollen.

Mehr als die Hälfte des Bauwerks

Wohnungseigentumsrechtlich spielt diese Situation eine Rolle, wenn bereits MEHR ALS DIE HÄLFTE des Bauwerks errichtet ist. Nur für diesen Fall wird nämlich überwiegend angenommen, dass jeder Wohnungseigentümer gegenüber den anderen Wohnungseigentümern das Recht und den Anspruch hat, dass das Gebäude (also das gemeinschaftliche, aber auch das Sondereigentum, jedenfalls soweit es das Mauerwerk und die Zwischendecken angeht) auf Kosten der Wohnungseigentümer FERTIGGESTELLT wird.

Zusammenfassung

Jeder Wohnungseigentümer kann und muss das (spätere) gemeinschaftliche Eigentum allein vom Bauträger abnehmen. Bei den Mängelrechten ist zu unterscheiden:

- Die sekundären Mängelrechte liegen in der Hand der Gemeinschaft der Wohnungseigentümer.
- Die primären Mängelrechte kann jeder Wohnungseigentümer selbst durchsetzen. Die Wohnungseigentümer können die Durchsetzung der Rechte aber auch der Gemeinschaft der Wohnungseigentümer zuweisen.
- Die Rücktrittsrechte liegen in der Hand jedes Wohnungseigentümers.

29

Datenschutz

Das Kapitel stellt dar, was im Zusammenhang mit dem Datenschutz in einer Wohnungseigentumsanlage zu beachten ist.

29. Datenschutz

I. Grundlagen

Jeder Wohnungseigentümer hat einen Anspruch auf Schutz seiner personenbezogenen Daten. Diese Daten müssen unter anderem:

- auf rechtmäßige Weise, nach Treu und Glauben und in einer für ihn nachvollziehbaren Weise verarbeitet werden;
- für festgelegte, eindeutige und legitime Zwecke erhoben werden und dürfen nicht in einer mit diesen Zwecken nicht zu vereinbarenden Weise weiterverarbeitet werden;
- dem Zweck angemessen und erheblich sowie auf das für die Zwecke der Verarbeitung notwendige Maß beschränkt sein;
- in einer Form gespeichert werden, die die Identifizierung der betroffenen Personen nur so lange ermöglicht, wie es für die Zwecke, für die sie verarbeitet werden, erforderlich ist;
- in einer Weise verarbeitet werden, die durch geeignete technische und organisatorische Maßnahmen eine angemessene Sicherheit der personenbezogenen Daten gewährleistet, einschließlich Schutz vor unbefugter oder unrechtmäßiger Verarbeitung und vor unbeabsichtigtem Verlust, unbeabsichtigter Zerstörung oder unbeabsichtigter Schädigung.

VERARBEITUNG
Verarbeitung von Daten ist unter anderem das Erheben, das Erfassen, die Speicherung sowie die Offenlegung durch Übermittlung, Verbreitung oder eine andere Form der Bereitstellung.

Diese Pflichten sind durch den Verwalter als Organ der Gemeinschaft der Wohnungseigentümer zu erfüllen.

Checkliste: Verarbeitung

Die Gemeinschaft der Wohnungseigentümer darf die Daten nur verarbeiten, wenn MINDESTENS eine der nachstehenden Bedingungen erfüllt ist:

- ☐ Der Wohnungseigentümer hat in die Verarbeitung der ihn betreffenden personenbezogenen Daten für einen oder mehrere bestimmte Zwecke eingewilligt.
- ☐ Die Verarbeitung ist zur Erfüllung einer rechtlichen Verpflichtung erforderlich, der die Gemeinschaft der Wohnungseigentümer unterliegt.
- ☐ Die Verarbeitung ist für die Wahrnehmung einer Aufgabe erforderlich, die im öffentlichen Interesse liegt.

II. Verwalter

1. Einsichtnahmen

Wie im 12. Kapitel Informations-, Einsichts- und Kontrollrechte dargestellt, hat jeder Wohnungseigentümer das Recht, die Verwaltungsunterlagen einzusehen. Dem Anspruch auf Einsichtnahme stehen datenschutzrechtliche Vorgaben nicht entgegen.

Grenzen des Informationsanspruchs

Die Gemeinschaft der Wohnungseigentümer hat vor Gewährung von Informationen, die personenbezogene Daten enthalten, allerdings sorgfältig zu prüfen, dass die Grenzen des Informationsanspruchs eingehalten werden.

2. Kommunikation mit einem Wohnungseigentümer

Der Verwalter hat bei der Kommunikation mit einem Wohnungseigentümer die ERFORDERLICHEN TECHNISCHEN UND ORGANISATORISCHEN MASSNAHMEN zu treffen, um bei der Verarbeitung personenbezogener Daten ein dem Risiko angemessenes Schutzniveau zu gewährleisten. Er hat hierbei die einschlägigen technischen Richtlinien und Empfehlungen des Bundesamtes für Sicherheit in der Informationstechnik zu berücksichtigen.

MASSNAHMEN
Diese Maßnahmen können beispielsweise bei einer E-Mail unter anderem
- die Pseudonymisierung (der Name wird durch ein Pseudonym, zumeist eine mehrstellige Buchstaben- oder Zahlenkombination, ersetzt, um die Feststellung der Identität des Betroffenen auszuschließen oder wesentlich zu erschweren) oder
- eine Verschlüsselung personenbezogener Daten

umfassen.

III. Soziale Medien

Es spricht nichts dagegen, wenn Wohnungseigentümer sich über die sozialen Medien austauschen.

Grenzen des Informationsanspruchs

Viele Aufsichtsbehörden sehen den Einsatz von WhatsApp zwischen einem Unternehmen und einem Betroffenen kritisch. Denn WhatsApp greift schon bei der Installation auf dem Mobiltelefon sämtliche Daten aus dem Adressbuch ab und übersendet sie an die eigenen Server. Es ist daher viel besser, europäische oder deutsche Messenger-Dienste zu nutzen. Denn es gibt mittlerweile eine Reihe von Apps, die den datenschutzrechtlichen Anforderungen nahezu gerecht werden und für Verwalter viel besser als WhatsApp geeignet sind.

Es können dort alle Fragen von Bedeutung angesprochen werden, etwa zum Gebrauch, beispielsweise Tiere, Hausmusik oder Fragen der Hausordnung, aber auch die Erhaltung und/oder Modernisierung des gemeinschaftlichen Eigentums. Der Verwalter wäre auch berechtigt, einen E-MAIL-VERTEILER einzurichten. Wichtig ist, dass alle, die sich dieser Medien bedienen, mit einem Informationsaustausch und/oder Diskurs an diesem Ort einverstanden sind.

Soweit der Verwalter in den sozialen Medien Informationen zur Verfügung stellt, muss er den Datenschutz beachten und personenbezogene Daten schwärzen, soweit die davon betroffenen Wohnungseigentümer ihm keine Ermächtigung erteilt haben, anders zu verfahren.

Wohnungseigentümer will nicht mitmachen
Wenn ein Wohnungseigentümer an einem solchen Diskurs nicht teilnehmen will oder nicht teilnehmen kann, ist das zu respektieren und kann auch nicht anders beschlossen werden.

IV. Verwaltungsbeirat

Die Beiratstätigkeit fällt regelmäßig wohl nicht unter die Datenschutzgrundverordnung und ein Verwaltungsbeirat unterliegt damit nicht ihren zahlreichen Pflichten.

Datenschutzgrundverordnung Artikel 2 Absatz 2 (Haushaltsausnahme)
Diese Verordnung findet keine Anwendung auf die Verarbeitung personenbezogener Daten

…

c) durch natürliche Personen zur Ausübung ausschließlich persönlicher oder familiärer Tätigkeiten,

…

Haushaltsausnahme
Die Frage, ob die Haushaltsausnahme eingreift, kann allerdings nur im jeweiligen Einzelfall beantwortet werden.

V. Ausgesuchte Fragen des Datenschutzes im ABC

- EINSICHTNAHMEN
  - in Wohnungsgrundbücher: Jeder Wohnungseigentümer, aber auch der Verwalter ist berechtigt, in die Wohnungsgrundbücher der Wohnungseigentümer Einsicht zu nehmen.
  - in Verwaltungsunterlagen: Jeder Wohnungseigentümer ist berechtigt, in sämtliche Verwaltungsunterlagen Einsicht zu nehmen (12. Kapitel Informations-, Einsichts- und Kontrollrechte). Dies gilt auch für seinen Mieter, soweit dieser für die Kontrolle seiner Betriebskostenabrechnung auf Verwaltungsunterlagen angewiesen ist. Einer Einsichtnahme steht das Bundesdatenschutzgesetz nicht entgegen. Die Gemeinschaft der Wohnungseigentümer ist keine anonyme Gemeinschaft. Die Einsichtnahme dient der Gestaltung des Gemeinschaftsverhältnisses. Anders als zum Teil bei einem Verein kann daher kein Wohnungseigentümer seinen Namen vor den anderen geheim halten.
- DIGITALE HAUSTAFEL
  - Es spricht nichts dagegen, das schwarze Brett durch eine digitale Haustafel zu ergänzen oder gegen diese auszutauschen.
  - Die Inhalte können die üblichen sein, etwa zum Hausmeister oder Adressen. Es können dort aber auch in einem sehr viel weiteren Umfange Informationen, gegebenenfalls durch Kennwort geschützt, zur Verfügung gestellt werden.
  - Die digitale Haustafel kann die Verwaltung entlasten und schafft Transparenz. Sie sollte daher mehr als bislang eingesetzt werden.
- HAUSGELDSCHULDEN. Ob jedem Wohnungseigentümer die etwaigen Hausgeldschulden seines Nachbarn mitgeteilt werden dürfen, ist umstritten, aber wohl zu bejahen. Der Anspruch des einzelnen Wohnungseigentümers auf Jahresabrechnung beinhaltet ein Recht auf Einsichtnahme in fremde Einzelabrechnungen und daher auch ein Recht zu wissen, wer was schuldig geblieben ist.
- HERAUSGABE VON DATEN
  - Der Verwalter darf anderen Wohnungseigentümern die Adressen der Wohnungseigentümer herausgeben und ihnen die Größe der Miteigentumsanteile der jeweiligen Wohnungseigentümer mitteilen.
  - Was erlaubt ist, wenn Daten Dritten (anderen als den Wohnungseigentümern) mitgeteilt werden sollen, ist eine Frage des Einzel-

falls. Grundsätzlich ist der Verwalter nicht berechtigt, gegenüber dritten Personen Auskünfte über die Angelegenheiten der Gemeinschaft oder einzelner Wohnungseigentümer zu erteilen. Etwas anderes kann aber in Angelegenheiten gelten, die zur Durchführung der ordnungsmäßigen Verwaltung erforderlich sind, etwa die Information von Rechtsanwälten, Notaren und Steuerberatern sowie die Einweisung von Handwerkern, Architekten und Behörden oder Gerichten. Ferner kann wohl der Vertragspartner der Gemeinschaft der Wohnungseigentümer die Daten der Wohnungseigentümer erfragen.

- LEGIONELLENBEFALL. Der Verwalter ist beim einem Legionellenbefall berechtigt, den Wohnungseigentümern die betroffene Wohnung zu nennen sowie deren Eigentümer.
- SCHLIESSANLAGE. Wird in einer Wohnungseigentumsanlage eine Schließanlage genutzt, können personenbezogene Daten betroffen sein. Ein die Erhebung, Speicherung, Übermittlung, Verarbeitung und Nutzung personenbezogener Daten betreffender Beschluss muss den Vorgaben des Bundesdatenschutzgesetzes entsprechen.
- TECHNISCHE GEBÄUDEAUSSTATTUNG
  - Soweit bei der technischen Gebäudeausstattung digitale Instrumente eingesetzt werden sollen, muss das Bundesdatenschutzgesetz sowie die Datenschutzgrundverordnung beachtet werden. Das bedeutet im Einzelfall, dass die Wohnungseigentümer durch Beschluss über Einsatz und Einsatzzwecke, Datenaufbewahrung und Datenlöschung bestimmen müssen.
  - Der Verwalter kann diese Dinge anschieben und Entscheidungen der Wohnungseigentümer vorbereiten, diese Entscheidungen aber nicht treffen.
  - Ferner muss sich etwa ein Messdienstleister zur Einhaltung der Bestimmungen des Bundesdatenschutzgesetzes verpflichten.
- VERBRAUCH (HEIZUNG). Werden in einer Wohnungseigentumsanlage funkbasierte Heizkostenverteiler genutzt, können personenbezogene Daten betroffen sein. Ein die Erhebung, Speicherung, Übermittlung, Verarbeitung und Nutzung personenbezogener Daten betreffender Beschluss muss den Vorgaben der Datenschutzgrundverordnung entsprechen. Die nähere Ausgestaltung darf nicht erst in dem zwischen der Gemeinschaft der Wohnungseigentümer und dem Ableseunternehmen abzuschließenden Vertrag getroffen werden.
- VERSAMMLUNG. Haben die Wohnungseigentümer beschlossen, dass eine Online-Teilnahme erlaubt ist, müssen die Vorgaben der Datenschutzgrundverordnung beachtet werden.

- VERWALTERWECHSEL. Was gilt, wenn ein neuer Verwalter bestellt wird, ist unklar. Nahe liegt, dass der alte Verwalter die ihm bekannten Daten dem neuen Verwalter übergeben darf. Der alte Verwalter muss nach der Übergabe die in seinem Besitz verbliebenen Daten löschen.
- VIDEOÜBERWACHUNG. Bei der Videoüberwachung muss man beachten, in welchem Ausmaß diese betrieben wird und welche Räume und Flächen betroffen sind (siehe auch 4. Kapitel Gebrauch › S. 98).

Zusammenfassung
Jeder Wohnungseigentümer hat einen Anspruch darauf, dass seine personenbezogenen Daten so weit wie möglich geschützt werden.

30

COVID-19-Pandemie

Das Kapitel stellt im Überblick dar, was in Bezug auf die COVID-19-Pandemie im Wohnungseigentumsrecht gilt.

30. COVID-19-Pandemie

I. Versammlung

1. Grundsatz
Aufgrund der COVID-19-Pandemie ist die Durchführung von Versammlungen vorübergehend gegebenenfalls nur eingeschränkt und teilweise nicht möglich.

Frage der Situation vor Ort
Die Situation dürfte sich zum „Ob" und zum „Wie" einer Versammlung teilweise von Landkreis zu Landkreis unterscheiden. Ferner dürfte die Zulässigkeit in der Regel von der Größe der Gemeinschaft der Wohnungseigentümer abhängen. Während es bei kleinen Gemeinschaften gegebenenfalls keine oder wenige Probleme geben wird, erscheinen Versammlungen für große Gemeinschaften noch längere Zeit allenfalls erschwert durchführbar.

2. Öffentliches Recht lässt Versammlung nicht zu
Beraumt der Verwalter eine Versammlung an, obwohl das öffentliche Recht diese nicht zulässt, sind alle dort gefassten Beschlüsse anfechtbar. Es ist auch vorstellbar, dass der Verstoß gegen das öffentliche Recht eine Nichtigkeit der gefassten Beschlüsse nach sich zieht. Jedenfalls ist kein Wohnungseigentümer gezwungen, zu so einer solchen Versammlung zu erscheinen.

3. Öffentliches Recht lässt Versammlung zu
Ist eine Versammlung möglich, liegt es im Ermessen des Verwalters,

- wann,
- wo,
- zu welchem Zeitpunkt,
- zu welchem Ort und zu welcher Stätte die Versammlung einberufen wird.

Die COVID-19-Pandemie allein ist kein Grund, keine Versammlung abzuhalten.

Öffentliches Recht
Eine aktuelle Besonderheit ist, dass das Ermessen bei der jeweiligen Auswahl sich zurzeit auch vom öffentlichen Recht leiten lassen muss. Bei der Abhaltung der Versammlung sind die jeweils örtlich geltenden

Bestimmungen einzuhalten. Der Verwalter muss vor allem eine Versammlungsstätte wählen, die es ermöglicht, dass

- der notwendige Mindestabstand zwischen den Versammlungsteilnehmern und den Mitarbeitern des Verwalters sowie
- die weiteren Hygienemaßnahmen wie das Händewaschen und eine Desinfektion eingehalten werden können.
- Etwa ein Bauwagen, ein Heizungskeller oder das Büro des Verwalters werden damit regelmäßig als Versammlungsstätte ausscheiden. Im Sommer kann aber beispielsweise ein Spielplatz in Frage kommen.

Ungeeignete Versammlungsstätte
Bestimmt der Verwalter eine ungeeignete Versammlungsstätte, dürfte kein Wohnungseigentümer verpflichtet sein, an der Versammlung teilzunehmen, und dürften, sind Wohnungseigentümer wegen der Ungeeignetheit der Versammlungsstätte der Versammlung ferngeblieben, dennoch gefasste Beschlüsse keiner ordnungsmäßigen Verwaltung entsprechen. Sie sind zwar nicht nichtig, aber anfechtbar.

Die Pflicht, für die Einhaltung des öffentlichen Rechts während der Versammlung zu sorgen, ist ein Teil der Versammlungsleitung und wieder Aufgabe des Verwalters als Organ der Gemeinschaft der Wohnungseigentümer. Ihm obliegt es zum Beispiel,

- für den Mindestabstand zwischen den Teilnehmern zu sorgen und
- auch auf die Hygiene zu achten.

Was im Einzelnen gilt, ist eine Frage des Infektionsschutzes und der aktuellen Bestimmungen. Die Wohnungseigentümer sind berechtigt, dem Verwalter insoweit durch Beschluss Weisungen zu erteilen.

Unterbrechung, Verlegung, Vertagung
Am Verwalter ist es auch, zu entscheiden, ob eine Versammlung aus hygienischen Gründen unterbrochen, verlegt oder vertagt wird. Die Wohnungseigentümer sind berechtigt, ihm durch Beschluss Weisungen zu erteilen, und können Beschlüsse zur Geschäftsordnung fassen. Insoweit gelten die allgemeinen Regelungen.

Die Wohnungseigentümer haben eine Kompetenz, das Tragen von MUND-NASEN-BEDECKUNGEN zu beschließen. Aber auch der Verwalter ist im Rahmen seines Hausrechts berechtigt, diese Anordnung zu treffen.

Wohnungseigentümer sperrt sich
Ist ein Wohnungseigentümer nicht bereit, sich dieser Maßnahme zu unterwerfen, ist als letzter Lösungsweg vorstellbar, ihn aus der Versammlung zu entfernen. Problematisch ist allerdings, wenn diese Maßnahmen vor der Versammlung nicht als Möglichkeit angekündigt worden waren und der Verwalter auch keine Mund-Nasen- Bedeckungen bereithält. Dann muss die Versammlung gegebenfalls unterbrochen oder vertagt werden. Sie fortzusetzen, ohne einem Wohnungseigentümer die Möglichkeit zu geben, eine Mund-Nasen-Bedeckung kurzfristig zu beschaffen, dürfte alle Beschlüsse wenigstens anfechtbar machen.

4. Online-Teilnahme an Präsenzversammlung
Die Wohnungseigentümer können beschließen, dass Wohnungseigentümer an der Versammlung auch ohne Anwesenheit an deren Ort teilnehmen und sämtliche oder einzelne ihrer Rechte ganz oder teilweise im Wege elektronischer Kommunikation ausüben können (siehe dazu 15. Kapitel Versammlung › S. 266).

5. Versammlung im „Vollmachtsverfahren"
Neben einer Online-Teilnahme an einer Präsenzversammlung ist es möglich, eine solche Versammlung zu simulieren. Sämtliche Wohnungseigentümer können dem Verwalter vorab und ohne Einladung eine Vollmacht erteilen. In diesem Fall ist der Verwalter berechtigt und verpflichtet, aufgrund der Vollmachten mit sich selbst eine Versammlung abzuhalten. Dieser Weg ist für die Wohnungseigentümer gefahrlos, wenn sie den Verwalter vorher und im Einzelnen angewiesen haben, wie er abstimmen soll.

Kein Zwang
Einen Zwang, eine Vollmacht zu erteilen, gibt es nicht. Auch in Zeiten der COVID-19-Pandemie besteht ein Anspruch der Wohnungseigentümer auf eine persönliche Teilnahme an Versammlungen, und es ist unzulässig, Versammlungen dahingehend zu beschränken, dass lediglich eine Teilnahme einzelner Personen gewährleistet wird und die übrigen Eigentümer Vollmachten zu erteilen haben oder dass gar von vornherein lediglich zu Vertreterversammlungen geladen wird, bei denen sich die Eigentümer nur vertreten lassen können.

Weist der Verwalter die Wohnungseigentümer in seinem Einladungsschreiben darauf hin, dass wegen der COVID-19-Pandemie sein Büro für den Publikumsverkehr geschlossen ist und Versammlungen mit persönlicher Anwesenheit wegen der Kontaktsperre nicht stattfinden können, fordert er die Wohnungseigentümer ferner auf, ihm eine Vollmacht zu erteilen und auf einem beigefügten Protokoll ihre Abstimmungswünsche anzukreuzen, und fordert er dann die Wohnungseigentümer noch auf, nicht persönlich zur Versammlung zu erscheinen, liegt hierin der Sache nach eine „Ausladung", und auf einer solchen Versammlung gefasste Beschlüsse sind wenigstens anfechtbar.

Die Wohnungseigentümer können eine solche Versammlung ELEKTRONISCH VORBEREITEN und sich im Rahmen der Video-Kommunikation zwar nicht versammeln, aber Meinungen abfragen.

Mehrheitsentscheidung
Eine für den Verwalter verbindliche Mehrheitsentscheidung kann im Rahmen solch virtueller informeller Zusammenkünfte nicht getroffen werden. Dies ist nur aufgrund eines Beschlusses im Rahmen einer Versammlung und unter Beachtung der vorgeschriebenen Förmlichkeiten möglich.

6. Kleinstversammlungen

Im Übrigen ist es möglich, dass der Verwalter sich mit nur einem Wohnungseigentümer trifft. Dieser Wohnungseigentümer und/oder der Verwalter können von den anderen Wohnungseigentümern Vollmachten erhalten. Der Wohnungseigentümer, der in der Versammlung anwesend ist, steht mit den anderen Wohnungseigentümern in einem telefonischen Kontakt oder kommuniziert mit ihnen über die sozialen Medien oder per E-Mail und holt so gegebenenfalls ihre Weisungen für die Versammlung ein.

Einberufung
Problematisch ist die Einberufung. Denn diese darf die Wohnungseigentümer nicht der Sache nach ausladen.

7. Beschluss außerhalb einer Versammlung

Auch ohne Versammlung ist ein Beschluss gültig, wenn außerhalb einer Versammlung alle Wohnungseigentümer ihre Zustimmung zu einem Beschlussantrag in Textform erklären (dazu 1. Kapitel Grundbegriffe › S. 30). Gegenstand des Beschlusses kann jede Maßnahme sein, für die es eine Beschlusskompetenz gibt.

Einzelner Gegenstand
Die Wohnungseigentümer können ferner beschließen, dass für einen einzelnen Gegenstand außerhalb der Versammlung die Zustimmung einer Mehrheit der abgegebenen Stimmen genügt. In diesem Fall bedarf es ausnahmsweise nicht der Zustimmung sämtlicher Wohnungseigentümer.

II. Gebäude

Soweit die Benutzung des gemeinschaftlichen Eigentums und des Sondereigentums nicht bereits durch Vereinbarung geregelt ist, können die Wohnungseigentümer über eine ordnungsmäßige Benutzung beschließen.

Checkliste: Gebäudemaßnahmen und COVID-19

Insoweit kommt im Hinblick auf die COVID-19-Pandemie eine ganze Reihe von Regelungen in den Blick, zum Beispiel ein Beschluss:

- ☐ wie viele Personen einen Personenaufzug gleichzeitig gebrauchen dürfen;
- ☐ welches von mehreren Treppenhäusern zu gebrauchen ist;
- ☐ dass beispielsweise im Bereich des gemeinschaftlichen Eigentums ein Mindestabstand einzuhalten ist;
- ☐ dass im Personenaufzug und im Treppenhaus Mund-Nasen-Bedeckungen zu tragen sind;
- ☐ dass man im Treppenhaus nicht grüßen, nicht singen und sich nicht unterhalten darf;
- ☐ dass man aus Gründen der besseren Belüftung das Treppenhausfenster nicht schließen darf – oder jedenfalls nur zu bestimmten Zeiten;
- ☐ dass Außenflächen oder ein im gemeinschaftlichen Eigentum stehendes Schwimmbad gesperrt sind;
- ☐ wie Außenflächen gebraucht/benutzt werden dürfen;
- ☐ dass in bestimmten Bereichen Desinfektionsmittel einzusetzen sind, zum Beispiel von Klinken oder Handläufen.

III. Eilige Maßnahmen

Ist eine Erhaltungsmaßnahme besonders eilig, ist ein Vertrag sofort zu schließen oder ist sofort auf einen Vertrag einzuwirken, kann der Verwalter für die Gemeinschaft der Wohnungseigentümer das Notwendige unternehmen. Einer Versammlung und eines Beschlusses bedarf es nicht.

WEG § 27 Absatz 1 Nummer 2
Der Verwalter ist gegenüber der Gemeinschaft der Wohnungseigentümer berechtigt und verpflichtet, die Maßnahmen ordnungsmäßiger Verwaltung zu treffen, die
…
2. zur Wahrung einer Frist oder zur Abwendung eines Nachteils erforderlich sind.

IV. COVMG

Am 28. März 2020 ist das Gesetz über Maßnahmen im Gesellschafts-, Genossenschafts-, Vereins-, Stiftungs- und Wohnungseigentumsrecht zur Bekämpfung der Auswirkungen der COVID-19-Pandemie in Kraft getreten (COVMG).

Es hat in Bezug auf das Wohnungseigentumsrecht Regelungen für den vorübergehenden Fortbestand der Amtsstellung des Verwalters getroffen, sollte dessen Bestellungszeit ablaufen, ohne dass ein neuer bestellt werden kann. Um die Finanzierung der Gemeinschaften der Wohnungseigentümer sicherzustellen, wurde ferner angeordnet, dass der zuletzt beschlossene Wirtschaftsplan bis zum Beschluss eines neuen Wirtschaftsplans fortgilt.

COVMG § 6
(1) Der zuletzt bestellte Verwalter im Sinne des Wohnungseigentumsgesetzes bleibt bis zu seiner Abberufung oder bis zur Bestellung eines neuen Verwalters im Amt.
(2) Der zuletzt von den Wohnungseigentümern beschlossene Wirtschaftsplan gilt bis zum Beschluss eines neuen Wirtschaftsplans fort.

Zusammenfassung

- Ob die COVID-19-Pandemie Versammlungen zulässt, muss immer aktuell beantwortet werden. Sind Versammlungen möglich, sind die allgemeinen Schutzregelungen zu beachten.
- Eilige Fragen kann der Verwalter allein und ohne Beteiligung der Wohnungseigentümer entscheiden.

Stichwortverzeichnis

P

Q

R

S

T

W